读客®文化

牛津史前欧洲史

THE OXFORD HISTORY OF

PREHISTORIC EUROPE

〔英〕巴里·坎利夫 编

陈伟功 陈灼灼 译

北京日报出版社

图书在版编目（CIP）数据

牛津史前欧洲史/（英）巴里·坎利夫编；陈伟功，陈灼灼译 . -- 北京：北京日报出版社，2022.1
ISBN 978-7-5477-4025-5

Ⅰ.①牛… Ⅱ.①巴… ②陈… ③陈… Ⅲ.①原始社会 – 历史 – 欧洲 Ⅳ.① K501

中国版本图书馆 CIP 数据核字 (2021) 第 155649 号

The Oxford History of Prehistoric Europe was originally published in English in 1994. This translation is published by arrangement with Oxford University Press. Dook Media Group Limited is solely responsible for this translation from the original work and Oxford University Press shall have no liability for any errors, omissions or inaccuracies or ambiguities in such translation or for any losses caused by reliance thereon.

牛津史前欧洲史

作　　者：〔英〕巴里·坎利夫
译　　者：陈伟功　　陈灼灼
责任编辑：曲　申
特邀编辑：周　磊　　石祎睿
封面设计：陈　晨　　温海英
出版发行：北京日报出版社
地　　址：北京市东城区东单三条8–16号东方广场东配楼四层
邮　　编：100005
电　　话：发行部：（010）65255876
　　　　　总编室：（010）65252135
印　　刷：河北中科印刷科技发展有限公司
经　　销：各地新华书店
版　　次：2022年1月第1版
　　　　　2022年1月第1次印刷
开　　本：710毫米×1000毫米　1/16
印　　张：26
字　　数：358千字
定　　价：110.00元

致　谢

　　编著者们在此向诸位给予过帮助的同事致以诚挚谢意，他们提供了信息，阅读了手稿。此外，史蒂文·米森（Steven Mithen）还想感谢彼得·罗利–康威（Peter Rowley-Conwy）博士、克里斯·史卡瑞（Chris Scarre）博士、比尔·芬利森（Bill Finlayson）博士和佩特拉·戴（Petra Day）博士，他们所有人都读过他的手稿草稿（或部分手稿）。蒂莫西·泰勒（Timothy Taylor）希望感谢东欧的同事和学者，他们的工作使得本书的概述成为可能，也要感谢英国的安德斯·伯奎斯特（Anders Bergquist）、拉尔夫（Ralph）和芭芭拉·霍迪诺特（Barbara Hoddinott）、雷切尔·皮尔金顿（Rachel Pilkington）和莎拉·赖特（Sarah Wright）。主编尤其要感谢琳达·史密森（Lynda Smithson）在制作本卷的各个阶段所给予的支持。

前　言

巴里·坎利夫（Barry Cunliffe）

　　欧洲是一个万花筒，其动植物分布区域与地方气候带相辅相成，一眼望去，它们形成了一种令人眼花缭乱的生态位（niches），共同造福于人类共同体。看欧洲就像看万花筒一样，视角可以不断发生变化。从一种视角来看，欧洲可以被看作地中海沿岸的陆地边缘之一，而从另一种视角来看，它不过是亚洲大陆的西陲，这个大平原始于喜马拉雅山脉，是沿着其南部边缘延伸的一个多山地带，它们呈纵向排列。从世界史的角度来看，它是西方文化发展和传播的核心区域。

　　在不同的地带，人类是通过怎样的过程开始居住的？其资源是如何被开发和利用的？在中世纪早期世界，这里的社会和政治的复杂性是如何得到发展的？这一切又是如何产生的？所有这些都是本书的主题。我们将从一片荒芜的冰原开始，以西欧中世纪混乱的民族大迁徙结束。源于这片土地上的领主们和他们的继承者不断对这个世界进行探索与开拓，也曾将世界大部分地区纳入他们的殖民体系。因此，我们的故事也可以看成世界史的重要一环。

　　为什么欧洲的海洋和陆地能够为如此壮观的发展提供舞台，这是一个需要解决的复杂且艰深的问题——它不可能有简单的答案，却也是一个无法回避的问题。其中一个至关重要的因素就是，这里有令人难以置信的多样性地貌。在某一瞬间，你可能会迷失于滨海阿尔卑斯省（Alpes-Maritimes）的冰雪牧场；而乘车几个小时后，你就有可能坐在一家餐馆外面，沐浴着阳光，一边品尝着海胆，一边陶醉在尼斯市（Nice）果蔬市场的芳香气味之中。在短短半小时内，你可以从树木郁郁葱葱、富含白银的莫雷纳（Sierra Morena）山脉游历到瓜达尔基维尔河（Guadalquivir）山谷，感受橄榄园中那无休止的灼热。欧洲地貌环境错综复杂，每一种环境都有其各自的资源范围，它们紧密交织在一起，无论生态群落在地理上是多么孤立，其彼此作用以及在此网络中的交互都是不可避免的。随着生物种群的增长和地貌的增多，这些相互作用的强度越来越大。

在这些基本的地方系统之外，地中海地区和温带欧洲大陆之间还形成了一条更为广泛、极其重要的分水岭。地中海地区不仅是通过海洋相连的集合体，更是高度复杂的沿海地带，它由岛屿、海岬、峡湾、平原和三角洲组成，它们共享同一个海洋。这就提供了一个相得益彰的生态环境，其中橄榄树、藤本植物和小麦可以自然地生长，绵羊和山羊可以在邻近的山丘上被放养。正是在这一地区的东部，在爱琴海（Aegean）和它的沿岸地带，最早的粮食生产经济体扎下根来。到公元前三千纪，那里的文化和政治发展取得了巨大的进步，诞生了欧洲最早的文明，也就是米诺斯－迈锡尼（Minoan-Mycenaean）文明。到了公元前12世纪，这一发展周期结束，在经历了一段被称为希腊黑暗时代（the Greek Dark Ages）的社会动荡期之后，新的发展中心又开始出现。在公元前8世纪和接下来的两个世纪里，希腊文明开始在希腊大陆和小亚细亚半岛爱琴海沿岸兴起，城邦的政治文化体系被传播到黑海和西地中海，被移植到遥远的与沿海地区类似的小环境中。与此同时，地中海东部沿岸的腓尼基人（Phoenician）正忙着勘探西地中海的矿产资源。

这些侵入式的勘探和由此发展起来的交换网络，激发了意大利（伊特鲁里亚人，Etruscans）和西班牙（伊比利亚人，Iberians）土著群落，推动发展了他们自己的成熟文化体系。因此，到公元前4世纪，随着爱琴海地区希腊世界进入衰退状态，西地中海成了一个活动和创新的蜂巢。从那时起，罗马人不仅统治了地中海沿岸，而且也控制了温带欧洲以外的很多地区。

也许值得把这个故事讲得更深入一点，但这就超出了本书明确设立的年代范围。在希腊黑暗时代的后期，伴随着罗马帝国的解体，地中海地区再次短暂地成为众人瞩目的焦点，威尼斯、热那亚、比萨和其他的沿海城市试图重建海上帝国，并且也确实取得了一定程度的成功。但是到了公元二千纪的时候，对于欧洲大陆正在萌芽的新秩序来说，地中海就显得逼仄了，正是那些与大西洋接壤的国家：首先是葡萄牙和西班牙，然后是英国、法国和荷兰，为那些意欲穿越海洋世界的人们提供了可能，因而能够变得富有而强大。

将地中海及其多元文化视为一个自身完整的实体是对欧洲史前史以及历史的一种误解。因为，地中海区域一直都是一个涵盖了温带欧洲、近东和俄罗斯平原的极其广袤的体系的一部分。

近东与埃及文明以及它们的后继者们对欧洲世界最强烈的冲击，也只不过是通过从南部亚历山大港到北部安提俄克的沿海商业城市网络间接产生的。其中一些城镇，特别是在提尔（Tyre）和西顿（Sidon）的腓尼基城镇，作为综合交换的中转地，人们将原材料从地中海运送到近东，作为回报，又可以带回可供消费的奢侈品。近东人口只是偶尔试图向西方迁移，就像波斯人在公元前6世纪末设法深入希腊一样；然而，作为西方创新和变革的推动力，这些文明高度发展的地区，所产生的文化影响是相当大的。

在北高加索地区，情况有所不同。这里是一望无际的草原，从中国延伸到欧洲，为人们长期以来不断的流动和迁移提供了一条走廊。这片开阔的草原与北方的森林草原，是由一些大河，即伏尔加河、顿河、第聂伯河、布格河、德涅斯特河和多瑙河的下游分割出来的。成群的骑兵、牧民经由这一区域进行活动，他们在重要的史前历史上未曾被提及，但他们后来出现在各种历史文献中，如西米里族人（Cimmerians）、斯基泰人（Scythians）、萨尔马提亚人（Sarmatianss）、阿兰人（Alans）、匈奴人（Huns）、马扎尔人（Magyars）、保加利亚人（Bulgars）和蒙古人（Mongols）。所有这些都对欧洲产生了一些文化上的影响，他们沿着多瑙河的走廊或向北偏转，绕行通往北欧平原的喀尔巴阡山脉。这种影响的强度和性质，特别是在史前阶段，至今争论不休！然而，没有人会否认草原部落对欧洲文化发展历史的重要意义。

最后，我们回到那四面环海的蜿蜒半岛。这里有着众多的近海岛屿，现在众所周知的欧洲——通过俄罗斯草原与亚洲连接在一起的这块陆地，一边被温暖的、宜人的、不断改变的地中海冲刷着；另一边则被无情的、波涛汹涌的、变幻莫测的大西洋拍打着。这是一个被山脉分割但是又被河流系统连接在一起的半岛。与新近形成的肥沃平原地带相比，这里是老旧而贫瘠的，但同时又富含金属矿藏。在半岛南侧的阳光地带下生产的葡萄酒和石油，通过新开辟的道路，可以到达北方森林群落，而那里的琥珀和毛皮也借以南下，并得到了地中海沿岸居民的交口称赞。北方的物产如此丰饶，但种类与南方差异巨大，在社会习俗上也是如此。

那么，欧洲是如何走到今天的呢？这不仅仅取决于上述多样性的相互作用：丰富的矿产资源，反差巨大但相辅相成的生态，严苛的气候、自然屏障和交通条件。最重要的是，这里种族融合繁多，不断相互影响，从而在他们比较封闭的半岛家园中得到了迅猛发展。

在公元二千纪末，随着欧洲实现了有限的却也是前所未有的政治统一，国界变得越来越无关紧要，我们有一个难得的机会来体验和珍视环境、民族和文化的多样性，而这些一直都是欧洲的根基。我们希望，这本书能为大家对这种多样性的起源提供一些了解。

目　录

| 第一章 |

距今70万年—4万年前的欧洲人类

克莱夫·甘布尔（Clive Gamble）

认识穴居人

"旧石器时代"（Palaeolithic）这个词首次出现在约翰·卢伯克爵士（Sir John Lubbock）的里程碑式著作《史前时代》（*Pre-Historic Times*）中，这个术语用来描述一个古老的石器纪元。在此40年后，即1905年，亨利·奈普（Henry Knipe）在他的插图诗集《星云与人》（*Nebula to Man*）中，赞美了史前科学的成就。对于其中所配的一张早期人类复原画像，诗歌这样吟诵道：

一股强大的力量，一种潜移默化的新影响，
赋予生活无限动力，浸染渗透。
强健意志，征服蛮力，
西部乐园，推动历史之轮。
登临大自然，饰地球以王冠与荣耀。

> 太古之人出现于舞台——
>
> 其貌不扬，仪表野蛮；
>
> 类猿头骨，蕴含骄傲；
>
> 心灵之力，去之粗夷。

奈普在对这种原始生活场景的描绘中，详细地总结了19世纪人们对史前的主要看法，展示了历史发展的规律。人类通过精神力量的发展，在宇宙之巅占据了一席之地。在世纪之交的帝国世界中，上述这些力量的作用，为当时西方世界的人们提供了全球范围内政治和社会现实之"自然"安排的充分解释。

80余年后的今天[1]，对于我们祖先的进化和野蛮的本性，我们仍然可以得出相似的结论。"尼安德特人"（Neanderthal）并非一个令人满意的术语，对于那些一直使用石器的人来说，石器常被认为是其原始特质。科技仍然是衡量进步程度的标准，这不是一个你是否会开车的问题，而是你在驾驶着什么车的问题。我们的始祖仍然被描绘成毛茸茸的、近乎赤裸的、手持棍棒的自然之子。这是一种引人注目的符号集合，完美地呈现在巴克纳尔的画作中，但这些并没有考古证据。我们仍在等待着关于旧石器时代的第一根木棍和兽皮衣物的发现。

我之所以提到这些画作和史前研究的初衷，是有充分理由的。在我们的头脑中，关于穴居人的形象是如此强烈，以至于基于证据而非想象力的那些非主流观点常常容易被忽视。因此，在介绍70万年前的欧洲史前史之前，我们应该认真审视并反思：这些占主导地位的思想从何而来？它们满足了什么需要？答案并不唯一，包括它接触、分类和统治世界土著民族时的帝国经历。18世纪的哲学家们提出了"世界上许多民族都是活生生的史前史的例子"的观点。亚当·斯密（Adam Smith）在1762年提出了一个等

---

[1] 本书初版于1994年，距亨利·奈普诗歌已过去89年。——编者注

级体系，19世纪的考古学家们接受了这个体系，以便将那些民族的石头、罐子和青铜器组织成一个发展的、渐进的顺序："人类经历了四个不同的时代：最开始是狩猎时代；然后是游牧时代；接下来是农耕时代；最后是工业时代。"作为地理空间意义的巴黎与伦敦，在这个序列里成为时间的一环。狩猎采集者生活在西半球最偏远的诸多地区，如阿拉斯加、火地岛、塔斯马尼亚和好望角。他们制造石器，很容易被卢伯克和其他许多人用来充实早期欧洲史前史。

第二条线索较难追溯，因为它更潜藏在西方的过去。古典时代就出现的文明人与野蛮人的分野被完整地带入了中世纪。普林尼（Pliny）提供了一份居住在世界边缘的奇特民族的目录，其中的布勒米人（Blemmyae）显得特别重要。他们生活在利比亚的沙漠中，脸长在胸上。这些内容被随意地纳入在1356年出版的《约翰·曼德维尔爵士航海及旅行记》（*Travels of Sir John Mandeville*）中，该游记充斥着大量的虚构情节，但也最为畅销。我们从中了解到，在安达曼（Andaman）群岛分布着许多不同的人种，其中"居住着丑陋无比且没有头的人，这些人的眼睛都长在肩膀上；他们的嘴巴像马蹄一样圆，长在胸口中央"。布勒米人常被图绘于中世纪的手稿中，其中展示他们原始状态的标志是裸露、棍棒、生活在荒野中。他们总能使人印象深刻，正如奥赛罗（Othello）所述说的：

> 接着我又讲到彼此相食的野蛮部落，
> 和肩下生头的化外异民，
> 这些都是我谈话的题目。
> 苔丝狄蒙娜（Desdemona）对于这种故事，
> 总是出神倾听。

当与有关野人（现代雪人Yetis和阿尔马斯野人Almas的起源，他们也生活在"文明"世界的边缘）的民间传说结合时，我们就可以推知是什么帮助了巴克纳尔（Bucknall）和奈特这样的最早的科普插画师，使他们对早期欧洲的重构能够为当时的公众所理解。尽管受到达克沃思（Duckworth）、史密斯·伍德沃（Smith Woodward）和奥斯本（Osborn）等主要权威人士的密切指导，但这些图片还是稍欠科学事实。所有这些都是当时中世纪的知识传统造成的，当时的工业和科学革命据称就像一辆失控的火车一样得到了推动。在19世纪，史前史作为一门学科得以创立，涉及包含了更多认识人类和世界的近代学术传统，具有讽刺意味的是，当时的科学一直致力于将迷信领域纳入其中。

在巴克纳尔的绘画之后的十年里，欧洲已经发现了一些重要化石。迄今为止最重要的是1908年8月发掘的古迹，它是由三名神职人员从法国科雷兹（Correze）地区的圣沙拜尔村（La Chapelle-aux-Saints）附近的小山洞中发掘的，是一具近乎完整的男性尼安德特人遗骸。在日后成为旧石器研究领域元老的阿贝·步日耶（Abbé Breuil）的建议下，它被送至巴黎自然历史博物馆的马塞林·布勒（Marcellin Boule）处进行分析。这一选择是经过深思熟虑的，因为这使得这块重要的化石远离曾经由人类学院的加布里埃尔·德·莫尔蒂耶（Gabriel de Mortillet）领导的反教权组织，该组织一直主张，早期被发现的尼安德特人，应该被列入人类祖先名单。布勒不同意这一观点，并在1911—1913年制作了一份非常详尽的报告，提供了把尼安德特人从人类祖先名单中除名的解剖学证据。奈特的绘画为这种看法提供了支持，使得它成为多年来被普遍接受的观念。他实现了通过使用由来已久的标志来显示尼安德特人身上缺失的文明。例如，布勒对尼安德特人颓唐姿势的重建被忠实地以一个准布勒米人的形象再现，他的脸被下移到了他的胸部。例如，奈特对尼安德特人佝偻身形的描绘几乎忠实地再现了一个把脸长在胸部的准布勒米人形象。

这幅画作公布的时机很重要。布勒对尼安德特人的除名，正值第一次世界大战的心理战期间，其对精神信念和道德进步提出了质疑。而奈特的绘画试图否认不可想象的历史倒退（retention），尽管当时的证据已表明，参与屠杀的人具有原始人的特点。正如亨德里克·房龙（Hendrik Van Loon）在1925年向新一代解释的那样：

> 我们所谓的现代人其实并不"现代"。正相反，我们仍然属于穴居人的最后一代不肖子孙。新时代的地基仅仅在昨天刚刚奠定。只有当人类有勇气质疑所有现存事物，并以"知识与理解"作为创造一个更理性、更宽容的共同社会的基础时，人类才第一次有机会变得真正"文明"起来。第一次世界大战正是这个新世界"成长中的阵痛"。

历史背景

当然，具有讽刺意味的是，索姆河（Somme）战场也是70年前布歇·德·佩尔特（Boucher de Perthes）的考古地点。1859年，阿瑟·约翰·伊文思爵士（Sir John Evans）和约瑟夫·普雷斯特维奇（Joseph Prestwich）通过论证，证明石器与灭绝的动物都是在同一地层中被发现的，从而确立了伟大的史前人类的存在。多年来，布歇·德·佩尔特的观点一直备受怀疑，他关于史前文物的图说也遭到嘲笑。我们现在明白，佩尔特关于史前文物的图说与燧石剥片工艺的主要特征，比如打击面、半球形石核刮削器、多次修整的刮削器等是颇为准确的。但是佩尔特与英国古文物研究者威廉·斯蒂克利（William Stukely）有着有趣的相似之处，后者在18世纪提出了田野考古学并重建了德鲁伊教（Druids），他也成为这个狂热团体里的忠实一员。除了对位于阿布维尔（Abbeville）和亚眠（Amiens）之地砾石场进行了地层学和文物学的敏锐观察，佩尔特还绘制了许多石器器物图。他对在砾石坑中发现人骨与灭绝鸟类共存的观点，无疑推迟了人们对他的科学研究成果的接受。

布歇·德·佩尔特受到了怀疑，而约翰·弗雷尔（John Frere）却被完全忽视了。1797年，他曾写信给伦敦文物学会（the Society of Antiquaries of London）。直到1800年，该学会才出版了关于弗雷尔在萨福克郡（Suffolk）霍克森（Hoxne）发现的石器的简短介绍。在今天，这些石器被归类为阿舍利（Acheulean）手斧，这是一种大型工具，两面都呈片状，这些手斧尺寸大小不一，但都做工精美。弗雷尔所绘制的插图标本做工尤其细致，锋刃锐利。

到1872年，欧洲西北部河流阶地和欧洲南部及中部洞穴考古发现进展非常之快，使得加布里埃尔·德·莫尔蒂耶（Gabriel de Mortillet）能够根据石器的形状将卢伯克（Lubbock）的旧石器时代细分为不同的阶段。年表的建立得益于石器本身发展的阶段性特征，以及与石器一起出土的动物种类的年代学关系。默尔蒂耶将旧石器时代主要划分为三个阶段：阿舍利文化期；莫斯特（Mousterian）文化期；晚期石器文化，现在被称为"旧石器时代晚期"，即骨器最早出现的时期。随着法国西南部洞穴发现的地层层位越来越多，它们的序列和年代位置也逐渐变得清晰起来。这促使阿贝·步日耶于1912年提议对旧石器时代晚期进行一次重大的重新分期。

到目前为止，"三期说"已被广泛接受。旧石器时代早期的主要标志为阿舍利手斧，主要来自伦敦和巴黎盆地的河流阶地；旧石器时代中期或莫斯特文化鲜明的特征为：在法国多尔多涅省（Dordogne）、德国南部和中欧的洞穴及岩棚中用石片制成的尖状器和边刮器；旧石器时代晚期，以骨雕和象牙制品的艺术形式为特征，最绝妙的当属在坎塔布里（Cantabria）山脉（在西班牙北境）、比利牛斯（Pyrenees）山脉和佩里戈尔（Perigord）的壁画洞穴。

之后的50年，欧洲旧石器时代的研究增加了来自欧洲其他各地的地层层位资料。石器类型学研究成为人们的主要关注点，其中的领军人物当属博尔德（Bordes），他在1953年提出了一个不同地层层位中石器组合的分类体系。对于旧石器时代中期的类型，他建立了一个表格，包括63种常见的石片石器类型，以及一个涵盖了21种手斧的附表。石片工具的形状从边刮器到尖状器，还包括其他尚未定型的类型，如缺口件和齿状件（齿间宽）。这些表格可以用来计算各种器物类型出现的频率，并能根据每种器型的数量进行综合比较。博尔德是一位石器专家，他还对燧石技术做了分析与研究，其中考虑了对台形和勒瓦娄哇（Levallois）技术等各种比例指数的观测。后一种技术是很重要的，因为它代表了一种石器加工的方法，这与不间断地敲打岩石以产生碎石片的概念相去甚远。它以巴黎郊区的名字命名，那里的砾石坑是原始石器发现的地方，这种技术就是有计划地用燧石石核制成预定尺寸的石片。这些石片可能是三角形的、细长形的或短粗形的，但至关重要的一点是，它们不是随机生产的。

博尔德的类型学极具影响力，对旧石器时代晚期的研究非常适用。它也是考古报告中用来界定旧石器时代早期和中期器型的标准方法。然而，它的理论基础现在正受到严重的冲击。这是由两个发展趋向引起的。首先，人们转向了工艺研究，而不是类型学研究。这种理论通过实验手段对石器进行功能分析，重点放在石器边缘的形状和损伤上，而不是对其整体器型做出评估。通过高性能显微镜，还可以发现对这些边缘进行加工的痕迹——这与之后史前时期所熟知的微痕分析没什么两样。一项重要的发现是，许多被博尔德列为废料的石片和碎片，实际上曾被用来切肉、削木头和切碎植物材料。由此，过去我们特别关注制成品的重要性，现在我们将在之前的基础上将注意力更加集中在工具的加工过程。

当重构这一石器的"变迁史"时，在所谓的工具中有一些意外的发现。迪布尔在最近的一篇论文中已经发现，由于反复地使用与修整，同一件燧石刮削器可以在其使用周期的不同阶段归为博尔德列表中三种不同类型的刮削器。迪布尔提出了一个工具使用和技术组织的动态模型想法，而不是头脑中固定的对史前燧石刮削器标准的工具类型的静态图像。博尔德对数百个旧石器时代中期的石器组合进行了分析，最终结果表明，石器器型的比例与技术类型出现的频率组合之后只会产生5个主要变量。他对此的解释非常简单明了：这5个在时间和空间上出现重叠的石器组合分别属于尼安德特人5个不同群落的文化。他们的文化与石器密切相关，并通过石器获得了复原。在孔布-格雷纳尔（Combe Grenal）岩棚和洞穴遗址堆积有至少55层的旧石器时代中期文化层，上述5种类型都分布其中。博尔德解释说，人们成群结队地涌入这里，把这里当作旧石器时代的"佩里戈尔"——一个理想的栖息之地。所以他同样也不会奇怪，为什么今天很多英国人也在这里买度假屋。

第二个发展趋向补充了有关石材技术的动态观点。它是在1966年首次由宾福德夫妇（Binfords）提出的，此观点认为，这些洞穴和岩棚构成了定居系统的一部分。与博尔德所认为的人类在同一岩棚中生活了几千年的观点不同，这一说法强调，为了生存，人们会迁徙；根据季节的交替在大自然中四处迁徙，在资源可用时能够对其进行开发。不同的季节，以及获取或加工生存原材料的活动需要不同的工具组合。因此，不同人群之间工具类型比例的任何变化都与区域性的生存组织方式有关，而不是与5种文化特征的表达有关。这些观点后来得到了改进。正如迪布尔在其著作中阐释的那样，考古学上是无法确定一套固定的工具组合的，因为今天称为"螺丝刀"的物品明天可能会变成"凿子"。此外，迁徙人群的定居系统比原先设想的要复杂得多。但是，宾福德夫妇分析的重要性在于详细阐述了人群规模、适应当时环境的遗址和生存组织方式之间的联系。

甘布尔提出，可以参照区域理论来验证旧石器时代的材料。在该理论中，不论气候如何，欧洲主要地区之间的生态条件预计都会发生一致的变化。这些条件取决于纬度、经度和地形。综合来看，这些条件都受到关键动植物资源的分布和数量的影响。因此，人类对这些地区的利用会有很大差异，这将通过比较考古材料的数量和它们所包含的定居历史的内涵来体现。这是一个重要的理论进步。我们是通过保存在材料中的可测变量来研究过去的生存方式，而不是单纯地依靠科技的进步来制订我们的研究计划的。

冰期的气候

欧洲北部与东部的生存条件更为严酷，因为这里的资源较为分散，区域理论模型可以推算出不同人群的适应能力。但是要完成这幅图景，我们首先要分析这里在冰河时代的气候条件。

我们现在不得不放弃更新世的4个冰期系统，这是1909年由彭克（Penck）和布吕克纳（Bruckner）在阿尔卑斯山麓进行研究之后建立的。多年来它提供了一个相对地质年代，但现在已被认为是极不完善的。当前冰期模式的线索并不是来自冰碛、活动的海岸线，以及相应的河流阶地，而是来自海底底层的沉积物。这些沉积物和软泥含有孔虫类海洋生物的微小骨骼，它们活着的时候主要活动在海底软泥的表层。它们的骨骼由碳酸钙组成，吸收了海水中存在的氧同位素。这种有孔虫类在确定冰期的数量和周期性变化方面非常有用。其中两个同位素是极为关键的，氧16和氧18。正如它们的数字所表明的，后者比前者重，二者在有孔虫类化石体内的比例是解开更新世年代学的关键。

在冰河时代，当冰盖在斯堪的纳维亚半岛和不列颠群岛上形成并延伸至阿尔卑斯山、喀尔巴阡山脉和比利牛斯山脉的时候，海洋里的水分也被抽取出来。随着水分的流失，较轻的氧16就使得这一领域海洋的同位素变重，海洋的水体面积随之缩小。当它们降至当前海平面以下大约150米的最低点时，大陆架显露出来，它将英国和法国连接起来，并在亚得里亚海的北部形成了一个大平原。在冰川后退、较温暖的间冰期，海洋面积的增加导致同位素数量的减少。从这些沉积物中提取出岩芯，然后分时间段测量岩芯内氧16和氧18含量的比值，这样就可以制作出参照岩芯深度变化的锯齿形曲线，可以反映出海洋的伸缩变化。目前，同一地层中不断重复的冰期–间冰期连续变化的周期图表已经取代了用各种数量来源拼凑的不连续的陆地地层观测结果。

但对深海冰川遗迹研究最大的突破，可以追溯至具体的时间。在岩心V28–238中的1200厘米处，沉积物就证明了当时南北极发生了磁场倒转，在这之前，它们是完全相反的。布容–松山（Brunhes / Matuyama）这一主要逆转界限的形成时间，已经通过对岩石的同位素衰减法测量出来。在这个案例中，主要测量钾和氩（K / Ar）之间的衰减（钾氩定年法）。这一结果将布容–松山两极磁场转换时间校正为距今73万年前，这也被认为是早更新世和中更新世之间的界限。正如我们现在知道的，这个时间对史前欧洲史是一个重要的节点。有了这个校正的日期，每个冰期循环的周期就可以划分为更精细的时间段。在过去的73万年间，经历了8个完整的冰期循环。最初，这些循环每7万年完成一次，但在距今45万年之后，它的循环周期连续4次达到了10万年。冰期循环持续时间的变化可能对欧洲大陆的早期人类定居点产生了重大影响，正如我们将在下文中看到的。

通过景观带、动物群和植物群的各种细节，人们知道了末次冰期时存在的两个相对短暂且极端的时段：一个是温暖的、树木丛生的间冰期；一个是荒芜、寒冷的全冰期。如果我们将末次冰期作为冰河时代的粗略参照，会很明显地发现，冰河时代的大部分时间既不是全冰期，也不是间冰期，而是介于两者之间。这个中间状态也不是一成不变的，但是显示了疏林景观与空旷荒原景观之间的重要区别。在这样两种情境下，动物种群都会生长得极为健壮，尤其是在开阔的干草原冻土带。在那里，有成群的野牛、马、马鹿和驯鹿以及猛犸和长毛犀牛、大角鹿、麝牛、欧洲野牛，还有一些地区分布着野生山羊、岩羚羊和野绵羊。群居的肉食动物也有很多，狮子、鬣狗和狼；而巨大的洞熊也很常见，巨大的体型提高了它们对寒冷气候的适应力。

在开始于13万年前的末次间冰期，这时的动物群与其在更为开阔的环境下种群与食物数量均达到峰值的情况颇为不同。我们仅仅找到了梅氏犀牛、长牙象、河马和黇鹿。在距今仅1.8万年前的末次盛冰期，欧洲大陆大部分地区资源减少了，在两个冰盖之间的中欧地区资源尤其匮乏。这些关于更新世时代探索的结果是，我们不能再把寒冷作为早期移民的主要限制因素。动物种群的减少及其迁移导致陆地景观随之变化，这些构成了欧洲各区域之间复杂的关系图景。影响人类早期殖民扩张的关键是能否适应越发呈现季节性变化特点的环境因素，这一点在北欧地区尤其明显。

最早到达者

关于欧洲大陆何时有人居住，仍然存在一些不确定的答案。地中海人声称他们拥有可追溯到100万年至180万年前的文物。主要的断言来自奥弗涅（Auvergne）的尼斯（Nice）和希拉克（Chillac）附近瓦隆内（Vallonnet）洞穴遗址的几件有加工痕迹的石器。这种材料在形制上类似于东非奥杜瓦伊峡谷（Olduvai Gorge）的石器，由非常简单的石片和一些砾石切片工具组成。材料中没有原始人类的遗骸。这些工具的年代很重要，因为近年来在撒哈拉沙漠以南非洲之外的中国和东南亚发现的直立人，经鉴定已经具有100多万年的历史。有关欧洲的古文物更早的主张是不符合这一情况的。有一点是非常肯定的，基于其原始的外表就将这种制作简单而粗糙的砾石工具赋予非常古老的地位，这种做法将不再站得住脚。放弃这种想法的一个很好的理由，是基于阿舍利文化的出现，它的手斧和切片器具在东非是用大石片制成的，并且经测年后其可以追溯到160万年前。如果这些被看作是一项先进的技术，当与奥尔德沃（Oldowan）的砾石工具和石片相比时，那么发现于欧洲稍晚阶段的同一种材料，如何根据其外观来确定它的年代归属？

在欧洲，出土了大量的古文物、通过不同的绝对测年法对年代鉴定进行反复核对的距今最早的遗址，是罗马东南部的伊塞尔尼亚拉皮奈塔（Isernia La Pineta）。该遗址的重要性在于它的地层位置，恰好就在布容–松山界限火山层之下，钾–氩同位素测年证实其至少有73万年的历史。该遗址拥有丰富的动物群，已灭绝的野牛的遗骸堆积在河流沉积相中。这些骨骼中有几千块石片和砾石工具。遗憾的是，这里没有原始人类（早期人类）的遗骸，但是凭以上证据，与中国和爪哇（Java）的年代推算相比，来自撒哈拉沙漠以南的非洲的拓荒者可能在距今70万年到100万年前到达了地中海地区。部分砾石工具的历史已经追溯到距今90万年前，这可能是拓荒者留存在此的零星证据。

在更广阔的人类进化图景中，这个时间点似乎已经非常接近了。目前发现的最早的原始人类化石位于东非，距今约400万年。基因证据表明，在这些最古老的化石被发现之前大约100万年，黑猩猩和原始人类就已经分化了。200万年到400万年前，非洲东部和南部都分散有原始人类的种属。这包括南方的"猿人"——南方古猿，它们的体型有纤细型、粗壮型和极为粗壮型。分布广泛的"非洲南方古猿"，目前被认为是纤细血统中的始祖化石，它发展为能人（能用手准确把握器物的早期人科成员），至少经过160万年后又发展为直立人。粗壮的"猿人"在大约130万年前，甚至可能是110万年前还仍然存在。然而，值得关注的是，直立人所拥有的大脑，其脑容量与现代人相比较低。最近在肯尼亚发现的一具12岁的骨骸，其身长为1.68米，同时伴出了一块具有鲜明阿舍利先进工艺风格的石器。阿舍利工艺从撒哈拉沙漠以南的非洲传播到旧大陆的其他地区应该需要花费50万年的时间。这有力地表明，早期人类的扩散与直立的双腿、大的脑容量以及技术没有关系。

目前有利于解释这一规则的一个论据来自深海记录。许多古生物学家指出，包括动物和原始人类的化石物种的中断，正好与250万年前第一次弱冰期的发生时间相吻合。更深层的波动，除与分散相连的这一规则外，被认为与大约距今90万年前的气候周期持续时间的变化有关。这些论点使环境在推动物种形成和分散的速度方面，发挥了非常决定性的作用。然而，在这种相关性被认为是因果关系之前，有必要证明新的气候周期性规律和气候条件的发生与生物学或行为反应之间存在时间差。

相对于这种决定论，另一种观点考虑到了在撒哈拉沙漠以南的非洲地区，由于直立人的漫长坚守，他们创造出属于自己的有利环境。换言之，由于一些行为上和社会上的限制，他们无法通过热带大草原以北的这些资源匮乏的地区，只能滞留在撒哈拉沙漠以南。与其等待一个友好的环境来打开窗口让他们通过，倒不如通过发展新的行为策略说服他们主动打开窗口更为合理。这显然涉及扩大社会的规模，包括相互协作、互相交流，以及由于长期集体生活而缺乏的个人与小群体间的合作能力，这一点在日益季节性的环境中变得逐渐重要。

原始人化石

最早出现在欧洲的人类只能从人工制品中得知。我们第一次鉴定他们的年代、见识他们的样子，要比在地中海地区伊塞尔尼亚（Isernia）所发现的大量的破损石器晚大约30万年。正如斯特林格（Stringer）所表明的，到这时，最早的欧洲人已经经历了自己的地域演化。因此，德国的斯坦海姆（Steinheim）遗址和比尔津斯莱本（Bilzingsleben）遗址、希腊的佩特拉洛纳（Petralona）遗址和英格兰的斯旺斯柯姆（Swanscombe）遗址的化石不再被视为直立人，而是一个新的人种——智人。主要的进化不仅在于头部尺寸的增加，还伴随着大脑大小的变化，以及牙齿的减少。然而，头骨依旧非常坚固，颅壁较厚，眉脊发达，其他骨骼状况知之甚少。因此，这些化石头骨还未能充分地鉴定出年代，但推测应距今40万年到

20万年，归类为"早期"智人，以区别于他们更晚的后辈，以及被认为是其起源的早期的非洲直立人种。人们普遍认为，只有一个来自欧洲的标本属于直立人，根据一些未经证实的绝对年代表明，它可能已经有60万年的历史。这就是1907年在海德堡（Heidelberg）附近的毛尔（Mauer）沙坑中出土的一块大的下颌骨。

这个唯一的发现始终似谜一般。赫伯特·乔治·威尔斯（H. G. Wells）在《世界简史》（*A Short History of the World*，1929）一书中这样描述这块颌骨：

> 这片颌骨对我们人类的好奇心来说，是世界上最令人懊恼的东西。看它，就像是透过坏了的望远镜窥望过去，只瞥见这种模糊而诱人的动物，在荒凉的旷野中蹒跚着前行。它们为了避开剑齿虎而不得不攀爬，它们惊悸地窥视着长毛犀牛在森林里走来走去。这怪物，在我们尚未看清它的真面目之前，已然消逝。

这就好像是关于雪人、阿尔马斯野人和大脚怪的传说复兴一般。可惜，这种想象力正如人们对布勒米人、多毛野人的信念一样，都是毫无根据的。或者更像刚刚在第一次世界大战之前伪造的实际上并不存在的皮尔丹（Piltdown）人欺诈事件，这个骗局是由一名有头脑的英国人伪造的，可与粗壮、锉牙的德国人下颌骨相提并论。但是就像倒下去就起不来的人一样，皮尔丹人最终在1953年轰然倒塌，当时韦纳（J. S. Weiner）、奥克利（K. P. Oakley）和勒·格罗·克拉克（W. E. Le Gros Clark）揭穿了谎言，表明这是一个粗劣的赝品：未成年黑猩猩的下颌骨上面安插着一片来自中世纪的头骨，头骨表面的颜色是染上去的，牙齿也是人工磋磨的。这意味着，近90年来，毛尔出土的下颌骨一直是欧洲藏品中最古老的化石。

与过去30年在非洲洞穴遗址和露天旷野遗址发现的丰富化石相比，能够证明欧洲是最早的人类发源地的证据确实很少。当我们看到20万年前的早期智人，即欧洲大陆最著名的尼安德特智人遗骨的进化序列时，这种情况才发生改变。人们普遍认为，欧洲和近东的尼安德特人直接衍生自中更新世的古欧洲人。随后的考古发现，诸如法国南部的阿拉戈（Arago）遗址和北威尔士的纽布里奇（Pontnewydd）遗址，分别展现了尼安德特人面部的进化和齿根的增厚，这些是在后来的种群中发现的一种原始特征。但是，尽管具有这些变化，尼安德特人仍旧保持了非常粗壮的头骨，以及与之相匹配的骨骼，包括结实的肌肉和非常粗大的躯干。

更大的头骨也意味着更大的大脑。对于现代人来说，大脑的体积在1600立方厘米之内。之所以为此大小，可能是由于气候因素对生物尺度的影响，因为今天人们发现，在远离赤道的地方，头部尺寸的增加是很常见的。这种变化的发生，是由于体温调节机制的作用，旨在减少调节诸如大脑这样一个珍贵器官的温度时其新陈代谢的支出。细长低平的尼安德特人头骨，由于枕骨呈圆拱状，前凸的面部位于发达的眉脊之下、平的下颌之上。牙齿很大，鼻子也很大，这样可以使空气温暖地吸入，以便保护大脑。已发现的尼安德特人遗骸的数量相当可观。值得强调的是，他们大多死于末次间冰期之前的欧洲西南地区的洞穴和岩棚中，遗骸的保存状况特别好。找到完整的骨骼，就意味着我们可以探寻由骨骼所反映出的生活方式。

尼安德特人的骨骼短而粗壮。男性平均身高165厘米，肩胛骨宽大，而女性则要矮10厘米。性别差异度并不像中国的直立人等早期的原始人类那样明显。然而，男性和女性都具有健壮的体格，腿短但是身体宽大；而在后来欧洲的解剖学意义上的现代人种群中，女性具有更细长的骨骼解剖学结构。以现代种群为参照，对这些肢体比例最好的解释就是一种适应性的改变，即为了适应长期寒冷的气候而形成的。粗大的体型与健壮的骨骼可能暗示他们长时间的耐饥能力也得到了发展。这是一种应对季节性的方式，尤其是冬季食物资源匮乏时。在缺乏完全发达的食物储存系统的情况下，依靠在食物充足的季节所积累的脂肪储备，可能是克服食物短缺的一种方式。

从这点来看，将尼安德特人的面部和体格解释成是为了适应季节的波动，似乎更为准确，这种情况不仅是为了应对寒冷，也是随着经纬度的增高而变化。的确，尼安德特人似乎已经很好地适应了气候条件的变化。然而，一项对他们在北部和南部部分地区迁徙历史的研究表明，随着气候周期性的循环变化，他们的人口在减少和流动。因此，我们在西欧一些地区末次间冰期的最温暖阶段没有发现他们的存在；在极端冰期的冰河槽谷中，他们也没有出现。从寒冷到干燥再到温和的气候变化，其控制因素似乎要么是森林与开阔的草原环境之间的平衡，由此产生的动物资源分布密集、种类丰富，在局部地区形成一个大型的混合动物群；要么是由于冰川边缘带对植被造成的破坏，使得这些资源变得稀少。

当他们在这样的栖息地中获取食物时，骨骼就呈现出一种艰苦而强劲的生活方式的痕迹。特林考斯（Trinkaus）指出，在伊拉克沙尼达尔（Shanidar）洞穴遗址出土的尼安德特人的骨骼中，在其肩部和臂部，发现有几处愈合裂隙。根据这一证据，瓦列里乌斯·盖斯特（Valerius Geist）将尼安德特人的狩猎方式描述成在近距离猎杀大型动物。要做到这一点，就得使用尖利的短矛，以能致命的三角形的大石头尖状器为其尖端，在与野牛、马和鹿的对抗性的遭遇中，使用凶猛的力量挥舞这种工具，能够导致猎物大量出血。他甚至认为，身材巨大的尼安德特人强大的手握力，能够紧紧地抓住猛犸的长皮毛，以便能牵制住猎物，奋力将其杀死。虽然这种解释不那么令人信服，但尼安德特人的骨骼所具有的明显证据，确实表明他们经历了伤痕累累的生活方式，这对男性和女性都是共有的。由此展现的情况很有可能是两性都能自食其力，而且在很大程度上实行独立的分食制。

早期人类的问题

关于这些最早的欧洲人类，考古记录还能告诉我们什么？他们是如何利用技术和物质文化来生存的，他们的行为与我们有何异同？

回答这些问题不可或缺的第一步，取决于我们对考古学时间维度内对证据组织与理解的把握。上一部分指出，从后来的欧洲原始人类的解剖学证据中可以得出一些结论，他们大多死于末次间冰期之前。确定这些距今12万年到4万年前洞穴遗址和露天旷野遗址的年代区间，得益于通过热释光定年法在测定灼烧过的燧石和沉积物年代方面的重大进展。与此同时，展现旧石器时代中期更广泛的石器工具组合的一个初步年表形成了，它可以追溯到距今25万年前，其中包括一些早期智人。

这个已经得到改进的年表，能够显现出人类在73万年前至4万年前这一漫长时期出现的巨大发展。尽管似乎难以察觉到颅骨和技术的变化，但这并不是一个停滞的时期。重大的年代标志可以排列在距今20万年前，人类在此时进入旧石器时代中期。而在末次间冰期之后距今6万年至4万年有一个明显的先期阶段，从几方面但并非所有的方面预示了旧石器时代晚期的到来（见第二章）。

我们的问题就是阐释这些碎石和被切割的动物骨骼在过去的行为中所代表的意义。早期的行为模式与现代的行为模式有很大的不同吗？如果真的有，又有哪些不同？仅仅因为他们制造了石器，并不一定能说明差异，因为这种工艺已经承袭千百年之久，而且这些早期文明时代的人类仍有可能具有制作旧石器时代晚期古物的技术潜力；对此，大多数考古学家都认为这种情况也等同于任何一个现代人，只是现代人选择不使用它。由于局部和发展历史在本质细节上的不同，黑猩猩与人类在根本上是不一样的；但是它们非常通人性，从某种意义上来说，这并不会使它们变得低劣或不一样。当然，这些早期人群是成功的，他们在更新世时期欧洲地区的长期存在证明了这一点。

从表面看来毫无希望的证据中解决这些问题，是研究旧石器时代的考古学家所面临的任务。解决的办法就是，必须减少对石器和人骨的关注，不要将其作为比较对象和讨论相对智力与潜力水平的重点，而是要想方设法研究这些古人类是如何组织起来的。当然，被我们称为社会组织或者作为经济和生存战略来研究的这种行为类型，对考古学家来说是隐藏起来的。石器是不会讲述故事的，不管它们被磨损得多么厉害，也不管它们所显示的年代是多么准确。行为的重建取决于将尚存的证据置于可以解释它的背景中。实现这一目标的方法，就是运用考古学家的第二维度：空间。

时间与空间中的原始人类化石

让我们从三个短时段的宿营遗址证据开始，方便起见，我将其列为原始时期、远古时期和拓荒时期。

时段	时期	遗址
距今73万年至20万年	原始时期	斯旺斯柯姆（Swanscombe）遗址、佩特拉洛纳（Petralona）遗址、斯坦海姆（Steinheim）遗址、阿拉戈（Arago）遗址
距今20万年至6万年	远古时期（早期尼安德特人）	纽布里奇（Pontnewydd）遗址、拉科特（La Cotte）遗址、拉谢兹（La Chaise）遗址
距今6万年至4万年	拓荒时期（晚期尼安德特人）	圣塞泽尔（Saint-Cesaire）遗址、穆斯特（Le Moustier）洞穴遗址、摩洛多瓦（Molodova）遗址

　　沉积物中石器和骨骼的空间排列，包含了大量有关遗址如何形成以及过去人类的空间范围和其他错综复杂的信息。当我们观察可追溯到中更新世的保存完好的原始时期的遗址时，会发现缺乏构成宿营遗址的常见特征。这其中包括建好的壁炉、可能表明帐篷位置的柱洞，以及用来放置燧石和动物骨头的被单独分区的废弃物品区。综观整个欧洲的遗址，如匈牙利的维特斯佐洛（Vertesszollos）遗址、法国地中海地区的泰拉–阿玛塔（Terra Amata）遗址和英格兰的霍克森（Hoxne）遗址，都有灼烧过的燧石和木炭碎片遗存，但没有任何确凿的证据来证明壁炉、棚屋的存在，或长期居住在一个地方的人在居住面上的分区。相反，这些遗址所展现的是分布稀疏的碎石块、动物骨头——其中一些被屠宰并且其表面带有石器的痕迹，以及其他的一些碎片，包括未加工的石核。这种材料的布局通常没有任何清晰的结构或图案，就像我们常常被问到——宿营地在哪里？

　　在这种情况下，也不能归咎于保存不善。虽然这些遗址非常古老，但它们也是整个欧洲史前时期遗址名单里保存得最好的那些。在泰晤士河流域的斯旺斯柯姆遗址，或英格兰南部海岸的一处浅海崖上的博克斯格罗夫（Boxgrove）遗址都保存得异常完整。如斯旺斯柯姆遗址，在保存着已灭绝的鹿类脚印的同时存留有石器的淤泥处，细颗粒沉积物最多使原沉积物位移不超过几毫米。现存新石器时代到铁器时代遗址受到沉积作用的破坏非常大，在那里，我们大部分的证据来自次生堆积，如被用来放置垃圾的坑和沟。与之相比，那些中更新世的遗址和景观令人惊讶，也是一项引人注目的考古资源。如果他们搭建了帐篷和棚屋，那么在近地表的地方会有很大的机会发现那些柱洞、铲子，甚至窖穴。

　　这些遗址中的大多数可以通过对埋藏于原生环境中的遗骸辨别，确切地说来自50万年前到20万年前遗弃它们的位置，也就是利用砍砸器和其他石器肢解、分割动物骨架，剥肉取髓的地方。当前人们对早期技术的兴趣，就像上文提到的，使得人们投入极大精力分析石核减少和手工制品生产之间的因果关系。这种石器拼图揭示了许多个体敲打石头的活动，在发掘面积足够大的遗址时，可以显示出从选择石核到粗加工、制成石片、打制成双面工具（譬如手斧）的不同阶段，石片的使用和丢弃都是发生在相对较短的距离内。在博克斯格罗夫遗址初步揭示的迹象表明，燧石石核是从坍塌的海崖上剥落下来的，并进行了一些初步的打制。然后，这些石块被运送到500米以外的地方，在那里进行进一步的挑选、使用和丢弃。这意味着，整个顺序是缓慢而有节奏地进行的，以分钟为单位，至多几小时。至于石器工具的长远规划，并不是原始人行为的一个常规部分。值得指出的是，现有的原材料一般都是当地的，远至10千米至15千米的路程都是正常的，大概属于每日觅食的范围。已知的一个特例，距离长达100千米。因此，在缺乏细粒岩石的地区，譬如缺乏燧石或黑曜石，我们发现原始人使用的是粗粒的玄武岩和石英岩。这是因为玄武岩与石英岩的断口也是锋利的。

在中更新世末期的古人类中，这一模式开始发生变化。现在有证据表明，原材料的运输距离其已知的地质来源要远得多。绝对距离仍然不大，最大的距离通常在80千米至150千米，最大绝对距离为300千米，但显然超出了古遗址证据所显示的以小时和分钟为路程单位的迹象。此外，他们生存空间的结构也有变化。在尼斯附近的拉扎瑞特（Lazaret）洞穴遗址，就在洞口侧壁附近，有两个清晰的火塘。它们周围是常规的垃圾堆积，其中包括碎石和动物骨头的残骸。这些堆积呈半圆形排列，虽然发掘者倾向的解释是，这个堆积形态是由洞穴内充当屏障作用的撑开的皮制帐篷导致的；但更有可能的是，围绕炉膛而坐的人应该对此负责。

这种堆积并不存在于所有的岩棚中。在位于多尔多涅距今12万年以前的沃弗里洞穴（Grotte Vaufrey）遗址的第八层，由于缺乏火塘，燧石材料的分布形成了一种完全无组织的排列形式。西梅克（Simek）的详细分析表明，工具类型及其空间分布的组合指向非特定的和无序的行为。从这一证据来看，很难认为他们去那个地方时考虑到了特定的活动，例如去猎马。相反，他们会设法利用到达时所发现的东西。

这一时期，大多数遗址的结构仍使人联想起前一个时期。在洞穴和岩棚中，材料的使用越大，或者保存的材料越多，有时确实能够提供证据，正如从原材料运输中获得的迹象一样，它们证明了土地利用体系和生活方式的规模已经扩大。位于泽西（Jersey）岛花岗岩海岬的拉科特（La Cotte）遗址，就是提供新证据的一个很好的例子。这一裂开的遗址中含有大量的沉积物，其中通过热释光定年法测定灼烧过的燧石提供的最古老年代，在距今27.3万年至20.3万年。这表明遗址中的C层和层级进入第7阶段的间冰期，在我的分类表中它接近于原始时期的末端。这一时期，在沉积物中，无论是石器工业还是材料的排列结构，都没有什么特别之处。在大约18万年前之后的同位素第6阶段，发生了变化，当时在第3层和第6层，从防护崖下发现了两堆显著的动物骨骼。它们包括猛犸和长毛犀牛的某些部分。尽管这两堆骨骼的构成差别很大，但猛犸的头盖骨、肩胛骨和骨盆是最常见的组成部分。人们认为，这一小群动物惊慌地跳下悬崖后又被拖到这一位置，从而变成这个遗址的一部分。当被古人占领时，拉科特大概已经成为连接泽西岛和法国大陆干燥平原上的一个突出地标。

虽然这些骨堆的意义尚不清楚——如果它们是贮存品，那为什么要丢弃它们呢？——它们的存在，表明了大件物品的积累和放置，与原始时期的考古记录形成了鲜明的对比。在距今20万年前之后的这段时期，情况也是如此，涉及石材资源更精细、加工程序的证据越来越多。一方面，增加了勒瓦娄哇或石核制成技术的使用；另一方面，原材料更为经济，拉科特遗址后来的地层也很好地证明了这一点。一项关于石片手工制品的深入研究，揭示了二次加工的行为，古人为了打制切削刃，仔细地打磨尖锐的长石片。这种情况在遗址中同位素第6阶段的那些堆积物中最常见，随着从燧石到粗石数量的减少，二次修整的长石叶越来越多地被使用。这种有效利用的行为，将这一时期与作为早期概述的最早的石器"档案"联系起来。

最后一个阶段是拓荒时期，之所以如此命名，是因为在这个阶段的宿营遗址，更常发现的是我们期望能在它们身上找到的那类特征，其他许多方面的技术与我们在旧石器时代晚期围绕现代人所发现的东西密切相关（见第二章）。从露天遗址可以识别到建造良好的火塘，譬如葡萄牙的维拉斯瑞沃斯（Vilas Ruivas）遗址和德涅斯特河（Dnestr）的乌克兰（Ukrainian）沿岸的摩洛多瓦一号（Molodova I）遗址。在后一个遗址里，表土已被大面积揭露，揭示了猛犸头盖骨和驯鹿鹿角的分布图，许多人将此看作茅屋建立的证据。一个更审慎的解释是，当火塘点燃时，它们充当了防风墙或有时起到了防御的作用。无论最终结论如何，这个遗址上的结构和排列方式都是早期生存空间巨大进步的证据。

正如人们所预料的，原材料运输反映了更广泛的交流和活动规模的再次扩展。相较于西南地区末次冰期早期较少的周期性极端气候而言，这些活动范围在欧洲大陆腹地要大得多。这种差异可以在强调资源对相对行为规模影响的区域理论的背景下加以理解。在这种情况下，我们了解到在欧洲大陆的一些地区，在寻找猎物方面有更大规模的活动，这些样本是检验旧石器时代资料的一种有效方法。

使用这一区域理论的另一种方式是考察房屋使用的数量和规模。通过对北欧和南欧地区洞穴和岩棚中的远古时期和拓荒时期的遗迹和遗物进行比较，可以看出一些显著的差异。在北部，大型的遗迹很少，也很少见到拥有多个层位关系的遗址。为了复原足够的遗物来进行类型学研究（通常认为最低要求是100件），必须大量发掘遗物。必须强调的是，就像在英格兰的肯特（Kents）洞穴、德国南部的伯克施泰因（Bockstein）洞穴或前捷克斯洛伐克摩拉维亚（Moravian）岩洞的库尔纳（Kulna）洞穴出土的遗存所证实的那样，史前人类在原始时期、远古时期和拓荒时期都是以小型人群存在的，而且分布稀疏。这不足为奇，因为北欧和更多的欧洲大陆地区是受间冰期、冰期不断的气候波动影响最大的地区。这些地区一开始是每7万年，之后是每10万年，就经历一个完整的冰期循环。这主要体现为：在冰期通过冬季积雪覆盖牧草使得草食动物取代了林地动物；在间冰期通过森林覆盖率的增减来影响主要动物种群资源如野牛、马和马鹿的丰裕程度以及它们分布的密度。

相比之下，南欧和地中海地区的洞穴和岩棚遗址讲述了一个完全不同的故事。拥有多层堆积的遗址数量非常多，而且每处遗址的石器数量多到不可思议，都超过了100件。同时还有丰富的石器窖藏，包括大量打制过的工具和碎石。最后要说的是，探沟的发掘面积往往较小，这反映了地下遗物埋藏的密度较大。然而，如果将这些情况进行比较，必定会得出这样的结论：在以更新世为代表的较长时期内，史前人类几乎一直占据着南欧和地中海地区。

个别石器的"档案"在拓荒时期是非常突出的，虽然这只能代表个别案例，但却被描述成在末次间冰期以前所有莫斯特时代器物的特征。在这些打制过的石器中出现了一个新颖的案例，那就是极富辨识度的抛射形尖状器。在此之前，这些石器的形制都是普遍存在的，诸如三角形的勒瓦娄哇尖状器或打制过的莫斯特时代的尖状器。在欧洲的许多地方都发现了一些精心制作的小的尖状器遗物，统称为叶形尖状器，因为它们往往两端较尖，可追溯至距今6万年到4万年。这些尖状器是利用研磨技术制成，完全具有旧石器时代中期的特征，而器物中的其他石片和打制件则可归为莫斯特（Mousterian）文化。著名的例子有，德国南部石灰岩高地的毛尔恩（Mauern）和乌尔施普灵（Ursprung）的洞穴。这些都是小型遗物，就毛尔恩洞穴来说，只有113件打制石器来自F层，正如奥尔斯沃斯-琼斯（Allsworth-Jones）所说的，其中几乎一半是叶形尖状器，类似的情形在其他地方和时段都很少见。

有趣的是，在距今4万年前后，在最早的一些旧石器时代晚期石器制作场地中，如肯特（Kents）洞穴、波兰南部的耶兹马诺维采（Jerzmanowice）洞穴和匈牙利比克山（Bukk）的伊斯塔洛斯科（Istallosko）洞穴，都发现了与这些独特石器大致相似的器型。切割器不是以石片工业和处理过的骨器形式存在，而是以抛射尖状器的形式出现，这意味着技术传统的代际转变。这些遗物也是小型的，而且具有地域特色，这表明其生产和使用背后的人群之间也可能具有相似的生产组织形式。

标型器——地质学上被称为"标准化石"，以后才为人所知，这是旧石器时代晚期的一个显著特征。无论其风格化造型的成因是什么，就是这种在特定的时间和地点产生的一系列标型器，使得考古学家对年代范围不详的，甚至是未经证实的一些文化材料，都能将其十分确定地归入如奥瑞纳（Aurignacian）文化或马格德林（Magdalenian）文化中。值得注意的是，在原始时期和远古时期，这是不可能的。这两个石器确实存在一些标型器，例如21种类型的手斧或各种类型的燧石边刮器，但这些几乎在欧洲的任何地方和任何时候都可以制成。沃弗里洞穴遗址提供了一个很好的例子，在该遗址的第八层出土了一个典型的莫斯特文化器物标本，在通过热释光定年法进行绝对年代测定之前，人们就可以根据其器型特征判定其年代在末次间冰期之前。现在我们知道它属于第6阶段，恰好在末次间冰期之后。东安格利亚（Anglia）地区亥洛奇（High Lodge）遗址出土过一些旧石器时代中期打制过的端刮器，这些石器的外观引起了有关这一遗址年代的长期争论，现在通过上述方法已确定该遗址年代为距今至少50万年。

在拓荒时期，叶形尖状器也不是唯一的独特文物。梅拉斯最初对博尔德和宾福德夫妇提出反对的案例，譬如在孔布-格雷纳尔岩棚和洞穴遗址的主要地层中，有可能发现博尔德5个可测变量中的一部分确实是按时间顺序排列的情况。特别是具有阿舍利传统的莫斯特文化，它包括的两种形式A和B，在地层堆积中总是处在较晚的层位中。早期莫特斯文化的特征是三角形的手斧，其样式和细致的修饰确实名副其实。在所有的手斧类型中，这是唯一符合标型器条件的，并且具有一定的时空精确度。

在拓荒时期，有一些线索预示着旧石器时代晚期人们已经对石器技术的使用和制造有了规划。这并未使他们的活动充满现代性，但确实使他们区别于较早的原始时期和远古时期，正如我们将在下文看到的。反过来，在他们内部又通过统一的归类而彼此区分开来，最初是由博尔德在石片工具器物中来区分的。这种情况发生在距今20万年之后，博辛斯基（Bosinski）将其描述为文化行为发展的一个门槛。克拉克将在中国和非洲都能普遍看到的现象：在遗址中反复出现的遗器组合，以及间或具有的区域性中心，确定为中石器时代的一个特征。欧洲考古材料的分布与这一变化相吻合，但是范围明显扩大。博辛斯基还指出，正是在这一时期，在不适宜居住的北欧平原，例如汉诺威东南的扎耳茨吉特–莱本施泰特（Slzgiatter Lebenstedt）首次发现有人定居。然而，同样值得注意的是，对这片土地的使用主要集中在其西部一隅。我们要等到拓荒时期才会看见乌克兰和俄罗斯平原上的第一批居民，例如布良斯克（Briansk）附近杰斯纳（Desna）河上的霍特列沃（Khotylevo）遗址。在这里，用勒瓦娄哇技术加工制作的大双面尖状器数量非常丰富。在北部地区高地和东南部地区，叶形尖状器的情况也是如此，很可能代表着人类活动范围的扩大，因为这些地区原本会随着冰期循环（glacial cycle）中期资源的减少而被放弃。正是出于这些原因，我把距今6万年至4万年这一有趣的时期称为拓荒时期（Pioneer phase）。

同一时期还发现了大量完整的尼安德特人骨骼标本，其中很多都没有做年代测定。但在莫斯特，有两具骨骼被认为来自该遗址的J层，最近的一项热释光测量已经测出这一层位的年代在距今3.7万年至4.3万年前。来自以色列喀巴拉（Kebara）洞窟的骨骼，经一系列热释光取样鉴定后，认定其年代为距今6万年前拓荒时期的初期。这些迹象表明，费拉西（La Ferrassie）洞穴遗址和圣沙拜尔（Chapelle-aux-Saints）山洞遗址的完整骨骼可以追溯到同样的年代。正如梅拉斯（Mellars）最近所主张的，即使它们年代古老，也不太可能超过距今7万年。

这些完整的骨骼可能是拓荒时期的特征之一，当我们试图解决它们是被埋葬的还是只是意外地得到保存这一问题时，这些可能性是最令人感兴趣的。支持有意埋葬的证据是，尸体被埋在人工挖掘的坑里，有时还有石头和其他大型物体的防护。尸体位移严重，因此无法观察到清晰的葬俗。

但在费拉西洞穴遗址，同一墓地中埋葬了不止一具遗骸。这是值得注意的现象，因为一般情况下每个人的墓地是独立的。我们也很难将那些工具与动物肢骨归为随葬品，因为这些物品出现的层位往往叠压在包含遗骨的层位上面。在伊拉克的沙尼达尔尼安德特人洞穴遗址，遗骨上的花朵曾经被用于对其周围地表的花粉颗粒研究。然而，由于特纳（Turner）最近已经证实花粉颗粒可以通过堆积物移动，因此这里有必要谨慎些，它有可能是这些墓主死后才进入的。

反对有意埋葬的理由在于墓葬的年代——如果热释光鉴定的年代继续停留在一个相对晚近而且有限的时间范围里——以及发现这些遗骨的地方。欧洲大多数尼安德特人的遗骨来自西南欧地区。为数不多的例外是比利时的斯北（Spy）洞穴遗址，以及1856年的原始出土地点；在地中海地区的霍图斯（Hortus）和克拉皮纳（Krapina）洞穴遗址中发现了与尼安德特人体质相似的遗骨残片。多年来，这些非同寻常的残骸引起了人们对食人行为的联想；但更有可能的是，鬣狗、豹子和狼等肉食动物也在使用这些洞穴，它们也可能是形成头盖骨和长骨损害的原因。在西南欧值得注意的情况是，在出土过完整的尼安德特人遗骨的岩棚中，这些肉食动物的骨头通常却少有发现。也许，较温和的海洋性气候使得肉食动物并不需要将岩棚作为巢穴来使用，因此人类迁居其中后遭到毁灭的可能性就会大大降低。在以色列和近东的洞穴遗址中也同样发现了少量的尼安德特人遗骨，其他地区则发现了完整的遗骨。

削弱有意埋葬论的最终报告来自这样一个事实，无论是远古时期还是拓荒时期，没有一具完整的尼安德特人遗骨发现于露天遗址。正如我们将在下一章中看到的，距今4万年之前的旧石器时代晚期墓葬确实出现在露天营地，如莫斯科附近的松吉尔（Sunghir）遗址和前捷克斯洛伐克靠近布尔诺（Brno）的多尔尼-维斯托尼斯（Dolni vestonice）露天遗址。也正是这个时候，开阔平原上活跃着数量巨大的肉食动物种群。但埋葬在墓地里的墓主心中应该没有这种困扰，因为他们的墓室都被精心修整过了。

综合证据，我得出的结论是，尼安德特人的墓葬之所以能够保存，是因为它的运气好：温暖适宜的气候，使得那里的肉食动物和尸体分开的时间足够长，也使得后者能够作为完整的骨骼幸免于难；山洞为埋葬地点提供了保护。那些实行埋葬仪式的人，他们的意图是未知的，但可能更多的是与尸体的处理有关，而不是频频提及的令人着迷的有关保存、来世、宗教和象征性的动机。当然，在浅坑墓中完整的尼安德特人遗骨与西方墓葬传统的相似性，导致了那些在20世纪早期首次发现它们的人得出了另类结论。然而，必须记住的是，刚才提到的这些"考古学家"也是根据正在使用的石器，从西方的传统之外来寻求证实，确认澳大利亚土著人即使不是鲜活的代表，也是具有与创造了欧洲莫斯特文化的尼安德特人相同的意义。然而他们并没有从澳大利亚土著居民有意处理他们尸体的纷繁多样的方式中寻求到对旧石器时代墓葬案例的支持。

这些墓葬使我们对象征行为是否在旧石器时代晚期的现代行为之前就已经存在有了一个了解。拓荒时期是讨论这一问题的合适范围，因为正如我所表明的那样，在诸如原材料和标型器的广泛传播等方面，毫无疑问预示着整个旧石器时代晚期的到来。如果象征行为也能够被证明，那么就为这一时期确定了基调：拓荒时期是随后向旧石器时代晚期发展的一种过渡形态，而不是由欧洲半岛以外的行为体系将欧洲本土文化简单地取而代之。

除墓葬之外，对象征行为的主张还依赖于三条证据——自然文物、露天遗址和洞穴中的遗址，以及石器风格。第一类包括从不同时空的遗址中收集的各种材料。被刺穿的驯鹿趾骨、划伤的肋骨、骨架，以及匈牙利塔塔（Tata）遗址中出土的用猛犸的牙抛光制成的薄板。在几乎所有事例中，正如戴维森（Davidson）和诺布尔（Noble）主张的，这些都可以用更简约的方法来解释，比如刺痕是由于肉食动物牙齿的穿刺，或是由于它们用獠牙掘开已经入葬的遗骸时造成的。利用石器进行的屠宰也会留下看起来比动物牙齿更为规则的痕迹，但这并不意味着这些标记具有象征意义。塔塔遗址出土的抛光的猛犸象牙是唯一值得认真考虑的物品，主要是因为没有存在明显的功能解读。它是一件孤品，因此难以解释。但是，仅凭一个物品是否能成为构成和指导一系列象征性原则组织行为的根据？

对遗骨所谓的"排列整理"则更不能令人信服。在西班牙的托拉尔瓦（Torralba）古遗址，一排排的大象长骨曾被认为是被人类有意如此放置的，但对它们进行动态模拟表明，是河流的作用导致了它们的"有意"队列。在几个高海拔的瑞士洞穴中，广为引用的洞熊头盖骨的"箱子"也一定要被忽略。由于经常使用深邃的洞穴作为冬眠的巢穴，当洞熊将先前在睡梦中死去的占领者的骨骼弃于一边时，就产生了许多奇异而绝妙的排列形态。尼安德特人用洞熊的头盖骨填充了特制的石柜，这是旧石器时代生活中最惹人喜爱和最长久的形象之一，但遗憾的是，没有可供支持的证据。这是一个敞开的光秃秃的"箱子"。

最后一条证据来自石器及其有限且经常重复出现的形制。奥克利（Oakley）指出，一些手斧在燧石内含有化石贝壳，原始人在打制石器时将这些贝壳精心保留了下来。尊重这些美丽的物品，坚持一种石器形制，有时会被认为是象征意义上表达思想存在的有力论据。然而，必须记住的是，我们是灵长类动物，具有模仿的特质，学习是通过仿效我们所见之物，而不是我们听到的指示来进行。这种模仿行为足以制造石器，而现存的留在洞穴内的和沿河休憩点的遗物则可作为现成的模仿范本。博尔德所倡导的观点是，他的5个尼安德特部落中的每一个都有制成专门用途的石器，如果认为他们希望用石器来表达自己的部落身份，这似乎是过去将英国卷伞（English rolled umbrella）和法国长棍面包（French baguette）作为身份象征一样，根本没有这个必要。

因此，正如戴维森和诺布尔所主张的，欧洲的这些早期原始人类最好被视为以工具作辅助的原始人。这与运用文化的人类形成了鲜明的对比：在后者的情况下，以工具、服饰、装饰品、房屋等形式的物质文化是一种汇聚和传播信息的媒介。只有当存在一套经广泛认可的象征性规则的时候，文化的运行才有它的意义。我不认为这种能力存在于旧石器时代晚期以前，因为在拓荒时期，原始人类没有诸如钻过的狐牙、穿孔的贝壳和其他可作为身体饰物或缝在衣服上的物品。这些物品在距今4万年之后是普遍的，呼应着法伊弗（Pfeiffer）曾经提到的"创造力大爆发"。正是在这个时期，考古遗物经由它们的风格处理，间接地表达出了其他的信息。也正是在那时，小型雕像、雕刻吊坠和岩画等艺术品形式出现了（见第二章）。

他们是如何生存的？

我在围绕欧洲人类的神话和故事中走了一大圈。现在是时候对这70万年的概况进行一个说明了。他们的行为是否与我们不同，对于这个先前的问题，现在可以进行研究了。我很清楚，对于这整个时期来说，答案必然是肯定的，尽管这期间有重大变化。关于语言能力和智力问题，将在下一章中讨论。但这些早期人类并不具备完全清晰的言语或我们所知的语言这一结论，现在已被广泛接受了。这种缺失显然会对社会和生存产生重大影响。但是，这对我形成上述考古记录有何帮助呢？

语言是一切与其相关联的符号的文化，并以对过去的记忆和对未来的规划这种形式来操控时间。正如惠伦（Whallon）已经恰当阐明的那样，过去和未来时态的增加改变了人类在社会组织方面的能力，并对生存和定居产生了影响。了解语言缺位带来的影响，不仅意味着不会产生艺术品，也意味着石器工具形制的单一化；我们必须从那些看不见的系统的组织形式来理解，这是考古学家要研究和解决的目标。

当我们试图"思考原始人"，并想象如果没有作为关键要素之一的现代人类，我们的生活会是什么样子时，可能会打开解释过去的大门，但是它充满着主观性。我们需要避免赫伯特·乔治·威尔斯（H. G. Wells）所青睐的那种方式，1921年，在一部著名的短篇小说中，他为尼安德特人普遍的命运打上了封印："我们不可能从一开始就理解那些可怕的人们。我们无法在我们不同凡响的头脑中，去想象那些怪异的大脑所追逐的奇怪想法。就仿佛我们也可以尝试像大猩猩一样去梦想和感受一样。"为了避开这种陷阱，我将专注于原始人类扩张到新栖息地之后，他们的生存和延续问题。

原始人只有解决了环境的季节性问题，才能在欧洲生存下去。在传统上，人们认为，这可以通过猎杀大型动物实现，有许多艺术家的重构作品都展现过：原始人用石头砸死了猛犸象、用棍棒袭击野牛的膝盖。毫无疑问，原始人是可以杀死动物的，尽管以这样充满大无畏气概的壮举来对付3吨重的厚皮动物和迎面而来的1吨重的公牛是不太可能的。但是，当做出这种简单论证的时候，我们同时忽略了一个要点：狩猎。无论猎物是大型的、中等的，还是小型的，也无论是个体的还是群体的，狩猎都不仅仅是个捕杀动物的问题；它同样也是一项充满技巧和危险的活动，这也可能是最引人注目的部分，也是在任何狩猎社会中最神奇的部分。但是杀死动物通常是很容易的，无论是用长矛还是弓箭，无论是设陷阱还是将猎物驱赶到悬崖峭壁上。困难之处反而在于人员的组织，以便使他们能在正确的地点、恰当的时机和合适的装备下，获得高于平均概率的成功机会。随着动物的活动和数量变得难以预料，狩猎的成功概率也受到限制。因此，原始人生活在季节性环境中的风险迅速增加了。在这种情况下，"高于平均概率"还不够好。原始人不能听天由命，因为失败带来的惩罚将是饥饿和灭绝。在更新世的季节性环境中，欧洲也不会有可供原始人任意选择的丰富植物类食品，一旦错过狩猎机会，原始人不能指望依靠坚果和蓝莓度日；他们也不能指望一个意料之外的丰年。

今天的猎人和采集者，以及距今4万年之后的旧石器时代社会，已能从容不迫地应对这样的环境挑战。事实上，他们选择特定行动以磨炼能够解决问题的行为。因此，改进技术以降低狩猎失败概率；通过联盟、亲缘关系、访问和盛宴建立社会网络，以便一旦发生意外就可以在需要时号召邻邦兑现区域保障协议。这种形式的社交绸缪是司空见惯的，是在恶劣环境中生存的手段之一。在将风险分散到整个地区的同时，当面临的困难是明显的季节性条件时，应对方案却是就地解决：在一年中的某个时间建立粮食储备，预留下足够的粮食用于维持困难时期的生计。这种行为产生了一种非常独特的区域考古学类型，因为生存模式最终是在这种体系中产生的。其鲜明特征之一是，在更新世气候循环运转期间，随着季节性变化的增加和资源的减少，定居地仍然具有延续性，虽然它的规模缩小了。欧洲原始时期和远古时期人口的缩减与流动，特别是北欧地区人群的兴亡，清楚地表明了这种"狩猎"行为在那时尚未得到发展。在旧石器时代晚期，艺术匮乏，有柄工具及轻型复合工具仍然很稀有，这些情况也支持了上述结论。

但这仍然留下了他们如何谋生的问题。原始时期，在欧洲有人类居住的8个地域（没有东北欧），社会群体的规模显然存在差异。解答这个问题的一个重要着力点，是集中精力分析其中几个地域可能面临的限制性因素。在冬季，他们以何为食？那时他们的生存环境有五六个月几乎处于封闭状态；大群的野牛、马、驯鹿和马鹿为解决同样的问题而长途迁徙。迁徙的路程往往极远，对于原始人类来说，他们无法跟随，也没有任何物证表明他们拥有过哪怕是最基本的交通工具。储备粮食应该是解决问题的办法，尽管没有任何证据可用来揭示和阐明这种行为以及与这种规划相关的社会组织。可能还有一种情况是，他们不是在狩猎，而是在觅食尸体，这些尸体要么出现于冬季，要么是在冬季来临时，动物在要离开这个地区之前被肉食动物吃剩下的。在这些中纬度的草原上，为确保草场供给，大量猎物分散开来，但在河流沿岸和湖泊周围却很密集，因而大多数的狩猎都发生在这里。来自西伯利亚和育空（Yukon）地区的猛犸和其他更新世动物群的冰冻尸体，表明了自然界极度冰冷的力量。尽管解冻后的肉和骨髓并不符合我们对美味的要求，但我们在这里讨论的是生存问题，而不是美味大餐。那些被找到的仍然含有重要脂肪储备的全部或部分尸体，将成为度过那些寒冷冬季的基本资源，直到大批畜群从它们的过冬觅食地返回，原始人类才能以捕杀和觅食它们为生。以巨型动物庞大的脂肪和骨髓储备为食，比起试图用石头砸死它们更有效果。

这一冬季策略借助于两个要素。在一年中的这个时候，为了保证有足够的人手在当地寻找一些尸体，大型的群体规模将是很重要的。当地群体的人数可能多达150人，他们一直是定期联系的，而且大多数婚姻伴侣都是从中挑选出来的。这种涉及相当大流动性的社会群体，不需要煞费苦心地来记住谁，因为在专门的狩猎之旅中，不会发生个体离开主要群体好几个星期甚至好几个月的事情。这些面对面的社群既不需要依靠语言，也不需要依靠器物的符号内涵来建立他们的人际关系。因此，选择规划以及以记忆和协作的形式利用过去和现在，与社会内部关系的发展有关，而不仅仅是在恶劣的环境中获得食物和生存手段的问题。

第二个要素是火。这不仅可以让人取暖，而且还有助于将尸体解冻。在可能的情况下，将尸体带入洞穴，可以更容易使其升温。搜寻几乎不需要什么技术，在一年中的某个时候，一支长矛就满足需要了——正如克拉克顿（Clacton）海峡所发现的那样——有时候也有可能是探杆或凿子，用来对雪堆下或经过冰层时进行搜索。这两个要素将开辟一个其他肉食动物无法获得的食物来源。这样一种让他们度过寒冬的策略取决于环境中的许多因素，例如畜群数量、迁移距离、温度和积雪深度。由于这些因素逐年变动，在更新世的长期循环中也有所变化，因此，当地资源能否满足该群体的食物需求，随着这种情况的变化而充满不同风险。在一个地区内，相对于聚居地，某些区域将变得具有吸引力。该策略的一个特点是，几乎不需要什么技能和知识就能使其产生效果。它可以视环境而定，很容易地从一个山谷转移到另一个山谷。然而，在数千年的漫长光阴中，有些山谷的位置会比其他山谷更好，正因为如此，我们发现在它们的砾石器和其他堆积中所含的遗物数量存在着差异。

经过长时间的居住后，这种生存策略完全可能在欧洲发展起来。在前捷克斯洛伐克的北方地区，对于韦斯特伯里（Westbury）、博克斯格罗夫（Boxgrove）、亥洛奇（High Lodge）和斯特兰斯卡什卡拉（Stranska Skala）等原始时期遗址的考古材料最早可追溯至大约50万年前。这可能与当时周期时间向10万年之久的更新世循环的转变有关，它会使原野变得更加干燥或寒冷，当兽群处于最大规模时，这一策略是最为有利的。它表明，地中海地区远古人类的生存更多地依赖于在较短距离内追踪季节性迁徙的兽群，以及更多地利用植物资源。

同样，正如先前提到的，远古人类通过迁徙到达北欧平原的部分地区，扩大了他们的活动范围。他们赖以生存的资源本身的季节性迁徙的距离也更大了，这意味着现在群体要获得食物就必须扩大搜寻空间，这是生活在这种开放环境中的结果。上述搜寻食物的策略继续发挥着它的作用，也许可以通过拉科特遗址一个有着便利除冻用途的洞穴来说明这一点。另一方面，蔡斯（Chase）对孔布–格雷纳尔岩棚和洞穴遗址以及肯纳遗址的动物群遗骸进行了研究，结果清楚地表明，这里的马和野牛是被直接杀死的。虽然难以证明原始人类对肉类的贮存行为，但我强烈地怀疑，一些小型储藏室可能源于这类事件，尽管仍旧缺乏在区域范围内支持这种行为的社会组织证据。近距离杀戮似乎是非常可能的，并且最有可能的情况是，男性和女性都参与了这种活动。个体主要负责他们自己的储备品，因此两性都展现出力量、强壮这些特征，作为他们如何为自身安全提供保障的解剖学上的标志。

然而，远古人的生存策略是如此的有限，这一点从他们的区域定居史中得到了最明显的体现。他们错过了英格兰的末次间冰期，尽管这座大岛当时满布长大象、窄鼻犀牛、河马、野牛和橡树混交林等动植物。但即使拥有了所有的巨型猎物和温暖气候，"大型猎物捕食者"最终还是消失了。究其原因只能是，按照这样的方式，他们不可能存活下来：在温带森林环境中，动物的体积虽大但密度低，这是他们的群居组织所无法应对的。因为这需要更大的规划来降低风险；而且几乎可以肯定的是，人口裂变增长期更长。这会打破他们社群曾经面对面的基本体系。据霍菲克（Hoffecker）的报告，在末次间冰期，俄罗斯平原也出现了类似情况，当时种群也是不存在的。

在最近一次寒冷期的早期也是这种情况，当时第4阶段有相当大的冰川活动，在温带第5阶段的a级到d级的东北欧和中北欧地区的平原环境中，重现的人群消失了。这可能是对资源减少的一种反应，在这种程度下，现有的生存策略变得不再切实可行。相比之下，旧石器时代晚期人类对这种气候恶化的适应能力都已经变强，无论是温暖的还是寒冷的。远古人类的应对方式，就是完全退出这些地区。

唯一表明他们没有这样做的迹象来自拓荒时期。来自那些小型叶形尖状器遗址的资料证据表明，在北欧、中欧和东欧荒凉的环境中出现了更广泛的社会网络。支持山区猎食者的网络使得人群能够进行更频繁、更长期的裂变增长，这只能通过提高规划和社会组织的能力来实现。因此，他们所活动的地理区域大大增加，规范与陌生人接触和打交道的需求会更大。这种发展是否可以归结为在欧洲其他地方出现了另一种行为模式，而且这种模式已经解决了这些问题，从而促使拓荒者意识到他们的潜能，或者这些遗物和它们所体现的组织制度是否完全是由新居民在新型的行为场所运作的，这都有待于在下一章中加以研究。

注：在讨论1万年前的时期时，学术界习惯上不是用"BC"这一术语，而是用"距今"（"BP"）这一术语来引用放射性碳定年法，仍依照惯例用AD1950年来表示"今"。因此，"BP"用于本书前三章中的年代测定，之后用"BC"来取代。最近已经很清楚的是，放射性碳所测定的1万年前，实际上可能是对地质年代的严重低估——或许是距今大约1万年，其实少算了1000年；也许是距今3万年，而几乎少算了3000年之多。

（在这些章节中，所有的年代都是基于放射性碳的测定。）有关年代测定的更多内容，请参阅马丁·吉姆·艾特肯（M. J. Aitken）的《考古学中基于科学的年代测定》（*Science-Based Dating in Archaeology*，伦敦：朗文出版社，1990年）。

第二章

旧石器时代晚期的革命

保罗·梅拉斯（Paul Mellars）

导　言

　　这一时期集中在距今大约4万年至3.5万年前，这是欧洲史前史的关键转折点之一。在这一历史时期，我们可以确定两种主要的变化，它们显然以某种方式对整个欧洲社会的后续发展起到了至关重要的作用。一方面，这一时期的人群（从广义上来说）有效地取代了欧洲早期的"原始人"或尼安德特人，而这些人群在大多数生物特征方面显然与我们自己是完全相同的。在基本相同的时间跨度内，我们可以确定人类行为在考古记录中的广泛变化，这些变化共同定义了从旧石器时代中期到晚期的过渡。有关这两个变化可能在多大程度上以某种直接的、因果的方式联系在一起，进而产生了一系列令人关注的有趣议题，这些将在本章的后半部分进行讨论。然而，总的来说，人类发展的"生物"和"行为"记录的这种变化，无疑是近100万年前这片土地出现最初的居民以来，欧洲史前史中最重要的事件之一。

环境背景

可以说，这一过渡最显著的一个特点是，它并不是在更新世很长的一段气候和环境变化更为剧烈的时期发生的，而是在一个气候相对稳定的时期发生的。此时，欧洲北部和中部地区正处于严酷的冰川气候下，这可能与当前阿拉斯加南部或斯堪的纳维亚北部地区的情况并没有太大不同。据估计，在冰川活动最剧烈的时间段（大约1.8万年至2万年前），欧洲大部分地区的全年平均气温很可能比目前水平再降低至少10摄氏度。此时，从北大西洋极地流出的寒流，向欧洲大西洋沿岸延伸至西班牙北部范围。这些海流和相关的季风环流模式结合起来，将在欧洲大多数地区形成比现在更明显的大陆性气候，从而导致夏季和冬季之间形成更大的温差。即使冰川期，欧洲一些夏季的气温可能与今天相差不远，但冬季也会非常寒冷，当地气温可能在短时间内降至零下10摄氏度以下并持续数周时间。大雪将是这些漫长冰川冬季的特征，在一年中较冷的这几个月中，它对人类的行动构成了重大阻碍。在这些条件的影响下，冰川迅速从欧洲主要山区（即从斯堪的纳维亚山脉、苏格兰高地以及更为确定的范围，从阿尔卑斯山脉和比利牛斯山脉）扩展到冰盖覆盖的北欧和中欧大片地区，纬度范围从英国中部山地到阿尔卑斯省南麓地带。

因此，居住在欧洲冰缘环境的人类群体，生存的气候环境远谈不上舒适（至少在冬季是这样），但这种气候条件却在其他方面作出了重要的弥补。这些冰川环境最直接的影响是，除欧洲最南端的地区外，树木生长速度显著放缓，出现了由草类、苔藓及其他植物组成的低矮灌木丛，从而形成了视野开阔的地貌景观。即使为期半年的冰雪期阻碍了人类的狩猎及其他活动，人类也不必与这种茂密的、几乎难以穿越的森林抗争，在后冰川期的早期阶段（见第三章），这种森林显然对后来的中石器时代群落的活动构成了一个非常大的障碍。

从经济角度来看，这些开阔的、少树的景观所产生的影响更为深远。

覆盖东欧、中欧和西欧大片地区的极其肥沃丰饶的冻原和干冷草原，在许多方面为众多适应寒冷的动物群，譬如驯鹿、野马和草原野牛，以及大型的"厚皮"动物，如猛犸和长毛犀牛，提供了理想的条件。把欧洲末次冰期这些干草原和冻原类的地形想象成如塞伦盖蒂（Serengeti）大平原那样的野生动物园，无疑有点夸大其词，但不一定是过度想象。当然，已知这些物种中有许多已经形成了大型的漫游兽群（在某些情况下，动物数量即使不是数千只的话，也可能达到了数百只），在一年中定期和基本可预测的时期，它们在夏季和冬季牧场之间几乎有规律地进行着迁徙。毫无疑问，旧石器时代晚期的欧洲人群敏锐地意识到这些季节性的迁徙，并且往往将他们的定居地恰好巧妙地建立在这些迁徙的路线上，以便预测和拦截动物群。在这些极丰饶环境的影响下，在欧洲一些生态条件有利的地区，如法国西南部、坎塔布里（Cantabrian）海岸，以及奥地利、前捷克斯洛伐克和俄罗斯南部黄土覆盖的平原，旧石器时代晚期人群的人口密度可能与同一地区早期农业聚落的人口密度相差不太大。

冰川环境的另一个更直接的后果是海平面大幅下降。根据对冰盖的总范围和厚度的估计，可以计算出，在距今大约1.8万年的末次冰期最大值时，全球海平面一定下降了至少100米。对海水环境的氧同位素记录（清楚地反映在深海沉积物中有孔虫和其他海洋生物保存完好的骨骼中）的研究也可以得出类似的估计，这表明，在冰期最大值时，必须从海洋中去除相应数量的同位素较"轻"的海水（即由同位素较轻的氧16而不是由较重的氧18组成的海水）。当然，所有这些都会对欧洲的沿海地理产生重大影响。在欧洲大多数地区，这只是导致了沿海平原范围的扩大——通常不超过目前界限的20千米至50千米。然而，在其他一些极浅海域，其后果则要显著得多。最显著的影响发生在北欧，下降幅度最大，使得英吉利海峡和北海盆地的大片地区暴露为陆地，并有效地将英国与欧洲的主要陆地一体化。直到冰川期结束后距今约6000至8000年前，英国才与欧洲大陆最终分隔开。毫无疑问，在这一时期的大部分时间里，欧洲（包括英国）大部分北缘地区都太过荒凉，不适合狩猎人群进行任何形式的永久甚至暂时的活动。尽管如此，很明显，在少数短暂的、较温暖的"间冰"时期，旧石器时代晚期的种群确实延伸到了英国南部，例如，在距今大约3万年前的"阿尔西"（Arcy）间冰期，以及显然处于距今大约1.2万年至1.3万年的冰期结束阶段。正如我们将看到的那样，当气候的暂时改善使这种领土扩张成为可能时，这些短暂的入侵无疑使得旧石器时代晚期的群落能够充分利用这些短暂的生态环境"窗口"。

过渡的本质

无论这最终会对行为变化的复杂性有何重要意义，这些变化都标志着欧洲完全旧石器时代晚期群落的出现，毫无疑问，这些变化的规模，以及这些行为改变的一些显著方式都反映在考古学证据的许多不同方面。这些行为变化是如何产生的，以及这些变化与来自欧洲大陆以外地区的新的人类种群的分布可能有什么程度的联系，下一节将对这些问题进行讨论。然而，在着手解决这些极具争议性的问题之前，重要的是要清楚地了解在考古证据中我们可以识别哪些模式，以及这些模式对理解人类技术、经济和社会组织中的一些根本变化所可能具有的意义。简化为简单的术语，这些变化或许可以概括如下。

首先，我们可以确定石器生产模式的某些基本变化——这些变化，以不同的形式，一直被视为区分旧石器时代晚期和先前的旧石器时代早期及中期阶段的主要判断特征。事实上，这些变化并不像一些早期教科书中所论述的那样明确清晰。虽然早期的、旧石器时代晚期之前的群落，对于较宽、较重的石器生产主要使用勒瓦娄哇技术及相关工艺，但现在很明显，至少在某些情况下，旧石器时代中期的人群开发了令人惊讶的复杂工艺，用于制作更薄、更长和极规整的"刀片"，即细长的、锥形的石片是由特制的圆锥形或柱状的石核制成的。旧石器时代晚期最显著的特点，在于这些石叶形制的种类迅速多样化，它立刻有效地主导了石器的生产——至少在那些当地燧石和其他石材的料源供应充足，质量足以使这些要求颇高的石片切削技术得以应用的地区。对于这一转变提出了几种可能的解释，包括对地方性原材料供应的使用方面实现更大经济性的简单需求，到对新的石器生产模式的需求（比如，大型的具柄刮刀片、边刮器或预制的尖状器），对于这些更细长、更规整刀片形状的生产而言，新的优势突然在欧亚大陆的广大地区凸显出来，其规模与旧石器时代早期阶段的层序（sequence）所记载的大不相同。

毫无疑问，石器生产中最显著的变化，表现在旧石器时代晚期的人群展现出的巨大创造力上。他们所创造出的工具种类，比早期阶段人类所生产的工具种类更多样，使用范围更广泛。从旧石器时代晚期的地层开始，以后的地层"记载"了许多新的石器种类的问世，包括新型剥皮刮削工具种类的出现（所谓的"端刮器"），设计用于专门加工骨骼和鹿茸材料的工具（尤其是凿孔或类似凿子的"燧石打火器"或"刻划器"），以及各种各样的刀具、穿孔工具和（最引人注目的）各种形状的长矛或其他狩猎武器。这种石器生产多样性的增加，无疑反映了其他相关技术种类的大幅增加，几乎可以肯定的是，它们在旧石器时代晚期的最早阶段就已出现——例如，对兽骨和鹿角的修整更为精巧，对木制品的使用量增加了，对毛皮衣物的制作更为精致，以及狩猎技术的新形式。但似乎同样清楚的是，并非所有文献记载的石器生产的变化和多样性，都可以用这些简单的经济或功能术语来解释。一些作者最近认为，许多旧石器时代晚期的工具似乎反映了对工具打制的一种投入程度，以达到相对较高的标准化程度，其形状明显预制而成，这似乎超出了关于旧石器晚期较早阶段的现有认识。就好像石器的形状现在呈现出某种更明确的象征意义，它们在某种程度上对生产它们的人类群体来说也具有明确的含义。最引人关注的原因之一是，这可能反映出在旧石器时代晚期的人群中出现了更高层次的语言形式，它指示着石器（以及很可能大多数其他的遗物）的形状应该符合一些明确定义的"心理模板"——据推测，与工具本身附加的语言和概念符号有关。另一种（但并不相互排斥）解释是，急剧变化的石器种类当时应该以某种方式作为旧石器时代晚期社会的阶层或人群分化的象征。后一种解释的吸引力在于，它有助于说明在欧洲不同的地区所遇到的石器种类的显著变化，以及石器种类变化的（或许）同样惊人的方式——速度快而且具有持续性——贯穿旧石器时代晚期序列的许多不同阶段。无论正确的解释是什么，毫无疑问，旧石器时代晚期人群的整个石器生产过程都表现出一定程度的活力和创造力，这与以往文章中所描绘的在整个旧石器时代的早期和中期的长时间范围内更为统一和保守的技术模式形成了鲜明对比。

上述旧石器时代晚期人群石器生产的所有特征，也同样反映在骨器、鹿角和象牙制品的生产中，即便不是那么显著。也许正是在这里，旧石器时代晚期技术的真正创造力和创新力才能最清楚地展现出来。正如克莱夫·甘布尔在前一章中所指出的那样，毫无疑问，旧石器时代中期的人们出于各种目的会偶尔利用骨头和鹿角的碎片；在某些情况下，他们似乎改变了这些材料的形式。例如，对天然尖锐的骨头末端进行局部磨削，以增强其作为锥的用途，或偶尔将致密骨头碎片剥制成简单的仿石头的边刮器甚至手斧。在旧石器时代的早期和中期，原始人类明显缺乏对于骨头、鹿角和象牙可以用作基本"可塑"材料的任何明确认识，它们可以被雕刻并制作成各种不同的、可精密加工的形态。这种突然爆发的骨器和象牙技术，可以从欧洲旧石器时代晚期最早阶段的地层中得到印证——最引人注目的可能是从法国中部屈尔河畔阿尔西（Arcy-sur-Cure）的沙泰尔佩龙地层（Chatelperronian，距今约3.3万年至3.4万年）中发现的各种各样的锥、针、骨筒、骨环等，以及从早期奥瑞纳遗址中发现的更精细的骨制和象牙制矛头以及穿孔的鹿角"指挥棒"。与石器一样，我们可以看到在工具形成过程中同样强调高标准化程度，对形状也做了明确规定，骨器和鹿角工具的特殊形状也在不停地改变，这一同样显著的趋势在整个旧石器时代晚期许多遗址的地层中都能反映出来。骨头、鹿角和象牙加工的整个技术体系反映了对各种新技术程序的掌握；从兽骨和鹿角大量碎片的深切槽，到产生可加工的原材料碎料（所谓的"切槽和碎料"技术——几乎可以肯定，涉及了碎石刻刀或刻划器的使用）来进行系统的锯切、磨削和对表面的抛光加工，以获得整齐、规则的形状。不管旧石器时代中期遗存中保留的为数不多的骨制品究竟有何重要意义，都似乎反映了旧石器时代晚期人群在技术行为的范围和复杂性方面某种近乎巨大的飞跃。

在本章的后半部分，我们将在整体上更充分地讨论旧石器时代晚期人群的美学或"艺术"创造力问题。这里要强调的重点是，艺术或装饰行为的迅猛发展绝不局限于旧石器时代晚期后期阶段，即使这些创造力的某些表现形式更令人印象深刻。例如在一些遗址中〔如法国南部的拉斯科（Lascaux）洞穴遗址或西班牙北部的奥尔塔米拉（Altamira）岩窟〕，它们的历史可追溯到末次冰期最大值前后，大约在距今2万年至1.5万年。正如兰德尔·怀特（Randall White）、乔基姆·哈恩（Joachim Hahn）和其他人所指出的那样，中欧和西欧最早的一些旧石器时代晚期的人群，显然都是不折不扣且成就卓著的艺术家。例如，这方面的明确证据有，从德国南部福格尔赫德（Vogelherd）洞穴遗址早期奥瑞纳文化层中（Aurignacian）出土的用猛犸象牙雕刻的各种动物小雕像，出土于霍伦施泰因-施塔德尔（Hohlenstein-Stadel）附近洞穴遗址的非凡的狮人雕像，以及从法国南部早期奥瑞纳遗址出土的动物和女性"外阴"符号的一些高度风格化的代表作品。所有这些艺术表现形式现在至少可以追溯到3万年至3.2万年前，或许在某些情况下还可以追溯到大约3.5万年前。

即使在严格的艺术意义上，这些作品并不那么令人印象深刻，但人们也不应该忽视那些贯穿欧洲旧石器时代晚期早期阶段的显然是"个人"装饰物的迅猛发展。其中大多数是简单的动物牙齿（主要为毛皮兽，如狐狸、熊和狼），人们钻穿牙根后进行穿孔悬挂。这些穿孔牙饰有据可查的例子，来自可追溯到至少3.3万年至3.5万年前法国和西班牙北部遗址层，或许早在4万年前的保加利亚的巴彻–基罗（Bacho Kiro）洞穴遗址就有保留。然而，这些个人饰品最显著的发展似乎发生在旧石器时代晚期稍晚的时间，距今大约3万年至3.4万年。因此，兰德尔·怀特（Randall White）指出，有证据表明，在法国西南部卡斯特默尔（Castelmerle）山谷的阿布里–布朗夏尔（Abri Blanchard）岩洞遗址、鲁凯特（La Souquette）遗址和卡斯塔内（Abri Castanet）岩洞遗址的最早的奥瑞纳（Aurignacian）文化层中，似乎存在着一种近乎工厂的模式，用以生产各种形式的珠子和挂件；其中涉及一系列复杂的生产过程，包括切刻、开槽和分割已经精心雕刻的象牙棒，很明显是用于大规模生产各种珠子和挂件的。在某些情况下，这些珠子显然被塑以不同的形状，用以不同的装饰，以模仿特定形状的海洋贝壳。据怀特估计，仅卡斯塔内岩洞和鲁凯特这两个遗址就生产了500多件精致的挂饰；而在比利时的一些遗址和德国南部的奥瑞纳遗址，显然可以确定有着类似的生产中心，年代也大致相同。正如甘布尔在第一章中所指出的那样，目前在欧洲旧石器时代的早期和中期，这种艺术品或装饰品几乎还没有令人信服的发现——以下可能除外：匈牙利塔塔遗址出土的雕刻于一枚货币化石贝上的十字形饰物，以及德国南部的伯克施泰因施米德（Bocksteinschmiede）洞穴遗址所发现的两件有着明显穿孔痕迹的狼和天鹅的骨骼。

以上讨论的各种证据毫无疑问地表明，在旧石器时代晚期最早阶段的时间里——肯定为距今3万年，在某些情况下，显然早在3.8万年至4万年之前，可以在欧洲的大部分地区确定一系列基本新颖的、在某些方面相当引人注目的行为模式。在人类群体的其他一些领域，譬如对动物种群的利用、人口密度的水平或旧石器时代晚期人群的内部社会组织，有据可查的类似变化的程度到底有多大，将在后面的一节中进一步讨论。然而，从上述所引用的证据来看，已经清楚的是，传统的"旧石器时代中期到晚期的过渡"时期确实反映了文化发展的某种重要分水岭，这可能不亚于有案可稽的所谓"新石器时代革命"时期或早期金属冶炼社群的发展。当然，关键问题在于这些变化是如何产生的，以及它们如何迅速传播到欧洲大陆如此广泛的区域的。正如我们将要看到的，这是目前了解到的在整个更新世这一巨大时期，人类群落的总体发展中最核心和最具争议的问题之一。

起源的问题

解释欧洲旧石器时代晚期文化出现的疑问，目前取决于两个核心问题。第一，发生这种转变的人口背景是什么？换言之，我们是否应该设想整体行为变化和考古学变化的复杂性，这些变化将旧石器时代中期到晚期的转变定义为本质上是在当地逐渐发展的人口背景下发生的；或者这种转变是否反映了一个更巨大的人群替代过程，这一过程是由发源于欧洲以外的人类群体引发的，并且在相对较短的时间内有效地将欧洲大陆开辟为殖民地？第二，无论人口替代还是人口连续性问题，对于旧石器时代晚期考古记录所清楚揭示的各种文化和行为创新，我们该如何解释其具体起源？

这两个问题都提出了一些极具争议性的问题，这些问题以这样或那样的形式，在整个20世纪的大部分时间里，在很大程度上主导了对欧洲旧石器时代的研究。大多数早期的学者（可追溯到1908年马塞林·布勒时代）似乎更倾向于某种主要人群替代的想法——至少对于欧洲大陆的中西部地区而言是这样的。然而，在同一时期，偶尔也有来自人类学家对这种"殖民化"设想提出抗议的声音，他们更愿意将整个生物和文化发展模式视为当地人群的进化和行为过程的一部分。

虽然这一问题仍然备受争议，但最近的一些发现似乎已经使证据的天平相当强烈地转向了长期倡导的人群替代观点。在这方面，有三个事态发展特别重要。首先，在法国西部的圣塞泽尔（Saint-Cesaire）遗址发现了一具非常典型的尼安德特人的骨骼，根据种种迹象显然可以将其年代追溯至距今非常近的大约3.5万年前。这具骨骼的考古研究组织提出了一些特别有趣的问题，将在下文进一步讨论。然而，现在已经确定的是，这具特殊的骨骼最多只比其他几具典型的克鲁马努人（Cro-Magnon，即晚期智人）骨骼的发现早3000年到4000年，后者显然与旧石器时代晚期末期阶段甚至现代欧洲种群的那些骨骼几乎相同。主张人群替代假说的人会争辩说，很明显在这种情况下，没有足够时间让典型的尼安德特人（以圣塞泽尔为代表）在可利用的时间范围内逐渐进化成完全"现代"的人类种群。第二个重要的进展，源自对以色列的斯虎尔（Skhul）和卡夫泽（Qafzeh）遗址的一系列本质上是"现代解剖学"意义上的人骨进行的年代测定，结果发现这些人骨的年代距今非常遥远，约9万年至10万年前。这些发现当然只是在欧洲之外，但清楚地表明，在现代人类种群（在解剖学意义上）最终出现在欧洲大部分地区之前的5万年至6万年前，现代人类种群就已经出现（在解剖学意义上）在欧亚大陆的这些邻近地区。第三，分子生物学的最新进展（特别是现代人类种群中线粒体DNA模式的研究）似乎表明，当今世界上所有的现代人群都很可能源自20万年前一个共同的祖先。如果从表面上看后一项研究结论的话，就意味着早期的欧洲"原始人类"（以直立人和后来的尼安德特人为代表）对旧石器时代晚期和后来的欧洲人种几乎没有什么遗传贡献。

如上文所述，这些解释目前都遭受了很大的质疑，特别是来自生物学和人骨证据的几个不同方面的挑战。然而，我自己的想法是，关于这一相当快速的以某种形式的人种扩散的设想，不仅能很好地与欧洲大多数地区考古证据的整体模式相印证，而且有助于解释这些证据的一些更令人费解的特征。这些特征一直难以与整个旧石器时代中期向晚期转变的这一简单、基本上是线性进化模式的观念相符。例如，在这方面最显著的特征之一是技术层面的惊人一致性，从以色列的南部到西班牙西北海岸的广阔区域，旧石器时代晚期最早阶段的地层都有与此有关的遗存。这种一致性就是所谓的奥瑞纳文化现象，其特征不仅是一系列非常独特的石器类型（各种类型的船底形边刮器、打制的小刀片、奥瑞纳石叶等等），而且还有一系列同样特征的骨器和象牙制成的工具（最显著的是各种类型的"双锥形"和"底端分叉"兽骨尖状器）。人们一直难以用独立产生理论来解释这种至少4000千米内的、遍布欧亚大陆许多不同地区的技术高度的一致性，但是这显然更符合人种在这些区域快速扩散的观点。这一观点的论据如下：奥瑞纳的工业似乎总是与证据充分的、最早的解剖学意义上的完全现代人的出现相关联，例如，前捷克斯洛伐克的姆拉德克人（Mladec）、德国的福格尔赫德（Vogelherd）遗址、法国的克鲁马努人（Cro-Magnon）和莱斯–罗伊斯（Les Rois）遗址，而且同等重要的是——如果不是更重要的话——它完全具有旧石器时代晚期最早的同时又是最明确的技术表现形式，包括精心设计的骨器，年代最早的用兽骨和兽牙制作的装饰品；同样是最早出现在这个时期的、复杂而又有代表性的艺术表现形式。在欧洲东南地区典型的奥瑞纳工业似乎比西欧稍早出现，这一事实似乎为人种扩散假设提供了进一步的支持。无论如何，最近放射性碳加速测年法的应用清楚地表明，成熟的奥瑞纳技术产生在从黎巴嫩北部延伸到坎塔布里（Cantabrian）海岸的广大区域，时间至少距今3.5万年至4万年。

由晚期智人种群快速扩散的设想引起的最令人感兴趣的问题之一，是当现代人在欧洲各地不断扩散的时候，他们与当地原始人类（即尼安德特人）种群之间的任何接触或相互影响的情形。朱布罗（Zubrow）最近提出，即使我们设想这两个人种之间存在某种直接竞争，但这种竞争的形式也不一定是非常激烈的。朱布罗还提到，基于种族动态的各种仿真建模实验表明，两个种族之间生育率和死亡率相对轻微的失调，可能会导致在相对较短的时间内——也许不超过千年，一个种族被另一个种族有效替代。如果我们设想尼安德特人以小规模且流动性强的组织形态分散在欧洲各地，那我们很容易想象出最终的种群更替的情景：没有任何大规模种族灭绝的图景，甚至这两个种族之间也没有直接的冲突。

　　有趣的是，在考古证据的某些具体方面，很可能有一些能够直接证明这两个种族之间存在某种共生场景，至少在某方面合作过。如上所述，现在有明确的证据表明，一些尼安德特人在西欧部分地区的存在至少持续到距今3.5万年前，他们显然与早期的解剖学意义上的现代人同时并存过。这方面最有力的证据是出土过典型晚期尼安德特人遗骨的圣塞泽尔遗址，以及许多其他遗址：在那里我们可以观察到早期奥瑞纳文化与其他所谓的"沙泰尔佩龙"文化类型（即与圣塞泽尔遗址尼安德特人遗骨相关的文化类型）的地层反复叠压在一起。现在普遍认为，沙泰尔佩龙文化实际上是法国最后一批尼安德特人直接创造的，具有明确的技术传承，可以直接追溯到同一地区最晚的莫斯特文化。尽管这些发现与尼安德特人明显相关，而且具有明确的旧石器时代中期源头；但也有同样明显的证据表明，沙泰尔佩龙人在某些方面开始采用一些旧石器时代晚期技术——例如，典型的石叶技术、旧石器时代晚期的标型器、（至少在某些情况下）制作形制简单的骨器和鹿角工具，以及穿孔的兽牙饰品。在此背景下，最重要的因素是，沙泰尔佩龙文化的所有这些表现出旧石器时代晚期特征的方面，都显示出是在一个相对较晚的年代（可能距今约3.5万年）发展起来的，这显然晚于西欧最早出现典型奥瑞纳技术的时间。因此，最理性的观点是，将沙泰尔佩龙遗址中任何旧石器时代晚期的具体特征，视为对最后一代尼安德特人与最早的解剖学意义上的现代人之间某种形式的合作以及与此相关的"文化交融"的直接或间接的反映。

　　显然，在欧洲的其他几个地区，也可以发现最晚的尼安德特人和最早的现代人之间相似的接触和文化交融模式。例如，中欧的塞勒托（Szeletian）文化和相关的"叶形尖状器"文化，前捷克斯洛伐克的波虎尼森（Bohunician）文化，以及意大利的乌鲁（Uluzzian）文化。正如法国的沙泰尔佩龙文化一样，所有这些文化都表现出旧石器时代中期和旧石器时代晚期技术特征的奇特融合；而且，值得注意的是，所有这些文化似乎都与同一或邻近地区早期的奥瑞纳文化的存在处于大致相同的时期。遗憾的是，这些遗址中还没有发现直接与此相关的人骨；只有在沙泰尔佩龙人的案例中，我们才能确凿地证明，这些表面上"变异"的文化实际上是尼安德特人的产物。不过总体上的证据表明，在欧洲的许多地区，这两个人种确实存在着一段显著重叠的时期，而且在这一时期，两个种群之间发生了某种形式的互动。正如朱布罗等人所主张的那样，所有这些都表明一个种族被另一个种族明显取代的过程。但是这个过程并不像一些早期学者倾向的那样，这些学者认为这个过程近乎是剧烈的、突如其来的，或者是极端暴力的。

　　撇开种族替代和相互作用的问题不谈，旧石器时代晚期文化的鲜明特色最初究竟何时、何地，最重要的是如何发展的，这些问题的答案仍然非常模糊。目前我们唯一有信心说出来的是，有明确的证据表明，在距今至少4.5万年至5万年前，在西亚和非洲的一些地区，许多具有旧石器时代晚期特色的技术就已经形成——也就是说，它们出现在欧洲大多数地区已经是5000年或1万年以后。关于这方面的确凿证据是考古发掘遗址的地层，例如，中东的沙·阿吉尔（Ksar Akil）遗址和波克·塔吉特（Boker Tachtit）遗址，以及更远的南非的克拉西斯（Klasies）河口遗址和边界洞遗址。推动这些发展的动力源泉有哪些，现在仍然是个谜。人们提出了各种可能的设想，从当地气候和生态变化对刺激人类社会和经济模式重大转变方面的影响，到简单地解释原材料供应减少对促进以更经济的方式加工石叶类石器的影响。目前认为，这些解释在很大程度上只是推断。当然，这些层出不穷的假说没有一种可以根据现有的考古证据进行充分的检验。一个更有趣的可能性是，旧石器时代晚期文化的发展可能在某种程度上与更复杂和高度结构化的语言模式的出现相关联——根据比克顿（Bickerton）和其他人的观点，这一发展可能是在人类发展的某个特定时间节点以相对突然的方式出现的。如果这个意见确实正确的话，那么它也许就可以解释人类文化中的大多数剧烈变动，从高度组织化的经济剥削模式和人类群体内部社会组织的出现，到石器和骨器生产中出现的各种象征表现形式，以及最终的也是最重要的——艺术和个人装饰品的出现。当然，问题在于，语言大概必须被列为所有人类行为中考古学上最不"可见"的方面之一。对旧石器时代晚期象征文化和语言之间联系的广泛探讨是耐人寻味的。考古学材料表明，旧石器时代中期到晚期过渡阶段，人类在技术、经济、社会和美学方面的活动发生了巨大变化；总体而言，语言也许是对此变化最合理的解释。但是，它目前几乎只能作为一个参考，因为我们很难利用考古学材料对其做出任何非常直接或缜密的验证。

旧石器时代晚期的经济与社会

无论人们对旧石器时代晚期现代人种的源头可能持何种观点，有一点可以确定，这些人群的一些独特的行为印记不仅涉及上一节文化讨论的多个技术方面，而且还包括人类群体的经济和社会组织的若干方面。换言之，"旧石器时代晚期革命"假说的范围似乎已经延伸至人类文化和组织的各个方面，远远超出了纯粹的技术甚至"审美"领域。

当然，在纯粹的经济层面上，欧洲旧石器时代晚期的人群显然与其旧石器时代中期尼安德特人先行者一样，依赖基本相同的食物资源。末次冰期后期阶段的气候和生态条件与冰川初期并无显著差异；在可用资源总量及其分布上，人类社群会面临基本相同的经济机遇。这些资源的潜在价值的重要性，对于那些组织得当、装备精良并且有能力对其加以利用的人群自不待言。大量密集成群的驯鹿、野马、野牛和猛犸，游荡于欧洲中纬度开阔的冻原和干草原地带，为人群提供了一个极其丰富且可靠的资源库。这些人群必须掌握拦截和杀死这些兽群所需的技术，而且（也许更重要）具备以集中、协调的方式狩猎这些兽群所必需的社会组织和整合程度。

正是在这种协调和组织狩猎活动中，旧石器时代晚期的人群似乎已经显示出超越旧石器时代初期人群生存活动的重大进步。正如克莱夫·甘布尔在前一章所论述的，关于欧洲的尼安德特人实际上在多大程度上可以被视为完全意义上的有组织的狩猎者，仍然存在很多争论。特别是刘易斯·宾福德（Lewis Binford），他认为，尼安德特人与旧石器时代初期人类一样，可能主要扮演拾荒者的角色，主要利用被肉食动物，譬如鬣狗或狼杀死的动物残骸。这些解释仍然极具争议性，菲利普·蔡斯（Philip Chase）等人提出了针锋相对的观点，认为在旧石器时代中期遗址发现的大多数动物物种几乎肯定都是故意狩猎的结果：尼安德特人可能主要是将小型动物驱赶跳下悬崖或类似的天然障碍物。即便如此，仍有清晰的迹象表明，与旧石器时代晚期人群相比，旧石器时代中期人群的整体狩猎策略至少在一些重要方面组织性较差，继而导致效率较低，内部协调程度也比较差。

从旧石器时代晚期遗址中出土的许多动物种类表明一个明显的特征：当时人们对特定物种的锁定。所有的猎人必然都是机会主义者，在欧洲不同地区，为这些高度专业化的狩猎活动所选择的特定动物种类各不相同。在西欧冻原地带中，大量被捕猎的动物似乎是驯鹿或（在某些情况下）野马。然而，在往东的中欧和东欧，捕猎重点往往转移到其他更适应干草原的物种，如草原野牛、野驴，某些情况下为猛犸象。再往南，在树木丛生的欧洲南部和地中海沿岸地区，捕猎重点通常是马鹿，加上（多山地区的）野生山羊或岩羚羊等物种。然而，所有或者大部分的遗址表明，狩猎活动的中心聚焦于这些主要猎物中的单一品种。

在法国西南部典型的佩里戈尔（Perigord）地区的各种洞穴和岩棚遗址中，可以看到这种狩猎活动高度专业化的一些最明显的证据。在这些遗址中不难发现，驯鹿占旧石器时代晚期地层动物群总数的90%以上，在某些情况下甚至高达99%。正如有些情况显示的，驯鹿出现的压倒性频率绝不局限于旧石器时代晚期末期阶段；通过几个遗址，比如，阿布利–帕陶德（Abri Pataud）遗址、格拉维特岩棚（La Gravette）遗址和皮亚杰（Le Piage）遗址最早的一些奥瑞纳文化地层，最早可以追溯到距今3.2万年至3.5万年前。至少在这个地区，相比同一地区大量旧石器时代中期遗址的任意一处，旧石器时代晚期的人群毫无疑问地对特定物种实行了一种更具选择性的专业化模式。即使莫斯特遗址显示出驯鹿占比已经出现明显优势，但其出现的总体频率也很少超过70%～80%，而且总是伴有各种各样的其他物种（马、野牛、马鹿等），这清楚地反映了尼安德特人更广泛和"不拘一格"的动物种群利用模式。然而这些数据也可以解释为，旧石器时代中期的人群似乎在这个特定的环境中扮演了更"广义"的觅食者角色。

其他几个方面的证据，似乎证明了在旧石器时代晚期这种对动物资源进行更具选择性和专业化利用转变的一般模式。例如，在欧洲的一些地区，可以看到旧石器时代晚期遗址主要集中在某些特定地点，或者特定河谷——这些地方显然是一种或多种猎物的主要迁徙路线。在法国西南部地区，韦泽尔河谷和多尔多涅河谷几乎肯定起到了这种作用，这里是驯鹿季节性迁徙的必经之地，驯鹿每年都从中央高原高处的夏季草场迁向大西洋滨海平原地势较低的冬季草场。值得注意的是，正是这些地区拥有迄今为止密度最高的旧石器时代晚期遗址，这反映了对驯鹿资源最专业化的利用水平。中欧和东欧地区，例如在德国南部的莱茵河谷和多瑙河上游的山谷，以及俄罗斯南部的顿河和德涅斯特河谷沿线，似乎明显存在着类似的密集遗址。所有这些密集程度似乎反映了旧石器时代晚期人群对特定动物物种的高度关注，也许更重要的是，旧石器时代晚期狩猎者拥有预测这些动物群沿着主要迁徙路线活动的能力。旧石器时代中期的遗址往往不是明确集中在这些地区，而是更广泛地分布在广阔的可用栖息地。

如上文所述，这种如此强烈关注特定种类猎物利用的趋势，可能也部分地反映了旧石器时代晚期人群对动物活动准确预测的能力，而且通过这种预测准确地将主要定居点建设在动物迁徙的主要路线上。这很可能表明，在旧石器时代晚期社会中不同社会群体之间的交流模式，以及他们对本地环境中季节和生态情况的详尽认识。但毫无疑问，严重依靠特定种类猎物的趋势也反映了旧石器时代晚期人群的内部社会组织，以及他们以高度整合和协调的方式来组织利用迁徙动物群的能力。这种内部组织的一个映象，也许反映在许多旧石器时代晚期人群控制的巨大领地面积上，它清楚地表明了相对大型的多个人类家庭群体的聚集。与上面情况相似，我们再次发现证实这些大型聚居地存在的很多例子，从法国南部的一些大型岩棚遗址，如劳格里-豪特岩棚（Laugerie Haute）遗址、阿布利-帕陶德（Abri Pataud）遗址、洛塞尔（Laussel）洞穴遗址和拉马德莱娜（La Madeleine）岩棚遗址，到诸如前捷克斯洛伐克的帕夫洛夫（Pavlov）和多尔尼-维斯托尼斯（Dolni vestonice）露天遗址、奥地利的维伦多夫（Willendorf）遗址，以及俄罗斯南部的科斯琼基（Kostenki）遗址上一些面积更大或者同样广阔的露天定居点。多年来围绕着这些面积巨大的遗址产生的主要疑问是，它们是否真实地反映了大规模人群共居行为？或者仅仅是由规模小得多的人群在同一遗址反复使用的"日常重复"？然而，在许多这样的旧石器时代晚期遗址中保存内部结构和布局的总体状况，例如，在炉膛、铺砌区域、储藏洞的分布格局，以及特殊意义的棚屋或其他生活建筑物方面，似乎毫无疑问地表明，在许多情况下，它们确曾被相对较大的社会群体使用过，居住者的数量即使没有数百，至少也有数十人。撇开这些答案模糊的问题不谈，在任何情况下，这都与保留在同一地区的大多数旧石器时代中期的居住模式存在明显差异。与那些在多数旧石器时代晚期遗址中的遗存相比较，譬如劳格里-豪特岩棚遗址、阿布利-帕陶德遗址和拉马德莱娜岩棚遗址；在欧洲西南部的各种洞穴和岩棚遗址中，无论是其总面积，还是堆积如山的岩屑，都很难提供任何可以证明其被使用过的遗物。总体而言，似乎毫无疑问的是，旧石器时代晚期人群的各个社会层面的发展状况，在许多情况下确实大大超过了那些同一地区旧石器时代早期和中期人群。

　　这些面积相对较大且结构严密的旧石器时代晚期定居点，有一些保存得相当完好，这不是指那些来自西欧的著名洞穴和岩棚遗址，而是来自中欧和东欧裸露的黄土平原上的许多露天定居点，譬如，前捷克斯洛伐克的帕夫洛夫和多尔尼-维斯托尼斯露天遗址，或者俄罗斯南部的普什卡里（Pushkari）、科斯琼基、梅日里奇（Mezhirich）和梅辛（Mezin）遗址群。在这些遗址中，我们发现了建造多座房屋的证据，包括在地面挖出一个坑（通常表现为一个大型的中央火塘），也包括意义明确的圆形或椭圆形的石柱或柱孔排列，它们似乎标志着大型房屋或类似生活建筑物的地基。在东欧的一些遗址中，如梅日里奇、梅辛和普什卡里，这些房屋地基可能包含有大量猛犸象牙齿、颚骨或腿骨，在当地木材材源实际缺乏的地区，这些兽骨显然是主要的建筑构件。这些圆形或近似圆形的房屋地基，其简单的形状可以追溯到旧石器时代晚期初期阶段，例如，法国屈尔河畔阿尔西的沙泰尔佩龙地层中包含的两个并列房屋结构，它们的年代显然可追溯至距今大约3.3万年到3.4万年前。在后来的一些"格拉维特"（Gravettian）聚居地，比如，前捷克斯洛伐克的帕夫洛夫和多尔尼-维斯托尼斯露天遗址，或法国的瓦因-布龙（Vigne-Brune）遗址，我们似乎有明确证据表明，同一地点同时使用了几种不同的房屋结构，这可能表明在单个聚居地内聚集了多个家庭单元。在其他案例中，比如，普什卡里或科斯琼基1号遗址，似乎有迹象表明，在单个的生活建筑物中，炉膛的排列呈明显的线性，这或许意味着经过扩展的、多家庭的居住组合。所有这些遗址似乎都表明，旧石器晚期人类定居点的组织结构（以及相对应的使用这些遗址的人类群体的内部社会组织）要比目前欧洲发现的旧石器时代中期最初阶段严密得多。

最后，对旧石器时代中晚期之间经济和社会形态的总体变化进行的任何评估，都必须考虑到人口总密度大幅度增加的证据，这至少与从旧石器时代中期到晚期的过渡相一致。此外，在这方面，当然必须慎重对待考古证据，而且我们必须要始终考虑到旧石器时代初期遗址所遭受到的各种破坏的可能性要高于旧石器时代末期。然而即使考虑到这一点，我们也很难忽略有据可查的一些地区的旧石器时代中期和晚期遗址总数的差异。例如，在法国西南部被充分勘探的地区，有被使用痕迹的洞穴和岩棚遗址，其中大部分明显具有旧石器时代晚期遗存，至少是旧石器时代中期的4倍或5倍。如果我们回想起旧石器时代晚期持续时间还不到旧石器时代中期的一半，那么这种对比就更加明显了——这意味着旧石器时代晚期遗址（每单位时间）的形成速度至少比其前一个时期高出10倍。在中欧坎塔布里和俄罗斯南部平原，旧石器时代中晚期遗址总数上的类似对比已经有据可查。考虑到所有可能的注意事项，这些数字只能表明欧洲许多地区的人口总密度有了大幅度增加，这与从旧石器时代中期向旧石器时代晚期的过渡趋势大致吻合。

人口密度和人群总体规模的这些变化，对旧石器时代晚期游团社会组织的其他一些方面影响几何？要想从考古证据中获得答案无疑难上加难。一个极为显著的可能答案是，相对较大的社会单元的形成会促进——甚至可能是需要——社会中特定个人所扮演的经济或社会角色，这是因为同时出现了更复杂的分工和专业化水平。一些非常精致和令人印象深刻的洞穴艺术形式，必定是专业艺术家的杰作，这几乎可以作为一个事实。同理，在旧石器时代晚期的许多考古学文化中发现的一些经过复杂加工的石器和骨器器型，也很可能是专业工匠的作品。在更一般的层面上，无疑可以认为，几乎任何涉及维持一个规模较大且相对稳定团体的社会制度，都需要在社会内部进行某种形式的权力划分或等级排名，即使仅仅是为了使整个人群的活动得到必要程度的整合和协调，如在集体狩猎活动的组织方面。或许，我们很容易看到，在前捷克斯洛伐克的多尔尼–维斯托尼斯露天遗址、俄罗斯的松吉尔（Sungir）遗址和意大利的阿伦–坎迪德（Arene Candide）洞穴遗址等处保存的一些精心营造的高规格墓葬，它们是当时旧石器时代晚期社会中特定个人的社会"地位"或"等级排名"提高的直接反映。

似乎也有同样明确的迹象表明，在一些生态较为丰富的环境中，人类种群可能一直生活在一个整体密度中，这涉及那些独立的社会和居住单元相互碰撞中产生的各种形式的"拥挤压力"。一些学者认为，在人口密度相对较高的情况下，对独立"社会领域"进行某种明确识别和划分可能是必要的，以避免相邻地区的居民之间因获取特定经济资源（譬如猎物，甚至原材料供应）而一再发生冲突。社会领域的这些明显分工和界定，反过来又可以促进个别社会单元出现自我认同的具体形式。例如，这些可能反映在特定人群所制作的某些艺术品或装饰物中；甚至还可以反映在特殊形制的、更实用的人工制品中，如矛或猎刀。简而言之，在明确规定的生态领域内人口拥挤的综合效应很可能导致——或许是在史前第一次——独特的、有自我意识的"种族"群体的出现。正如之前章节所讨论的，目前这似乎为高度多样化和风格各异的遗物提供了最令人信服和最理性的解释，这些遗物出现在整个旧石器时代晚期的各个时段：无论是在欧洲的不同地点，还是在整个旧石器时代晚期不同时期的地层中。

然而，即使许多地区的旧石器时代晚期人群被划分为相对独立的领土和种族单元，在末次冰期颇为多变和不可预测的生态条件下，这些单元又能在多大程度上充当完全独立、自我维持的单位，这是值得商榷的。当然，众所周知，以冰缘冻土带和干草原为代表的高度专业化生态系统，本质上是不稳定和不可预测的（至少就眼前来说如此），因此易受当地具体资源的有效性和丰富程度的影响——特别是在流动性强、有迁徙习性的资源方面。例如成群的驯鹿或野马，特大或长时间的降雪期，偶尔过度放牧或火灾造成牧草资源暂时毁坏等。这些都很容易破坏个别动物群的活动和迁移模式。对严重依赖单一食物来源的个别高度专业化社会群体来说，这很可能是灾难性的。正如甘布尔和其他人所指出的，在这些背景下，为防止这些本地粮食资源短缺期的出现，人类群体与其他社会群体保持某种形式的广泛联系几乎肯定是必不可少的。这种广泛联盟体系的一个可能反映，或许可以通过观察一些广泛的交易或交换网络，这些网络目前在欧洲旧石器时代晚期的许多地区都曾出现过。例如，在西欧和中欧，都有证据表明，在大片地区进行了一些海贝的交易或交换——例如在地中海沿岸和佩里戈尔地区之间（约250千米），或黑海海岸和唐瓦利之间（约500千米）。从某些高品质类型的燧石或其他原材料的分布图中，也可以看到类似网络，例如，波兰南部的圣十字山和前捷克斯洛伐克西部之间，或者多尔多涅山谷和比利牛斯山脉之间。虽然这种交换网络在旧石器时代晚期大部分阶段的地层中（向后延伸到奥瑞纳文化层）都有保存，但甘布尔认为，在末次冰川最大值（距今约1.5万年至2.5万年前）期间，这些模式似乎特别明显，当时经济资源的不可预测性和相对脆弱程度可能最为严重。

旧石器时代晚期的艺术

在几页的篇幅内，很难如实呈现"旧石器时代晚期的艺术"这一庞大主题。最近出现了许多关于这一主题的优秀调查，包括安德烈·勒鲁瓦–古尔汉（Andre Leroi-Gourhan）的《西欧史前人类艺术》（*The Art of Prehistoric Man in Western Europe*），以及保罗·巴恩（Paul Bahn）和让·韦尔蒂（Jean Vertut）的精美插图版的《冰河时代的图景》（*Images of the Ice Age*）。如前所述，这种艺术在许多方面都是对旧石器时代晚期文化创造力最令人印象深刻和不朽的见证——无论是就艺术家本身的精湛技巧和审美天赋而言，还是就他们能够以各种非凡形式传达高度复杂的象征性信息的能力而论。最终（如果可能的话），相比我们从考古证据的其他任何方面所获得的，这种艺术能够提供更多关于旧石器时代晚期社会的精神和洞察力。

在一开始，我们必须对广义的"壁画"艺术（保存于洞穴墙壁上的绘画和雕刻）和"可移动"艺术（通过考古发掘获得的小型物品）进行基本区分。与洞穴艺术相比，便携式艺术的研究所产生的问题较少，因为文物本身可以准确地与其他考古材料相关联，并且直接与它们所处的整体文化背景相关。如前所述，这些可移动艺术品最显著的特征之一是，它们几乎发现于旧石器时代晚期所有阶段的地层中，最早可回溯至法国和中欧部分地区最早的奥瑞纳文化层，距今约3万年至3.5万年前。从德国南部的福格尔赫德（Vogelherd）洞穴遗址、盖森克洛斯特勒（Geissenklosterle）洞穴遗址和霍伦施泰因-施塔德尔（Hohlenstein-Stadel）洞穴遗址所发现的引人关注的动物和人类小雕刻品，以及法国西南部一系列遗址，如费拉西（La Ferrassie）洞穴遗址、阿布里-布朗夏尔（Abri Blanchard）岩洞遗址、塞利耶（Abri Cellier）遗址，保存的动物和女性外阴符号的较简单的轮廓雕刻品，都为这种突然爆发的艺术创造力提供了可观的见证，它似乎与欧洲中西部地区解剖学意义上的"现代"人类种群首次出现的时间相吻合。

在整个旧石器时代晚期大部分末期阶段的地层中，能发现可移动艺术模式的广泛相似性。从晚期的佩里戈尔期（Perigordian）和梭鲁特期（Solutrian），我们发现了各种动物轮廓的雕饰，例如科隆比耶尔（La Colombiere）遗址、帕帕约奥（Parpallo）遗址；在某些遗址中，例如夏郎德塞（Roc de Sers）岩的梭鲁特（Solutrian）文化层，我们还发现了类似的深刻浅浮雕版画。从中欧和东欧的所谓格拉维特（La Gravettian）遗址，包括多尔尼-维斯托尼斯（Dolni Vestonice）露天遗址、帕夫洛夫（Pavlov）遗址和科斯琼基（Kostenki）遗址，我们发现了一些小型的动物形雕像——用石头或象牙雕刻而成，偶尔也有用耐火黏土烧制而成——它们能令人强烈地联想到那些来自福格尔赫德（Vogelherd）洞穴遗址和盖森克洛斯特勒（Geissenklosterle）洞穴遗址的早期奥瑞纳文化层复原品。然而，这些可移动艺术品的大量增加来自旧石器时代晚期最晚阶段的一些时间段，距今大约1.5万年至1.2万年前，其中最显著的来自佛朗哥-坎塔布里（Franco-Cantabrian）地区一些晚期马格达林（Magdalenian）文化层，以及德国南部同时期的遗址。从较晚的马格达林期的一些遗址中复原的主题图案特别令人印象深刻，它涵盖了对驯鹿、马、野生山羊和猛犸象的高度自然主义的描绘，以及对鱼类、鸟类、海豹的类似呈现，还有（在少数地方）对人类形态的更多示意。动物图案可以雕刻在石头或骨头碎片上；也可以（比较少见地）立体呈现在相同材料的单个碎片上；或嵌刻在一些较大的骨头或鹿角工艺品上，譬如投矛器或穿孔的鹿角棒。所有这些"自然主义"的描绘都伴随着一系列较为神秘的"象征性"图案，从沿着破碎骨片边缘的简单切口线，到点、线和"之"字形的复杂排列。最近围绕亚历山大·马沙克（Alexander Marshack）所发表的论文一直争论不休，有一种最有趣的可能就是，骨头和石头碎片上的刻痕和缺口的这些长短不一的线性排列，其中一些可能代表着某种历法"符号"系统：它是以某种方式围绕密切观察到的月球周期来进行构建的。这些解释无疑仍然极具争议性，也许并不像马沙克的阐释所表明的那样容易从文物本身中解读出来。然而，旧石器时代晚期的群体可能参与了对环境中的月球周期性变化或其他周期性运动轨迹的密切观测，这种想法本身没有什么不可信的，而且正如史蒂文·米森（Steven Mithen）和其他人所提出的，他们可能已经利用这种自然规律知识对整个年度周期内的各种形式的经济和社会活动进行了规划。

可移动艺术的一些最有趣的反映，在所谓的"维纳斯"（Venus）类型小雕像中得到了体现，现在可以在从俄罗斯南部延伸到比利牛斯山脉的跨越东欧、中欧和西欧的一条非常宽阔的弧线上得到证实。这些小雕像由相当丰满的（有时候是肥胖的）女性形象组成，着重突出性特征，而头部、手臂和脚部通常只是简略地表现。这些图案的范围从相对自然的形式，如发现于奥地利维伦多夫（Willendorf）遗址和俄罗斯南部科斯琼基（Kostenki）遗址的样本，到有时候可以被视为具有两性含义的高度风格化的形式，如来自法国西南部蒂尔萨克（Tursac）遗址的样本。按年代排序，这些图案如果不是全部也有大部分似乎都局限于距今约2.5万年至2.3万年前为中心的相对较短的时间范围，通常与晚期的佩里戈尔期

（Perigordian）或格拉维特期（Gravettian）群体的文化相关。毫无疑问，对这些形象的解释富有各种想象力，从强调妇女在旧石器时代晚期社会中的核心作用，到认为这些雕像充当着群落之间仪式交换的内容，这些群落（出于各种经济和环境原因）依赖于欧洲大陆大片地区广泛的社会和"联盟"网络。例如，甘布尔认为，恰好是在欧洲的环境和生态条件最不稳定和不可预测的时候，这些雕像却似乎显示出它们最广泛的分布，并且（如前所述）不同地区居住者之间的各种形式的互动和交流对于人类群体的生存至关重要。

解释各种形式的可移动艺术时所涉及的所有猜想，在延伸到对所谓"顶层"或"洞穴艺术"的分析时，就变得更加具有争议性了。有关洞穴艺术的基本特征至今保存完好。这种艺术形式主要以表现动物为代表，既包括主要的经济物种，如驯鹿、马鹿、马、美洲野牛、欧洲野牛、野生山羊和猛犸，还包括一些（较为罕见的）捕食者物种的代表，如狮子、熊和狼。除了一些非常罕见的例外，比如来自三兄弟洞窟的奇妙的"巫师"图像，以及派契迈尔（Pech-Merle）洞窟、拉斯科（Lascaux）洞穴遗址和贡巴来尔（Combarelles）洞穴的几个高度图式化的人类代表，在记载洞穴艺术的汇编中，明确的人类图像几乎没有。大多数艺术品都隐藏在洞穴深处，往往位于距离入口一千米或更远的相对难以接近且狭窄的通道中。这种描绘有时由线性刻画组成，可能是用燧石片或燧石打火器等石器制作的；有时是用铁赭石（生产从黄色到深栗色的各种颜色），或黑色二氧化锰，或常常是这两种颜料的混合颜料精心制作的绘画。这些动物几乎总是以轮廓形式呈现，而且几乎都是以单独个体的形式出现，而不是作为相关的群体或场景（除了一些罕见的例外，譬如马匹形象的绘画长廊，以及拉斯科洞穴遗址的一群明显是正在游泳的鹿）。除动物图像外，还经常有各种"简略"符号的描绘，范围从人的手背喷绘到纯粹抽象的符号，譬如线形的"语言混合体"版画、三角形或矩形的"盖形的"图案，或点和圆的各种蜿蜒排列。这些图案分布在洞穴的岩壁和天花板上的不同地方，而且往往直接叠加在先前绘画上，使得个别图形的轮廓几乎不可能被破译。当然，在这种情况下，我们很难摆脱这样一种印象，即构成艺术生产的主要动机在于描绘动物的原始行为，而不是为了最终成品的整体视觉或艺术效果。

自19世纪70年代首次发现洞穴绘画以来，解释洞穴艺术创作背后的深层动机这一难题，一直困扰着历代研究旧石器时代的专家们。最初，"为艺术而艺术"的概念颇具吸引力，这是由那些有时间和闲暇从事审美追求的艺术家所提出的，远远超出了日常食物采集活动的需求，不可避免地很快被前面所讨论的艺术的一些具体特征（特别是叠加的发生，它有效地抹掉了艺术的任何整体视觉影响）推翻了。后来的解释侧重于艺术的潜在作用，即反映某些与特定人类社会相关的"图腾"符号，或者，（也许貌似更合理的解释是）将绘画用作"交感巫术"的一种形式，旨在确保对在人类食物供应中至关重要的特定动物种类的控制。事实上，许多动物形象似乎都有长矛造成的伤口表现，或者（在一种解释中）是对动物死尸的描绘，而不是对活物的写实，这往往被视为对这一解释的支撑。最近的解释借鉴了结构主义人类学概念，认为整个旧石器时代的艺术风格可以被视为反映了旧石器时代晚期社会一些基本的"二元对立"，围绕着社会中的男性和女性之间的对立而构建（这个见解或许能够被证实）。这一观点主要表现在安德烈·勒鲁瓦–古尔汉（Andre Leroi-Gourhan）的出版物中，假设在艺术中所代表的所有主要动物种群都可以被视为"男性"或"女性"符号的一种反映，这些符号分散在洞穴的各个区域（女性符号位于更中心部分，男性符号更为外围），通常与据称是男性或女性的抽象标志相关联：以各种线条或箭头状的图案表示男性，以更广泛的三角形或盖形图案表示女性。最新的解释〔由约翰·法伊弗（John Pfeiffer）、史蒂文·米森（Steven Mithen）和其他人提出〕倾向于强调洞穴艺术的潜在作用，通过所反映的各种因素，诸如动物群行为或活动的各种季节性变化，或者与狩猎活动组织最相关的特定动物的行为特征，来强调其承载的关于旧石器时代晚期群体当时环境的明确"信息"方面的潜在作用。更富有想象力的一种解释是，大部分艺术都可以代表所谓的"正位"影像，是在艺术家由药物引起的恍惚状态下留下的！

总体而言，或许有三个特征是明确的：第一，对于潜在假设的范围几乎没有限制，可以援引这些假设来解释洞穴艺术更深层次的"意义"或"社会—心理"动机；第二，这些解释目前几乎都不能以任何非常严密或可控的方式对艺术本身的个别细节或更广泛的背景进行系统测试或评估；第三，考虑到艺术的巨大多样性和总体空间分布，显然存在着广泛的互补解释空间，整体来看，在整个旧石器时代晚期领域的不同时间和地点，这些解释可能具有不同程度的可信度。

从某些方面来说，对旧石器时代晚期艺术进行分析和解释的最有效方法，可能并非试图深入研究构成艺术本身具体特征的有意识或无意识的动机，而是来自对旧石器时代晚期欧洲不同社会和经济背景下的艺术的更普遍分布的研究。可以说，洞穴艺术最显著的特征是，它明显集中在欧洲某些极具地方色彩的地区——尤其是在法国西南部的佩里戈尔和邻近区域，以及比利牛斯山脉和西班牙西北部的邻近地区。即使对分布模式进行快速调查，也会显示，记录在案的90%以上的洞穴和岩棚艺术都出现在西欧这一相对局部化的地区。诚然，人们很难期望在诸如中欧和东欧的黄土平原或欧洲西北部的类似地形区找到洞穴艺术的痕迹。但是，欧洲当然还有许多其他地区，如德国南部、巴尔干半岛部分地区和意大利北部，那里适合保存艺术的石灰岩洞穴和岩棚相对丰富。过去一个世纪以来，人们不断地对这些地区的艺术遗存进行调查。但是这些地区所出现的艺术品与欧洲西南部典型的佛朗哥-坎塔布里地区的大规模集中相比，极为稀少。这种差异必然清楚地告诉我们一些有关旧石器时代晚期欧洲不同地区的社会和文化模式的本质特点。

大多数学者现在一致认为，在西欧这些特定地区，洞穴艺术特别集中，必定在某种程度上与这些地区人口的总体密度和集中程度有关，而这必定在某种程度上与这些地区所提供的特定经济和生态环境同样相关。这些论点主要取决于这样一个事实：这些特定地区位于欧洲末次冰期基本开阔的冻原带或干草原环境的最南端，因此它们将支撑整个欧洲大陆上一些最密集的动物种群。关键的支撑因素应该是这些动物群体（特别是驯鹿和马鹿）的高度迁徙行为，它们几乎可以肯定是沿着特定的、基本上可以预测的路线进行的，经由从中部高原向西延伸、从坎塔布里山脉向北延伸的主要河谷。人们认为，这些因素的结合将为相对庞大的人类群体的聚集（至少是季节性的）提供理想条件，他们聚集此间，专门开发利用这些丰富而集中的迁徙猎物群。

其余论点涉及人口的"拥挤压力"、社会分化，以及对明确界定和分化的社群领地需求的各种问题——正如上一节所述——这些几乎不可避免的是由这些异常庞大而密集的人口聚集所产生的。从这些角度来看，洞穴艺术的产生可以被看作是对人口拥挤（具有不可避免的社会后果）等制约因素的进一步反映，这就对各种形式的仪式或礼仪活动产生了明确的、本质上的功能性需求，这些活动可以用来整合和协调各个社群领地的范围。在这种背景下，艺术究竟是如何发挥作用的，还有待进一步的推测。一种可能性是，一些主要的艺术生产中心，如法国西南部的拉斯科洞穴遗址，或西班牙北部的奥尔塔米拉（Altamira）岩窟，充当了主要的仪式或礼仪中心——也许是人类群体在每年定期聚会期间举行重要礼仪的场所。或者（另外），艺术的产生可能掌握在特定的酋长或宗教领袖手中，他们利用艺术产物和相关的礼仪来加强他们在社会中的权力或权威，并使之合法化。显然，这一切都处于猜测的范围。显而易见的是，洞穴艺术并不是均匀分布在整个欧洲，而是集中于（零星的考古发现地点除外）已知人口最集中、最密集的地区。从这些方面来看，这种艺术很可能为研究欧洲不同地域的旧石器时代晚期群体之间社会组织的不同模式提供一些重要视角。

冰期的终结

旧石器时代世界的终结相当突然。这方面的关键因素当然是气候迅速变暖，这标志着末次冰期的结束，并以激进和不可逆转的方式改变了欧洲旧石器时代晚期人群的生存环境。这种变暖过程的初始阶段最早可检测到距今1.3万年前。冰盖逐渐从其最大面积后退，全球海平面开始上升（随着水从融化的冰川返回海洋），森林开始从原来南欧的冰川屏障区向北扩展。虽然这些都是相对渐进的过程，但很显然，最迅速的环境变化发生在大约1万年前，当时气候变化的总体速度正处于最激烈时期。传统上，以1万年前为中心的时期（就当前的放射性碳时间尺度而言），被用来定义为旧石器时代晚期的结束和中石器时代的开始。

从人类的角度来看，毫无疑问，最重要的因素是欧洲中部和北部地区开阔的冻原和干草原地带被茂密的森林环境取代。不可避免的是，欧洲不同地区跨越这一临界点的确切日期各不相同，欧洲大陆南部地区（距今约1.25万年前）比更偏北的地区（距今约1万年前）所发生的时间要更早。无论具体时间如何，这一重要生态转型的影响都再深远不过了。仅仅在狩猎活动层面上，在茂密森林地带中对动物的追赶与在开阔冰缘环境中对动物的追逐就有很大不同，并且在组织狩猎群体时它需要非常不同的策略和战术。但是，森林的出现将导致特定区域内动物的总体密度和当地生物的总量，以及它们在不同生态区之间的迁移模式发生更重大的变化。从对现代环境中动物种群的研究可以清楚地看出，森林环境只能维持处于开阔环境中的动物种群总生物量的20%～30%。同样明显的是，在森林环境中遇到的各种动物在其季节习性上往往较少迁移，并且分布在较小的、更分散的群体中。换句话说，人类群体需要适应它们的行为，不仅要顾及食物供应总量的大幅度减少，还要适应对动物的追逐，因为它们的行动习性与早期冰川时代的动物大相径庭。

人类面对这些生态变化的反应有两种不同的方式，都被考古材料记录下来了。对森林侵蚀的明显反应之一，自然是人类群体自己向北推进，并将随冰盖逐渐消退而开始在北欧出现的新环境开辟为殖民地。从大约1.3万年前开始，我们就可以准确地推测当时这种人口向北欧扩张的模式，从法国北部和英国南部延伸到斯堪的纳维亚半岛南部。从巴黎盆地〔宾斯维特（Pincevent）遗址、埃蒂奥莱（Etiolles）遗址、马尔桑吉（Marsangy）遗址、韦尔布里（La Verberie）遗址〕和德国北部〔迈因多夫（Meiendorf）遗址、施特尔穆尔（Stellmoor）遗址〕各遗址所发掘出的定居点可以清楚地看到，通过采用这一方式，人类群体能够（至少暂时）保持对尚为开阔环境的控制，并能继续利用相同种类的动物（主要是驯鹿和马），这些动物在旧石器时代晚期初期阶段一直是他们经济活动的支柱。即使其中一些遗址仅在夏季几个月期间被短暂使用，但北欧这些新兴的地貌显然为人类居住提供了极其丰饶的栖息环境，这对人类群体来说，要做的只是进行最小限度的经济和社会适应。

当然，第二种方式是让人类群体留在以前居住的区域内，并使其行为和组织适应新的森林环境。这种适应性的最清晰的例证之一可以在法国西南部的典型地区看到，发生时间在从马格达林（Magdalenian）期到阿济尔（Azilian）期的考古学上的过渡时期——现在显然可以追溯到距今大约1.25万年。这种生态转变最直接的反应可以从相关动物群落的构成观察。在相当短的时间内，与晚期马格达林期相关的大量以驯鹿为主的动物群，被几乎全部由马鹿、野猪、野牛和其他典型的森林生物物种组成的群落取代。几乎完全在同一时间，我们可以从被使用遗址总数的急剧下降〔从晚期的马格达林期的七八十个遗址，到阿济尔期的二三十个遗址〕，以及同样明显减少的被使用遗址的总面积得到证实。仅凭这一证据，毫无疑问，该地区的总体人口明显下降，人类群体现在生活在规模更小、更加分散的社会单元中。

但是，这些变化的一些最显著影响可以从考古遗物本身的特征中观察到。与从晚期马格达林文化层发现的工具的丰富性和复杂性相比，从阿济尔文化层所出土的石器、骨器和鹿角制品的种类，不仅在"类型学"意义上简单得多、变化更少，而且总体上要小得多，制作得也不够细致。例如，这可以从阿济尔文化层发现的双刺鱼叉头的形制体现出来，与晚期的马格达林文化层所记载的那些相比，它相形失色（就大小、器型复杂度、技艺上的投入、装饰程度而言）。最引人注目的，是在马格达林期末期的手工艺品几乎消失了。从阿济尔遗址中，我们只发现了为数不多的雕绘的动物图案，（在一些遗址）还存在着一些神秘的"彩绘鹅卵石"，点缀着一系列简单的赭红色几何图案。尽管在整个物质文化范围内发生了这些根本性变化，但毫无疑问，法国西南部的阿济尔人是同一地区早期的马格达林人的直接后裔。

究竟应该如何解释环境条件、经济活动和技术模式变化之间的奇妙的相互关系，是一个值得讨论的问题。最显著的含义（正如上文所述）似乎是，人类群体现在不仅生活在人口密度低得多的群体中，而且显然是以更小、更分散的群体形式活动。在这种情况下可以认为，先前大多数用来支持精细技术、手工行业生产以及可能相关的礼仪活动的社会机制实际上已经消失了，取而代之的是更为简单、更少结构形式的社会组织形式。无论如何解释，关于考古材料中这些变化的深刻特征，或者这些变化与当地环境和生态条件特征的同步变化之间所存在的密切关联，都是毫无疑问的。正是这一现象，标志着欧洲旧石器时代晚期世界的终结，以及接踵而至的中石器时代各种森林适应性的开始。

第三章

中石器时代

史蒂文·米森（Steven Mithen）

导　言

　　中石器时代，指的是末次冰期结束之后、到以农业经济为主之前的时期，这些时间节点都非常模糊。后冰期的间冰段（late-glacial interstadials，距今约1.3万年至1.2万年）为冰期后提供了一个"错误的开端"，在此期间，狩猎采集者已习惯于温暖的环境。在温暖的气候回转之前，他们不得不重新适应最后一段严寒期。因此，在旧石器时代和中石器时代间寻找一个明确的分割线，在某种程度上具有任意性——通常选择距今1万年的时间。随着觅食者探索和利用一系列不断变化的地貌，考古材料中不仅找不出旧石器时代狩猎采集者与他们在中石器时代同行之间的区别，反而能够勾勒出一个可以追溯至末次冰期以来的连续的行为变化轨迹。中石器时代和旧石器时代社会，人类适应环境的基本过程也是相同的。此外，中石器时代的许多传统判别要素，譬如细石器技术和沿海资源的开发，现在已被确定可追溯到旧石器时代。

中石器时代和新石器时代之间的接合点也同样模糊不清。陶器的使用、人口定居以及复杂的社会组织，曾经被认为是新石器时代人群所独有的。现在人们知道，这些现象在中石器时代晚期就已经普遍存在。同样的道理，新石器时代早期人类社会的经济类型仍然是狩猎采集而不是一般认为的驯养野生动植物。将他们描述为"复杂的狩猎采集者"而不是农民，或许更为恰当。虽然无法确定中石器时代是何时开始或结束的，但它却是欧洲史前史上最关键的时期之一。在更新世末期（距今约1万年前），自3万年前生物学意义上的现代人类首次到达欧洲以来，人类的生活方式在本质上从未改变过。他们的特点在于平等的社会组织和高度流动的生活方式。在接下来的5000年内，发生了3次不可逆转的事件，为后来史前时期的发展提供了保证：出现了等级社会；采用了农业经济学；人类干预并极大地改变了自然环境。

然而，如果我们只是把中石器时代看作一个过渡时期，并且仅仅为了这个目的而研究，那我们就会忽略它。虽然在旧石器时代和新石器时代就发现了中石器时代的许多社会和技术特征，但它们在中石器时代的麇集和相互作用是独一无二的。这是一个在技术、生存和艺术领域取得重大成就的时期。事实上，许多人认为，中石器时代是人类与其环境之间的融合被推到极限的时期。从这个意义上来说，我们在考古材料中最充分地证明了，人类有能力成为自然界的一部分，而不仅仅是利用它。

在本章中，我们利用北至挪威、南至希腊等遗址中的材料来深入思考中石器时代，并探寻确定欧洲史前时期这一阶段的主要特征。我们将认识到所有中石器时代社会之间的相似之处，它们主要源于狩猎和采集生活方式所施加的限制。但我们的主要关注点，是欧洲各地不同文化传统和环境条件下的社会和经济变化。我们的研究必须从简要回顾中石器时代的环境背景开始。然后，我们将从遗址发掘出来的文物、动物群的遗骸和特征入手，逐步构建一幅聚居地及其生存的图景。我们将考虑如何将这些因素结合起来，以解释个别定居点的性质，进而再考虑它们与建立中石器时代的定居—生业模式的关系。最后，我们需要讨论人口规模、社会组织和艺术的各个方面，并以欧洲史前的这一关键阶段文化变革过程的一般模型作为总结。

环境背景

中石器时代的史前时期与末次冰期结束后所发生的环境变化过程密切相关。日益升高的温度改变了陆地和海洋的范围、植被和动物的分布。大量研究表明，最剧烈的环境变化发生在北欧，紧邻正在消退的极地冰川附近，在这个地区，自然地理、植物群和动物群经历了一系列巨大变化，至少在地质年表中是如此。对于中石器时代的人们来说，他们自身是否可以感受到这些还有待进一步探讨。我们完全可以想象，当有大片可用的狩猎土地被海水淹没时，人们的记忆会一直存在。

陆地与海洋的关系　在北部地区发生了两个气候变化进程，重新划分了大陆板块的面积与地形：一是陆地隆起活动受到了冰川重量的抑制，二是冰川融化使得海平面上升。地壳的均衡恢复仅限于冰盖之下的土地，在遥远的北方表现得非常剧烈，以至于现在的海平面比冰期后海平面下降了250米。陆地面积的扩展是一个缓慢而滞后的过程：斯堪的纳维亚半岛北部的陆地今天仍在上升。在这些地区，这种均衡的陆地恢复创造了更大面积的土地，而且已被植物大军先期占领，这使得中石器时代的狩猎采集者能够对其加以利用。反之，海平面上升是一个相反的过程。与陆地的均衡恢复相比，这是一个影响所有地区的快速进程。它淹没了冰川和冰期后早期阶段的海岸线，以及如斯堪的纳维亚半岛南部的一些陆地，使其失去了大面积土地，从而使得狩猎区域减少。在距今大约8500年前，英国与欧洲大陆隔绝。人们可以认识到，这两个过程的结合，连同冰川消融速率的变化，对整个北欧海岸的特定改变过程产生了相当大的影响。

波的尼亚湾（Bothnia）就呈现出这些环境变化的复杂性。在末次冰期，冰川湖泊在这一地区密集分布，这种湖泊现在仍然分布在瑞典南部、波罗的海诸岛、爱沙尼亚和芬兰。随着冰川退去，海水渗入这些低地，带来了海洋生物。然而，滞后的陆地均衡恢复速度很快就超过了海平面上升的速度，再次形成了一个淡水湖，即安希勒斯湖（Ancylus）。在距今大约7000年前时，东南部的陆地屏障再次被上升的海平面所破坏，使该地区恢复到了海洋环境，即利托里纳海（Litorina Sea）。

植被变化 当陆地与海洋之间的关系发生这些变化时，景观就会发生转变，从开阔的冻原景观过渡到以树木为主的景观。来自北欧的花粉粒显示出这里曾经拥有树种丰富的茂密森林。我们可以构建"等分线"（isopoll）图，以展现特定物种在欧洲的传播，譬如欧洲椴树和栎树。不同树种的扩散和自然演替是由多种因素的复杂相互作用决定的，这些因素包括温度的上升、土壤形成过程、树木迁移率及孑遗种的位置等。来自甲壳虫遗存的证据表明，许多地区在树种自南欧和东欧的孑遗分布区到来之前，就已经处在温暖气候中很多年了。在北欧，最早的冰期后景观带以开阔地带的草本植物为主，包括耐寒的桦树、山杨、柳树和杜松。随着温度的升高，松树，然后是榛树，上升到突出地位，接着是喜暖的阔叶树种，最终形成了以栎树、欧洲椴树和榆树，以及适应排水性较差土壤的桤木为主导的中后冰期（mid-post-glacial）混交林。日益升高的温度和植被自然演进的一个结果，是湖泊中充满了有机沉积物。这一过程在冰川消融后立即开始，许多浅水湖在中石器时代被完全淤积了。

在南欧，在远离先前冰盖南缘的地带，植被的变化就没有那么显著。在这里，影响晚更新世植被变化的关键限制因素可能是水分的不足，而不是低温。在法国南部和伊比利亚半岛，在更新世末期，松树和杜松分布稀疏。在冰期后的早期阶段，松树扩展到较高的平地，而以落叶栎树为主的森林遍布整个低地。栎树林的组成似乎与北欧截然不同，榆树、欧洲椴树和桤木的数量要少得多。在地中海东部沿岸，末次冰期的极盛时期有一些小块林地，以干草原环境为主。随着气候的改善，首先是松树的分布面积迅速扩散，然后是栎树。温度和降水量的进一步增加导致其他树种分布的扩展，如山毛榉和角树。在较干燥的地区，如希腊南部，林地不太可能有很多，将其描述为开阔的稀树山地环境是最为恰当的。

后冰期动物群　除植被以外，后冰期的动物群与晚冰期的动物群也有着鲜明的对比。一些大型哺乳动物物种，如长毛犀牛、猛犸以及大角鹿都已灭绝，驯鹿和麋鹿被迫进入最北纬的地区。曾经栖居于开阔冻原带的驯鹿和马等大型迁徙性动物群，现在被一系列更多样化的有蹄类动物取代，它们以小规模群体活动，缺乏明显的迁徙行为，其中主要有马鹿、狍、野猪、欧洲野牛和麋鹿。小型哺乳动物群的数量和多样性也有所增加，特别是在中后冰期的茂密森林地带。任何一个地区的冰期，动物群的鲜明特征和植被一样，都取决于多样的气候和生态因素，这些因素导致欧洲发生了巨大的变化。在中石器时代期间，动物群结构继续改变。这种情况部分是由于持续的气候和植被变化；部分是由于人类活动。例如，欧洲野牛和麋鹿在中石器时代晚期的丹麦东部似乎就已经灭绝了。这可能部分是由中石器时代觅食者过度捕猎造成的。但是我们很难对过去的环境进行详尽的重建，因为大多数动植物的遗骸都是从考古遗址中发掘的，因此经过了"文化过滤器"。如果某一物种没在考古发掘中出现，通常就不能弄清楚它是不存在于后冰期早期阶段的环境，还是仅仅未被中石器时代的狩猎采集者利用。

在后冰期时期，相比先前而言，海洋生物栖息地的数量增多了，物种的多样性也更加丰富了。海洋脊椎动物种类繁多，从鲸、鲨鱼到鼠海豚和海豚。各种各样的咸水鱼类连同许多贝类，都可供开发。这些资源中有许多会季节性迁徙，在一年中特定的和有限的时间内可供开发。淡水潟湖、湖泊和河流也拥有非常丰富的动物种群。当淡水鱼类如梭鱼、丁鲷和欧洲鳊鱼的数量增加时，野禽的数量也会有很多。

景观演化　虽然将自然地理、动植物群的变化作为单独现象来分析是最容易的，但实际上这些变化是密切相关的，我们应该考虑到后冰期开始时和在此整个期间的环境变化，以及景观演化的过程。希腊南部阿戈里德（Argolid）地区是由弗兰克西（Franchthi）洞穴遗址的晚更新世和全新世的居民所开发的。在距今2万年前，有一片广阔的滨海平原，海平面比今天低120多米。这片平原上覆盖着草原植被，在绿洲和水坑周围可能存在着一些树木。在这片平原上有大量的马群，很可能还有牛科动物。随着海平面的上升，这片平原及其提供的资源逐渐减少，直到距今8000年时，只剩一条狭窄的沙滩和沼泽地带。现今这已不复存在，海岸线已变成一系列的岩石和鹅卵石，映衬着陡峭的海崖。因此，全新世的狩猎采集者们必须不断调整他们的生存策略，以应对迅速演变的地理景观。这些适应性的改变反映在弗兰克西洞穴遗址考古发现的地层中，我们会在下文详述。

环境结构　动植物群的变化不应该仅仅根据物种的数量和多样性来加以说明。后冰期生态系统的整体结构明显比晚冰期更为复杂、更不稳定。每个物种，包括人类，都与其他动植物物种被囊括在捕食者—猎物以及各种竞争关系中，它们之间也有着更多的联系。生态系统更容易受到物种组成及其数量的周期性但无法预测的波动的影响。环境的特点还在于植物和动物种群的明显季节性变化。除这种时间变异性外，后冰期景观的一个重要特征是它们的空间分割性。某些地区，以及这些地区内的某些地点，资源特别丰富，尤其是河流、湖泊和海岸；而内陆地区生物的数量较少，资源组合的变化也较少。在了解中石器时代人们的生活方式时，我们需要考虑到这种时间和空间上的分割性，还有物种的数量和类型。现在我们开始讨论用来利用这种环境的技术，这可以看作是为了应对环境结构问题，同时也是与环境内容相适应的。

技 术

与早期的史前时期一样，石器在中石器时代的考古材料中占据着主导地位。燧石可供利用于大多数领域，可被制成简单的箭镞和其他工具。在北欧沼泽遗址保存的有机材料，让人们一窥鹿角、骨器和木器的多样化及其非常复杂的用途。我们还有几个实例，其中保留了用于大型项目的技术——居所和迁移。

石器的使用　可追溯到中石器时代的燧石采石场很少见，可能在欧洲的许多地区并不存在。在波兰平原南缘的圣十字山脉北坡上的发现是一个例外。从这里，一种高品质的巧克力色的燧石被开采出来，这种燧石在广阔的区域内被发现，可能反映了传播模式而不是交换网络。在大多数地区，燧石的表面岩层足以满足中石器时代打制石器的需求。有些可能是原生矿石，例如来自英格兰南部的白垩地层；或者是以冰川沉积物形成的次生矿床，表现为不规则石核或海滩卵石。这些矿床可能是通过特定的勘探，或将获得的石材纳入其他活动，如为了狩猎出行而开采的。已知的有一些原始的工场，例如在波兰的波兹南–斯塔洛文卡（Poznan-Staroleka），一个主要的石器制作场所就是作为大量不规则燧石的来源地而被众所周知的。这里的遗物表明这样的遗址具有极其丰富或者数量庞大的石核和原始的石片，以及很少的打制工具。

燧石并不是中石器时代使用的唯一石材。在无法使用它的地区，或者不适合手头任务时，中石器时代的觅食者会转向各种其他石材。石英和石英岩也可以为边刮器或箭镞提供尖锐的石片。在苏格兰赫布里底（Hebridean）群岛的莫尔河谷（Gleann Mor）、斯陶斯奈格湾（Staosnaig）和卢萨河（Lussa River）遗址的发掘表明，随着人们离燧石产地越来越远，石英在中石器时代工具包中的使用越来越多。板岩本身适合分割和打磨，由此石斧成为斯堪的纳维亚半岛北部中石器时代工具组合里的重要成员。细砂粒的绿岩也容易剥落加工，片麻岩和各种岩石的处理是通过凿取后再加工成一系列古器物，如石斧和石锛。充分开发利用周围的原材料，是中石器时代的一个特征。

在欧洲的某些地区，我们可以验证原材料种类的使用随着时间推移而发生变化，这可能反映了社会经济组织的重大改变。例如，在英格兰北部，中石器时代早期和末期使用的原材料存在着显著的差异，这种差异以距今第9个千年为分界线。在早期，工具是由高品质的白色或灰色燧石制成的；随着时间的推移，逐渐被各种低品质的黑硅石和半透明燧石取代。这种变化能够反映出优质的燧石未能满足需求，它的减少可能是由于人口的增加、资源的枯竭或海平面的上升造成的。或者，它反映了人们行为模式的变化。中石器时代末期的觅食者在进行经济活动时，可能覆盖的距离较小，并且它说明了多瑙河峡谷的中石器时代的人群在距今大约8000年时从使用黑曜石到石英和石英岩的变化过程。

来自中石器时代的许多燧石工具都是用石锥制成的薄刃石器生产的。由于这些石核往往极小且需要巧妙地处理，因此很明显可以设想当时人们打制燧石的技术水平是非常之高的。在剥离石片时，可能使用了一些木制支架，以便将石核固定。在某些地区，比如斯堪的纳维亚半岛，生产出了带柄石核。这些石核都为细长形，当将石片从一端分离时，碎石器可以在另一端紧紧固定。虽然这种剥片技术在中石器时代占据主导地位，但其他碎矿方法也被广泛用于生产薄刃石器。在原材料石核体积较小或品质较低的地区，双面修整技术被用来生产薄而锋利的石片和刀片。

当复原和分析的水平足够高时，就可以获得大量关于中石器时代加工方法的信息。当用碎片和工具重建石核的"档案"时，情况尤为如此。例如贝尔莫西二号（Bare Mosse II）遗址，一处位于斯堪的纳维亚地区早期的中石器时代遗址，817件古器物中有48%经过了重复修整，以生产7类主要的箭镞和石刀。由此，可以重建用于每个石核的生产工序。这些工序包括去除表层和不规则面、修整平台的制备、石核和石叶坯料的去除，最后将其打制成工具。一些部件在重复修整工序中都不见了，这表明它们已经得到保留并运送至其他的聚居地。在贝尔莫西二号遗址，我们可以确认一种应用于每一件石器的处理与制作的普遍方法。这可能通过某些方面观察到，比如原材料本身的局限性、生产出来的石器具有相似的功能以及群体内工具制造的传统。此外，从坯料的分布情况观察到的空间布局情况，表明工具生产的不同阶段是在遗址的不同地方进行的。总体而言，就重复加工策略的角度对石器进行研究，已经成为最近几年中石器时代研究的一个核心部分，超越了对更为传统的类型学的关注。

细石器　中石器时代通常与细石器的使用直接相关，即一种细小的石器或石叶部件。然而，这种关系并不是绝对的。一些中石器时代的文化，如爱尔兰中石器时代晚期的拉恩（Larnian）文化，使用了一种大型的叶片技术——"中石器时代的细石器"。此外，在几个晚更新世的文化中，如马格达林期（距今约1.7万年至1.1万年）也发现了细石器。总之，细石器至少是中石器时代的象征。

细石器有多种形状和尺寸。考古学家一直以来并且以后仍然主要关注的问题之一，是根据器型特征将这些分型定式；然后分析它们在石质堆积物中出现的频率，并根据不同的文化和技术传统将其分类。这些文化类型对过去人群的意义尚不清楚，但通常假定为某种形式的团体认同。这种类型学方法的最佳例证来自斯堪的纳维亚半岛南部，那里有丰富的考古材料、悠久的田野工作历史，以及曾经快速更新迭代的技术类型，这些因素相结合后在这一地区呈现出一系列广泛的细石器文化类型。到1973年，人们根据这些细石器类型，连同其他的遗物证据，将这个地区的中石器时代分为10个文化阶段，并将其划分为3种文化——马格勒莫斯文化（Maglemose，约公元前9500年至公元前7600年）、孔格默斯文化（Kongemose，约公元前7600年至公元前6500年）和埃特博莱文化（Ertebølle，约公元前6500年至公元前5200年）。最近人们做出了更精细的区分：利用丹麦东部的资料数据，根据细石器形状的变化，将孔格默斯期和埃特博莱期进一步划分为5个不同的阶段。在欧洲其他地方，也建立了类似的文化发展序列。例如，欧洲东北部中石器时代的资料被归类为一个复杂的文化系列，这些文化的典型器物特征随着时间和空间而变化。

如果抛开空间因素的话，我们可以基于细石器类型学和放射性碳测年法将欧洲的中石器时代划分为3个主要阶段。第一阶段以斜钝的尖状器为特征，这一时期典型的英国遗址是斯塔卡（Star Carr）遗址，结束于距今约9000年。第二阶段以细小的石叶制成的多种类型的细石器为特征，通常被称为"薄刃"或"几何形细石器"文化。它们所包含的形状多样，如斜角三角形、长方形和棒状，这些文化最早似乎可追溯至距今约1万年前法国南部的菲厄洞穴（Grotte des Fieux）和鲁菲尼亚克（Rouffignac）遗址。在距今9000年至8500年的法国其他遗址、荷兰和英国也发现了它们；直到距今8500年，它们都是广泛存在的。这些技术类型持续了大约1000年，然后被那些以偏菱形和梯形为主的厚刃石叶技术类型取而代之。最后一种文化几乎同时出现在整个欧洲，然而也许由于与欧洲大陆隔绝的缘故，并未在英国发现它们。

如果我们要搞清楚是什么导致了细石器类型的这些变化，那么我们必须首先考虑它们的用途。最有可能的答案是，它们是多部件工具的标准化组成部分。它们的用途之一，或许也是最重要的用途，就是作为狩猎武器的尖刃和倒刺。有很多证据可以证明这一点。人们发现许多用细石器制成的箭镞，是用树脂和麻线绑在木柄上的。一些细石器也具有与肉或骨的撞击造成的特殊断裂形态。另外，在许多动物（和人类）的骨头里发现仍嵌在其中的细石器，这表明细石器是导致它（他）们死亡的原因。照此，他们或者是被切割肌肉和动脉造成的严重出血而死，或者是被穿透器官造成的几乎即刻死亡。

用仿制的弓和箭进行的实验表明，细石器具有很强的穿透力。这种复制品可以通过从阿罗德5号（Agerod V）、霍尔梅加德（Holmegaard）

和灵克洛斯特（Ringkloster）等遗址发现的弓箭来制作。所有这些弓箭都是由榆木制成，长度在150厘米到190厘米。三种特质造就了特别高效的箭镞：穿透能力、产生锐利切割的能力和用以确保箭支飞行方向大致稳定的对称性。细石器的形制随时间与空间而变化，很可能与这些变量之间的持续相互作用有关。有些人认为，埃特博莱文化的梯形和偏菱形的厚刃细石器就具有这种文化特征，而且认为这些厚刃细石器就是这三个变量的最佳结合体。它们的使用提高了狩猎效率，这可能是其能被快速应用于整个欧洲的一个主要因素。

然而必须强调的是，许多与狩猎活动无关的工具，特别是那些用于处理植物材料的工具，可能都使用了细石器。这些细石器在各个遗址中都有大量发现，可能是由于它们被用作诸如锉屑器等工具的切割部件。在苏格兰莫尔河谷遗址的细石器，人们发现其尖端附近都有一个圆形的磨耗痕迹，而没有纵向条纹，这表明它们曾被用作钻孔器或者钻头。因此，细石器形制的一些变化可能只是与使用它的不同方式有关；或者，它可能并没有这种类型的功能意义。其他的因素或许也很重要。细石器的形制可能具有象征意义，表明它属于某一特定个体或某一特定群体的成员。这样的信息传递方式在人们检查死亡猎物的信息时可能具有重大意义，因为它表明是谁杀死了这头野兽。

其他石器制品　细石器只是人们在中石器时代制造的众多器物中的一种，呈薄片状的燧石斧和石锛也是这一时期的特征。它们的制成过程是先对大的石片或石核进行双面加工，然后用工具横向敲打或斜击石斧的中轴，使石片从一端分离，这样就产生了锋利的刃部。当斧或锛需要磨锐时，更多靠近刃部的石片就会被去除，中石器时代遗址中经常发现这些特别的、被重新磨锐的石刃。来自中石器时代遗存的其他石器制品，还包括边刮器——打制的石片或石刃，形状和尺寸多种多样；钻孔器——背部有一个凹孔，用以制造坚固的尖状器；燧石器——这一器物来自被剥落的碎石片，用以创造凿状刃。这些种类的石器，在整个中石器时代欧洲的大多数遗存中都有发现，其精细化和标准化程度各不相同。

一些遗址出土的器物对中石器时代而言极不寻常。例如，在俄罗斯北部的尼日涅韦雷蒂1号（Nizhneye Veretye I）遗址的北方期（距今约9050年至8520年），人们复原了5件燧石"锄"。它们具有加工过的宽刃、正面呈圆形以及经由横向精心剥片而成的短柄。在东欧和近东的新石器时代的遗存中也发现了类似器物，据推测它们是用来耕种土地的。这些中石器时代的石器制品可能具有不同的功能，它们可能是模仿麋鹿鹿角的产物。

关于更常见的普通燧石工具的用途，也不容易说明。除了钻孔，很难想象具有锋利尖刃的器物还有什么其他方面的用途。然而，"边刮器"这一笼统的术语仅适用于以特定方式打制并以多种形式出现的石核或石叶，并不意味着它们必须用于刮削。微痕分析能够给我们提供一些有关功能的信息——尽管结果常具争议。对英格兰北部斯塔卡遗址（距今约9500年）石器的一项研究表明，石器类型、材质以及使用方式之间很少有明确的关系模式。例如，学者对来自遗址的374个边刮器中的56个进行了微痕分析。其中，只有36个（64%）显示出有使用的痕迹，表现为55种使用情形。这些主要是刮削、抛光的活动，针对的是兽皮（40%）、骨头（22%）、鹿角（22%）、木材（13%），以及不确定是骨或兽皮的情况（约为3%）。不同质地的器物使用的情形确实存在一些差异：用于鹿角的工具，往往比用来对付骨、木材或兽皮的工具更长、更有弧度。

木制品、鹿角工具和骨器 北欧的沼泽遗址保留的有机材料表明中石器时代的狩猎者拥有鹿角、骨器和木制品组成的种类繁多的工具组合，以弥补石制工具的不足。这些遗物可以分为两类，一类是手持工具；另一类是人类不在场的情况下自动运转的陷阱及其附属设施。在第一种类型中，弓箭、尖矛和鱼叉的种类丰富。箭杆是由各种木材制成的，它们的箭镞刃部要么是黏附着树脂，要么是钝的，这样就不会在杀死鸟类和哺乳动物时损坏它们的皮毛。骨头同样也被用作细石器的支撑物。在骨头上抠挖出狭窄的凹槽，然后用树脂将嵌入凹槽的细石器固定。利用阴平法雕刻鹿

角，将其塑造成各种形状的、装有倒钩的尖状器。鱼镖两侧或大或小的
倒钩要么紧挨在一起，要么相距遥远，形成了各种各样的形式。考古学
家将这些鱼镖作为与细石器类似的参照物，用以划分不同技术风格和文
化类型。

另一种类型的人工制品是用马鹿或麋鹿鹿角制成的鹤嘴锄。在中石器
时代的早期，鹤嘴锄是通过去除鹿角的掌状部分，然后将剩余部分斜穿一
个小孔，从而嵌入木柄制成的。另一种方法是使用鹿角固定在树桩上进行
穿孔，这样就可以用来做手柄的套结槽。人们有时候也用欧洲野牛和麋鹿
的肢骨制成鹤嘴锄。

还有一种人工制品是由木头、鹿角和骨头制成的，最好的代表是柳条
篮子，这很可能是捕捉鳗鱼和其他鱼类的工具。已经分析的几例显示出了
高超的工艺技术。一系列不同的原材料被用来建造这种工具的框架并使之
牢固。阿罗德5号遗址的样品是用樱桃木制成的，而尼德鲁斯遗址的样品
是用桦树枝制成的，都用劈开的松根对它们进行捆扎。来自马格比朗的框
架和捆绑物都是用欧洲椴树制成的。

在中石器时代，植物材料被大量用于其他方面，尽管对于其中的许
多用途，我们仅有极少的证据。位于丹麦菲英（Fyn）岛西海岸曲布林湾
（Tybrind Vig）被淹没的埃特博莱遗址，为中石器时代植物的使用提供了
一些最好的证据。在这里，我们发现了一个鱼钩，上面还挂着一小段麻
线，另外还发现了几件纺织品。这些纺织品是用植物纤维纺成的纱线编织
而成。同样，在德国波茨坦地区的弗里萨克遗址，发现了一张渔网的碎
片，可追溯至该遗址的北方期早段（距今9050年至8800年），目前尚不清
楚这些网是用于运载还是捕鱼。

陶器 陶器传统上被视为新石器时代的产物。然而近年来，人们发现
许多中石器时代晚期的群落很明显都已加工和使用陶器器皿。它们最早出
现于斯堪的纳维亚半岛的南部，距今约5600年。这通常表明，那些群落已
经建立了一种半定居或完全定居的生活方式。在丹麦的埃特博莱文化，出

土了两种类型的容器：尖底罐和椭圆形碗。两个种类的样品都来自曲布林湾遗址；其中一些含有烧焦的食物残渣，经过分析后发现里面含有草和鱼。

居所 许多中石器时代的遗址都有柱洞，这表明过去的建筑从简单的防风屏障到坚固小屋的变化。关于这方面的第一个证据，是在许多遗址中都能发现的排列呈直线或弧线的柱孔。例如，苏格兰的莫顿（Morton）遗址（距今约6700年至6300年）可以被认为是一个短时间被反复使用的地点，内有几组柱孔或桩洞，表明其可能是非常脆弱的防风屏障。

在葡萄牙穆日（Muge）山谷的莫伊塔－多锡巴斯提奥（Moita do Sebastiao）的大规模贝丘遗址（距今约7350年至7080年）里发现了一处相当大的建筑基址。在该遗址的一个区域内发现了61个柱洞，组成了一个向南开口的半圆。这似乎是一个光线充足的居所，可以免受北风的吹打。屋顶很可能是用灯芯草和禾本科的秸秆搭建，然后再铺上黏土防水；因为在附近发现了许多带有禾本科印记的黏土碎片。与之相关的是与烹饪、储存等特征相关的基址，以及众多的废弃土坑。在爱尔兰中石器时代早期的遗址桑德尔山（Mount Sandel，距今约8960年至8440年）中，数量异常庞大的柱洞明确证明了这是一个大而坚固的居所。其中一些柱洞深度超过20厘米，而且坑壁向内倾斜，与垂直面成微小的角度；另一些则被炉膛和其他灰坑分割，表明该遗址曾被多次重复使用。

在北极的挪威地区发现了几处中石器时代的遗址，其中有大量的石墙和地基遗迹。在芬马克（Finnmark）外海岸加姆维克（Gamvik）的特维尔维克雷特（Tverrvikraet）遗址，有一座长方形小房子基址。同样，在特赖纳（Traena）群岛的萨纳（Saana）岛上，发现了房屋遗址，其年代距今8000年至6000年，拥有石制地基、沿内墙排列的柱洞，还有一个位于房屋中央的灶坑。甚至在瓦朗格尔峡湾（Varanger Fjord）以北更远的地方，也有证据表明有几种不同类型的房屋结构，柱孔的圆形布局表明这些结构包括半地穴房屋和帐篷。

在丹麦，已经发掘出一些保留有房屋地板遗迹的遗址，例如马格尔莫斯（Maglemosian）文化的穆勒鲁普1号（Ulkestrup Øst I）遗址、霍尔梅加德4号（Holmegaard IV）遗址、杜文塞（Duvensee）遗址和斯维尔德堡1号（Svaerdborg I）遗址。这些地板是由交错的树皮和劈开的桦树、松树原木组成的。在穆勒鲁普1号遗址，沿着地板边缘会发现一排树枝卡在地里，这可能是建筑物上部结构的遗存。这些房屋本身要么是长方形的，要么是梯形的，面积从6.25平方米到24平方米不等。屋顶和墙壁很可能是由树皮或者芦苇组成的。在霍尔梅加德4号遗址和杜文塞遗址，叠加的桦树皮地板表明在长时段的使用中，这些房屋要么是被不同的人反复占用过，要么是同一群人对其进行了修复。在斯维尔德堡1号遗址，发现了9处房屋基址，而其中一处显然早于其他，但无法确定其余的8座房屋是否同属一个时期，或与人们分批前往一个受青睐的狩猎地点有关。

当然，在考古记录中，保存完好的建筑是极为罕见的。但是从石器的分布可以推断出过去居所的特征。加工过的石器的分布能够表明人们曾身处何方，而这种分布的空间格局可能表明人们栖居的建筑物的大小和平面结构。例如，在丹麦的一处马格尔莫斯文化遗址弗莱旦特（Flaadat），有两个相邻的新月形细石器分布区，可能标志着一个直径7米到8米的大型房屋的位置。类似地，在诸如英格兰坎布里亚（Cumbria）郡的克米尔斯（Eskmeals）等遗址也发现了铺有鹅卵石的地面遗迹，可能追溯到过去建筑物结构的存在。然而，这种推论极具争议性，在加以核实之前，我们需要进一步研究民族志中关于宿营地的立体空间结构的记载。

保存最完好的居所来自多瑙河流域的莱彭斯基-维尔遗址（Lepenski Vir，距今约7750年至6250年）。这是一个非常复杂也极其重要的遗址，在那里，中石器时代的猎人们已经"定居下来"并且有着稳定的生活方式。这些居所平面是梯形的，面积从5平方米到30平方米不等。它们建在被切入多瑙河沿岸斜坡的阶地上，有着统一的平面规划和内部布局。所有房屋都把它们宽的一端朝向河流。地板是用硬石灰岩膏制成的，周围是柱洞，这些柱洞一定是用来支撑木质结构的。在内部，长方形的灶坑由石灰石块砌成。在一些房子里，人的墓葬就在这些灶坑的附近，而几乎每间房子里都有一块大的圆形石灰石，它们被雕刻成人或鱼的形象。

运输技术 有效的水上运输对于欧洲中石器时代的人类群落进行各种生存活动、在不同环境之间流动以及群体之间的沟通都至关重要。在中石器时代，许多近海岛屿被开拓为殖民地，如赫布里底群岛和地中海群岛，要穿越海洋必将需要大量的船只。在瑞典西部聚居地的鳕鱼遗迹表明，人们已经进行了深海捕鱼，可能需要大量的船只。

保存最完好的中石器时代的船只来自曲布林湾遗址。在这里发现了两只独木舟的残骸以及装饰过的船桨。最大的船有9.5米长、0.65米宽，据估算能够装载6至8人连同他们的装备；里面有一块重达30千克的大石头，很可能充当了压舱物。独木舟的两侧光滑圆润，船尾刻成正方形。这两艘船的船尾都有放置一个小的火炉的残迹，这可能与鳗类的捕捞有关。

在独联体东北部的维斯1号（Vis I）遗址（距今8300年至7000年），保存有滑雪板的碎片。这些都是从粗大的阔叶原木上砍下来的。它们向前端逐渐变细，而下表面变得越来越凸出。在其中一只雪橇上刻有麋鹿头图案，以防止滑雪板在雪中逆转，并起到了稳定器的作用。虽然这些都是中石器时代的独特发现，但它们与17世纪记载的西伯利亚雅库特（Yakut）人的雪橇极为相似。

生产活动

中石器时代社会的经济基础随其环境的好坏而变化。总体而言，考古记录反映了中石器时代的狩猎采集者在利用各种环境类型以及应对可利用性资源的短期和长期波动方面具有极大的灵活性。这种灵活性是基于对其周围环境的详尽了解和对资源分配变化的持续监测。

陆地生物的狩猎 多年来，大型陆生哺乳动物一直被认为是中石器时代经济的精华。然而，随着人们对海洋和淡水环境生产力的重视，以及人体骨骼研究提供了饮食中存在大量水生食物的直接证据，大型陆生哺乳动物的优势地位正逐渐受到削弱。尽管如此，大型陆生哺乳动物的狩猎仍然是中石器时代的核心，因为即使它们不是所有地区的主粮供应，对它们的开发利用可能还是需要最长的时间，而且它们具有相当大的社会意义。整个欧洲的动物群遗存组合都证实了对大型有蹄类动物的混合利用，人们发现了马鹿、野猪、狍、麋鹿和野牛的变化频率。非常罕见的是，任何一种遗存组合都只以其中一种有蹄类动物为主。丹麦的灵克洛斯特遗址（Ringkloster，距今约5630年至5230年）是一个例外，因为在这个遗址的动物遗存组合中，以猪的遗骸为主。

猎杀这些大型哺乳动物似乎主要靠一种遭遇策略，猎人们很可能是在森林中搜索鹿和猪的踪迹。在发现并推断出有关其踪迹制造者的年龄、性别、健康状况和行进方向的信息后，追踪就会启动。如果动物很大，猎人可能会从群体中的其他成员那里得到帮助。一旦定位，就会试图彻底杀死该动物或者弄伤它，以使其流血，并追踪到它倒下为止。使用狗有助于追踪动物。在中石器时代的墓地，对狗的埋葬，通常是像德国牧羊犬这样的犬类，这表明这些狗已经被驯化，并受到了极大的尊重。土坑和陷阱也被用于猎捕大型猎物。在西兰（Zealand）岛北部维格（Vig）遗址的一个沼泽中，人们发现细石器被牢牢嵌在一头野牛的骨骼中，这表明它是被从陷阱中放出的箭射中的。在斯堪的纳维亚半岛北部，有许多土坑和陷阱被用来捕捉大型猎物，尤其是驯鹿。

在欧洲那些没有被茂密森林覆盖的地区，动物会大批聚集，因此人们也可能采用了其他类型的狩猎策略。在西班牙的黎凡特（Levantine）艺术（我们将在下文讨论）中，描绘了这样一个场景，一只马鹿冲向伏击的弓箭手。这幅画保存在奎沃-德沃斯-卡巴洛斯（Cuevo de los Caballos），描绘了12个猎人：8人充当助猎者，将一群鹿驱赶向4名正在等待的弓箭手。这群动物似乎是一群带着幼崽的雌性动物——这是夏季兽群结构的典型模式。在某些特定场合，北欧也可能发生过这种围猎情况，但证据的砝码指向更个人化的跟踪模式。

在中石器时代，除大型陆生哺乳动物外，也有小型陆地猎物可供利用。兔子、獾、水獭和松貂可以提供毛皮，同时也是肉类的来源。很可能此类动物主要是使用陷阱而不是主动捕杀的。一些遗址似乎是某些特定种类的小猎物的捕猎地点；灵克洛斯特遗址的松貂遗骸出现的频率特别高。

水生资源的利用 猎捕大型陆地猎物只是中石器时代各种生活基础的一个要素。对于那些生活在沿海或大型湖泊和河流沿岸的人们来说，水生资源即使不能超越大型陆生哺乳动物的生产力，也是可以与之相媲美的。海鸟可能是一种重要的食物来源。近代的历史表明，那些栖息在人类聚居地的鸟类具有潜在的食物价值；圣基尔达岛（St Kilda）的180名居民就因每年捕猎22 600多只塘鹅而闻名。一些中石器时代遗址的鸟类动物群，只包含少数一两个物种。在阿格松（Aggersund）和奥加德（Ogaarde）的埃特博莱文化遗址，鸟类区系以单一物种为主，分别为大天鹅和白尾海雕。在其他遗址，譬如埃特博莱遗址本身，发现了许多不同的物种，往往数量很多。在这类遗址，似乎出现了对鸟类大规模的屠宰，或许是将鸟类驱赶入罗网中。内陆的鸟类也经常被猎杀，主要是因其羽毛，尽管它们也是宝贵的食物来源。

在中石器时代晚期的许多沿海贝丘遗址中，发现了大型海洋哺乳动物的骨骼——海豹、海豚、鼠海豚和鲸。这些动物可能是人类驾船出海主动猎杀的，如北极的挪威岩画所示。另一种解释是，被杀死的可能是搁浅的动物。几乎可以肯定的是，后一种情况是发生在体型较大的动物身上，比如蓝鲸和抹香鲸，它们偶尔也会出现在贝丘。在贝丘中，还发现了许多种类的海豹，实际上，海豹的骨骼在内陆遗址，比如灵克洛斯特也有所发现。

在保存完好的遗址中，往往会发现鱼骨，咸水鱼和淡水鱼一定是作为一种宝贵的食物来源。当这些种群迁徙时，情况尤其如此，因为这些物种可以提供惊人的收获。在斯堪的纳维亚半岛南部的遗址显示，包括鳝鳗、梭鱼、丁鲷、欧鳊和鲈鱼在内的各种淡水物种都得到了开发。它们的捕获，是通过包括鱼钩、鱼叉、陷阱和渔网在内的各种技术。在许多沿海遗址中，咸水鱼类出现的比例也很高。例如，在苏格兰小岛奥龙赛（Oronsay）发掘出的贝丘（距今约6300年至5200年）表明，海鱼，尤其是鳕鱼类，一直被有系统地开发，它在人类日常饮食的贡献方面大概超过了贝类动物。在埃特博莱遗址巨大的贝丘中，鱼的残骸主要（71%）是在附近湖泊捕捞的淡水物种。因此，一个遗址的临海位置，并不一定意味着海洋物种就具有重要意义。

在水生资源谱的底部是贝类动物，如牡蛎、帽贝和玉黍螺。在中石器时代晚期，这些似乎是重要的食物来源，在许多沿海地区都发现了当时大型的贝丘。然而，利用这些资源代价高昂；据计算，需要52 267只牡蛎、156 800只鸟蛤或31 360只帽贝，才能够提供与一只马鹿畜体相同的热量。但是这种资源可以由年幼的、年老的以及体弱者来收集，并且可持续利用。因此在其他资源匮乏时可以依赖它们。

在冰期后早期，沿海和水生资源在饮食中的重要性日益增加，这一点在希腊南部的弗兰克西（Franchthi）洞穴遗址中得到了明显的体现。在距今2万年前，这一洞穴首次被人类占据，当时它位于离海岸大约5～6千米的地方。随着海平面的上升，到距今8500年前，这一距离减少到只有1千米。洞穴中的动物群遗骸表明，在中石器时代的饮食中，鱼类和贝类的数量也增加了。

植物性食品　在中石器时代，植物性食品很可能是饮食的重要组成部分。冰期后的森林提供了品种丰富的可食用植物，如浆果、菌类、坚果以及根茎。从南欧较为开阔地带可以采集到草籽。虽然可以列出可观的潜在可食用物种清单，但实际上很少有植物残骸能够保存在中石器时代的遗址中；能够把这些植物确定为食物来源更难了。因此要评估植物材料对饮食的贡献是不可能的。但是对多瑙河流域遗址人类牙齿磨损模式的研究表明，植物的贡献可能是巨大的。

榛子是迄今为止最常见的植物材料，英国中石器时代的遗址中常有发现，通常数量很少，但偶尔数量也会很大，这表明榛子已被广泛利用并可能被贮存。例如，在汉普（Hampshire）郡的奥克汉格7号（Oakhanger VII）遗址，碎榛子壳散落在整个活动区。有些人认为，冰期后早期孢粉谱中榛子出现频率很高，可能表明这一物种受到了一种特殊的偏爱。鉴于橡子在其他时期作为植物性食品的重要性，在中石器时代的遗址上橡子的稀缺是令人惊讶的。可能是因为需要在食用时浸出鞣酸，降低了它们作为食物来源的吸引力。其他可食用植物残骸包括：来自欧洲东北部遗址的菱角；斯塔卡（Star Carr）遗址的藜、荨麻和萍蓬草；纽费里（Newferry）遗址的树莓；以及多瑙河峡谷的伊科阿纳（Icoana）和弗拉萨克（Vlasac）遗址粪化石中的草本植物（可能是谷类植物）花粉。从距今1.1万年前起，弗兰克西（Franchthi）洞穴遗址的居住者就开发了多种植物种类，包括野生杏仁、梨、苦野豌豆、小扁豆、燕麦和大麦。植物资源使用的明显增加，可能弥补了海平面上升造成的大型猎物狩猎区的减少。所有这些植物都被发现可以在山谷底部和平缓的山坡上野生生长。

从拉布拉–巴尔多马（Balma Abeurador）岩棚遗址中也获得了重要的植物残骸，该洞穴位于中央高原的南部边缘，距离现今的地中海海岸约50千米。在距今1万年到8000年的地层中发现了小扁豆、鹰嘴豆和豌豆的碳化残留物，它们在形态上类似于西南亚新石器时代早期遗址中的栽培种植。在地中海沿岸西部遗址，例如拉布拉多–巴尔马岩棚，植物材料使用的日益增加，似乎与对鱼类和鸟类开发利用的增加有关。很显然，中石器时代的觅食者对他们用来获取食物的植物资源有详尽了解，新石器时代初期采用驯养的做法并没有给他们的经济带来任何重大变化。事实上，拉布拉多-巴尔马岩棚遗址和弗兰克西洞穴遗址的居住者能否通过简单的收集策略长期利用这些豆科植物,一直是一个关键的争论点。初期的栽培可能有必要使用燃烧、除草和灌溉等技术。

除食物的获取外,中石器时代的觅食者似乎以其他方式干扰了自然植被。在英国,有使用植物为燃料的大量证据,特别是在高地地区。这意味着大片植被被烧毁,但人类活动或自然事件造成的后果程度尚不清楚。中石器时代的觅食者大面积地燃烧是否是为了促进幼芽的生长以作为食物利用,抑或是作为吸引鹿的一种手段?如果是后者的话,就会增加鹿的数量,并且可以预测它们在景观中的位置。由此,觅食效率就会有所提高。

定居点

我们已经看到,后冰期环境为中石器时代的觅食者提供了许多不同的资源,以供食物和原材料的开发利用。这种开发不是随机的或偶然的,而是以高超的技巧和组织来进行的。毫无疑问,中石器时代的觅食者就像民族志中记载的狩猎采集者一样,对他们所处的自然环境、猎物习性,以及季节变化有着广泛的了解。这类知识可以被有效地用于组织他们的生存活动,以便他们能被安置在地理景观中的适当位置来利用那些"季节性"的资源。然而,除此之外,他们还需要能够利用或防范自然界中不可预测的事件——幸运地发现一头搁浅的鲸,或者迁徙资源未能按期到达。在探索中石器时代的这一方面时,我们可以先从认识许多不同种类的聚居地类型开始。

遗址类型及其演变　在中石器时代,遗址类型表现出巨大的多样性。一方面是小型宿营地,这表明它或许只是由一小批猎人单次使用了几个小时；而另一方面，我们发现有大型的综合性遗址群，具有定居点遗迹，这表明全年都有大批人使用。在这些极端之间，是各种类型的狩猎营地、原材料提取遗址和专门的活动场所。近年来，许多研究都与推断这些定居点的功能和使用季节有关。通过选择研究中石器时代的欧洲，我们可以了解这种范围广泛的遗址类型，以及它们演变的方式。

最常见的中石器时代的遗址，是一种分散的小型石堆，没有任何有机体保存在内。这表示的可能是短期的露营地，或许只是狩猎小队过夜的停留地，甚至是在狩猎期间的活动场地，如现场分割被杀死的动物。这些遗址有许多分布在欧洲的高原地区。典型的例子来自英国奔宁（Pennines）山脉的石堆，如邓福德（Dunford）A号遗址和布鲁姆黑德（Broomhead）5号遗址，它们的细石器占打制工具的90%以上。此类遗址往往占据显要位置，可以远眺郊野，被认为与对马鹿的狩猎有关。挪威高原地区的类似遗址，关注的是驯鹿的开发。例如，吕菲尔克地区塞特河谷（Ryfylke-Setesdal）山地中的"148"号遗址（距今约5870年），就恰好位于积水边上方的一个小斜坡上，靠近现代驯鹿使用的一条小径。在这里仅发现7件燧石制品，其中6件可拼成一个石核。这个遗址似乎仅仅代表了一次性使用场所，或许是对动物的屠宰事件，抑或是对残余兽皮的处理。

当阐释比"148"号遗址中要大的石堆时，主要的困难是要了解它们代表了多少次使用行为。它们仅仅是来自少数猎人多次短期使用形成的遗物，还是来自一个相对较大群体的更广泛的使用期？对此类遗址进行一系列放射性碳年代测定有助于解决问题。例如，华沙附近的卡洛瓦尼（Calowanie）露天遗址上的散落石堆，曾经一度被解释为代表独立的使用层。但新的放射性碳所测定的年代表明，每一个单独的石堆的形成史长达1000年，在距今约9400年至8300年，因此是一系列反复使用的结果。

当无法获得放射性碳数据进行测定时，对水平或垂直分散的石片进行修复是另一种选择，它可以证明一种堆积物只是涉及单一的使用或至少是有限的使用。在英格兰南部亨吉斯特伯里角（Hengistbury Head）的中石器时代遗址，就使用了这一方法。此遗址是密集分布的燧石制品，层积在风沙沉积物中，已发生了严重的灰化。该遗址发掘面积达78平方米以上，出土了总量达3.8万件的燧石制品。对其进行的修复结果不仅表明该遗址是由一系列燧石层组成，还表明这些石器的大量垂直分布完全是沉积后自然过程的结果。可被复原器物的残片之间的垂直间距高达39厘米。当所有可拼合物品组合在一起时，它们形成了一系列的连锁反应，分布在60厘米的垂直距离上。诸如踩踏、生物扰动、漂砾和风蚀等过程都是造成垂直分布的原因。若不是进行修复的话，这个遗址可能很容易被理解为一个被多次使用过的、逐渐堆积的沙土层。在其他的遗址，由于保存的状况和原材料的特点，许多放射性碳年代测定或校正的可能性受到了限制。然而，文物的绝对数量和坯料往往表明，这些遗址已经被多次重复使用。例如，在苏格兰西部艾莱（Islay）岛上的博尔赛（Bolsay）农场进行的发掘表明，这里最开始就存在着数百万件已加工过的石器，其中包括数千枚细石器。这些石器保存的状况很差，但如此数量的材料很可能来自遗址被多次重复使用时的逐渐积累，这大概是由于这些遗址作为狩猎场所的优越地理位置。

通过微痕分析可以重建遗址内部的活动区。这方面最成功的一个例子，来自维德贝克（Vedbaek）阶段埃特博莱文化的瓦甘特–诺德（Vaenget Nord）遗址，这是在丹麦西兰岛维德贝克峡湾发现的完整建筑群遗迹之一，时间约距今7000年。微痕分析表明，该遗址可分为两个不同的区域。一个是以加工骨器或鹿角的燧石器为特征；另一个是用于兽皮加工的工具，如端刮器和未经处理的小石片。其中第一个被称为主要使用区，因为这里分布着箭镞、凿子等石器，与集中分布的特征相吻合。在兽皮加工区的旁边是一个燧石处理区域，它们的后面是一个废料堆，这是区域表面呈深色、遗物中富含木炭和烧裂的石块。在一些地方发现了单独的垃圾堆，如一个燧石散落区，包含了制造石斧时产生的所有废料，但并没有发现斧头本身和小木片。我们推测，当人们清理废料时，他们把木片留在了加工场。

当一个遗址保存有动物群遗骸时，就可以对它的季节性和功能性做出更多的推断。例如，在丹麦北部阿格松的埃特博莱遗址，动物群遗骸以迁徙的大天鹅为主。这些天鹅只有在11月至次年3月期间才出现在该地区。因此，该遗址被解释为一个专门的冬季天鹅狩猎营地。斯塔卡遗址的动物群遗骸，为试图推断遗址的季节性和功能性提供了经典范例。人们对这些遗骸已经进行了深入研究，并多次进行了重新诠释。目前的观点认为，这些遗骸显示出该遗址是在春末或初夏时节使用的。这一点从马鹿和狍子下颚的牙齿以及大量的马鹿头骨上脱落的鹿角可以看出——这在4月和5月是很常见的。该遗址脱落的鹿角，表面上看可能是在秋季收集的，实际上可能全年都有收集。遗址中的动物遗骨属于猎人在最初屠宰后通常会处理掉的那部分，因为它们几乎没有肉。以上这些似乎表明这只是一个在春季或夏季使用的临时狩猎营地，而不是一个被长期使用的大本营；因为带肉的骨头是会被送回大本营的，而不是被带走。

在赫布里底（Hebrides）群岛南部奥龙塞小岛上的贝丘中的动物群遗骸也值得一提。在此处的一个岛屿上发现了5个贝丘，占用面积不超过4平方千米。如上文所述，鳕鱼是一种极为常见的鱼类，它们的耳石（耳骨）被用来计算每一处贝丘被使用的季节。这是可行的，因为在生命的最初两三年里，小鳕鱼的生长速度非常快，根据耳石长度来衡量它们的大小，也表明了它们被杀死的季节。通过使用这一方法的研究结果表明，奥龙塞岛上的每一个贝丘的使用季节似乎都是不同的。可以推测的是，贝丘的特殊地理位置使得它特别适宜于某一特定季节。对这一模式可以做出两种不同的解释。一种解释是这是一个长期的、全年的占用，由于季节性的轮回，觅食者会从一个贝丘向另一个移动。然而，这在欧洲这一地区的一个面积如此小的岛上似乎是不太可能的，因为这里可能难以获得其他资源（譬如鹿）。因此，这些贝丘可能代表了人们多年来短期的捕鱼和捕猎而逐渐积累的过程，中石器时代的觅食者会利用他们对地景、潮汐和盛行风的知识，在每次访问中选择最有利的地点。

斯堪的纳维亚半岛南部的大型贝丘和定居点更有可能成为全年的、永久使用的候选地。其中许多是在几个不同生态区的交界处发现的，它们能够为觅食者交替提供各种各样季节性的资源。例如，在丹麦北部，我们发现了埃特博莱大规模贝丘遗址（约距今5800年至5100年），将其命名为埃特博莱文化。它表明，在夏季和秋季，该遗址的居住者会依赖大型陆生动物资源，而冬季的主要支柱则是迁徙而来并在此产仔的海洋哺乳动物。可能存在的"春季缺口"会由牡蛎填补，它的外壳构成了贝丘的主要部分。同样，瑞典南部的斯凯特霍尔姆遗址（Skateholm，约距今7000年至5400年）似乎位于陆地、潟湖和海洋生物群落之间的交界处，因为环境的混合能够提供多样性的资源。该遗址的动物群，或者说是已知的三个时期的遗址，证明了从这些生物群落中开发出的资源具有惊人的多样性。季节性指标遍布全年各个时段。

生存—定居模式 迄今为止，我们已经讨论了作为单个实体的遗址类型，但是最近许多研究的重点是通过建立这些遗址之间的联系，从而重建"生存—定居"模式。即使我们对中石器时代有着相当高的年代鉴别力，考古学家目前也很难自信地断言哪两处遗址是同属一个时期，被同一个群体的人员使用过。由此，我们重构生存—定居模式时依据的材料可能并不完全是同一时代的，这种复原出来的生存—定居模式代表的是中石器时代的理想化模式，而不是针对任何特定地区或阶段的详尽重构。

最简单的中石器时代生存—定居模式，是涉及低地和高地之间的移动。据许多对狩猎采集者的历史记载，人们在冬季的几个月里聚集在低地地区，在那里开展了许多集体活动；然后在夏季以较小的群体分散到高地地区。这种分裂和融合的模式很可能可以上溯至中石器时代。通常，人们可以察觉高地和低地地区的石器组合的差异，这表明已经进行了不同的活动，而且与过去的迁徙模式有关。例如，在英国，高地地区的中石器时代遗址往往频繁出现细石器，这意味着狩猎工具的制作或修理。那些在低地地区的人们通常使用诸如边刮器之类的工具，相比之下这类工具出现的频率也更高。它们应该是用于营地活动，例如制备皮毛。挪威高原上与驯鹿狩猎有关的小型燧石器堆，很可能起源于从西部或东部低地向高处迁徙而来的春秋季节狩猎群。在这些遗址上发现的史前石器都是用燧石制成的，它们只能来自沿海的遗址。

丹麦的中石器时代遗址保存得特别好，使得我们能够重建比简单的群聚或分散循环更为复杂的生存—定居模式。我们发现了有关埃特博莱期的几处遗址。由于其优越的位置、丰富的动物群遗骸和遗存内涵，这些遗址被认为是用于极为特殊的生计活动的季节性营地。我们先前提及的阿格松（Aggersund）遗址专门用于冬季天鹅的狩猎；万戈–索（Vaengo So）遗址是一个特别适合长期捕鲸的场所，鲸类在该处遗址的动物遗骸中占有突出地位；对鳝鳗的捕获很可能是人们在迪尔霍姆（Dyrholm）遗址进行的主要活动，该遗址仅在秋冬季才会被使用；灵克洛斯特遗址似乎是一个冬季露营地，猎人专门在那里进行对野猪和松貂的狩猎。对这些遗址的使用方式，很可能是猎人们从大本营出发后进行的短暂而特别的访问。这些大型的沿海贝丘遗址，如埃特博莱、迈尔高（Meilgaard）和诺斯隆德（Norslund），它们所处的位置适合进行各种不同的活动，也发现了在全年大部分时间被使用的证据。

我们很难在整个地区发现保存良好的有机物遗存，以便能够利用动物群遗骸重建空间广泛的生存—定居模式，从而推断遗址的功能性和季节性。如果缺乏这样的遗迹，就必须依靠诸如遗址大小、地貌，以及石器组合特点等因素，利用这些变量对我们会有很大帮助。例如，在挪威北部的维加（Vega）岛，人们已经根据各个遗址在人类生存—定居模式中发挥的不同作用对多个遗址进行了分类。阿斯加登（Asgarden）是这些遗址中最大的一处，拥有总数达25万多件（处）石料堆积、各类石器和大型的房屋基址，人们把它解释为定居点。从这里，中石器时代的觅食者可能也使用了附属的野外营地。例如赫斯维克（Hesvik），那里的遗址面积较小，结构不太坚固。另一类遗址面积更小，石料堆也更小，可能代表的是"码头"，即海岸附近的临时登陆点或"停留地"。这种重建是否正确，的确值得怀疑，但也没有理由说明有机物保存较差地区的生存—定居模式要比斯堪的纳维亚半岛南部这样的地区更为复杂。

来自南欧的一个重建生存—定居模式的实例是很有用的，因为它表明"文化"概念的消亡对遗存变化解释的有效性。在西班牙北部海岸，发现了属于同一时期（距今9500年至8500年）的两种"类型"中石器时代遗址，它们被赋予不同的"文化"标签，即阿斯图里亚斯（Asturian）文化和阿济尔（Azilian）文化。例如，"阿斯图里亚斯文化"一词适用于取自里埃拉遗址第29层的材料，可追溯到距今8350至8950年前；来自乌蒂亚加（Urtiaga）遗址的C层的材料则可追溯到距今8530至8870年，被称为"阿济尔文化"。差异部分在于工具堆积物。相比阿济尔文化遗存，阿斯图里亚斯文化遗物具有较少的打制品和背刃式石刀，以及较多的重型器物，如鹤嘴锄和斧子。阿斯图里亚斯文化遗址主要分布在低地和河口，而阿济尔文化遗址则遍布整个低地和高原地区。动物遗存的内涵也各不相同：阿斯图里亚斯文化总是以马鹿为主，狍子和野猪出现的频率较低；而阿济尔文化则显示出较大的变化。在高山地区，他们都以野山羊为主。传统上，人们把阿济尔和阿斯图里亚斯遗址分类为不同的人类群体、不同的文化。然而，它们更有可能是同一生存—定居模式的两个组成部分。阿斯图里亚斯遗址可能是用来处理来自大本营的大量废料，而阿济尔遗址则是进行各种狩猎、采集和捕鱼活动的地点。但这一生存—定居模式的其他要素，例如大本营，尚未被发现。

觅食决策 当"重建"这些生存—定居模式时，我们必须非常小心，不要因为强调他们进入常规的季节性轮换，就忽略了中石器时代觅食者还拥有极其灵活的生存策略。虽然他们大部分的生存策略可能已经转向常规化了——春天等待迁徙的鱼类，夏季迁移至内陆地区——但他们觅食行为的效率不得不建立在准备应对新机遇或应付资源意外短缺的基础上。为此，他们要依靠对周围环境的了解，并不断更新其"信息库"，以了解各种资源的可用性和位置。因此，与其从季节轮换的角度来考虑中石器时代的生存策略，倒不如从一个更合适的角度把它看成个人和群体对于在什么时候开采什么资源的一系列选择。

我们可以将这些决策视为"互补选择"（要迁移到哪种类型的生物圈，如内陆森林或海岸），或者"猎物选择"（要在哪些片区中一次利用哪些特定资源）。在做出这样的决策时，觅食者会收集和处理许多有关他们当前需求以及可能来自不同片区或猎物类型的回报等信息。他们会一直试图在利用不同资源的成本、收益和风险之间取得平衡。成本是指狩猎或采集资源所花费的精力和时间；收益是就肉类和原材料的回报而言；风险是指付出很大努力却没有得到回报的可能性。例如，如果一个猎人成功地杀死了一只马鹿，那么肉、兽皮和鹿角的收益将相当可观；但是猎杀马鹿是一项有风险的活动：人们可能找不到马鹿的踪迹，或者在射击时没有击中，抑或在受伤和垂死的动物逃跑后没有找到它的尸体。相比之下，收集软体动物就没有这样的风险，因为它们很容易被大量发现。然而，如果想要收集足够的物种来烹调一顿像样的饭菜，就必须投入大量繁重的体力劳动！

阿罗德5号遗址　从这种决策、成本—效益—风险的角度，可以理解中石器时代的许多生存行为和技术。举个例子，我们可以通过对阿罗德5号遗址（距今约6860年至6540年前）的一个简短思考，来完成对中石器时代的生存和聚居地的研究，这是斯堪的纳维亚地区中部早期的一处靠近大西洋的定居点。这一遗址的动物遗存证明了动物利用的广泛性，以马鹿、麋鹿、狍子和猪为代表。该遗址似乎是一个狩猎营地：在那里，猎人根据与上述动物的遭遇概率，去搜寻这些动物。遗址中每一种动物的数量表明，人们在狩猎方面付出了很大的努力，并且获得了大量的肉类和原材料。人们似乎更喜欢搜寻大型的和较难发现的物种，例如马鹿，捕获概率较高但体型较小的狍子可能就被放弃了。鉴于这种对陆地狩猎的关注，让人颇感意外的是，该遗址位于一座小岛上的沼泽区，距最近的坚固的陆地也有400米。然而，这个位置非常适合设置捕鱼工具，以捕捉在该遗址发现的鲈鱼、欧鳊和丁鲷。在日常生活中，这些捕鱼器在提供食物方面可能比狩捕大型陆地猎物要稳定得多，因为与之相关的风险很小。因此，觅食者可以承受去冒险追捕马鹿，但是很有可能空手而归的风险；因为捕鱼工具确保了食物的供应。

人口与社会

人们一致认为中石器时代是人口快速增长的时期，但是对人口密度的评估存在显著差异。考虑到进行这种评估的困难，以及贯穿欧洲中石器时代可能的变化模式，这种差异不足为奇。每平方千米平均人口密度极有可能在0.5到0.005，对于狩猎采集者而言可能相对较高。中石器时代的德国西南部，可以说明估算过去人口规模和变化速率的难度。在这里，我们看到了距今约8000年前（即中石器时代早期和晚期之间的界线）遗址数量的显著减少。这可能反映了人口规模的缩小。然而，由于当时环境发生了相当大的变化，例如植被多样性的增加，因此遗址数量的减少可能也反映了居住方式的变化。很有可能，狩猎采集者对新环境做出的反应是居住在较少但较大的定居点，或者将定居点位置限制在特定区域。

与文献记载的狩猎采集者类似，人口的社会组织很可能按等级结构分为三个主要层次。最基础的应该是家庭群居。在一年中的大部分时间里，家庭成员都会聚集在一起，组成规模为25人到100人的群体。然后，这些将被关联到覆盖广泛区域的网络中。这一网络中的群体和个人之间的联系将通过拜访和定期聚集来维持，届时信息、货物和婚姻伴侣可能会通过交换取得。然而如同生存模式和技术一样，人们还必须认识到，在整个欧洲中石器时代，社会组织可能存在着相当大的差异性。部分原因在于，像技术一样，社会组织是中石器时代觅食者适应自然环境的一种手段。关于中石器时代人口和社会组织性质的推测很容易，但难以找到确凿证据，最好的证据之一是埋葬的死者。

正是在中石器时代，欧洲出现了第一处墓地。在整个旧石器时代晚期，甚至可能在旧石器时代中期，人们被以各种方式埋葬。但只有在中石器时代，正式的墓地才被建立，其中最大的包含有数百个人。这些墓地的存在和内涵为中石器时代提供了许多观察角度，我们可以重建社会的人口结构；了解人们的健康状况；推断出与死者一起放置的人工制品的社会结构与象征意义。

墓地　墓地是中石器时代晚期的一种现象，平均年代为距今约6250年前。在中石器时代早期，埋葬仍然具有个人性质——至少还没有发现墓地。墓地的出现似乎代表了欧洲史前时期的一个独特事件，也许是在距今约6500年前的时候，人口总量超过了一个临界点。墓地及其反映的"复杂"社会，主要分布于沿海地区或大的湖泊与河流附近。这样做是有充分理由的，因为这些地区本身就是最丰饶的，因而最有能力养活大规模的人口。有些人认为，这导致人们需要去标记，甚至是捍卫许多以前的人们通过利用祖先的存在（即经由安葬）而取得的领土。

墓地的大小显示出明显的变化：最大的两个是卡累利阿（Karelia）的奥列内斯特罗夫斯基（Oleneostrovski）墓地和葡萄牙的卡贝科-达-阿鲁达（Cabeco da Arruda）墓地。这两处墓地都各自发掘出170多座坟墓。然而，大多数墓地都只有20~60座墓。在试图计算墓地的实际大小并进行适当的比较方面，存在诸多困难。通常很难估计一个墓地使用的时间跨度，以及逝者被安葬在墓地的概率。一些墓地形成了较大的规模，这仅仅是因为它们被使用的时间较长，还是因为它们与更大规模的人口有关？同样，对各个墓地之间进行的比较也面临着这些墓地之间保存状况的显著差异，以及考古发掘的程度和细节等种种难题。

古病理学 人骨中最令人关注的资料类型之一,是关于过去人口的健康状况。人骨能够展现出多种疾病和损伤。特别常见的是关节炎和龋齿,但也包括其他的病状,如多孔性骨质增生、釉质发育不良症、佝偻病和骨质疏松。不同人群之间病理强度和类型有一些明显的差异。与定居群体有关的墓地,比如斯凯特霍尔姆遗址、维德贝克(Vedbaek)遗址和弗拉萨克(Vlasac)遗址,其中的成员很少有龋齿,但有多种其他病理状况,而且在活着时身体健康状况不佳。相比之下,与流动性较强的人群有关的墓地,譬如乌佐(Uzzo)洞穴遗址、阿伦-坎迪德(Arene Candide)洞穴遗址和莫伊塔-多锡巴斯提奥(Moita do Sebastiao)遗址,这些墓地成员患龋齿的频率很高,在某些情况下高达50%,然而他们活着的时候在其他方面则要健康得多,几乎没有骨骼病理的证据。毫无疑问,这种模式差异与在长期定居生活造成的寄生虫和传染病的大量增加而引起的卫生问题有关。

这些中石器时代墓地的许多人骨都有被抛掷的尖状器造成的伤害痕迹。它们被发现时尖状器通常还牢牢嵌在骨头中,这很可能是导致这些人死亡的原因。例如,维德贝克遗址的19A号墓中,有一具男性骨骼的第二和第三胸椎之间嵌有兽骨尖状器,而在7号墓中则是梯形尖状器嵌入在长骨中。在斯凯特霍尔姆遗址中,一具成年男性的遗骨被存放于现在被编为13号的墓中,其骨盆中嵌入了一枚横向箭镞,表明他的死亡是由箭镞刺穿腹部引起的。可能有几种不同的情况来解释这些伤害:它们可能是由于狩猎事故造成的,当时一群猎手们正在围猎大型有蹄类动物,如成年马鹿;或者,可能涉及个人之间的战斗;第三种可能性是,这些病理学创伤源自群体之间有组织的战争,如下文将要讨论的西班牙黎凡特(Levantine)艺术绘画所示。

随葬品与丧葬仪式 从遗骨到随葬品和丧葬方式的角度,我们再次发现墓地内以及墓地之间具有很大的差异性。墓地内的变化可能与人群过去的社会组织有关,而墓地之间的差异可能涉及有关群体的特定传统。我们可以将维德贝克遗址和斯凯特霍尔姆1号遗址做个对比。在前者中，所有17座墓坑都是同样的简单形状——一个在地表以下0.5～1米的槽形土坑。它们平行排列；除3座墓以外，其他都是单人葬。除1座墓外，墓主都是呈仰卧的姿势，双脚并拢，双臂放在身体两侧。然而，在斯凯特霍尔姆1号遗址，丧葬习俗形式繁多，包括火葬、坐姿葬、仰卧葬或俯卧葬、侧身屈肢葬（侧身，膝盖向上弯至胸部以下），以及一系列的扭曲姿态。

除丧葬仪式随着空间的变化而变化外，我们还可以运用斯凯特霍尔姆遗址的多个墓地来观察丧葬仪式在时间维度上的变化；因为在1号墓地和2号墓地中所使用的丧葬仪式存在着值得注意的明显差异。斯凯特霍尔姆1号遗址最常用的是侧身屈肢葬，但2号遗址中却没有；坐姿葬也同样未见。在斯凯特霍尔姆2号遗址中，随葬品的数量有所增加，下葬似乎是按照严格的程序进行的，这与早期墓地的明显随机性形成了鲜明对比。此外，在斯凯特霍尔姆2号遗址，狗不再享有与人相同规格的埋葬形式。而之前，它们似乎受到了与人非常相似的待遇。在斯凯特霍尔姆2号遗址存在另一个令人极为感兴趣的发现：一处大型礼仪建筑的遗迹。这处遗迹是一个由赭红色线条分界的矩形区域，包含不同动物不同部位的遗物。

狗在斯凯特霍尔姆遗址的角色值得进一步讨论。对于中石器时代的猎人来说，狗可能是非常珍贵的，这很可能就解释了通常与狗的埋葬有关的仪式。某些狗被发现是单独埋葬的，并有非常丰富的随葬品，如鹿角和燧石刀片，其定位就如同狗享有和人一样的礼遇。其他的似乎是被杀死的，以这种方式继续陪伴它们的主人，在墓穴的填土层发现了它们的骨架。还有其他的情况，在一些墓中还发现了单个犬类骨头，这意味着它们被肢解了。总的来说，人类对待狗和对待自身的方式是一样的，似乎都是复杂多变的。

我们可能还会观察到中石器时代仪式活动的其他证据。虽然发现于北欧沼泽地区的许多史前遗物，例如来自洛舒尔特（Loshult）的箭镞，有可能是偶然的遗失，但还可能是祭品；其中的一些遗物似乎在被掩埋之前就被有意毁坏了。也有燧石石核的发现，上面残留着一些线条，在被破坏之前，人们并没有将其制作成任一工具的意图。在迪尔霍姆遗址，人类骨骼上的切割痕迹和断裂痕迹，表明了骨髓的提取和同类相食的现象。

社会组织　正是墓地的存在，表明在狩猎采集人群的社会组织比后冰期早期和前冰川时期更为复杂。通过研究随葬品、墓主的年龄和性别以及丧葬仪式变化之间的关系，可以深入了解这一社会组织的主要性质。可以在这些材料中探求两种类型的社会分化。第一种是横向的，指由于一个人的内在特征——年龄、性别、个人成就，而被赋予的地位，这是一个典型的"平等主义"社会。第二种是纵向的，意指凭借出身而获得地位的，即不平等的世袭，这是"阶级"社会的基础。这方面的经典指标，是随葬有巨大财富的儿童墓葬，而这些财富是不可能通过他们自己取得的。

在大多数情况下，社会分化似乎是横向的。随葬品分布以及丧葬仪式的大部分变化，可以参照墓主涉及的年龄和性别来说明。其他特征，例如赭石的分布，在墓地内是统一的。在这种社会中，一个人的地位很可能来自他在狩猎大型猎物方面获得的成功，尤其是马鹿和野猪，因为鹿角和牙坠在随葬品中占有突出位置。有三个墓地包含了纵向社会分化的证据，表明欧洲第一个等级社会出现在中石器时代。在布列塔尼（Brittany）半岛海岸的奥埃迪克（Hoedic）遗址和特威克（Teviec）遗址，儿童墓的形制最为复杂，随葬品也很多。这些墓葬还由于具有的多个成员而著称，这与通常几乎普遍的单人葬形式存在鲜明对比，表明墓地会定期向同一个等级出身的死者重新打开并再次密封。在特威克遗址中还发现了复杂的墓葬结构，石板墓室上方覆盖着小土堆。

位于卡累利阿（Karelia）的奥列内斯特罗夫斯基（Oleneostrovski）墓地，拥有中石器时代目前已知最复杂社会组织的证据。世袭的社会地位和经济等级是普遍存在的。发掘的170座墓葬——大约占墓地总数的三分之一——显示出随葬品数量的显著差异。20%的墓葬没有任何随葬品，而有的墓葬则有400多件。这种变化很大程度上可以通过横向社会分化来解释，也就是说，在年龄和性别方面与中石器时代欧洲其他地区发现的模式相符。例如，几乎没有儿童的墓葬，这表明财富的继承是有限的。男性和女性经常随葬不同的物品：兽骨尖状器、石斧和骨针与男性相关；而狸牙雕件则与女性关联。一个人所拥有的财富，显然是通过他们所随葬的动物牙齿串饰的种类和数量来表达的。这些随葬品是熊、麋鹿和河狸——在众多被猎杀的动物中，人们认为仅有这三种具有象征意义。正当壮年的个人所拥有的这些挂件的数量越多，可能反映了他们作为猎人的能力比年轻人或老年人更强。

跨领域的这种横向社会分化的模式，表明某些人具有独立的社会地位，这来源于他所获得的社会身份。9座墓葬中发现刻有蛇、麋鹿和人的雕像，表明这些人具有特殊的社会地位。此外，有4座竖井墓，其中的死者呈现出站立姿势，这些可能是萨满巫师的坟墓。第三种社会差别体现在奥列内斯特罗夫斯基墓地，是将整个墓地划分成两个区域，这可能反映了社群的分裂，可能是分为两个氏族。麋鹿雕像仅限于北欧的墓葬群，而蛇和人类的雕像则在南欧墓葬群中占大多数。我们可以把奥列内斯特罗夫斯基墓地描述为一个初期的等级社会，连同特威克和奥埃迪克遗址、维德贝克和斯凯特霍尔姆遗址，以及许多规模较小的墓地，我们可以很容易地观察到，中石器时代晚期的狩猎—采集者社会所达到的社会复杂化程度超过了此前的任何时代。

社会界限　社会组织的另一个方面，涉及以遗物类型和风格的显著差异为标志的群体之间的界限。要识别这种风格上的差异，需要我们将其他变量，比如原材料类型和功能保持不变。这种可能性极少发生，整个欧洲很多遗物的差异，都很容易用功利因素来解释，而不是风格和社群。

最近的一项研究试图调查已发现的许多不同类型的细石器中，是否可以检测到任何区域性模式，这些细石器在功能上可以被认为是一样的。

通过使用复杂的统计方法，细石器类型的大部分变化被证明是随机的。然而，某些模式在中石器时代晚期明显存在。某些区域似乎对特定形状的细石器有明显偏好。这很可能与中石器时代晚期社会文化边界和地域性的建立有关。通过研究其他文物类型的分布情况，显现出斯堪的纳维亚半岛南部在中石器时代晚期被划分为三个主要地区，即日德兰半岛、丹麦东部岛屿和斯堪的纳维亚地区，每一个地区都有独特的传统。丹麦东西部之间的边界由不同的遗物分布来标明：在菲英岛以东没有发现某些类型的鱼镖、骨梳、T形鹿角斧、基本的装饰图案；其他文物，例如某些类型的石斧，在日德兰半岛没有找到。斯堪的纳维亚地区在墓葬仪式、骨质鱼镖和埃特博莱陶器图案设计等方面与上述二者也明显不同。

社会界限还可以在较小的空间尺度上加以观察。来自西兰岛东部埃特博莱遗址的片状斧具有各种不同的形状，它们的对称性和切削刃的厚度各不相同。这三个主要变量显示了清晰的空间格局，这很可能反映了社会群体的界限。显然，我们不仅有一个复杂的社会组织，而且在中石器时代晚期还出现了一个复杂的社会地理。

艺　术

如同在任何时期一样，我们很难在艺术品与非艺术品之间划清界限。正如我们看到的，中石器时代的工具所显示出的制作方法，即便不属于我们称为"艺术"而不是"手艺"的创造力领域，也通常徘徊于它的边缘。做工精细的燧石器和莱彭斯基-维尔（Lepenski Vir）遗址的房屋都表明，即使是最实用物品的制造，也体现出一种美感。

通常只有当我们对某些史前遗物的功能知之甚少时，才会将其作为艺术品描述。阿济尔彩绘鹅卵石就说明了这一点，这些鹅卵石主要来自法国和西班牙的遗址，距今约1.1万年。它们是小型的、扁平或圆形的卵石，主要是从河中挑选出来的蓝灰色片岩，然后再绘之以色彩。这种装饰风格的形式是点、线或偶尔加以较为复杂的图案，如V形和十字形。这些图案没有关于动物的描绘，也没有任何有代表性的实际意义。这些鹅卵石大多来自比利牛斯山麓丘陵地带玛达依勒的洞穴或隧道，与旧石器时代的洞穴壁画同时被发现。虽然我们将这些描述为"艺术品"，但它们并没有我们在"技术"情况下对鹿角鱼镖或编织渔具的讨论中如常规要求的那种风格或模式。但是这些鹅卵石有其自身特有的美感，关于它们的用途也充满了神秘感。也许它们是作为搞定猎物的标记物，或者构成了早期的计数系统；它们可能被用于宗教或仪式活动。最近的一项研究证明，将它们视为"只是好玩的涂鸦"这一观点是错的；这项研究表明，这些绘制是有顺序的、有模板的。例如，已经识别出16幅不同的基本图案，但仅使用了可能的246种二元组合中的41种。来自不同遗址中的鹅卵石遗物图案频率明显不同，例如，在玛达依勒遗址，点占主导地位；而在罗切达雷的鹅卵石上，线是最为常见的。

在莱彭斯基—维尔遗址中出土了另一种中石器时代的艺术品，基于圆形石头建立的一种艺术传统，但比例令人印象深刻。在梯形房屋的废墟中，我们发现了一系列醒目的砂岩巨石雕刻，其高度从20厘米到60厘米不等。其中许多都是纯粹抽象的图案，有的是几何的；有的则是人形的，浓密眉毛、耳朵、鼻子和宽大嘴唇的面孔令人印象深刻，它们通常被描述为半人半鱼；更多的没有固定形状。这些简单图案的力量是巨大的，使我们得以一窥莱彭斯基—维尔的渔猎先民的神话世界。

对于制造艺术品的有机材料，我们必须再次回到北欧被水淹没的遗址。近几年，最重要的发现是来自曲布林湾遗址（Tybrind Vig）被淹没聚居地的木质船桨。该船桨的表面被雕刻或压制有一幅优美的几何图案，内部填充着棕色的颜料。该图案本身在中石器时代是极为独特的，引起了人们对视觉丰富性的联想，我们只能通过这些幸运的发现才得以一观。

在整个斯堪的纳维亚半岛南部，已经发现了许多装饰过的鹿角物品和骨器。雕花或纹孔技术被用于建立几何图案。这些图案中的大部分是由偏菱形、正方形、菱形和倒钩线等基本形状构成的。有时会发现更复杂的网格纹，偶尔还会找到有代表性的雕像。在装饰对象中，可以识别出一些空间和时间图案。在马格尔莫斯（Maglemosian）文化中，经过装饰的物品主要是骨器和尖锐的鹿角工具。在孔格默斯（Kongemose）文化和埃特博莱文化中，鹿角斧和长的鹿角柄也被装点过。同样的，正如上文关于社会界限的讨论所指出的，有些图案的地域分布是有限的。

出土于瑞典南部肖霍姆（Sjöholmen）遗址的一件遗物取自一只马鹿鹿角，它被充分地研磨过，以准备在表面进行雕刻并突出由鹿角的主干和分叉所形成的"Y"。这件鹿角的表面覆盖有复杂的图案，包括偏菱形和六边形；在这些图案中间，存在两种动物形态，似乎是鱼的图像。这些鱼有着细长的身体和可能是鳍的斜线。这件遗物是否曾经是一个多用途物体的部件，这是很难确定的；在"Y"对面处，残留着一个柄孔，似乎又表明它是一个组合物品的一部分，但雕刻表面没有明显的磨损。

动物雕像是罕见的，而且正如上述例子中假想的鱼一样，它们可能是非常抽象化的以至于难以识别。已知的是一些鹿形雕绘，例如来自斯堪的纳维亚地区于斯塔德（Ystad）镐头上的马鹿。拟人化的图案颇多，而且往往相互混杂，它们实际上属于几何图案。来自斯堪的纳维亚半岛南部的一些动物雕像很有名。这里有一套用琥珀雕刻的小物件，包括野猪（或熊）和鸭子。野猪雕像再次展现出几何图案的普遍性，因为这些图案都刻于它的侧面；而鸟的雕像极为精致，可与雕塑大师布朗库西（Brancusi）的任何作品相媲美。来自更远的北方，存在着雕刻麋鹿头的传统。在奥列内斯特罗夫斯基墓地里，有很多这样精彩的麋鹿头雕像。这类物品是否具有任何实用价值尚不得而知。它们可能是象征权力或财富的符号，也许牵涉到交换网络。它们无疑再次证明了中石器时代狩猎采集者的观察力和创造技能。从维斯1号（Vis I）遗址中已经发掘到了一件漂亮的麋鹿头木雕。正如上面所提到的，这件雕刻是木制滑雪橇上的制动器。这再一次提醒我们，试图划定中石器时代实用主义和艺术之间的界限是徒劳的。

为了最后一瞥中石器时代的艺术，我们回到南欧，简要回顾一下西班牙黎凡特（Levant）的岩画。争论的焦点是这种艺术能否被描述为"中石器时代"。更有可能的是，它是在西班牙沿海低地农业经济已经建立之后创建的。但是在高耸而崎岖的山脉中，我们发现了这一艺术，这也许表明中石器时代狩猎和采集的生活方式，很可能经由那些农民在特定的季节，或者是通过不同的人群延续下来了。（对于被认为是新石器时代的艺术，在本章中并没有提及——这会在术语上不一致，最近的研究表明，这些区别对待过去生活方式的意义并不大。）因此，认为这些艺术是新石器时代的，而不用本章中的提法，这会忽略掉术语上的不一致，最近的研究表明，依据过去的生活方式，这些区别还是略微有点意义的。在这里讨论它的另一个原因是，艺术品的主要表现主题是狩猎和收集活动，因此，它为人们研究这些史前欧洲生活方式提供了许多信息，对此我们没有其他的证据。与其试图总结这一传统，倒不如简要概述四幅画，以领会这一艺术的美和学术意义。

第一幅画，是在之前讨论狩猎技巧时提到的来自奎沃-德沃斯-卡巴洛斯（Cueva de los Caballos）的驱赶马鹿的场景。大多数狩猎场景都是这种类型，被简绘成小型木棍形状的、佩有弓和箭的很多男子在狩猎成群的鹿、马或野猪，追逐的兴奋使画面充满活力。猎人往往把动物驱赶到弓箭手的伏击圈中。来自加苏拉（Gasulla）峡谷雷米吉亚（Remigia）洞穴遗址的一幅画，描绘了一只受伤的公牛追逐未能将猎物杀死的猎人。在阿拉纳（Arana）洞穴遗址，有一幅男人或女人收集蜂蜜的描绘图：他或她正爬上一棵树，也可能是一架绳梯，一只手臂伸出去从蜂巢中收集蜂蜜，周围是成群的蜜蜂，而另一只手则拿着收集罐。对于整个欧洲中石器时代的觅食者来说，这种采蜜活动一定是一种经常性的，也许是一种日常化的活动，在这点上，我们只能大致解读一下。在格拉霍斯（Grajos）峡谷，我们看见了一幅美妙的描绘舞蹈场景的画。20个女人和几个男人摆出各种各样的姿势；一些女人摇摆着她们的臀部，而其他人则将手臂挥舞向空中；所有人的脚部似乎都保持不动。第三种类型的群体活动，是雷斯－多格斯（Les Dogues）的一幅图画，展示了两组弓箭手之间的对抗。其中一组似乎有一名指挥者，他的头上戴有一顶饰有羽毛的帽子；他的队伍正在遭受另一大群身材稍小的弓箭手的攻击。目前尚不清楚这是为了捍卫领土而进行的仪式化的战争还是血腥的战斗。不管是什么，这一幕，连同群体舞蹈和合作狩猎，都使我们对欧洲中石器时代欧洲的群体社会生活有了难得的了解。

社会经济组织与变革

在考察中石器时代的考古材料时，我不得不将其分为不同的类型：技术、生存、聚落、社会和艺术。当然，这种划分是人为的，因为所有这些领域都是彼此紧密相连的。中石器时代的觅食者不可能像今天的我们这样为了学术便利而做出同样的划分。当我们思考中石器时代的社会经济变化时，这些不同领域之间的联系最为明显。在提供中石器时代的总体情况时，我特意将来自不同领域和阶段的材料结合在一起。但必须认识到，中石器时代并不是欧洲史前史的一个停滞时期，而是一个社会经济发生巨大变革的时期；北欧的情况尤为如此。在南欧，中石器时代的关键似乎是连续性而不是变化性；这一点从弗兰克西洞穴等遗址中长期、连续地使用过的地层中就可以明显观察到。

来自斯堪的纳维亚半岛南部的证据，为我们提供了一幅不断调整的、动态的社会经济组织图景。如果我们把中石器时代的早期〔马格勒莫斯（Maglemose）期和孔格默斯（Kongemose）期〕和后期（埃特博莱期）进行比较，就可以得出许多差异。维持生计的活动似乎有所增加；开发资源的数量和多样性也有所增加。特别是，有迹象表明，后期的人们对沿海和海洋资源的关注度更高，许多"代价"非常高的物种被开发，例如贝类。然而，这里的一个问题是，冰期后早期的海岸线现在大部分被淹没了，因此，中石器时代早期沿海资源的开采程度可能比目前认为的更高。斯堪的纳维亚半岛南部海岸周围的水下勘测，已经开始寻找被淹没的中石器时代早期临海聚落，以备将来进行发掘。

与这种生存方式的增强相关的，是工具组合的多样性和专业化程度的增加。在中石器时代晚期，箭镞的种类更多了，每个箭头似乎都专用于特定任务。同样，与诸如鱼钩、渔网、鱼梁和鱼叉等水生资源相关的技术也有所增加。第三个相关的变化是遗址类型的数量和范围。与早期相比，埃特博莱期拥有更多知名的遗址。这可能既反映了人口的增加，也反映了维持生计手段的多样化，从而建立了许多更专门的遗址类型，每种遗址都用于在特定季节开采特定资源。

更进一步的变化涉及社会组织。由特定遗物类型分布所确定的文化区的空间面积，在整个中石器时代似乎有所减少，这可能表明领土正在变小，并且（或者）需要更清晰的定义。同样，墓地在中石器时代晚期才出现，并且很可能也与人们日益增加的领地意识有关。

通过将所有这些信息汇总在一起，并结合我们对环境变化的了解，我们可以为斯堪的纳维亚半岛南部的文化演进进程提出一个可能的设想。可用土地面积的急剧减少和人口的不断增加，可能严重增大了人口密度。为了解决这个问题，觅食者可能需要使其生存基础多样化，特别是开发以前曾被忽视的那些资源，这将需要一系列新的技术。这种压力导致的进一步结果，是领土流动性的降低和界限的日益模糊，也有可能是更强烈的防卫。

这种资源压力的增加迫使中石器时代猎人进行改变的情况，应辅之以中石器时代社会内部动力的变化，而不论环境变化如何。在斯堪的纳维亚半岛南部资源丰富的地区，很可能存在着争夺声望和权力的激烈社会竞争。这可能是支持技术创新的动力，使得更多的资源得到开发，从而创造盈余。在诸如修建鱼梁、储存食物等技术上投入时间和精力，很可能导致了领土界限的划定。这两个变化过程——由人口或资源失衡和内部权力竞争所造成的压力——很可能同时发生，并且以相当复杂的方式交织在一起。除斯堪的纳维亚半岛南部以外，中石器时代的欧洲其他地区也是如此。例如布列塔尼（Brittany）半岛的莫尔比昂（Morbihan）地区，在那里发现了奥埃迪克（Hoedic）和特威克（Teviec）墓地遗址。在这些变化过程的核心，我们可以设想中石器时代的个体觅食者就如何行动做出决定。目标是在正视自然界和社会环境不断变化的情况下维持已达到的生活水平。这种决策同样也是表明中石器时代终结过程的核心：农业经济的采用。

小　结

我们该如何总结中石器时代？这是欧洲狩猎采集者改写的辉煌终曲，还是后来史前社会和经济体系的序幕？或者，它本身就是一出戏，由于它的独特存在，既不需要引用它之前发生的事情，也不需要提及它之后发生的内容。也许我们应该试着将其视为这三者的全部。这是一个有着诸多复杂线索的时期，我们才刚刚开始揭示和理解它。如果我们需要一个单一的图景来表示中石器时代，我们就不能选择特定的环境类型、聚落体系，或社会经济组织。在整个欧洲中石器时代，随着时间的流逝，这些变化都很大。所具有的唯一常量是在个体觅食者的层面上做出决定：该生产哪种工具、要开发哪些资源，以及要建立什么样的群体关系。此类决策是基于可用选项的不完善信息，在社会传统的影响下以及人类头脑中固有的创造性而做出的。正是由于这样的决定，以及许多计划之内和意料之外的后果，中石器时代的社会和经济结构才浮现出来。正是这些日常，甚至是每一分钟的决定——就像中石器时代的觅食者们在日常工作中所做的那样——才创造了欧洲史前时期最关键的转型期之一。

在此，我谨向克里斯·史卡瑞（Chris Scarre）博士、彼得·罗利-康威（Peter Rowley-Conwy）博士和比尔·芬利森（Bill Finlayson）博士致以衷心的谢意，他们阅读和评论了本章早期版本的全部内容；同时，我一并衷心感谢佩特拉·戴（Petra Day）博士，他就有关植被和植物资源的章节发表了评论。

第四章

最早的农民

阿拉斯代尔·惠特尔（Alasdair Whittle）

剧中人物

从东南到西北，整个欧洲农业社会的建立持续了三千年左右，大约从公元前7000年直到公元前4000年。北欧和西欧错综复杂的公元前最后一千年，会在其他章节中论述。本章介绍了在约公元前5500年到公元前5000年，欧洲大部分地区建立农业社会的最初过程，最北可至北欧平原的南缘。这一历史进程是复杂的，并且因地区而异。可以确定发展显著的三个主要区域，并将依次对其进行探讨：东南欧至匈牙利平原；意大利和西西里岛以西的地中海地区；中欧和西欧（从匈牙利平原的西缘到法国北部的河谷，但不包括北欧平原、斯堪的纳维亚南部和不列颠群岛）。

公元前7000年前后的欧洲地理布局，使人忆起儿时的一幅充满想象力的地图，里面填满了所有可以想象得到的地理特征——内陆海洋、凸出半岛、高山、河流和平原，以及形状不太规则的近海岛屿。其时，这片土地基本上被森林或小树林覆盖。众多以狩猎、捕鱼和采集为生的中石器时代的人类群体，也以不同的密度居住于此。这些原住居民必须清楚地了解他们的活动区域，其中一些的面积也许是广阔的，而更多的可能是狭小的。霍布斯在17世纪对原始人生活的判断——"孤独、贫穷、肮脏、野蛮和矮小"——是不妥当的。这些人都是富有经验的，从某种意义上说，他们是觅食和狩猎的专家，能够经营甚至控制可供他们支配的本地动植物资源，并过着积极向上的社会生活。

从大约公元前7000年起，这个场景中出现了新的元素，永远地改变了大自然的图景。这些新的元素包括原产地不在欧洲的主食，主要有小麦和大麦、绵羊和山羊，以及至少同样重要的一套新的价值观和机遇。在某种程度上看，早期农业或早期新石器时代社会可以通过谷物的栽培和家畜（原产于欧洲的牛和猪，以及绵羊和山羊）的饲养来确定，但他们仍然沿用了古老的习俗和资源。要确定这些，还必须根据以下几个方面：基于定居生活方式的社会价值观、农产品和商品的获取和储存、近亲群体和祖先后裔，以及将世界用符号划分为内部和经常与之对立的外部。

毫无疑问，欧洲的主要农业品种来自欧洲以外的地区。公元前7000年，农业社会就已经在近东建立起来；这本身就是一部复杂的历史，但必须将它看作是为这一目的而定的。虽然有人声称，绵羊可能在晚冰期和冰期后早期作为早期种群的孑遗种在地中海沿岸西部地区存活，但现在大多数学者认为，绵羊是由人们从地中海东部沿岸地区或近东地区引入的。同样，小麦和大麦的野生原种最初可能扩展到东南欧，但谷类作物及其种植很可能是由来自近东的人引入的。然而，牛和猪可以在整个欧洲进行本地驯养，因为它们是本土动物品种的一部分。要进行这种初步接触和交换，人们就必须四处走动。至于这个过程的距离和地理障碍，可能比我们现在认为的要小。最大的问题是要弄清楚这些行为背后的推动者是欧洲本地居民还是外来移民者。

欧洲农业社会的建立，可能是外来移民定居的结果：为新增加的人口寻找新的土地；也可能是本地居民社会转型的结果：技术上已经发展起来，倾向于做进一步的变革，从外部采纳新的主要作物以适应本地需求。事实上，农耕社会无论是在建立方面还是在随后的发展中，似乎都没有一个统一的进程。在东南欧，殖民化是有可能发生的，到约公元前5000年，这里就出现了复杂的自然和社会景观。在地中海沿岸的中部和西部，情况不那么清晰，但本地人群在农业传播和社会转型中的作用可能很大；然而，变革的步幅可能比东南欧要慢得多。在中欧和西欧，从约公元前5500年开始，殖民化很可能再次出现了；农耕人群适度开拓了林地，建立了独特的村庄网络和中心村落，这种社会状态大体上一直持续到下一章所述时期。

约公元前7000年至公元前5000年以后的希腊和巴尔干半岛

新石器时代的建立和本土人群的角色　对处于大约公元前1万年到公元前7000年这一时期的欧洲本土人群，我们知之甚少。伯罗奔尼撒半岛东北部的弗兰克西洞穴遗址，是公认的且经过充分发掘的中石器时代遗址。大约公元前1万年，这里的觅食者开发了各种各样的大型和小型猎物以及当地的禾本科和其他植物。在公元前第八千纪里，人们在这个地点捕捞到了金枪鱼——其大小足以赶上出海所捕获的，还从米洛斯岛发现了黑曜岩（一种可以像燧石那样被加工的玻璃质火山岩）。大约公元前7000年，这个洞穴经历了迅速的变化。二粒小麦、大麦、绵羊和山羊在此时出现了，还有磨制石器和原始陶器；同时，它们的使用规模不断扩大，甚至延伸到了洞穴之外。简单的石器，制作方式仍与之前相同。有证据表明，倾向于改变的本地人群迅速转变了经济基础和文化认同，并通过海路与安纳托利亚（Anatolia）的农业村落进行联系。由于新的资源出现和可能更为安定的生活方式，人口很可能出现了激增。

被认为反映了本地社会转变的另一个遗址，是在贝尔格莱德以南，塞尔维亚和罗马尼亚之间多瑙河峡谷中的一组中石器时代遗址。在这里，当地居民开发了丰富的河流和森林资源，并且在多瑙河旁、莱彭斯基－维尔（Lepenski Vir）遗址和其他遗址处建造了成群的房屋。这种使用可能是稳定持久的，因为那里有着圣坛和坟墓。到大约公元前6000年，如同希腊一样，这里的居民也引进了农作物，现有人口的明显增长可能是采用新资源的基础。

然而令人怀疑的是，这一观点是否可以适用这一整体区域。关于希腊和巴尔干半岛中石器时代人口的证据很少。这可能是因为研究进度不足，海平面和陆地形态变化的破坏性和掩盖作用；但也有可能是各种原因导致这里未出现大量的狩猎采集者。来自安纳托利亚和近东的殖民人口可能占据了一个相对空旷的地形。新石器时代的遗址，是由于以下遗物的出现而得到确认的：小麦和大麦；绵羊和山羊；牛和猪；磨制石器品；陶器（虽然希腊最早的一些遗址可能是没有陶器的）；烧制的黏土小雕像以及小型成排的木质结构建筑。从希腊到匈牙利平原的南部和喀尔巴阡山脉的两侧，都可以找到具有这种共性的遗址。经放射性碳测年的遗址，在数量上虽然还不太充分，但还是可以表明，在罗马尼亚、塞尔维亚北部、克罗地亚和匈牙利南部的遗址，比希腊、保加利亚和塞尔维亚南部的那些要稍晚一些。这与农业人群通过向北扩张增加人口相一致。克里特岛和塞浦路斯新石器时代聚落的出现，证明了向另一个方向的扩张。在大约公元前7000年之前，这些地方可能基本上荒无人烟。（在塞浦路斯新发现的一处遗址，可能显示出稍早一些的猎人群体，他们可能利用、猎杀直到灭绝矮小的河马，但没有链接到新石器时代的连续性证据。）因此，在东南欧农耕群落建立初期，事实上的殖民化似乎成为它的一个主要特征。事实上，在多瑙河峡谷的莱彭斯基－维尔等中石器时代遗址中，对圣坛和仪式的重视，大多可以被看作本地人对不同生活方式和新思想方法侵入威胁的反应。

第一阶段，约公元前7000年至公元前5500年 新石器时代的生活方式必然包括短期营地、临时放牧基地和其他专门活动地点。一些场所的最早特征，如塞萨利（Thessaly）的阿尔吉萨（Argissa）遗址具有的不完整窖穴和石铲，就能够反映这一性质。然而，在大多数遗址，聚落的中心特征转移到房屋，它们建造牢固，可供永久使用并且密集排列在一起，我们称为村庄和中心村落。最基本的建筑单位是单间房屋，平面呈近似方形的长方形，通常是木质结构，表面用泥浆涂抹或黏土覆盖。但在希腊和塞尔维亚南部，有时会用石头砌成砖块。已知有长达12米的实例，但常见的房屋面积都是较小的。这些通常只有一个入口，后壁或侧壁上有一个陶炉。到希腊北部发达的塞斯克罗（Sesklo）文化阶段，一些房屋已有地下室，另一些则有两层；有些房子可能已经被粉刷过。建筑物通常是独立式的，尽管有一些相互关联的泥砖案例，如斯科普里（Skopje）附近的安扎（Anza）遗址。仅仅从一栋建筑物来解释所涉及的社会单位的性质或规模是极其困难的，但有证据表明，单个家庭（或其他群体）的个性受到其独立居住空间的影响，集中在一个非常真实意义上的家庭炉膛周围。然而，就目前所见，孤立的建筑物并不多见，房屋通常间隔很近。在马其顿地区的新尼科门迪亚（Nea Nikomedeia）遗址，6栋房屋簇拥在一座更大的建筑物周围。有些遗址的房屋显然排列成行，被狭窄的小路隔开，如塞萨利的奥察基（Otzaki）和保加利亚南部的卡拉诺沃（Karanovo）。单独的个人社会单位属于一个更大的整体。这个时期的遗址规模多变，无论是建筑物的面积还是数量。在卡拉诺沃的60多所房屋被认为属于同一个时间段，这很可能是较大的遗址之一。房屋的实际建筑和黏土模型表明，其中一些建筑物是神殿。最有可能适合此功能的是新尼科门迪亚遗址较大的中央建筑物。共同的信仰体系可能将群落凝聚在一起，这些群落几乎没有什么分化的迹象。居住区内存在着大量墓葬，这些墓葬通常位于房屋旁边的土坑中。这些情况似乎强调了家庭的重要性。

聚落的精心选址是许多地区的一个共同特征，以便利用各种土地类型进行耕作和放牧。保加利亚南部马里查河谷的主要遗址相距几公里，每一处附近都有不同的土地类型。在匈牙利平原的南部，已知的聚落带是沿着泛滥平原的边缘分布的，以便利用梯田土壤进行耕作，利用泛滥平原和其他区域进行放牧、捕鱼和狩猎。另一个主要特点是遗址的持续时间。已知的遗址比中石器时代要多得多，但其中许多可能只是被短暂地使用过。例如，匈牙利平原山谷边缘的聚落带，可能反映了个人使用的不断演替。然而，在希腊和巴尔干半岛南部地区，有许多遗址被反复使用，腐朽的建筑材料和其他碎屑的堆积物导致了聚落土堆或台形土墩的形成。在台形土墩中，通常可以辨别不同的使用期和偶尔被弃之不用的石器。有些台形土墩，无论是面积还是高度，都是适中的，特别是更北部地区。而其他一些的规模则令人印象深刻。一直使用到青铜时代初期的卡拉诺沃，它的总高度达到12米，占地面积约3.75万平方米。在其第一主要阶段中，已确定的三个建筑层是0.6米至1米；在它的第二个主要阶段中，两个建筑层留下了1.75米至2米厚的堆积。这些阶段涵盖了公元前7000年至公元前6000年的几个世纪或更长时间。其他大型台形土墩的一长串名单，包括希腊的阿尔吉萨、塞斯克罗和西塔格洛伊，保加利亚的阿兹马克、埃泽尔和亚塞特佩，以及塞尔维亚的斯塔尔切沃和温卡。这一系列的经典名单不仅突出了自19世纪以来在这一领域的大量研究，而且也凸显了终点为台形土墩的聚落的成功性。

最早的农民栽培谷类，并驯养家畜。他们种植小麦（二粒小麦、单粒小麦、普通小麦和密穗小麦）以及大麦（带壳的和无壳的六棱大麦及二棱大麦）。他们开发豆科植物，比如豌豆、小扁豆和野豌豆，而且很可能是有意种植的。他们还利用橡子、橄榄、开心果、樱桃和李子，以及许多其他的野生植物。当适合植物残留物提取的技术经常用于挖掘工作时，我们对栽培和植物利用的知识将大大提高。在安扎遗址发掘过程中，采用湿法筛分和浮选的方法提取样品。在这里，二粒小麦似乎是最基本的谷物支柱，辅之以少量的单粒小麦和带壳的六棱大麦，以及豌豆和小扁豆。在该遗址的一个早期地层中发现了密穗小麦。绵羊、山羊、牛和猪是几乎所有遗址的主要驯养动物；人们也饲养狗。人们继续开发利用像马鹿这样

113

的大型野生猎物，还有许多小猎物和鸟类的骨头也被发现。我们对捕鱼的了解源于更北的遗址，即斯塔尔切沃-科罗群，在那里，鲶鱼和梭鱼的骨头是很好的代表。在罗斯克-卢德瓦尔遗址，人们似乎清洗了大量鱼类并晒干。仅来自贝尔格莱德附近的斯塔尔切沃遗址的动物清单，就说明了可用物种的巨大多样性。除驯养动物之外，还有马鹿、狍子、野牛、马和野猪；河狸、狐狸、狼、熊、獾、水獭和野猫；野鸭、鹅、天鹅和肉食动物；以及梭鱼、鲶鱼、欧鳊和鲤鱼。

虽然资源的知识是在使用中逐渐积累的，但其相对重要性仍然难以确定。在不考虑屠宰或处理方法对骨头生存影响的情况下，对骨头的粗略统计表明，驯养的动物数量远远超过野生动物，尤其是在希腊和巴尔干半岛的南部。驯养动物的体现并没有单一模板。在某些遗址，绵羊和山羊似乎在数量上占优势；而在其他遗址，同时还有一些牛和猪；它们似乎处于平衡状态。然而，在巴尔干半岛的南部和希腊，绵羊和山羊似乎确实比北部更为重要。在安扎遗址，绵羊和山羊在数量上的重要性，随着遗址使用年限的增长逐渐下降。在希腊北部的西塔格洛伊，另一个被适当恢复的台形土墩样本，显示绵羊和山羊在早期阶段再次占据主导地位，但不如其他希腊北部的遗址，例如阿尔吉萨或新尼科门迪亚。驯养的动物可以提供肉类、兽皮和羊毛（尽管后者可能在很晚之后才变得重要）、牛奶和血。它们本身可能就是重要的财产。同样，虽然通常认为小麦和大麦是最重要的，但也不清楚是哪种提供了最多食物。种植的谷物可以在适宜的土壤上获得高收益，并提供面包、饼干和燕麦粥以供日常食用，以及作为一种可以储存的资源以备荒年。密穗小麦和普通小麦是六倍体的，或者是遗传综合体。这种六倍体小麦比二粒小麦和单粒小麦更适合烘焙，因为二粒小麦和单粒小麦的面粉中缺乏面筋，不能烤成比饼干还轻的东西。同样，我们不知道耕作和畜牧业哪个对维持生计之道更为重要。但是，维持生计的经济很可能没有专门化。对一系列驯化的主要动植物和一些野生资源的同时利用，一直存在着相当大的优势，多样性可以减少个别主产品的不足带来的不利影响。在这方面，新石器时代早期的经济可能只会加速现存的中石器时代的趋势，而不能代表全新的事物。

第一批农民可以自由使用的资源是多样化的、适应性强的，而且产量比较高。然而，目前尚不清楚使用它们的规模和依据是什么。来自聚落的关于单体房屋聚居的证据可能表明，组织农耕的基本人类单位是家庭，也许是单个家庭。村庄聚落的存在也意味着一种合作精神，这种合作精神可能已经扩展到清理土地、耕种、收获、饲养、放牧和屠宰等工作。新石器时代的大部分人类可能生活在聚落周围相对较小的半径内，在此范围内，每年农耕周期的需求可以得到满足，尽管放牧和狩猎使个体远离。我们不知道第一批农民是生活在某种基本生活水平上，还是乐意或有能力加强农业生产。相关证据零散而矛盾。关于该地区可用的花粉分析表明，在这一阶段，林地砍伐规模是有限的，并且很少有重型石器用于完成这项任务。但是，在有利的水土条件下，可以获得较高的谷物产量，而且森林放牧也可以允许相当数量的家畜存在。来自保加利亚的切夫达尔和阿兹马克的几个遗址，都有证据表明个别谷类和豆类几乎都是纯种作物，在切夫达尔有间接证据表明涉及二粒小麦、大麦和豆类的作物轮作；几乎纯种作物样本都含有其他物种的残留物，这可以解释为它们是来自同一土地上的先前作物。因此，单个家庭或聚落有能力加强农业生产水平。从现实意义上来说，最大的聚落可能也是最成功的。

尽管最早的一些希腊遗址可能没有陶器，但做工精良陶器的出现是这一地区新石器时代的特征。希腊的发展序列显示，陶器——简单的碗和罐子，都是手工制作的——最初都是无花纹的，但后来饰以大量的几何图案。其他手工制品，包括打制的燧石、用于切削工具的黑曜岩，以及用于装饰的贝壳。这些手工艺品除它们的内在技术和艺术趣味外，还揭示了最初的农耕群落之间的社会关系。陶器风格可能是关于社会认同性质的某种线索。希腊北部各遗址的装饰风格各不相同，但可以在更大范围内与其他地区的陶器进行对比。因此，白底红绘的陶器在希腊北部是广受欢迎的；

而在保加利亚的卡拉诺沃文化早期地层中，红底白纹图案的陶器则更占主导地位。陶器可能是当地和更广泛地区的身份象征。在或多或少是永久性定居点定居和生活涉及不同的社会需求：一方面，需要通过获得关键资源来确定周围社会群体的成员身份；另一方面，需要避免孤立，并建立广泛的联系，尤其是维护开放式的繁衍网络。在希腊北部遗址的黑曜岩并不是在当地获得的，可能来自南部的米洛斯岛。由海菊蛤壳制成的珠子和手镯，可在该地区的遗址中发现；而贝壳原料则来自爱琴海。我们不知道这些原材料是有意通过远距离获取的，还是它们（或由它们制成的货物）是通过一系列的短程交易，例如礼物交换而取得的。重要的是，这进一步证明了第一批农业社区之间远距离接触的现实。

许多遗址都有烧制过的黏土小雕像。它们都是拟人化的，主要造型是女性和动物。这些小雕像是多种多样的。女性的图案一般都比较小，通常是站立、蹲下或坐着；她们的手臂交叠于臀部，或伸展开来；面容通常比较平淡，有些甚至表现得像面具；有些头部是细长的或长条状的。相比之下，下肢和生殖部位往往被夸大。到公元前六千纪塞萨利地区的塞斯克罗时期，小雕像更为精致：眼睛以谷粒的形式出现，头发和面部进行了细致的描图，装饰性更强。一般说来，在整个地区都可以找到类似的雕像。有些样式很普遍，比如具有装饰头饰的长条状头像在马其顿地区的新尼科门迪亚遗址和塞尔维亚北部的斯塔尔切沃都有发现，而这两地相隔很远。还有各种各样的动物小雕像，此外，还有微型台子或祭坛，以及房屋或神殿的模型。一些保存完好的样本是众所周知的，尽管考古的现实往往不那么迷人。例如，在塞尔维亚地区的迪沃斯坦遗址，所有斯塔尔切沃时期的人形和动物雕像都是以破损状态发现的。

这类小雕像通常被解读为仪式或宗教信仰的对象，而不是单纯的小装饰品。它们的"神话意象"，正如一位学术权威人士所言，可以被看作是一系列非常广泛而重要的宗教或精神信仰的一部分。尽管有些人试图重建一个非常确切的万神殿，但凭借这些材料和往往零散的证据，不可能完全洞察那个以雕像为象征的世界，但某些主题还是很突出的。世界的组成部分，可以分为人类和动物，或许为人类的和神圣的、驯服的和野蛮的。这里强调的是女性生殖。人们常常在聚落内的房屋旁边，偶尔在房屋中发现小雕像。例如在新尼科门迪亚遗址的一栋较大的建筑物中，这些小雕像似乎强化了家庭身份。在这一时期，宗教信仰似乎已为所有人所接受。小雕像的广泛分布，意味着该地区早期农耕群落之间存在某种精神上或观念上的统一。在新石器时代生活方式的成功方面，这种世界观可能至少与农业实践同等重要。

约公元前5500年至公元前5000年以后的发展　希腊和东南欧的新石器时代生活方式的成功是一个衡量标准，在本文所涵盖时期的最后几个世纪里，有几项明显的发展。在大约50代甚至更长的时间里，新石器时代的人群已经很好地立足于这片土地。到公元前六千纪末，这片地区的考古学地图上已经分布了已知的众多遗址。有些较古老的基址从建立阶段开始，至今仍被使用。卡拉诺沃的台形土墩提供了这种连续性的经典示例。其他重要的大型的台形土墩就是建立于这个时期，例如贝尔格莱德西北的萨瓦河谷的格莫拉瓦遗址。大型的遗址，无论是新的还是老的，在这一时期都可能变得突出起来，既是为了集中人口和生产能力，也是为了维持仪式和其他重要社会功能。没有明确的证据表明，大部分的台形土墩都是防御性或封闭的，因此其表面景象仍然是一个秩序井然的社会景观。虽然房屋的规模增加了，内部进行了一些细分，但通常不会从诸如卡拉诺沃这样的台形土墩的布局上看到聚落内部的差异。公元前六千纪塞萨利地区的塞斯克罗可能是一个例外，那里较高的中央区域包含一道内部围墙，位于其中的一幢大型建筑物被一些较小的建筑物环绕。公元前五千纪的塞萨利地区的迪米尼遗址，代表着一种进一步的发展，那里有一个界限明确的、也许是用于防卫的石墙中心区域，里面有一座大型中央建筑物，周边围绕着庭院。聚落模式并非整齐划一的。在匈牙利平原的南部，公元前五千纪初的蒂萨文化时期，聚落更加集中。这一时期的遗址发现得较少，但规模更大。在这一时期，第一个真正的台形土墩在该地区出现了。另一种发展迹象是，农耕聚落出现在以前人们有意避开或很少使用的地区。例如，罗马尼亚的多瑙河下游或多布罗加地区、波斯尼亚的较西地区、匈牙利平原周围喀尔巴阡盆地的边缘，以及喀尔巴阡山脉东北部草原带边缘的河谷。拿多布罗加地区来说，聚落出现在以前人迹稀少的地区。随之出现的是独立的墓地。其中一些墓穴以人形小雕像闻名，其中一个很特别的男性形象是双手抱着头坐着。这些随葬品可能表现了当地居民的文化适应，而其余的则代表了持续的殖民。

在生存领域，几乎没有明显变化。来自格莫拉瓦等遗址的动物种类，与斯塔尔切沃早期的非常相似。驯养动物占据主导地位，但也有大大小小的野生猎物、鸟类和鱼类。然而，在许多遗址看到的一个趋势是牛骨数量的增加，这可能代表几种不同的变化：物种的用处或价值、饮食偏好、对欧洲环境的不断适应，或人们驯化当地动物品种的技能提高了。人们对动物驯化进行了研究，特别是对匈牙利平原及其周围地区。在早期，牛的数量较少；到公元前五千纪初的蒂萨文化期，牛占据了主导地位；野牛的狩猎在当地是很重要的，并且有当地在平原边缘地区进行驯养的迹象。人们种植的基本上是同样的作物，但我们对森林采伐规模或农作物培育强度的变化知之甚少。

炼铜工艺开始于这个阶段，它的发展反映了手工艺水平的提高，或许还反映了手工艺专业化的开始。然而，早期加工的是简单的铜制品。它们包括珠子、钩子、饰针或者锥子，它们是用天然铜矿石捶打的，或从矿石中熔炼后击打成形。在下一章，我们将介绍大规模矿石开采和模具铸造的快速发展。同样重要的是陶器制造业的延续，以及通过交换进口物品和原材料进行流通。例如，匈牙利平原上的蒂萨遗址，能够从150千米以外的高地周围获得燧石、黑曜石和石斧，以及由邻近比克文化人群制造的精美陶器。

礼仪用具的传统得以延续和完善。小雕像因地区而异，更具有多样性。塞尔维亚的温卡文化，以贝尔格莱德附近的台形土墩而命名，这里的人形小雕像通常有短而粗的手臂和简易的腿；许多人物都是坐像。身体具有雕刻和彩绘的装饰，有用于串联的孔。面部的表现是夸张的，通常近乎三角形，鼻子突出，眼睛很大，给人以类似猫的外观。在蒂萨文化中，也有精美的小雕像，一些突出地装饰着切割或刻画的装饰物，还有类似装饰品的人形器皿。在罗马尼亚中部特兰西瓦尼亚的塔尔塔里亚遗址，从一个也含有人形雕像的凹坑中，发现了三个未烧制的黏土块，上面刻有一系列的神秘符号和一种或多种动物的表征。这些物品似乎反映出对宗教信仰和礼仪的日益重视。宗教仪式的用具不仅更为复杂，而且有迹象表明，礼仪的进行和控制越来越集中在特定地点。在蒂萨案例中，这与大型综合聚落相吻合；在温卡和其他地方，较大的台形土墩似乎具有最集中的礼仪物品。

这种发展可能是早期农耕群落性质不断变化的进一步线索。聚落似乎没有表现出内部分化，宗教或精神信仰的常见传统，以及用陶器式样和其他货物交换所表达的联系，可能继续有助于在广泛分布的群落之间实现观念上的统一。但在一个日益定居的景观中，在野生植物和猎物的支持下，驯化的谷物和动物的混合具有巨大生产能力，因此有机会出现差异。这似乎表现在更大型的遗址上。一些村庄有可能在区域层面上发挥领导作用，既支持人口和农业生产，又举行重要的仪式和维持交流。然而，家庭和村落的结合可能仍然占主导地位，尚无进一步社会分化的迹象。大多数墓葬仍埋在定居点内。多布罗加地区的墓地是一个例外，匈牙利平原上的蒂萨遗址旁边的小墓地可能表明独立族系的出现。

约公元前7000年至公元前5000年以后的地中海中部和西部地区

本地背景　与希腊和巴尔干半岛形成鲜明对比的是，有充分证据表明，在整个地中海地区的中部和西部，都几乎存在着中石器时代的本地居民。在西西里岛西北部维托角的乌佐洞穴遗址，猎人和渔民从公元前9000年左右就已经存在，他们利用动植物资源。从大约公元前6500年开始，该遗址（虽然不一定是近海处）的捕捞活动有所增加。已知的许多其他遗址，分布在意大利半岛的部分地区、法国南部和伊比利亚地区。大西洋葡萄牙的塔霍河和萨多河口的贝丘，是从大约公元前6500年开始堆积的，这可能表明人口规模稳定、年流动性有限。科西嘉岛、撒丁岛和巴利阿里群岛等岛屿是从公元前9000年左右开始被移民占领的，有航海船只的使用情况为证。然而，我们对北非沿岸的发展知之甚少；对这里的进一步研究可能会从根本上改变我们的观点。海平面上升，植被变得更加茂密。各种沿海和内陆地区的猎物（包括鹿和野生山羊）、鱼类、贝类和植物资源的变化都具有规律性，这些似乎都为人口的稳定提供了支持。仅在地中海西部诸岛，其资源基础受到更多限制，巴利阿里群岛的本地动物种类是矮小的羚羊类反刍动物——巴利阿里群岛洞山羊（Myotragus balearicus），科西嘉岛和撒丁岛上是类似野兔的意大利鼠兔（Prolagus sardu）和鹿类动物——地中海大角鹿（Megaceros caziot），它们大约都在公元前7000年后灭绝。

将农业引入这一地区比其他地方更加困难。研究成果参差不齐，海平面上升和地貌变化可能淹没或掩盖了至关重要的遗址或地区。目前证据状况所显示的情景是，在公元前7000年之后的某个时期，海上殖民者将定居生活和农业主产品引入了意大利南部和西西里岛的东部；但在西北部地区，人们采用新石器时代的主要农作物的步伐要慢得多，使得这一过程从公元前7000年后一直持续到至少公元前5500年。绵羊、山羊、牛、猪，甚至马鹿，都被引入科西嘉岛和撒丁岛，但更西边的绵羊和山羊可能比其他动物先被驯化。谷物种植似乎被接受得更慢一些。陶器很快被整个地区接受，但本地的燧石处理传统得到了保留。这一切都意味着新石器时代生活方式各要素逐渐被本地群落接纳。

意大利南部和西西里岛东部　在意大利南部、阿普利亚和卡拉布里亚地区以及西西里岛东部有许多新石器时代早期遗址；最近在卡拉布里亚所进行的调查大大增加了已知遗址的数量。有些遗址是露天的，就像巴尔干半岛的情况一样，有一系列短期停留和专门用途的营地。然而，最明显和迄今为止最著名的遗址是一系列用壕沟环绕的围场。这些遗址集中于阿普利亚的塔沃列雷平原，但斯特迪内罗遗址和西西里岛东部的其他遗址似乎类似。这些遗址由一条外部沟渠或多条内部沟渠界定，围场内聚集着较小的圆形沟渠场地，直径10米及以上，其中包括木结构房屋，平面可能是长方形的。这些遗址大多是从空中发现的。沟渠的数量和周长以及内部场地的数量都有很大差异。虽然最新研究已经开始取得进展，但这些遗址很少经过科学的考古发掘。在帕索-迪-科尔沃遗址，最大跨度面积为46.9万平方米，内有3条或更多沟渠，以及100多个场地。奎尔恰遗址至少有8条同心的壕沟。其他大型遗址，譬如波斯坦-德因南兹和阿门多拉，可以与小得多的围场和具有场地但尚未环绕沟渠的遗址形成对比。有证据表明，最大的遗址要晚于其他遗址。

　　一项研究发现，围场遗址位于光线充足的沃土地块边缘，但附近也可见冲积土和黏重土壤。现有的证据似乎表明，这里已经引进了栽培谷物及绵羊、山羊、牛和猪，但对该地区农业经济的细节知之甚少。然而，显示主要农作物引进路径的一个迹象是，它们同时在乌佐洞穴遗址的地层中出现。这一事件可能是因为当地的人口、捕鱼等其他活动仍在继续，现在有了捕鲸活动，这表明航海能力有所提高。可能是由亚得里亚海沿岸和爱奥尼亚海的本地人群采集了谷物，并以偷盗或其他方式获得了驯养的动物；但海上移民带来这些技术的可能性也同样大。意大利南部和西西里岛东部将加入克里特岛和塞浦路斯的行列，成为新石器时代开始时海上移民的落脚点。另一个相似之处，可能是意大利南部和西西里岛东部的中石器时代人口相对较少。少数已知的例子包括东南沿海的科帕-内维加塔遗址，那里拥有本土风格的石器和早期陶器，其确切年代尚未可知。

　　目前还不清楚这一地区何时进入新石器时代。属于公元前六千纪的遗址多于公元前七千纪的。许多新石器时代的遗址，都以陶器的存在为特征。在整个地中海地区的中部和西部，都发现了具有印纹的陶器：种类繁多的手工制作的碗、盘和罐，饰以不同的印纹。在意大利东南部，也有红色彩绘和精美雕刻的陶器。有关陶器的发展序列还没有确定，但彩绘陶器很可能是在约公元前6000年引进的，在具有印纹的陶器出现后的一段时间，它们随之变得日益精致。这很可能表明了某些工艺的专业化，或许还继续与希腊和巴尔干半岛地区保持联系。因为在那些地区，彩陶是普遍使用的，但对寻找彩陶的起源帮助不大。

地中海中部和西部地区，不包括意大利南部和西西里岛 除非所有相关的早期遗址都是临海的，并且已经因为海平面上升而被淹没了；否则新石器时代的生活方式不太可能通过持续的海上移民扩张而传播到地中海其他地区。然而，海上联系是有可能发生的，因为所存在的一系列新事物不能轻易解释为已经传播到地中海沿岸。本地人群可能是造成新石器时代的主要农作物和材料被采纳的原因，但这只是渐进式的。几乎所有地区都保持着当地的燧石加工传统。绵羊、山羊、牛、猪，甚至马鹿，以及印纹陶器，在公元前七千纪被引入撒丁岛，而绵羊、山羊和猪又被引入科西嘉岛。但在这些岛屿之外，绵羊和山羊似乎是最早引入的驯养动物，随后又引入了其他动物。在公元前七千纪，陶器的使用范围就很广泛了；但直到公元前六千纪末甚至更晚，谷物才得到广泛接纳；由于缺乏发掘的植物样本，目前尚不明确它们在撒丁岛和科西嘉岛的早期使用情况。然而，必须强调的是，地中海西部地区的证据可能比其他任何地区还要混乱，而且研究情况也是不平衡的。对岩棚和洞穴进行的发掘，通常是在高地中进行，要比在低地的露天遗址多得多。有些岩棚的地层学可能会混淆，某些放射性碳的测年结果的可靠性不高。因此目前尚不清楚高地遗址的情况是否能准确反映整个地区的发展。在法国南部和意大利北部的一些地区研究较为深入，但在意大利中部部分地区和伊比利亚进行的研究较少；严重缺乏对北非发展的认识。

在意大利中部，大多数新石器时代早期遗址属于公元前六千纪，而不是公元前七千纪。在亚平宁山脉的两侧，农业似乎已经逐渐建立起来，例如莱奥帕尔迪村庄的阿布鲁佐低地遗址，但许多遗址仍然以动物利用为导向，包括本地物种。在意大利北部，高地洞穴和岩棚遗址显示了当地燧石加工传统的延续、印纹陶的采用，以及逐步将绵羊和山羊纳入动物经济体系；但该地区可能人烟较为稀少，大概并不是向内陆传送新事物的重要走廊。在其他传统地区，譬如阿迪杰河谷，也采用了陶器。仅从公元前六千纪后，在沃欧等地的遗址才将主要农作物引入波河流域。在这里，人们猎杀马鹿、狍、猪和小型猎物；饲养着牛和极少量的绵羊、山羊；鱼类、贝类和鸟类也被开发利用。从该遗址获得了单粒小麦，但有可能这个特定遗址并没有本地种植的谷物。

在法国南部，人们对普罗旺斯和郎格多克都进行了大量的研究。燧石加工再度继续沿用当地的风格，这表明人口结构的连续性。绵羊和山羊可能是在公元前七千纪初，在牛和猪之前被引进的。谷物的使用直到公元前六千纪后期才有详细记录，例如在瓦尔省的芳特布鲁古内陆遗址。已知的一些露天遗址，如库尔泰宗、沃克卢斯，或淹没的勒卡特海岸遗址，但它们的相对重要性尚不明确。许多最详细的发掘都是在相当高的海拔地区进行的。在朗格多克省的奥德县，对加泽尔和让-克罗斯的内陆山麓居址的挖掘显示，当时的人们狩猎野牛、鹿和野猪；从公元前七千纪开始逐步引进了绵羊，并在公元前六千纪达到了更高的数量；同时引进了山羊、牛和猪。在晚期地层中，杜尔涅野生山羊是一种重要的猎物，同时还有其他大型野生动物和小型猎物。在安道尔的巴尔马-马吉尼达海拔1000米高的地方，野生山羊依旧是猎人捕食的主要动物，但这里也引入了少量的绵羊和山羊。

在伊比利亚，考古记录更为零散。非常荒芜的东南部可能是最晚见证新石器时代生活方式的地区之一。塔霍河和萨多河口的贝丘，显示出在公元前七千纪至六千纪，当地有大量的本土居民，他们捕食鹿、猪、野牛，以及野兔、兔子等小猎物，捕鱼并收集贝类动物，也许还有植物。贝丘每次被使用几个季节，而在贝丘的墓葬可能暗示了这些基地的重要性。在西班牙东部的洞穴中，从公元前6000年以后都有记录表明当时此地已有印纹陶器、绵羊和山羊，以及少量的牛；不过最新的研究已经提出了更早的日期。北非在新事物传播方面的作用仍不清楚。谷物也从公元前六千纪开始出现，并且属于这一特定时期的露天遗址正在逐渐得到认可。

地中海较小的岛屿对新事物的了解要晚于稍大的岛屿。例如，马耳他可能最早是在公元前六千纪末被殖民的，而发生变化可能相对晚于巴利阿里群岛。相比之下，撒丁岛和科西嘉岛的变化要早得多，并且可能在向西方传播新事物方面发挥了重要作用。在公元前七千纪，绵羊和山羊，以及猪都被引入了这两个地区，但牛显然直到后来才传至科西嘉岛。在科西嘉岛新石器时代初期，可能并未引进谷物；但撒丁岛可能已经在使用了。

因此，海上运输可能至少与向陆地传播新事物一样重要。撒丁岛和科西嘉岛应该在这一过程中起到了过滤器的作用，他们的居民，以前依赖于有限的资源范围，现在接受和扩散了一系列精选过的新资源。公元前七千纪人类的航海能力先前已经讨论过了。根据意大利北部、法国南部和西班牙东部的高地证据判断，当地人并没有仓促地、立即采用农业措施。来自内陆居所和洞穴的证据显示，绵羊和山羊以及后来的其他驯养动物是如何逐渐被接受的。它们最初可能是作为一个次要因素被纳入传统的狩猎策略和每年的周期运动中的。目前还不太清楚新事物的实际传播如何发生。人们一定是由海路运送动物的。联系和交换可能发生在沿海地区，我们对最早的绵羊和山羊在低地经济中的作用和影响知之甚少。

包括海上运输在内的远程活动事实的另一个迹象，来自黑曜石。原料的4个来源地有：撒丁岛、利帕里岛、马耳他附近的潘泰莱里亚岛和庞廷群岛的帕尔马罗拉岛。撒丁岛黑曜石在早些时候发现于科西嘉岛，后来出现在意大利北部。利帕里和庞廷黑曜石发现于意大利中部和南部。我们不知道空间位移是否归因于交换、买卖或干脆就是直接获得的，但它确实显示了史前社会在相当远距离上的联系。

陶器的使用，也可能具有重要的社会意义，以及纯粹技术和功能方面的重要性。易碎陶器的使用可能表明长期基地的存在，而不是变换不定的居住点，但其意义可能还要更为广泛。印纹陶在整个地中海中部和西部的分布上是非常不同的。例如，北部和西部的装饰图案其明显的特色是贝壳印记。陶器可能已被作为当地身份和地位的象征。一般而言，采纳新事物在某种程度上可能是由于当地的社会条件，包括不同群体间的竞争和对立。陶器也可能象征着参与更广泛的接触和思想交流。

意大利南部以外的地区，在缓慢变化的阶段，没有明显的迹象表明不同遗址之间存在差异。在居所和洞穴中可以发现个别的墓葬。这些墓葬可能具有重要意义，强调了特定资源和领土对其居住者的重要性，但这种墓葬似乎并不表示对特定祖先血统的正式承认。

约公元前5500年至公元前5000年以后的中欧和西欧

农民在温带森林中的扩张　新石器时代的生活方式在中欧和西欧的起步，要比地中海地区晚得多，但发展却非常迅速。它的传播超出了喀尔巴阡盆地和匈牙利平原，这与后来以彩陶闻名的一种文化联系在一起，这种文化被称为线纹陶文化。线纹陶文化的遗址，分布于匈牙利北部到法国北部、比利时南部和荷兰南部，途经斯洛伐克和捷克、奥地利北部、波兰中部和南部，以及德国中部和南部，一直到北欧平原的南缘（大概向北远至汉诺威）。这种文化还延伸到喀尔巴阡山脉北侧附近，进入乌克兰和摩尔达维亚，涉及先前章节有关巴尔干半岛中提到的向草原带扩展过程的一部分，但东部的线纹陶文化不在此进一步讨论。彩陶风格变化的分布表明，农业人群分阶段向西扩展：首先是多瑙河上游、莱茵河上游和内卡河，北至汉诺威和马格德堡之间；然后沿莱茵河，进入荷兰南部和波兰南部；最后向比利时南部、法国北部和北欧平原其他地区扩散。放射性碳年代测定最初表明，这种扩散非常迅速；但更仔细选择的年代测定样本可能表明，从公元前六千纪后期开始，向西扩张的势头减缓，尽管仍然是快速的。

中欧和西欧的第一个农业聚落，首先出现在河谷边缘和肥沃的土壤上，尤其是黄土带。已知的数千处遗址，代表了一系列分散的家庭住宅、小村庄和小型中心村落。遗址的分布不均衡，而是聚集为一系列的区域性群组。大多数学者认为，线纹陶文化是喀尔巴阡盆地农业规模持续扩大的结果，但对这一过程的细节知之甚少。一些人认为，整个欧洲的农业传播基本稳定，即使伴随着每一发展阶段新垦地的开拓而略有变化。在公元前七千纪末和公元前六千纪初，农业传播可能在巴尔干半岛北部出现了暂停；对于可能向外殖民的人口流出地区以及关于这些地区人口激增的可能条件，我们都知之甚少；关于塞尔维亚北部、克罗地亚、罗马尼亚西部和匈牙利南部的扩张速度，尚存诸多疑问。殖民活动一旦进行，它就可以自我运行：开拓者们可以占领本来就是空旷的环境，并在除距离和陌生感外几乎没有其他限制的条件下经历了人口的高速增长。从理论上讲，线纹陶文化有可能代表了中石器时代本土社区在进入巴尔干地区的最初农业殖民边缘的突然或快速转变；但在人工制品的风格、房屋建造技术或事实上的定居生活方式方面，没有明显的本地先例。与巴尔干半岛地区一样，关于中欧和西欧大部分地区的中石器时代人口记录不足。在原本封闭的森林环境中，如果没有利于最成功的觅食和狩猎的多样化动植物资源，那里的人口可能真的很稀少。在西欧大西洋和北部海岸发现了相当不同的环境和明显更多的中石器时代人口，该地区本地居民在采用农业方面的不同作用，将在其他章节中讨论。然而，在中欧和西欧，拓荒的农民与已建立的本地人群聚落之间进行接触的可能性非常大。据人类学观察报告，农民和猎人经常交换食品和货物。荷兰南部和重点区域就有证据表明，这一地区的新石器时代人群采用了中石器时代的燧石加工技术。接触可能并不总是友好的。在比利时南部，研究表明，在埃斯拜地区达里恩的小型农业村落，就在线纹陶分布的界限范围内，被一条环壕围住，以抵御敌对的本地猎人。

农民和猎人可以直接竞争包括领土在内的各种资源。

家庭、小村庄和中心村落 该地区基本的聚落单元是长方形的木构长屋，周围的森林中可自由获得木材。长屋的长度为6米至45米，多为15米至30米，宽通常为6米至7米。对于小型开拓群体，甚至对更成熟稳固群落中的小型家族群体而言，它的建造可能都是一项艰巨的任务。它通常被视为单层建筑，尽管它的5排柱子可能与多层结构相一致，并且永久可居住。有可能人类和家畜都安居在同一建筑物内，货物和产品都储存在屋顶，这是由那些一端有更多柱子的基址启示的。在较大的建筑物中，柱子的布局表明内部的三重空间划分。这样的内部极为吸引人，因为相关遗存的保存状况通常非常糟糕，使得重建使用空间变得极为困难。房屋的平面保存得很好，因为原始柱子被埋在地下深处，但同一时期的地表几乎都被侵蚀或耕作了。因此，人工制品和遗迹很少留存于原位置，难以在使用和居住方面对比房屋之间的差异。在波兰南部奥尔沙尼察的两座长屋因其周围分别集中了磨光石工具、黑曜石和精美的外来陶器而被区分开来；这两间房屋一间很大，另一间相当小。许多建筑物可以容纳一个基本的家庭单元，但按照不同的年龄或性别规则组织的其他家庭也是有可能的；一些较小的建筑物可能是畜栏或作坊。大多数遗址的房屋大小都有所不同。例如，在荷兰南部埃尔斯洛聚落的一个阶段，房屋的长度在12.5米到25米。这使人联想到，最大的建筑可以起到活动室或礼拜堂的作用，甚至可以用作神庙。社会地位、组织亲属的能力和盟友协助完成建设任务的能力，以及特定地区内家庭的居住时间，也可能是影响房屋规模的因素。

长屋的组合各不相同。木结构的留存可能不超过两三代，因此，任何集中的房屋都可能代表一段时间内的建筑物。已知的一些极为集中的大型建筑，甚至考虑到了这一因素。在波希米亚东部库特纳霍拉附近的比拉尼就是这样的范例；荷兰南部马斯河谷的埃尔斯洛和锡塔德则要小得多。在这些村落里，没有像巴尔干半岛的一些台形土墩内那样明显的街道或小路的遗迹，而且个别房屋的建造也没有达到标准长度。房屋的间距较小，甚至相似的建筑物会重复出现，它们是极少的平面恰好重叠的范例。这表明，在村落内至少有一套有序的管理空间的规则，也可能暗示了村落内各个家庭的独立性。较小的集中区可以视为小村庄，也是由间隔较小的房屋组成，每隔一定的区间更换。这方面的例子包括荷兰南部的一些遗址，如马斯河谷的施泰因和赫伦。我们不知道对这些遗址的使用是否是持续的。在比拉尼，已经提出了连续的5个主要阶段的分期方案，每个阶段都涵盖一个略微不同的区域。一些集中的房屋，部分地或全部地围有栅栏，但大多数遗址基本上不设防。

另一种聚落形式是单个长屋的分散模式。在德国科隆以西的露天褐煤开采之前进行的区域发掘，尤其突出了这一点。大量的线纹陶文化房屋在小河谷中被发现，这些小型河谷形成了流入莱茵河的大型河流的支流系统。在一个叫作默茨巴赫的小河谷里，以一定的间隔排列着一排排房屋。以当地的朗韦勒村落命名的每一个遗址，都能以同时期使用的房屋划分成更小的编号。只有朗韦勒村落8号可能代表了一个小村庄或中心村落；其他遗址则代表了中心村落两侧的带状居住点，每座房屋之间的距离从不到50米到100多米不等。

在这种分散的聚落模式中，房屋规模也各不相同。这种模式在其他许多地区可能都很常见，尽管一般的考古发掘面积太小，不易被发现。

墓地　在一些聚落旁边，特别是在西部地区，是一些单人葬的小型墓地。例如，在布伦瑞克附近的维特马尔，有男人和女人以及一些儿童的坟墓。死者被安葬在简单的土坑中，尸体通常侧卧，微微弯曲。一些墓里随葬着陶器、石器和简单的装饰品。坟墓粗略地排列在同一方向，相距几米。因此，它们的位置必定被标记过或被告知过其他人。同时期的朗韦勒遗址，迄今只发现一个墓地，该地区分散而居的家庭似乎使用过一个中央或公共墓地。然而，由于墓地面积相对较小，因此并非这个地方所有的死者都可以进入墓地。正式的墓葬是专供更大范围群落内的个别人之用。

这些早期农耕群落总体分布的特点是遗址的集中，形成了所谓的"聚落单元"。对这一特征的解释可能取决于迅速扩展到中欧和西欧新环境中的某些条件。可能会有一个或多个自由定居区可供选择，而通常的选项是河谷和肥沃的土壤地区。尽管如此，该区域的新颖性和规模可能促使群落和家庭通过分担诸如砍伐等共同任务，并在首选地区定居以尽量减少与亲属和邻居的社会距离，来减少生存风险。

耕作者和牧民 这些群落居住于灌溉充分且极度肥沃的土地上，在开垦地和林地既可以种植谷物，又可以放牧牲畜。种植小麦、大麦和豆类，放牧普通的驯养家畜，尤其是牛。然而，我们对维持生计的做法仍然了解太少。部分原因是无法在发掘过程中找到足够的遗存；另一部分原因是房址地面的侵蚀状况；还有一部分原因是黄土土壤目前的化学状态，骨骼在其中往往保存欠佳。我们不确定人们是在固定地块上长期种植，还是在森林休耕制度中在林中空地轮作种植；谷物和家畜之间的平衡，以及野生资源和驯服资源之间的平衡，我们也不清楚。然而，通常提出的模式是，人们会在聚落附近已开垦或部分开垦的土地上的小型固定地块或庭院中进行相当密集的谷物种植。动物可能会被放牧到更远的野外，甚至放养。它们可以用于土地或庭院的施肥，也可以是肉类、牛奶和兽皮的来源，而且本身就是财富的象征。这种模式非常适合优质的黄土性土壤，并且与观测到的聚落模式相一致。一些猎物被杀死，也许是为了将鹿和其他动物拒之于土地和庭院之外，这是作为肉类替代来源的蓄意策略；在同时期的森林中，鹿和其他猎物的密度可能相对较低。这种生存模式可能会出现资源短缺，甚至偶发性的严重不足，但由于它持续了几个世纪，因此它可以被看作占领温带森林小型空闲生存环境的成功战略。应对风险的措施是：仔细选择聚落地点，将社会距离保持在可接受的范围内，利用多样化的资源，在新环境中种植谷物，以及在他们长期熟悉的环境中管理牲畜。

工艺和社群问题 线纹陶由一系列的碗和杯子组成，饰以各种印纹和雕刻，但没有着色，正如它们在更远的东部和南部一样。其风格的分布变化可以说明发展的情况，也许在一定程度上反映了文化的本质。正如已经指出的，最早的样式显示了向西和向北扩展的过程。中期风格表现出远距离上的非常广泛的相似性，而后期风格则变得更加地域化。起初，陶器可能被用来表明广泛分布的群落之间的亲和力和团结；后来，随着社会景观的变迁，人们开始定义其更有限的身份。各种风格的打磨石斧和锛子都在使用，其中一些可能被用于树木砍伐和木器制作，有些是作为武器使用的，还有一些甚至被用作栽培谷物的锄头。在许多情况下，原材料是被称为角闪岩的细粒岩石。它的来源尚不明确，但可能在中欧的某个地方。用在莱茵河或马斯河谷中的闪岩工具可能是经数百千米运送而来。无论是贸易还是礼品交换，这种远距离的移动都必然反映出社会上非常重要的交易，或许可以营造一种异国情调的光环，并在广阔的区域内建立密切关系以及联盟。无论男女墓葬中都经常发现随葬有陶器和石器，这些都必然加强了它们自身的社会意义而不是纯粹的功能重要性。在生活中，这两组物品都成为日常场景中的一部分，比如放置于长屋中的陶器以及由成年人携带的具柄石器，因此有可能是超越其直接用途的强大象征。

房屋的大小和墓葬随葬品，都被用来表明在线纹陶群落中身份和地位方面存在着差异，但这种分析的结果尚不确定。正如我们看到的，房屋的规模相差极大，可以有几种不同的解释。在一些墓地里，老年人的随葬品比年轻人多、种类也很丰富，但二者差异也很明显；墓葬仪式没有表现出明显的社会特征。社会差异可能导致不稳定和群体内部矛盾。一方面，每个家庭都有机会（许多家庭与近邻相距很远）加强农业生产。竞争的焦点，如果存在的话，可能是群落或聚落区之间的竞争，其中一些竞争规模会变得更大，持续的时间比其他方面更长。另一方面，殖民化和定居的条件本身也不利于社会差异的巩固。空间的可利用性会使定居点在关系紧张的情况下破裂并重组；这确实可以解释为什么在线纹陶文化的发展过程中，相对较少的遗址被占用。也许在开拓森林的最初情境下产生的合作和团结的精神，有助于减少家庭或群落愿望的公开表达。

步入公元前五千纪的连续性和发展　时间步入公元前五千纪初，欧洲社会许多方面都有相当大的连续性。例如，房屋、聚落和生存之道的一般性质几乎没有改变。然而，还是有一些发展变化。其中之一是聚落类型中环壕聚落的出现。其中一些最早出现在线纹陶文化早期，但大多数属于其后期阶段，以及之后的时期。壕沟是绕周边一圈挖掘的V形截面的深沟，通常比较狭窄，为一圈或多圈，包围着几英亩地。堤岸大概围绕着沟渠。一个例子是朗韦勒村落8号三环状的围场。在黄土性土壤上，沟渠很快就会淤积。许多这样的壕沟都与长屋位于同一地点，但似乎并不包含建筑物，虽然也有例外。已知的同一时期把房屋围起来的例子，譬如先前提到的达里恩小型农耕村落，或者布伦瑞克附近的埃斯贝克。后者可以看作是防御性的，或者至少比以前存在更集中的定居点。环壕还担任着其他各种角色。如果是为了圈养或限制家畜，则意味着更大的兽群。如果是用于集会或仪式，它们可能代表较早时期在长屋之间发现的公共空间的礼仪化。因此，环壕是一种仪式的强化。这种解释在兰格耶尔早期文化的环壕遗迹中得到了支持，它继承了摩拉维亚、斯洛伐克、奥地利东部和匈牙利北部的线纹陶文化。在摩拉维亚南部的特塞蒂斯-基约维采，直径55米至60米的一条宽阔的圆形沟渠被4个相对的入口中断，并由两个内部栅栏支撑。只在环壕外发现了房屋遗迹，它的内部有许多破碎的小雕像。像其他兰格耶尔早期文化壕沟一样，这可能是聚落和同时期墓地的一个仪式场所。现在一些礼仪的进行可能已经从家庭内部转移到其他机构，也许已经由特别重要的聚落或群体掌管。斯洛伐克南部的斯沃丁遗址结构甚至更加复杂。房屋也是位于环壕之外，一开始是一条具有两个内部栅栏的环壕，又用两个外部环壕和三个内部栅栏进行了改造。在这里，可以将防御和极繁复的仪式活动相结合。在这一年代，蒂萨文化的周边地区已经以人群的集会和仪式的烦琐而闻名。

例如波兰南部的研究表明，在线纹陶文化之后，聚落逐渐从河谷扩展出来。再往西走，证据就更加矛盾。在黄土性土壤上，一些地区发现的遗址略少，北欧平原的部分地区已被殖民化；此外，在黄土北部平原上发现的许多磨制石器表明，外来移民至少与当地觅食者的交往有所增加，而且很可能家畜的牧场转移到了更广阔的地区。这表明农业聚落区在逐渐扩大，但在一些已经定居的地区，已知遗址的数量实际上并没有增加。最近发现的一些罗森文化的遗址，譬如科隆以西朗韦勒附近的因登遗址，与线纹陶文化的那些遗址有所不同。因登遗址有长屋，但平面是梯形的，而不是长方形的；有些长屋的面积相当大；房屋聚集得更为紧密，居住区以栅栏为界。导致这种人群向聚居转变的原因尚不清楚，但它可能反映了更广阔的前景，也许比以前更有竞争力，更具敌意。线纹陶文化晚期阶段的区域化陶器风格，先前已经在这方面进行过讨论。聚落扩张的最后一个例子来自西部的边缘地区：法国北部河谷的新石器时代遗址，最早建立于线纹陶文化后期。近年来，在恩河流域，人们对它们进行了特别深入的研究。在恩河流域，似乎也存在着相同的长期变化和扩张趋势。到公元前五千纪，在塞纳河下游和卢瓦尔河中游的诺曼底和布列塔尼半岛的边缘地区，人们发现了更多遗址。这促进了农耕群落与大西洋沿岸本土觅食者的交往，由此产生的融合将在其他章节中进行叙述。

结语：新世界

最早的农民呈现出一系列的反差。农业生活方式的传播过程及其随后的发展都不一致。希腊和巴尔干半岛可能是被从南到北逐渐殖民的，而中欧和西欧的殖民化虽然分阶段进行，但速度可能更快。在地中海沿岸地区，意大利南部和西西里岛可能存在着海上殖民，就像更东部的克里特岛和塞浦路斯一样。在地中海的更西边，新石器时代的生活方式以其他方式传播，而且速度较慢；当地猎人和觅食者确定了新的主食和新的做事方法以及它们被采用的速度。在东南欧近两千年的发展过程中，发生了相当大的变化；而中欧和西欧在较短的时期内，变化程度虽然很大，但幅度却较小。相形之下，到公元前五千纪初，地中海中部和西部的大部分地区，新石器时代的变化才刚刚被完全吸收。

尽管存在这些差异，但到了公元前5000年及之后的结果，是一张完全改变的图景。这不仅仅是将新的人物添加到场景中的问题，而是由侵入者和当地居民将自然和社会景观永远改变的问题。外部带来的新资源，被砍伐和改变的自然植被，永久聚落和居住区增加了个体和群体的地方归属感，多样物质文化传达的复杂信息、精美神话意象以及可能增强的时间意识，把死者作为祖先和血脉世系意识的觉醒，以及社会关系的不同可能性，所有这些都以不同的方式促成了新的精神面貌。尽管在恢复和理解史前证据方面存在困难，但这是欧洲历史上的一次伟大变革。

第五章

欧洲早期农业的转型：
公元前4500年—公元前2500年的
新石器时代晚期和铜器时代

安德鲁·谢拉特（Andrew Sherratt）

导言：欧洲多元化

在公元前6000年至公元前4500年的一千余年间，在欧洲建立起来的农业拓荒者群体，只占领了欧洲陆地的一小部分。他们的外来作物以及居住的新村落，在这个仍然是大量猎人和觅食者的欧洲大陆上，长期以来依旧是一个侵入性因素。然而，在接下来的两千年中，农业经济的特点被土著居民广泛采用，因此这种对比开始被打破。在此基础上，形成了一系列由原住民与后来者融合而产生的地域文化，促使了农业的普遍出现和觅食生活方式的实质消失。

这一过程产生的模式并不是统一的：恰恰相反。虽然它创造了具有相似文化现象的广阔区域，如大西洋沿岸地区的巨石纪念碑带或东欧和干旱草原的圆形古墓冢群（土丘冢），但每一个地区有其独特的特点。事实上，这种区域差异是农业和土著居民相融的主要结果，并由此产生了适合这些独特环境及其环境背景的特定生活方式。这些新群体的出现，产生了比史前任何其他时期都更丰富的欧洲文化——即使就社会复杂性而言，它们只是一个主题变量，无法比部落社会或简单的酋邦做更多的描述。然而，日益增加的多样性为进行接触以及群体和个人身份自我意识的界定提供了新的机会，这反映在考古材料中，是一系列新的纪念碑和各类文物的体现。

直到公元前3500年，这一过程在很大程度上是与开始耕作地区的发展相背离的。人口的增长和园艺种植者与土著群体之间的相互作用，以及由于森林砍伐而导致的温带环境的缓慢转变，逐渐改变了欧洲的生存条件。家畜的饲养，特别是在东欧较开阔的平原地区，为经济变革提供了一些新的机会。虽然在近东，灌溉和犁耕的使用为当时美索不达米亚第一个城市社会的崛起创造了先决条件，但欧洲不受这些发展的影响。在农业本身的传播之后，几千年来，欧洲实际上并不一直受近东传统的影响。相反，它在建筑、编织和制陶等共同的新石器时代工艺技能的基础上，形成了自身的传统。木材建筑在森林环境中占主导地位，拥有独立的长方形房屋村落，而不是近东地区典型的复杂的泥砖砌块。石材也被用作住宅结构（尤其是在地中海地区），还被用作墓碑和仪式纪念碑，它们通常使用大量的巨石块以及木材、泥土和草皮制成。纺织生产（使用亚麻和其他植物纤维，因为新石器时代的欧洲绵羊不产羊毛）实现了相当高的工艺水平，使用立式的重锤织机；虽然编织的衣服在替换欧洲大陆外部地区毛皮时的速度很慢。陶器在其复杂程度上也表现出极大的地域多样性，在东南欧生产精美的彩绘器皿（通常用纺织图案装饰），而在欧洲大陆其他地方则以质朴风格为主。

陶工在热力转化天然材料方面所获得的经验，在考古学家眼中，奠定了区分这一时期的创新之举——冶金的开始。在此期间，有两种金属——铜和金——开始使用。铜是通过冶炼大量开采于东南欧部分地区丰富的化学结构简单的矿石获得的；金是从同一地区其他区域的河床（砂矿）矿床中获得的。两者都被铸造或锤打成简单的形状——通常是已经存在于石头中的形状。这些技术最初主要限于东南欧，但在那里发展时，并没有后来在近东使用的更先进的炼制合金和复杂的铸造技术，似乎冶金最初在这两个地区是基于相似的共同技能和简单矿石供应而独立发展起来的。然而，其最初的影响更多的是象征性的，而不是实用的。虽然金属成为一种值得拥有的地位象征，往往交易距离很远，但它本身并没有给生活的其他方面，例如森林砍伐或木工乃至武器装备带来任何创新性的改变。铜和金一样，是一种装饰的媒介，而不是改变物质世界的一种手段。

不同种类的细石器也发挥了类似作用，尽管在这里实用效能更为明显。黑曜石和燧石刀片广受珍视。石斧也是新石器时代和铜器时代经济的重要组成部分，优质石材的来源也得到了开发和扩大。然而，这里的陈列装饰功能仍然很突出，特别是在那些冶金技术进入较晚的西欧地区：翡翠制成的手斧之类被视作珍宝，就像珍贵的宝石手镯或进口的海菊蛤壳一样；但是"铜器时代"的社会与它们的"新石器时代"的原有事物没有任何根本的物质区别。与之形成鲜明对比的与其说是技术，不如说是行为：象征着社会特权的物品被用来陪葬，这也许是一种更明显的对于财富的夸耀。衰落的村落社会在派系竞争面前已经失去了昔日的团结，而多样性的增加为年轻一代带来了更新角色与社会地位的机会。

公元前3500年之后，由于近东城市社会的兴起，以及由此衍生出的大规模的经济活动，加速了新石器时代向铜器时代的转变进程。美索不达米亚城市的出现影响了一个巨大的内陆地区，由于能够长距离地获得金属及宝石，这刺激了对日常消耗品的需求。在奢侈品加工及长途货物运输方面的工艺技术都得到了巨大进步。这些变化影响到了广大地区，甚至超越了直接参与此类交流的社会，因为产品和技术传播到城市经济体之外，到达了那些位于森林与草原间的邻国地区。而我们也很容易从考古学上发现城市社会兴起对冶金技术的影响。砷铜合金和组合模具的使用，使大型物体的铸造发生了革命性变化，这一变化最明确的证据就是在公元前三千纪左右欧洲出现的新式铜斧。然而，甚至早在公元前四千纪末期，东南欧地区的陶器造型就已经表明其受到了邻近的安纳托利亚地区众多城市所产金属器具的影响（比如特洛伊），这些陶器以陶罐和陶杯为主，可以论证当时人们在酒精饮料方面的新尝试：葡萄是那时出现在爱琴海的新作物之一。此时在欧洲出现的其他既实用又具有威望的近东创新，包括第一批轮式车辆、轻型犁以及诸如产羊毛的绵羊等在内的家畜新品种，这些都可能与欧洲农业活动更根本性的转变有关。所有这些创新都通过新的媒体和展示媒介，以及不断变化的工作和消费模式，深刻地改变了欧洲社会构建文化差异的范围。

这些新元素产生最直接影响的地区是东南欧。在技术和贸易联系的广泛性方面，东南欧已经是最先进的，它的青铜工艺品通过贸易远销至北部的丹麦和已经完成马匹驯化的东方草原地区。爱琴海的岛屿间交通网络为希腊居民带来了安纳托利亚的特色文化；干草原与高加索地区之间的连接，使北巴尔干和喀尔巴阡地区的居民与近东世界体系外围日益复杂的社会建立了独立的陆地联系。小规模的人群沿着这些路线流动，沿途传播着新的文化与技术。这些创新的起源可以从东南欧追溯到中欧，而且还可以逐步沿着地中海追溯至意大利和法国南部。从这些纵向路线来看，它们在公元前3500年到公元前2500年的上千年的过程中，逐渐渗入了欧洲的社会结构。

尽管这些创新很重要，但不应想象它们是瞬间或普遍传播的，或者无论它们在任何地方都具有相同的意义。新的畜牧业只是缓慢地取代了早期的园艺形式，特别是在欧洲最近才采用农业的那些地区。即使是在公元前3500年之后的不久就证实远至北欧丹麦的犁具使用，也并没有立即带来文化模式的显著改变。上一个千年形成的区域文化差异提供了将这些新事物纳入其中的结构，这些结构足够坚固，能够根据其与现有事物的相容性来吸收或排斥元素。当变化发生时，它往往是迅速而突变性的。在北欧，只有在公元前3000年之后，随着绳纹陶文化相关联事物的传播，结合了犁耕和畜牧业全部潜能的根本性变革才发生，并且伴随着新旧模式之间明显紧张的迹象，基于石坛神龛的静态仪式模式迅速被更灵活的生活方式取代。沿着大西洋航道和西欧河流，通过与钟杯文化关联事物进一步传播，甚至起到了更大的瓦解作用。欧洲新模式的最后延伸在第七章的时间背景下考虑更为合适，但在这里必须提到它是我们一直关注的事件中的最后一个插曲，它完成了欧洲社会在公元前四千纪中期开始的转变；而将西欧纳入整个大陆的格局，为青铜时代欧洲文化的日益融合提供了前提条件。

因此，新石器时代晚期和铜器时代代表了欧洲发展历程中最复杂和最令人关注的阶段之一。在此期间，第一波农耕扩张的影响逐渐显现出来，随后很快出现了第二波农业和紧随其后的畜牧业创新。欧洲大陆的原住民从此越来越多地陷入农业生活方式，以及令人眼花缭乱的多样性文化模式中；但他们共同的生存条件和他们彼此之间越来越多的接触开始缓慢地重新确立欧洲大陆的统一性。本章将在区域基础上进一步探讨这些主题，按公元前3500年前后的时间顺序节点划分，将欧洲的发展再次与欧洲大陆以外的事件联系在一起。

公元前4500年至公元前3500年的东南欧

农业在欧洲首次站稳脚跟的地区，是巴尔干半岛和喀尔巴阡山脉周围的土地，这些地区将其独特的文化延续到了铜器时代。这些是欧洲大陆最复杂的地区，保留了他们的东方遗产，使其没有受到原住民生活方式的影响。这是因为这里的农业出现得太早，以至于中石器时代的人群无法与引进的经济同步发展。早期的园艺种植者占据了最肥沃的土地。在这片支离破碎的土地上的河谷和古老湖盆中，密集的人口可以依靠小块易于耕作的地块来维持。

每个群落都占据了一个可以供后代居住的地点：一堆用泥土和木头搭建的房屋，其遗迹构成了继任者的平台，直到一系列标志着人类居住地的人造土墩出现。保加利亚卡拉诺沃的土墩堆积达12米，由2000多年的连续聚落积累而成。这些台形土墩（每种巴尔干语言都有其对应的文字——莫吉拉、马古拉、豪洛姆）不仅仅是定居经济的偶然副产品，它们附近的每一个村落都在其可及的范围内集中耕种土地：它们是人类生存的固定场所，炉膛和家园的所在地，生命开始和结束的地方——因为死者常常被埋葬在他们的住所旁边，紧挨着家庭住宅。从精心绘制的餐具（桌子本身以黏土模型显示），精心制作的炉膛和灶或装饰用黏土配件，再到更明确地与女性生殖部位相呼应的陶器塑像；或者是男性所用的精致绿岩斧或燧石刀片：这里的每座建筑，每件遗物都充满着象征意义。每个物品都有它的明确位置，不仅房屋本身的形制是整齐划一的，而且整个村落的布局通常都是完美规划的典范，以基本方位为导向，由带有中央入口的方形栅栏围起来，如保加利亚东北部的奥夫恰罗沃和波利安尼萨。

这是一种模式，但这种模式越来越多地被改变，因为人们试图从这个内向的世界中挣脱出来，探索在它之外的令人兴奋的可能性。狩猎和放牧提供了这样一种出路；新矿物的开采并用其冶炼金属也是如此；或者旅游和贸易的机会，因为这些丰富的必需品正是那些进入海岸或穿越山脉的人们所渴望的。除优质磨石或专业陶工产品的近距离流通交易外，还发展了稀有和贵重物品的长途贸易：诸如盐或毛皮等商品，或许还有蜂蜜或树脂，这些在考古材料中几乎没有留下痕迹。但也越来越多地出现在适用于制作长刀片的细燧石中；出现在诸如用于彩绘陶器的石墨等颜料中；特别是闪光的金或铜饰品中，以及由贵重新材料制成的斧和木工器具中。

在欧洲的巴尔干半岛，产金属矿石的山脉距离被村落和庭院控制的领土仅几步之遥；在聚落后面的小山中，深矿井被挖掘出来，沿着诱人的绿色矿脉，开采大量铜矿以供冶炼，例如南斯拉夫的鲁德纳格拉瓦或卡拉诺沃附近的布纳尔。这些活动是以适当的仪式进行的，精美的陶器供品及其所含物品被留在矿井中，作为从大地获取财富的补偿或交换；但一旦开采出来，这些原料就可以与遥远的人群进行交易。这些人群可能在农业社会的边缘地带，甚至在更远的地方：沿着流向黑海的河流、穿过平坦开阔的黑海大草原，在捕鱼和养牛人群聚集的地方进行交易。

自新石器时代以来，农业村落网络已经从巴尔干半岛向东北方向扩展，沿着俄罗斯森林和乌克兰草原之间的疏林地带，一直向东延伸到基辅。这些开拓者保留了巴尔干起源的所有传统，居住在类似的长屋中，使用同样种类的手工艺品，包括精心绘制的陶器和小雕像。然而，在东部边境更为开阔的地区，房屋并非集中在像台形土墩那样密集的聚落中，而是占用了被深挖的环壕所保护的防御性高地。造成这种情况的一个原因，是具有不同生活方式的其他人群的存在，他们是该地区中石器时代土著居民的后裔，他们使用陶器、饲养家畜，但并未放弃其季节性迁徙而转向稳定的村庄。这些群体生活在农耕群落密集的缝隙中，占据着远至伏尔加河以东的广大地区。他们和农民生活在一种不稳定的互利关系中：交换他们的互补产品，但也有潜在的冲突。然而，这两个群体都渴望从巴尔干半岛获得铜饰品。

1972年，一位保加利亚的拖拉机司机从黑海海岸瓦尔纳河口处的一座六千年历史的墓地中，发掘出了第一个坟墓，这充分证明了铜器时代贸易的范围和影响。在随后的发掘中，不仅出土了大量的铜制品，还发现了6千克的金饰品，大部分是最初缝制在衣服上的片状饰物，还包括黄金权杖和空首斧。保加利亚东部也有其他类似的墓地，尽管随葬品没有那么丰富。它们标志着从以前泥墙村落的家葬模式的突破，在瓦尔纳似乎与海湾岸边木桩之上的水上村落有关，这也许是与沿海贸易活动有关的一种特殊的聚落形式。这种金制品令人震惊，而且肯定被大量使用；但它不能与迈锡尼竖井墓等后来富含黄金制品的墓葬相提并论，因为在如此简单的经济条件下，能够与之交换的商品较少。事实上，它可能不属于个人，因为发现它的大部分墓穴都不是人类墓葬，而是具有黏土面具的象征性墓葬。铜器时代的社会与历史上的欧洲社会有着深刻的不同，需要人类学的想象力。

　　无论如何，瓦尔纳的财富似乎只是一个暂时的插曲，因为很快就发生了反映草原均势变化的重要变革。根本的原因是铜器时代草原地区的居民开始驯养马匹，通过驯服和骑行野马来补充沿河资源，然后利用野马来开发野生兽群。在第聂伯河的德雷夫卡遗址就发掘出了此类聚落。这些人群开始发展一种独特的文化，用绳纹装饰他们简单的陶器——也许是对控制动物本身很重要的麻绳——并创造出独特的器物造型，比如石制的兽形权杖，以及小型陶火盆，它们可以用来燃烧大麻种子，正如该地区铁器时代的斯基泰部落一样。在黑海大草原的西端，他们开始接触耕种者的坚固房屋和聚落，这些狩猎和放牧群体开始建造圆形墓碑，从而使人们得以集中精力生活在流动的帐篷中。这种生活方式向西扩展到了以前由园艺种植者控制的一些地区，一些群体甚至似乎已经沿着多瑙河小规模地伸入罗马尼亚，在那里发现了他们典型的墓葬和手工艺品。这一入侵对邻近的农民造成了影响，因为铜器时代晚期的聚落通常位于台地和小山顶上。在基辅附近的东部农耕边境，今天的多布罗沃迪或马伊达涅茨科等遗址，有多达200栋房屋的大规模密集村落，聚集在一起进行防御。

　　在喀尔巴阡盆地，发生了一系列类似但较为平静的变化，没有受到历史事件的干扰。公元前五千纪的大型聚落和台形土墩，与之相配的大量彩陶、黑曜石刀片、绿岩斧，以及聚落内或附近的简陋墓葬——已被一种新的模式取代。规模较小、更为分散的聚落变得普遍；同时，多达数百墓葬的墓地，类似匈牙利东部的蒂萨波尔加和巴萨塔尼亚那样的墓地遗址，在社会景观的组织中发挥了更为突出的作用。这些规模较大的墓地可能服务于几个小型的聚落，墓葬变得更加正式，墓穴成排排列（大概用柱子标记），并配有大量的随葬品。物质文化的特征也发生了变化：日用陶器不再那么精致，地域特色也不再鲜明，但新的炫耀性男性装备以金属的形式出现，还有长距离进口的燧石刀片。随着眼前居住群落的显著减少，墓葬的象征性意义和个人地位的标志也随之增加。墓地映射出了当时必须明确界定的人际关系。

每一个地区都以不同的方式体现了新石器时代简单园艺经济的分化，新的活动领域也随之开辟，即畜牧业、新原料的开采和贸易。

公元前4500年至公元前3500年的中欧和西北欧

从公元前六千纪中叶开始，中欧树木丛生的黄土地上的农业拓荒群体，最初形成了一个同样闭关自守的文化群落，尽管他们开始越来越多地接触到森林和沿海地区的土著居民。从莱茵河到维斯瓦河，他们典型的木头长屋、"鞋楦"状的锛子和特有的圆底陶器（饰以螺旋状或弯曲的刻线和戳点）保持了同质性，这表明他们保留了内部联系，并可能形成了一个相对封闭的繁衍网络，或者至少强调了其生活方式的独特性和排他性。到公元前5000年，这些农民已经远至巴黎盆地，在接下来的几个世纪里，他们进一步向西扩展，到达了英吉利海峡沿岸和布列塔尼的边缘。

然而，到了此时，他们的团结开始瓦解：中欧的群体日益受到喀尔巴阡盆地和巴尔干半岛用铜人群的影响；而在外围地区，则出现了他们与土著群落融洽和互动的迹象，这些群落大量存在于大西洋沿岸和阿尔卑斯山边缘地区。在中部地区，村落仍然是社会生活的主要单位。房屋的大小和复杂性不断增加，形成了具有特色的梯形平面结构，入口区域较宽，后部区域更加隐蔽。一个特别大的例子来自德国的波鸿，长达65米之多。分散的长屋群通常具有拓荒阶段的特征，当时聚集在大型建筑的集结聚落里，由栅栏围起来——也许是为了将菜园和牲畜分开，这些牲畜可能在周围被拓荒过的土地上大量放牧。受南部铜器时代的影响，陶器、小雕像和进口铜珠的设计变得更为精巧；此外，还出现了具有两个相对入口的圆形土方围场（像巴伐利亚的科蒂切琴多夫的著名例子），这令人想起了台形土墩遗址的布局（并且或许是非常完美的）。在村落附近，这些地方可能充当了舞蹈和举行公共仪式的场所。在阿尔卑斯山滨海地带、德国南部、瑞士和奥地利，采用的就是这种村落生活模式。在那里，中石器时代的群体在冰碛湖附近从事农耕和畜牧业，并在湖泊沼泽边缘的木桩上建造了简单的木质聚落。保存在泥炭中的这些遗址，提供了新石器时代生活方式的一些最生动的证据——桦树皮容器、木碗和工具、亚麻织物、成堆的饲料和肥料（包括蝇蛹），甚至还有一块带有齿痕的树脂"口香糖"，以及通常都是存在于内陆地区的陶器和小石斧。

在黄土的西部和北部边缘地区，农耕人群与欧洲古老的土著居民发生了相当不同的互动模式。这一过程最早始于法国西部，在那里，随着物质文化变得不那么复杂，农耕辅之以狩猎和采集，遥远的中欧影响力开始让路于适应当地的生活方式。在喀尔巴阡盆地或保加利亚沿海地区，随着更多流动生活方式的发展，集体象征符号的重点已经从房屋和村落转移到了墓葬上；但在西欧和北欧，纪念性陵墓成为群体身份界定中的重要内容，而不是墓葬品和复杂手工艺品的微妙信息。在法国西部（同样，稍晚些时候，在英国南部、波兰北部和德国），用长的（并且通常是梯形的）土墩包围的木制或石制的陵墓建筑成为群落生活的焦点：随着房屋和住宅遗址变得不那么坚固和持续存在，这些纪念祖先的石碑成为景观的突出特征。

这些具有象征意义的纪念碑，最开始出现在那些中欧农耕传统与稠密的土著人口接触的地区；而随着这些早期人群的加入，农业人口也随之扩大。永久古迹，无论是房屋还是陵墓，从长远来看，都是组织农耕活动以及种植和收割的基础。但是，这一举措并不仅仅依靠外来人口：很快，类型多样的墓地建筑表明，这种刺激唤起了原住民的创造性反应。出现在诺曼底的带有石棺的石筑长冢，与大西洋许多地区的一种完全不同的建筑外立面的石砌陵墓设计相呼应：墓室设置在圆冢内，由一条狭长的通道连接，可以反复使用并添加新的墓穴，这一类型被称为通道墓，成为远西部当地农民的主要标志。起初，主要是由干石墙建造而成，具有托臂拱顶，就像布列塔尼南部海岸外长岛上的宏伟实例一样，越来越大的石头被用于建造此类墓葬。一种新颖的建筑结构传统出现了，在接下来的两千年里，它将成为大西洋地区欧洲本土早期农民的特征，所遗留的一直存在的巨大高位块石，在大约六千年后激发了早期古文物研究者的想象力。

比过去农业在欧洲传播过程更为复杂的是，无论是通过迁徙还是通过有选择的采用诸如陶器和家畜等元素，这种殖民者与土著人之间的辩证关系是在西北欧的大部分地区小规模进行的。这些不同群体内部和群体之间的竞争，导致不同类型纪念碑不断增加的多样性，并且复杂性日益增加。例如，在不列颠群岛，对农耕的刺激似乎来自从附近的佛兰德斯穿越英吉利海峡的小型群体，他们建造木制的丧葬建筑（被封闭在长冢中），而他们自己却仍然生活在与周围的土著人几乎没什么不同的简陋小屋中。随后，在英国西部和爱尔兰出现了被圆冢覆盖的具有漏斗状入口（称为"门墓"）的石棺，有可能是表明当地人反应的证据；这种结构有时会被发现在科茨沃尔德丘陵地带的长冢下面，与他们自己的石造墓室形制相结合，因此综合两方面来看，这也许表明了一种调和的融合体。在苏格兰，随处可发现简单的土制和木制长冢，而石筑长冢则被引进了北爱尔兰。然而，在爱尔兰和苏格兰，传统的石制门墓和圆冢中较发达的通道墓都与长石冢并存，尤其是在对这种引入模式具有本地阻力的地区。随着旧景观逐步转变为新的社会形态，所有这些类型都见证了为获得独特身份而进行的斗争。

从法国南部到北欧平原的广大地区，也都出现了类似的区域特色和融合模式。随着旧的社会排他性的瓦解，以及更大的社会和文化单元的出现，黄土地区本身似乎也受到了这一过程的影响。以前的小规模农业模式被更广泛的刀耕火种的耕种形式取代，而聚落往往从山谷中向上移动到更高的俯瞰位置。人们对用于森林砍伐的燧石斧需求增加，导致在白垩纪或侏罗纪矿床适宜的地区出现了矿山，特别是在比利时和波兰中部。在这种更加流动的聚落和区域贸易格局中，新型的仪式空间（通常带有同心的截断壕沟）便作为地方或区域中心出现。

　　小规模的渗透和变化过程在北欧重新上演。在那里，从维斯瓦河中游到日德兰半岛的一个地区，出现了与北部黄土地的长屋相呼应的长冢；波罗的海沿岸和岛屿上的另一种巨石建筑（称为"戴瑟"或"史前石桌状墓标"类型）的爆发，是这些地区稠密的中石器时代人口转变为农耕生活方式的一种回应。已知的来自这一地区的大量燧石斧，证明了众多人员参与农业生产，以及为种植农作物而清理小面积茂密林地所付出的努力。与东南欧一样，劳动工具也是财富的象征；精致打磨过的石斧有时被作为祭品沉入沼泽。

　　这些北部和西部新石器时代群体使用的陶器，与同时期巴尔干半岛铜器时代相比虽然形制简单，但与斯堪的纳维亚半岛中石器时代晚期的居民所使用的那种大型粗糙的、尖底的器型（适用于罐装食物）相比，却显示出了更加多样化的类型（以及像这种类型的厨具）；在北欧的遗物很快就吸收了饮用容器（"漏斗颈陶"）和独特的带颈环的长颈瓶组合，毫无疑问，它们被用于一些饮酒场合。在法国，陶器中有一种装饰精美的小型烧炉，分布非常广泛。人们认为，这些小型烧炉可能用于燃烧某些芳香剂或麻醉物——同样，可能是仪式和典礼的点缀。

　　欧洲史前时期的这一阶段，为早期农民的努力及其意识形态的斗争留下了一些最显著的纪念物。纪念碑一旦竖立，就被赋予了一种神圣性和强大力量，而这种力量是可以被夺取或颠覆的。在布列塔尼南部最近的考古工作表明，在公元前3800年左右发生了一个明显的重建阶段：现有的巨型建筑被拆除，并重新竖立在新的位置。巨大的雕塑巨石被断开，用作新的大型通道墓的顶石。譬如莫尔比昂地区著名的加弗里尼墓葬，28块巨大的墙板上面覆盖着丰富而神秘的装饰物，人们费力地将这些装饰物凿刻在花岗岩上。正如瓦尔纳的黄金墓葬一样，我们只能模糊地了解主导这些遥远欧洲人生活的动机；但是，农业的登场带来的不仅仅是生存的变化。

公元前4500年至公元前3500年的东北欧

与欧洲大陆有限地区的这些壮观的考古现象相比，调查斯堪的纳维亚半岛中部和北部以及向东延伸到乌拉尔的大片北方森林是有益的。在那里发生了一系列较为缓慢而统一的变化。中石器时代文化从全新世开始就出现在这里，人们生活在半地穴房屋中，通过采集湖泊和池塘中的欧菱与捕鱼，猎杀森林中的麋鹿、猪和其他动物以及波罗的海沿岸的海豹为生。他们制作木制和桦树皮的容器，装备包括独木舟和兽皮艇、浮漂、渔网和陷阱，以及滑雪板。从公元前四千纪开始，陶器的使用就从东欧新石器时代晚期的群体扩展到普里皮亚特沼泽地区的群落，然后沿着第聂伯河上游和伏尔加河一直延伸到莫斯科地区。但它的采用并没有带来任何根本性的经济变化，它并不表示人们已经接受谷物或驯养家畜；尽管人口可能已经有所增加并且变得更为集中：一些遗址全年可能有多达100人居住。

这样的图景对于洞察欧洲其他地区非常重要，因为如果农业没有从近东如此迅速地传播，这种模式将普遍盛行。甚至更为相关的是，该模式在那些农业未能渗透的地区仍然存在，特别是在北欧平原相当大的一部分地区，在农耕群体的夹缝之间。除此之外，甚至在西欧的山区和高原也很少使用陶器，而且这些狩猎遗址的年代也较难确定。在这些地方，中石器时代的人群与早期的农民并存，直到公元前三千纪。在波兰，"坑纹及蜂窝纹"陶的使用者，以一种非农业的生活方式，占据了华沙周围的广阔区域，其外围向西远至奥得河。农业的到来最初并没有取代其他选择。

公元前4500年至公元前3500年的地中海中西部

农耕生活方式和觅食生活方式之间的强烈反差，在欧洲其他地区极为显著，而在地中海地区并没有那么明显。中石器时代和新石器时代早期人群之间的巨大连续性，以及农业首先进入地中海东部，意味着当地人群趋向于选择农业生产方式的某些方面，并将它们与现有生活方式相结合。在地中海西部的许多地区，陶器制作和小规模的家畜饲养先于耕种出现，但并没有从根本上改变聚落类型。因此，也许除意大利南部，农业的传播并没有在村落和移动猎人之间造成显著的差异，因为农业群落大多规模很小，而觅食者本身也大多是定居的。定居的证据来自洞穴和已建成的居住建筑，不要盲目期待本地也能有中欧那样的精致建筑。然而，新石器时代晚期确实标志着重要的变化，因为正是在这个时候，谷物种植赶上了陶器和家畜传播潮的尾声，新的特征也从巴尔干半岛和中欧扩展开来。

在意大利，露天遗址（而不是洞穴或岩棚）变得更为普遍，尤其是在北部的环阿尔卑斯湖区或西西里岛和卡拉布里亚的临海平原；但是，狩猎和采集仍然是经济的一个重要组成部分。在阿普利亚，面向阿尔巴尼亚和伊庇鲁斯的邻近海岸，三色彩陶在巴尔干纺织纹样中出现了；在利古里亚，带有雕刻装饰的特色方口陶器与中欧类似，而阿尔卑斯周边则加入了更为普遍的"湖村"文化模式。在法国南部，本地居民普遍采用农业生产方式，这是上一节中所述的更广泛模式的一部分，其特点是手推磨和抛光斧头的广泛出现，以及新型的悬挂用多耳陶器。在图卢兹周围地区的聚落特别集中，那里的河畔遗址铺满鹅卵石，这些地面有大量灼烧的痕迹，目前还难以解释这种现象，但可能是代表某种仪式意义的桑拿或公共设施遗址。最著名的例子位于圣米歇尔-图什，在图什和加伦河汇合处。

由于撒丁岛、利帕里岛和庞丁群岛上的黑曜石矿源，地中海中部的火山岛在这一阶段变得很重要。稳定的农业村落允许对撒丁岛中西部蒙特阿尔奇等的资源进行持续开采，这些集散中心的产品会在伊特鲁里亚海沿岸，直至法国南部和阿尔卑斯周边进行贸易。精美的陶器，也通过这样的沿海贸易路线流通，同时传播了新的样式，如利帕里岛迷人的红色施釉陶器。在马耳他，这一阶段也因石板墓的出现而著称，同一时期在其他地方使用的是岩洞葬和建造的石棺墓。

　　伊比利亚在这个时期呈现出一种略微孤立的面貌，尽管在这里，含有农业经济因素的露天遗址变得更加普遍，并出现在新的地区；它们的特点是简单的圆底陶和抛光石斧。在贫瘠的南部地区，细茎针草（针茅属植物）纤维被用于服装和容器的制造，岩洞葬保存了此类新石器时代织物的引人注意的一个例子。19世纪在格拉纳达峡谷一侧的穆尔西拉戈斯洞穴遗址，采石工们发现了这样一个非凡的场景，里面有一排仍然穿着衣服的骸骼，以及装有罂粟果的球状篮子。这些罂粟仅仅是生育能力的象征，还是它的麻醉性已经被人所知？更西边，在葡萄牙，那里（如丹麦）的贝冢表明曾经有大量的沿海人口——农业在周边内陆地区的传播，以史前巨石墓的首次出现为标志；这些巨石墓的形制为简单的通道墓。

　　因此，到公元前3500年，欧洲呈现出文化的多元性：东南部最为复杂；沿西北的轴线与西南的文化联系不太紧密，并且保留了东北地区几乎未曾改变过的古老生活方式。这些差异被放大了，而不是被已经发生的新的东方接触所削弱。

公元前3500年至公元前2500年的东南欧和中欧

　　一个新时代的开始标志着爱琴海地区从原来的欧洲巴尔干半岛——即以塞萨利平原的泥土建筑的村庄和彩陶为典型代表，转变为一个以拥有石头防御工事和山顶密集定居点为主的海岸和岛屿网络。促成这一现象的因素有很多：新的木本作物，如藤本植物和橄榄树；开辟农田的耕犁和毛驴；放牧于牧场的产羊毛的绵羊；用于合金和铸造铜、从铅中提取银，或使用金刚砂开采大理石的新的冶金技术；用于岛屿间交通、捕鱼、贸易和掠夺的长船——所有这些都是由于邻近的安纳托利亚在东地中海青铜时代的国际分工中担任了新角色。

　　特洛伊遗址很好地集中体现了这种转变的性质。这座宫殿式的堡垒，设有巨大的厅堂和手工工场，可控制达达尼尔海峡的入口，并能够眺望利姆诺斯岛上的波利奥克尼等岛屿城镇；在第二阶段（在我们时代的末期）的大火中保存下来的，不仅有证明它工艺基础的大量纺锤，还有它的统治者的丰富金属器具：金银制成的罐、杯和盘；青铜碗；银锭；东方风格的青铜矛头；以及拥有金银花丝和粒化工艺的纯金首饰。这是一个与新石器时代和铜器时代的农业文化不同的世界，特洛伊通过贸易和竞争与叙利亚和美索不达米亚的城市文化联系在一起；它凭借着与爱琴海群岛的海上联系而在这个体系中占据了一席之地，爱琴海群岛的原材料包括含银铅，可供应增长中的城市经济对白银的需求。

饮用葡萄酒的安纳托利亚的精英生活方式，很快被他们的原材料供应商以更简单的方式复制。银器也出现在希腊的岛屿和大陆上，还有更多的复制品，包括施釉陶器和抛光陶器。位于基克拉迪群岛和伯罗奔尼撒半岛东海岸的区域中心，仿制了堡垒墙和大型中央建筑，当地的作坊也试图重现近东专业金匠的技能。基克拉迪群岛的经销商从对岛际航线的控制中获益，并创造了他们自己的文化，这体现在酒者和里拉琴演奏者的大理石雕像上。

东南欧的其他地区则不受上述情况的直接影响；但即使是最北边的喀尔巴阡盆地，公元前四千纪后期的新陶器风格也与爱琴海的金属饮具相似：它有高悬的带状把手，凹底，饰以凹槽，具有光亮的灰色表面。乡村精英也有证据表明，因为这些代表身份地位的物品（当时他们只能饮用一些当地酿造的东西，因为经过驯化的葡萄在三千年内都不会在这里种植）与其他昂贵的随葬品出现在同一坟墓中：妇女或成对的牛（或两者兼具）。这些都是从匈牙利中部这一时期墓地中的几处墓葬中得知的。这些私有财物的形成和意识形态上的统一，体现在整个公元前四千纪晚期的社会地位与财富的象征上：一个典型的马车形状的酒杯，已知的例子来自布达卡拉兹古墓和瑞杰圳特马顿古墓。用于牵引轮式车辆的牛也可用于犁耕，新的农业生产技术在低地边缘和干旱河间地区的进一步殖民化过程中得到了推广。

轮式车辆和轻型犁耕的成对牵引技术的推广，在黑海北部的干旱地区产生了更大的影响。在那里，位于近东贸易网络边缘的复杂社群，例如北高加索的迈科普，与干草原上的牧民建立了联系。马匹和牛拉货车的结合，为开发牧场提供了充分的机动性，发展出一种强大的新文化。这种文化以竖穴墓为特征，用木料制成椁室并以圆冢或"库尔干"为标志。这些古迹有时会被一个石制的人形纪念碑盖着，偶尔也有木制车轮乃至整辆马车。后一种情况出现在从多瑙河下游到乌拉尔河的整个地区，向南直到里海。这些人群中的一小部分群体沿着多瑙河深入保加利亚北部，并向北进入匈牙利东部。在那里，他们在季节性干旱的蒂萨河和克勒什河冲积平原日益盐碱化的土地上建立了一块飞地。他们的墓葬——仰身屈肢，撒着红赭石，躺在一张涂有颜料的毛毡上，地表堆起隆起的"库尔干"——与当地平坦的墓葬形成了鲜明对比。正是通过这种向东的联系，近东的特产（产羊毛的绵羊品种，以及使用两件式模具的金属铸造技术）最终找到了进入欧洲的途径，这次不是通过爱琴海。

与此同时，早期的爱琴海影响蔓延到了喀尔巴阡盆地周围的中欧地区：巴伐利亚，前捷克斯洛伐克，波兰南部。在这些地区，出现了特有的、受金属器具影响的圆形陶器形状，这些陶器通常与高地地区有壕沟保护的台地遗址有关。除促进东南欧和中欧大部分地区的文化统一外，还在德国和波兰的大部分地区发现了进一步影响——包括在下萨克森州奥尔登多夫的一个巨石建筑中仿制金属器皿的陶器的惊人发现，以及库亚维亚的成对牛葬。这些直接影响表明了更基本的因素，包括耕犁和轮式车辆的传播。

公元前3500年至公元前3000年的北欧和西欧

来自南部的这些进一步的推力，在北欧平原和邻近的西部地区引起了一系列迅速的反响和接纳。总的来说，新的因素被现有的社会制度和仪式体系所吸收；但耕犁使得耕种规模扩大成为可能，而接触的多样性日益增加，这些都积累了在随后时期发生根本变革的潜力。

在波兰的克泽米奥尼基等遗址，燧石开采工业规模的扩大，体现了经济变化的规模。在那里，多达1000个竖井通过较软的岩石打入适合制作斧头的坚硬燧石矿脉。这些矿料将被传送达500千米，以满足因犁耕需求产生的不断增长的森林砍伐的需要。此类工具密集的发现地点，集中在扩张最迅速的区域，特别是维斯瓦河沿岸的库亚维亚地区，那里有着小型的方形房屋聚落和墓地，包括动物墓葬（例如双角间刻有骨盘和"旭日形"图案的牛）。这些表明畜牧业在人的生存和意识形态方面日益重要，这也使得更广泛的森林采伐成为可能。这一地区的陶器包括巨大的球形容器，带有悬挂耳（有点不太恰当地被称为"双耳陶罐"），它向东扩展远至基辅，毗邻干草原竖穴墓文化人群的分布区。从这一来源，他们获得了扭曲的绳纹装饰，也许还有其他的习惯——尽管还没有接纳建立圆形古墓冢的做法。最早的驯养马匹通过这条路线到达了中欧和北欧。在波兰和德国的其他地区，也发现了带有绳纹装饰图案的球形双耳罐，在那里，它们似乎属于与农业群体并存的专业牧民。文化融合的另一个线索是由狩猎群体提供的，他们使用带有坑纹及蜂窝纹装饰图案的陶器，这些陶器似乎从斯堪的纳维亚半岛中部和波罗的海沿岸渗透到少数地区，在周围的农民和放牧人中占据了一个专门的位置。

当时的耕作，包括犁耕，是在黄土带较古老的中心区域和北部及西部与巨石建筑区毗邻的区域大规模进行的。山顶场所和礼仪中心仍在使用（或出现在丹麦等新地区），而大量坚固的木屋取代了先前在黄土地区占主导地位的较简陋聚落。在德国中部——易北河和萨勒河中游地区——一个新的特点是大量集体墓地的出现：令人回想起西部的史前巨石碑墓，但这里通常是用木材或小块石头建造的。陶鼓用于仪式场景中，有时也作为随葬品留在坟墓里。在萨克森-安哈尔特地区梅泽堡附近的利纳-戈利茨奇遗址，有一处不寻常的室内场景展示；在特别精心建造的石砌墓穴内，一块石棺的侧板表面雕刻着一个房间的内部场景：装饰性的毯子，以及挂在墙上的弓和箭筒的图案。丹麦发现了木质的祭祀屋；具有特殊底座形状的陶器和黏土勺；带有入口通道的大型巨石墓（被称为"杰特斯特图尔大墓碑"或"巨大的坟墓"）也首次出现在这里。它们通常含有大量的墓葬，常常将头盖骨和长骨分别放置在不同的隔间里。这些巨大的纪念碑也是在荷兰北部首次建造的。

类似的木材、石头或者地下的集体墓地建在西欧的广大地区，连接着海岸上古老的巨石中心。已知的这些长长的石棺，来自黑森州、巴黎盆地、布列塔尼中部和卢瓦尔河谷，在那里它们被称为"长廊墓"或覆盖廊墓，里面有大量的集体墓葬。它们与一种新的聚落形式联系在一起，被称为"扩大的村落"，位于村子中央的史前巨石碑墓构成了周围散落小村庄的焦点。这种可能以农业为基础的聚落类型广泛出现在内陆高原上，这里仍然幸存着少数中石器时代群体，这一现象似乎代表了对这些边缘人群的最终同化。这种新模式对法国西部较早建立的巨石文化人群的影响，体现在结合通道墓和长廊墓特征的新形式的纪念碑上，例如集中于莫尔比昂的所谓的斜道墓（弯曲的通道墓）。

这一时期的陶器种类繁多，尤其是适合正式仪式场合和展示的装饰性器皿。它们记录了不同行为模式之间的紧张关系，特别是对饮食的群体表达性消费。其中包括南部圆形的饮用容器，北部的棱角形食物容器，东欧较大的液体容器，以及在西部中石器时代融入地区占主导地位的简单"花盆"形状器皿。每种类型的陶器都反映了当地食物的制备方式，并与各种纪念碑和聚落相呼应。

在所有这些不同的地区表达方式中，某些共同特征脱颖而出，最重要的是空间布局的关键性。新石器时代的社会结构是以永久的物质形态固定的，无论是木屋和村落、土建的礼仪中心还是石制的祭坛。在以农业为主而不是畜牧业为主的地区，这些群落标志是保持耕作和社会再生产的连续性的根本。它们是定期举行仪式和典礼的场所，是出于永久性的期望而建立的，持久地贯穿于日常生活中年复一年的循环，直到永恒。随之而来的是一种新的流动性，而且已经在东欧被预示：一种不那么固定、更具机会主义的生活方式，在这种生活方式中，社会与土地和稳定象征的联系不那么紧密。

公元前3000年至公元前2500年的北欧和西欧

公元前3000年，这一地区的区域划分标志着欧洲大陆外围地区快速变化的步伐，因为累积的变革矛盾打破了传统的社会和生活方式。尽管在过去的5个世纪里，仪式建筑和纪念碑类型日益完善，但这一趋势却由于新的物质文化形式的传播而被突然扭转。在这种文化中，便携式财富比巨石文化和仪式中心更为重要。重点从神圣空间转移到人及其个人财产上。

这种变化的标志，是被考古学家称为"绳纹陶文化"的陶器类型。以前是在草原上，后来在北欧平原东半部的人们已经知晓使用绳纹作为装饰图案。但现在它采用了一种特有的形式——被称为"高脚杯"的饮用器皿：一个高而无柄的罐子，罐口外翻，能容纳一升左右的液体，上半部饰以水平条纹。这种陶罐通常是在男性墓葬中发现的，并伴有一种穿孔的、单边斜刃的石斧，通常被称为"战斧"。早期也制造了类似的石斧，仿制的是铜器时代末期喀尔巴阡盆地的柄孔斧，但是现在它们以更多的数量出现，取代了以前用来砍伐森林的抛光斧的荣耀。包含这些物品的墓葬现在位于圆形坟墩文化的中心。

这套私人物品和单人葬融合了源于南部和东部的元素。对饮酒的重视，从安纳托利亚传到了南欧。现在，在北方乡村风格的马克杯中，隐约可见爱琴海人使用的银质酒杯的复杂性。这些都不是空的容器，要用适当的酒精饮料装满它们，就需要汇集稀有资源。这种绳纹装饰可能暗示，其内容物不只是从森林蜂蜜和野果中获得的微弱酒精；因为它还可能向邻近的草原人群注入了吸食大麻的嗜好，这只是一种推测。但采用圆形古墓冢是另一个具有象征意义的符号，其意义重大，也许反映了起源于东方的更为自治的家庭群体的圆形小屋或帐篷。战斧也被赋予了意义，因为它们表达了一个群体的理想，他们的自我形象不是工作而是战争。

这些变化也不仅限于意识形态和风格方面。绳纹陶文化民族的聚落类型与先前的传统相反，变成由少量分散的居住群体组成，此类居所数量较少，因此很难从简陋的柱洞遗存中重建其房屋结构；但面积可能很小，并且没有相当于先前模式的中央土建建筑和礼仪中心。它们适合于变化更迅速的社会景观，在这种社会景观中，居住地不那么固定，社会群体更具流动性。墓葬也是如此：埋葬是一件一劳永逸的事情，只有坟墓边的人才能见证；但死者作为人的存在而被埋葬，在最后的剧情反转中炫耀自己生前的用具和个人地位，而不是加入一个更无名的祖先墓地。这些坟墩标出了特定的祖先和继承关系，这对活人的世界充满意义。这些现象在欧洲史前时期并不新鲜，因为它们与喀尔巴阡山脉早期铜器时代有着相似之处，在草原上也有类似现象。它们的新奇之处在于，它们出现在被森林覆盖的北欧，那里的牧场已经被早期的农民慢慢地从茂密的林地上用辛勤的劳动开拓出来，更大面积的可耕地和休耕地使得人们有可能根据新的原则重新组织生活方式。在那里家畜是财富的基础，而不再是土地，手工艺品则作为权威和权力的象征，在不停的变化中始终占据着主导地位。

这种模式是从哪里开始的？考古学家利用类型学分析和（迄今为止）数量不足的放射性碳定年法，确定了一个最初的群体，即从日德兰半岛到北布格河低丘之下的土坑中，发现了最初的绳纹陶文化的高脚杯和战斧的"最初地层"。在这个分布的外围地区，这些人群显然是侵入性的，并且与史前巨石的建造者和双耳罐的制造者一起生活了两个世纪。也许他们一直都是局外人，在现有文化的边缘成长，并逐渐颠覆了后两者的人群。然而，不久之后，在长期耕作的平原，例如德国中部黄土地区的平原，或吕讷堡草原容易开垦的冰水沉积砂（那时不是目前用于陆军演习的欧石楠丛生的荒野），他们就变成了主导力量，并且很快就深入了北欧平原大部分地区的类似砂土区。从那里，这一模式扩展到莱茵兰，再向南延伸到瑞士，覆盖了斯堪的纳维亚半岛的大部分地区；向东，吸收了波罗的海东部的农民和采集者，并向莫斯科进发：逼退以前的文化模式，重新定义广阔的区域，创建了一个可以与草原牧民和东南欧较稳定的农业人群相匹敌的文化集团。这是欧洲史前史上规模最大、最具革命性的变革之一。

公元前3500年至公元前2500年的不列颠群岛

当这些重大事件在欧洲大陆发生的时候，英国经历了一种较孤立的变革轨迹，在这种变化中，旧的模式得以存在更长的时间，而没有被这些新思想直接瓦解。然而，耕犁早就到达了丹麦，它的使用定义了新石器时代后期。尽管没有意识形态的根本性变化，但犁耕见证了聚落类型的重大变化。犁痕一直保存在南街长古坟下面，这是新一代"短的"长冢之一（通常根本覆盖不住墓葬），大约于公元前3500年出现在威塞克斯的白垩地区。聚落，当时以更大、更稳定的家庭场所的形式存在，不再局限于这种富含黄土的钙质土壤区，并且开始在泰晤士河等主要河流的布满砾石的河流阶地上更广泛地扩张。在这里，以及在英国东部的其他地方，譬如约克郡，出现了新型的单人墓葬，有着独特的人工制品，如双头羚羊饰物、燧石斧和刀，或者诸如骨针或黑玉腰带配件之类的装饰品。这些发展与当时欧洲大陆正在发生的变化是相似的；但在英格兰西部，这些变化似乎遭到了新的、更为精心制作的仪式纪念碑的抵制。例如，由平行的堤岸和沟渠组成的长长的土方工程，被称为科萨斯遗迹（在18世纪的奇想中，它们代表了某种赛马场），这些遗迹与同一时代布列塔尼的石碑排列有些相仿——尽管没有直接的联系。直接冲突的迹象在英格兰西南部很明显，在那里，像汉布尔登山和克里克利山这样的位于小山顶的礼仪场所都构筑了防御工事，而且这些工事确实遭到了手持弓箭的袭击者的攻击。

在英国北部和爱尔兰，当地的圆形通道墓数量剧增，而且在爱尔兰，长墓传统在邻近的地区延续，并且扩展到主要的部落中心，集中在像卡罗基尔或拉夫克鲁之类的小山上，或主导着博伊奈河湾处的纽格兰奇古墓、诺斯古墓和道斯古墓，它们具有巨大的用刻纹装饰的十字形通道墓，彼此相距不超过3千米，每个古墓都坐落在一个巨大的圆锥形土堆中。在这里，古人对天文学和季节历法的深奥兴趣，在早期的通道墓中都有暗示，这在墓道旁边的石头上所雕刻的日晷和通道的感光顺序中变得明确起来：在冬至，太阳初升，阳光直照进通道里，照亮了远处墓室中的雕刻。加弗里尼建立后的500年，巨石艺术和建筑学在欧洲的最西部达到了另一个巅峰，那里没有受到欧洲大陆冲突的影响。在爱尔兰的其他地区，长墓的传统盛行，人们付出了同等的努力（虽然持续了数代人）去建造长长的牧场墙以保护在贝希–格伦纳拉附近梅奥郡的肥沃牧场，它们后来被保存在那里的泥炭沉积层中。

另一个在这个时期崛起的北部地区是富饶的奥克尼群岛。它们最初是在公元前3500年左右由使用耕犁的农民和渔民将其开拓为殖民地的，它们不仅因其主要陵墓的精雕细琢而闻名（其中的一些，譬如麦豪石室，在规划和定位上与纽格兰奇古墓有着相似之处），而且还因配套建造的像斯卡拉布雷这样的石砌定居点而著称，那里有着密集的近长方形的小屋，由通道连接，还有用片石叠砌而成的床、柜以及火炉。在最近被发掘的巴恩豪斯遗址，紧邻麦豪石室，一座中央圆形建筑的周围分布了一组类似的小屋，在夏至时，圆形建筑的入口处正对着冉冉升起的太阳；一道欢欣雀跃的光芒，就像冬至的阳光穿透了死者的王国。奥克尼遗址也因另一类纪念遗迹而显得特别，它们位于上述两个遗址南方的哈里湖对面。这些就是布罗德盖和斯丹尼斯著名的被壕沟和堤岸围绕的史前环状巨石阵，以及它们的仪式性入口；它们是一种纪念遗迹类型的样本，广泛分布于英国北部，后来又进一步向南发展。史前环形巨石阵似乎是圆形通道墓及其刻石装饰的进一步发展（最初可能在苏格兰西北部）；而且这样的巨石阵很可能围绕着圆形木结构，用于以前在墓室中举行的各种仪式，因为可以容纳比墓室中更多的集会人群。这样的石圈通常都是针对夏至排列，就像巴恩豪斯遗址的巨大建筑，而不是像古墓的冬至。有关他们神秘的仪式，我们没有直接的知识，但某些精心制作的坚硬岩石物体，例如装饰性的球体或正多面体，上面刻有浮雕和凸线（也许是用来占卜的），说明当时人们已经对几何学有一个深刻的理解。

这一时期的英国北部似乎有着一种特别繁荣的文化，它凭借一种不存在于南方的本土背景，将其影响力远投至威塞克斯。它的标志是出现了一种被称为凹槽器的独特陶器，可能是在圣餐中食用某种特定食物的适当容器，起源于北部。在威塞克斯，这种文化体现在"巨石阵"纪念遗迹中——陶土制的，而且有时也类似于奥克尼遗址的环状巨石阵——包括（如同埃夫伯里巨石阵）一条堤岸和内部沟渠；有相对的入口，入口处围绕着一组石头。锡尔伯里山附近的巨大土丘与北部同样巨大的通道墓的形制相仿。在杜灵顿墙，一堵环形的有堤岸和环壕的围墙环绕着一座大型的圆木建筑；而在附近的巨石阵即是这个文化序列中最后的纪念遗迹，时间约在公元前2000年。这座巨石阵的直立石柱和楣石紧密相连，构成圆圈，复制了木墙和圈梁的建筑结构。当然，这座宏伟的纪念遗迹，恰好与精确定位的夏至日初升的太阳处在同一条线上。因此，英格兰最著名的史前纪念碑保留了与最早的北方农民有关的历法仪式的相似之处，甚至可能与他们在欧洲黄昏边缘的中石器时代的祖先有关。

公元前3500年至公元前2500年的地中海西部和中部

　　这一时期的地中海地区展现出上文阐明的各种社会形式，从东部的城市复杂性，到中部地区使用铜器的个人主义群体及其随葬武器的墓葬，再到西部的纪念碑建筑人群的集体墓地。他们都使用了基于耕犁的农业系统，随着畜牧业在意大利和法国南部发挥着越来越重要的作用，地区间的联系开始在其他原本贫瘠的岛屿上凸显出来；但这些广泛的连接没有被扩大，以往航行以天计算的路程阻力妨碍了贸易的远距离发展。虽然某些特征确实从东部传播到了西部，但它具有缓慢扩散的特征，而不是移民或有目的的探索。

　　伊比利亚半岛在这一时期见证了墓葬建造和仪式活动的显著全盛期，同时也见证了基于对当地丰富矿石资源的开采和精细石器（如长长的燧石刀和精心雕刻的片岩板）生产的简单铜冶金术的发展。虽然精美的手工制品包含诸如象牙梳和草带鞋之类的个人物品，但它们仍葬于集体坟墓中，没有被分类到个人墓葬。鸵鸟蛋壳等材料的使用，表明与邻近的北非有交往，在那里也建造了有分室的石制古墓冢群。陶器上装饰的象征性图案，与出现在示意性的人形饰板中，以及被称为"牧杖"的弯曲物体上，此外还有几何形图案，与其周边的太阳形或眼睛形图案同属象征性图案类别，但它们是更具象的元素，如象征雄鹿的棍状图形。另外，还在一些地区建造了纪念墓碑、复杂的聚落或区域中心，四周是精心建造的防御墙，包括错综的入口和堡垒。这些与已知的当时法国西部航空摄影中土制的"营地"有些类似，尽管堡垒似乎是地中海地区特有的元素，但它可能表明了与撒丁岛、西西里岛和爱琴海之间的联系，能够追溯到黎凡特南部的城市。这些共同的元素连接了大西洋伊比利亚半岛及其著名的遗址，如葡萄牙的赞布雅尔和圣佩德罗新镇，以及阿尔梅里亚贫瘠的土地。在这里，集约化的洪泛农业和简单的灌溉维持着一些拥有共同核心的定居点，譬如洛斯米利亚雷斯，其附近大约有100座带拱门的巨石墓穴群，以及附近小山上隐蔽的具备棱堡的堡垒。这些墓穴的建筑风格与位于塞维利亚附近马塔鲁比拉石室冢墓的巨石建筑物相仿，并沿大西洋海岸，以更简单的形式在数以百计的墓穴中再现，其中一些带有刻绘的几何形装饰。在西班牙黎凡特的对面海岸地区，岩画传统与狩猎场景表明，早期的生活方式仍在继续。

在法国南部郎格多克和普罗旺斯干燥的石灰岩高原上，有大量世代为人所居的聚落。有两种空间上截然不同的建筑材料形式与这种延续性有关：一种是圆形的石冢，覆盖着石棺或石室，被称为简单的石室冢墓；还有一种是椭圆形的石砌房屋，间或被石墙包围着，并有棱堡状的突出物，最为人所知的是埃罗省的雷布遗址。虽然这些建筑通常被认为是出自高原上的巴斯德人之手，但在这些新定居的景观中，用轻型犁进行耕种很可能是最早的生存方式；尽管绵羊的放牧数量可能比以前更多，并且许多洞穴都显示出占用的迹象；而比利牛斯山谷中简单的巨石墓，可能与早期的季节性游牧的开端有关。这种农耕生活方式的扩张，与覆盖廊墓的建造者对内陆地区的填充有许多相似之处，而且它们是同时发生的。凯尔西地区邻近区域的简单石室冢墓，与覆盖廊墓的东方定位一致，尽管在法国南部米迪类似的纪念遗迹更倾向于朝向西方，即夕阳方向。两者都与人形石柱或竖石雕像有关，这与在巴黎盆地地下集体墓穴的白垩层中雕刻的女性人物形象没什么两样。在南部岩石较软的地区，已发掘出类似的长长的地下墓穴，其中一些有侧室，比如阿尔勒附近著名的费斯洞穴遗址，里面有大量的集体墓葬。这些坟墓和聚落的物质文化，包括长燧石刀片和细箭镞，以及绿松石，还有精细加工的石灰石或大理石和小件铜器。

科西嘉岛、撒丁岛、马耳他，以及西西里岛，这些岛屿景观受限较多，在某种程度上呈现出一种较为内敛的扩张模式，这可能是它们确立特定仪式中心而不是采纳邻近欧洲大陆地区更易流动模式的原因。这些地区中的每一个都显示出与迄今为止人口不足的岛屿引入犁耕有关的繁荣，而岛际间接触的证据却很有限。最极端的情况是马耳他，在所讨论的这一时期，6个极为显著的主要神殿建筑群次第出现了，并逐渐变得更加精致。在起源上，这些似乎是带有墓室的地下墓穴的增大版本，为独特的三叶形或五叶形的结构设计，由大的、成某种形状的（并且通常是饰以螺旋形）石灰岩块建造而成，这些设计与造型在塔西克主要中心附近的岩石雕刻、红漆的集体墓穴或下墓室中得到了呼应。神殿本身也在不断发展，并经常被扩大或模仿，所提供的证据有封闭的圣殿、神谕坑和祭石，其中一把燧石刀被保存在一个隐蔽的壁龛中。神殿里还有一个巨大的雕像，象征着一位臀部特别肥硕突出的"母亲神"，以及沉睡的（出神的？）"女祭司"小雕像。与爱尔兰一样，相对孤立的环境孕育了一种更极端的纪念碑类型，基本上在其他地区得到了体现；尽管必须将马耳他的中心想象为彼此竞争，而不是与其他群体竞争，因为这里显然没有其他地方意识形态。撒丁岛的岩洞墓中也出现了少量类似的表现形式，这些墓穴可能仿造木制地面建筑物的样式，以及其他地面纪念遗迹的类型，比如带有大片预留空地的巨型墓的集体墓葬，以及萨萨里附近阿科迪山著名的金字塔状的坟墩。在科西嘉岛，石棺和竖石纪念碑的分布更为分散，一些是人形的，其他则是群像的形状，这表明在树木繁茂的山区环境中，人们对社会生活的关注程度在降低。

西西里岛和意大利南部体现出铜器时代文化的另一方面，在这些文化中，岩洞墓或石棺墓中包含有私人的饮用设备和金属武器，并显示出更广泛的联系。来自这一阶段末期的卡斯泰卢乔墓地里用浮雕装饰的骨牌，与爱琴海和特洛伊地区的都有相似之处；但它们出自当地的岩洞墓类型，砌板上饰有螺旋形浮雕。他们的陶器，用彩绘的几何图案装饰；不过，固定把手和凹底形状的金属杯，显示出爱琴海习俗的影响。在意大利南部的戈多、中部的利纳多尼，以及北部的雷梅戴罗，岩洞墓或竖穴墓墓地中的单人墓，都随葬有饮用设备和武器，或为铜匕首，或为长石箭镞和矛头，还有罕见的战斧，以及不经常出现的银饰。这些遗物表明，意大利通过阿尔卑斯山口，与爱琴海和中欧都有广泛的联系。在阿尔卑斯山周边，梵尔卡莫尼卡山谷的岩画、瓦莱达奥斯塔谷地中（覆盖着犁痕）竖石雕像的仪式背景，以及恰好横跨阿尔卑斯山的瑞士锡安附近的佩蒂特–查瑟尔遗址，都展示了两世代的雕刻品：第一世代刻有项链，比如巴黎盆地和法国南部米迪的图案；第二世代刻有男性装备，比如装饰腰带和铜螺旋挂件，有时还刻有匕首和弓。这里透露了描绘对象的转变，从古老欧洲和遥远西方的女性的"母亲神"雕像，转变为与勇士价值观相关的新的男性特征。在随后的世界中，后一种价值观将占优势。

再往东，在另一个地中海岛屿上，这些价值观持续了更长时间。新石器时代的克里特岛是一个相对独立的群落，以克诺索斯的一个大型中心为主导，但克里特岛却生产出了自己的各种彩陶和女性小雕像。最初这里没有受到东南欧其他地区使用金属社群发展的影响，随着安纳托利亚新的农耕技术和偏好的到来，以及随后在岛际间交换体系中的新作用，它的文化发生了变化。随着来自叙利亚的乘船远航，与地中海东部的联系得到加强，克诺索斯和其他地点逐渐发展成为参与先进社会城市交流的宫殿中心。然而，它的宗教生活和仪式仍然以女性神灵为中心，这一方面继续渗透到它的生活和艺术当中。

结语：物的社会生命

这些多方面的发展如何从社会角度加以概括，我们该如何理解千变万化的铜器时代？在强调所讨论现象的统一性时，我们可能会考虑所涉及群落的规模相对较小，其居住密度相对较低。即使在人口集中的少数几个遗址，或为了建造主要公共建筑物而偶尔产生的人群聚集，但整个景观仍然相当空旷，更大面积的地方仍未被开垦并用作放牧。这些小型人类群体对环境的影响仍然相对微小，从其生产地点运送的材料数量也极小。如果没有大量的牲畜群和大型帆船，怎么可能不这样呢？重要的是建筑环境、

房屋和物品的小世界。这就是家庭领域的组织及其在坟墓中的重现，消耗
了早期农民大量精力的原因；也是日常物品之所以被赋予了如此重要的意
义，以及物质世界的改变和人工制品的扩展之所以如此重要的原因。早期
的农民，特别是身处林木丛生的欧洲农民，受到这种小规模活动的束缚；
他们的努力往往狭隘地集中在他们所创造的固定地点范围，将当地人口大
规模地聚集在用以实现这种永久和持续生存的场所。超自然的约束力足以
为这样一个本身具有高度结构化和约束性的群体带来秩序。他们的理想体
现在女性繁衍和生活丰裕的形象中——即使女性自己承担了日常生活中的
大部分负担，因耕作和生育用尽短暂的一生而死亡。

　　然而，在社会舞台更为广阔的地方，无论是东欧较为空旷的地区，还
是在经过几代人的农业努力从森林中开创出来的日益明朗的地理景观，都
有可能建立更广泛的社会互动网络。秩序的维持不是通过对地方的共同归
属，而是依靠人类的行动：独立的社群地区有可能为了临时目标——交换
货物和牲畜，以机会主义的方式结合起来，以应对侵略的威胁或控制偏离
共同行为准则的行为。新的理想——领导才能、热情友好，以及克服潜在
武力威胁的能力——变得突出起来，并在手工制品中得到了体现。支配人
类、动物和大自然的力量成为社会和物质成功的途径，而将这种成功传承
给下一代则成为那些能够获得这种力量的人们的追求。

　　在公元前五千纪、公元前四千纪和公元前三千纪的欧洲社会中，这两
项原则都得到了体现，但天平逐渐转向后一种类型。与近东以前较先进的
社群重建的联系，明显加快了这一趋势，这些联系既通过新技术和新材料
的传播，也通过较小范围的直接社会互动，促进了整个欧洲大陆的变革。
在接下来的几千年中，这种模式将被重复多次。

第六章

公元前2000年—公元前1200年克里特的米诺斯和希腊迈锡尼的宫殿文明

K. A. 沃德尔（K. A. Wardle）

宫殿文明的发现

一百多年前，我们对希腊青铜时代的了解，只是基于迈锡尼和梯林斯的伟大的蛮石城墙，以及它们与阿伽门农远征特洛伊和许多希腊英雄不幸归来的荷马史诗传说的脆弱联系上。到了19世纪中叶，学者们怀疑这些史诗故事是否有历史依据。克里特岛和希腊大陆的宫殿文明，其建筑和艺术成就的辉煌，以及其经济和社会秩序的复杂性尚不得而知。正是由于海因里希·施里曼发现特洛伊和探索迈锡尼与梯林斯的执着决心，希腊大陆的古迹才首次得以展现。迈锡尼竖井墓的黄金和武器、城墙外的圆顶墓和梯林斯宏伟宫殿的遗迹，向他充分证明关于迈锡尼的传说并非虚言：阿伽门农，那个残暴至极以至于不惜献祭自己女儿的国王，用武力统治着一个伟大的国家，他聚敛了超乎想象的财富，在死后又被埋葬在堆积如山的金银之中，就连他的脸上也覆盖着黄金面具。

口头传播的史诗并不以其时间和地点的准确性而闻名，因为英雄个体超越了他的时代限制。而施里曼对他所发现物的相关年代，则并没有一个更超然的学者那么敏锐。对他来说，他的主要发现全都是在一个时期，即根据公元前13世纪的传统，对特洛伊的远征时期。仅在他去世后，他的建筑师威廉·多普菲尔德才继续进行特洛伊的工作，并找到了真正的"荷马"城市。几年以后，地层学和年代学才被其他人充分理解，竖井墓和"阿伽门农的面具"比大陆的堡垒和普遍认为的特洛伊战争的日期还要早几个世纪。

1900年起，阿瑟·伊文思开始探索克里特岛的克诺索斯王宫遗址。他更多的是被原始文字形式的雕刻印石和泥板所吸引，而不是对一直与该地区联系在一起的米诺斯国王的传说和可怕的人身牛头怪感兴趣。他的发现和迈锡尼的竖井墓一样令人吃惊。在克诺索斯荒芜的小山顶上隐藏着一座巨大的宫殿群，其中有着装饰奢侈的"华丽的"房间，庞大的粮仓和贮油库，以及刻有至少两种未知文字（线性文字A和B）的泥板。他的发现揭示了精湛的手工艺和艺术才能，不亚于任何已知的古希腊文明。意大利和法国的发掘者在费斯托斯和马利亚所进行的挖掘工作，很快就显示出这种辉煌的"米诺斯"文明已经遍布克里特岛的大部分地区。

起初，这些青铜时代的文明显得如此陌生，以至于它们被视为前希腊人的产物。直到1952年，迈克尔·文特里斯才破译了刻有"线性文字B"的泥简，证明其为希腊语的一种古代形式，即迈锡尼文明的语言，如果没有米诺斯文明的话，它被认为是古希腊文化的直接祖先。即使有了这一解读，这些社会面貌仍然只是局部的。与来自埃及或近东的那些碑文相比，这些泥简是行政记录，而不是历史或文学文本。这些建筑已被毁坏，墙上的绘画只是碎片。然而，1967年，在锡拉火山岛上的阿克罗蒂里所进行的挖掘，揭示了一个完全不同的遗址。这是一座保存着墙上饰满壁画的三层楼高建筑物的城镇。就像庞贝古城一样，在遥远过去的一个瞬间，被突如其来的火山灰和浮石的坠落所埋没。

考古学在克里特岛及其大陆所揭示的深奥微妙的文化社会，对于荷马来说是未知的，施里曼更不知晓。王宫经济的详尽记录、发放给工人的配给量和制成品的收入，都使他们感到惊讶。今天，我们对这些文明的重要性有了更好的认识，虽然仍旧不完善，它们与地中海东部沿岸的邻国或意大利南部和西西里岛进行了广泛的贸易和交往。正是与地中海东部，特别是与埃及的这种联系，提供了希腊和爱琴海事件的进展年表。可确定年代的对象，如希腊的埃及圣甲虫形宝石，或古埃及风格下的克里特岛和迈锡尼的陶器，使得我们能够建立一个比基于碳14测定更精确的编年框架。在此基础上，锡拉火山喷发可以确定为大约公元前1525年。然而，新的测定火山喷发年代的科学方法，表明了一个几乎要早一百年的日期。这个问题尚未解决，但是辩论已经引起了人们对传统年表不确定性的关注。如果新的日期得到确认，则在此关键结点之前和之后，在以下记述中所概述的整个框架都需要进行调整，尽管一个阶段相对于另一个阶段的日期将保持不变。

公元前2000年至公元前1600年，克里特岛旧宫殿时期

克里特岛"宫殿经济"的基础，在于青铜时代早期社会的稳定和繁荣发展。这种连续性的最明显标志，是对公墓的不间断使用，并定期增加了额外的墓室或祭品。在公元前三千纪末期，大型的、几乎具有城市生活特点的聚落已经发展起来，不久之后就出现了第一批宫殿群。今天，很难对这些首批宫殿及其周围城镇的遗迹进行识别，因为它们经过了多次重建，而我们所看到的遗迹是那些二百年后被毁坏的后继建筑。"宫殿"一词在克里特岛很适当地表示了一个巨大的建筑群，有着广阔的公共空间、优质建材和大型食品储存设施。这些发现物通常包括"奢侈品"，它们需要具备熟练的工艺，需要进口的原材料，以及数天甚至数周时间才能生产出来。此外，带有印鉴（印封）的黏土块和匾额，用线性文字A，记录了管

理系统的详细信息。然而，除这些材料外，我们无法看到那些管理人口和经济的个人或群体的遗迹，"宫殿"不可能自动让人联想到"国王"的形象。

在克诺索斯、马利亚和费斯托斯发现了三座早期宫殿，每座都围绕着一个中央庭院而建，而在现代的干尼亚下面则发现了另一座宫殿的踪迹。它们各自都是不同地理区域的中心。属于这一阶段，保存最完好的是在费斯托斯，那里有一个巨大的地面铺砌过的庭院，北侧是阶梯石凳，并穿过抬高的走道。陶土储物缸（大型陶罐）高达1.5米，仍然幸存于这座宫殿的西翼。在克诺索斯，也有分成多层的庭院，抬高的走廊在那里被用作"皇家御道"，而在马利亚则被用作围绕宫殿的街道。这些宫殿构成了大型群落的中心，例如在克诺索斯，城镇面积为45万平方米，人口估计在1.5万至5万。尽管这些城镇大部分被掩埋于新宫殿时期同样广阔的城镇之下，但是经过考古发掘，特别是在马利亚的相关工作，已经揭露了早期阶段的一些小型房屋基址，其中包括一栋带有印章作坊的大型两层建筑，以及制陶或冶金作坊小型房屋。用"象形文字"和"线性文字A"书写的行政记录，就是产生于此，被用于这些"私人"住宅以及宫殿中。在帕莱卡斯特罗、古尔尼亚、阿卡尼斯和莫克洛斯等地也兴起了城镇聚落。

在克诺索斯，如果不开发大型农业腹地，并借助牲畜群或轮式车辆将产品带给消费者，就很难实现城镇规模的群落发展。我们现在很难想象克里特岛的宫殿社会是怎样的景象，在交通便利之前，它有着虽然肥沃但极为分散的农业用地，驴、马和四轮运货马车在旧宫殿时代初期就被使用，这并非巧合。宫殿群与农业生产之间的联系是毋庸置疑的，因为要贮存的物品极为广泛，而且档案史料定期列有农产品清单。宫殿的主要角色之一，很可能是充当了中心地区的一个粮食储备保管处，在那里可以安全地储存粮食，并在收成不佳之年提供粮食，在克里特岛不确定的气候中，这并不是从未发生的情况。在资源匮乏的时期，宫廷当局可以将其储备分配给各种"公共工程"的劳动力。例如，建造庞大的宫殿需要大量劳动力以及熟练的建筑工人和木匠，在货币化之前的社会，他们在劳作期间必须靠口粮或货物来支撑。随着群落越来越依赖于中央储备的食物，它与宫殿的繁荣发展也注定越来越紧密。

陶器是现存的旧宫殿时期最常见的产品。它的类别很广，从像鸡蛋壳一样薄的具有多色彩饰的精湛卡马雷斯陶，到大型的彩绘大口陶瓷坛和数以千计的普通家用锥形杯。岛上每个地方的陶器风格各异，强调了每个地区的独立，都拥有自己的宫殿中心。皇宫可能已经控制了更精致奢侈品的生产，比如来自马利亚粗壮中脊那样的青铜剑，来自古尔尼亚的模仿安那托利亚原型制成的银制皱边杯，或者发现于马利亚的克里斯索拉科斯"皇家骨罐"中具有精细颗粒的金制蜂坠。石制器皿是大批制造的，其他物品，比如来自马利亚的豹形石制柄孔斧，也是采用了同样的技能。篆刻工具使用的是硬石，但设计仍然相对简单，往往只是饰以几何图形。多次出现的图案是有帆的船，而不是先前描述的战舰。这可能反映出一种新的发展，为贸易和探索注入了新的动力，反映在进口象牙和埃及圣甲虫形宝石数量的不断增加，米诺斯陶器的出口也到达了埃及以及阿戈里德半岛和塞萨利沿海地区。

在小的群落，工匠可以是兼职者，耕种自己的土地，出售或交换他们的物品，以获得他们自己并不拥有的"奢侈品"。当他们被吸引到更大的群落时，由于更大的"市场"和更好的原材料供应，他们无法生产自己的食物，从而成为由他人生产所支持的全职工人。在马利亚，工匠的房屋和作坊被发现位于宫殿之外，可能仍然是独立的，尽管他们将宫殿作为一个主要的客户。逐渐地，这种情况发生了改变，工匠被宫殿当局直接管理，并以提供的配给方式来换取定额劳动，这从新宫殿时期大量的档案中可以显示出来。交易越复杂，工匠和宫殿之间的关系就越正式，就越需要一套记录系统来跟踪未完成或已执行的合约。在印章上印有几组黏土"代币"，并且刻有文字。这些代币从未曾附着在任何东西上，只是充当了某种标签或记号。工匠每交付一份成品，就可以获得一枚，一段时间之后，就可以通过所提供的标签来证明他已经完成了定额，或者就能够用其换取配给或原材料。另一项要求，特别是在交易贵重物品时，是要建立一套约定价额的度量衡制度，虽然还不能够确定它们的相关价值，但发现衡量制并不足为奇。大宗物品的数量，诸如谷物之类的，可以通过使用标准尺寸的大口陶瓷储物坛来检查。

许多群落都有自己的"山顶圣地"，有时还有一座小的神龛建筑，譬如佩特索法，在那里大量生产还愿祭，可以俯瞰帕莱卡斯特罗。别处的洞穴，比如卡马雷斯、迪克泰安或伊迪安，都是宗教祭品的热门中心。现存的祭品一般都是由黏土制成，制作简单甚至粗糙。它们包括男性和女性的形象、身体部位、公牛或绵羊之类的动物，以及小的器皿。这一类别范围极类似于古希腊神殿的还愿奉献物，或者相似于近年来与圣像相关的饰板，以引起人们对需要保护的人或物的注意，或者作为对成功求助的感谢祭。一些遗址产生了大量男性生殖器形象的图案，生育崇拜似乎是肯定的。

在位于克诺索斯南面朱克塔斯山山坡上的阿内莫斯佩利亚，是一栋孤立建筑，具有三个入口，通向一个长条过道和另一边的三个房间，这与后来的"三重神殿"插图相吻合。这座建筑已经被地震摧毁，后来又被烧毁。在中央的房间里有一对黏土制成的人的足部，大概是雕像唯一坚固的部分，也许是"崇拜的形象"。大量的储存罐和碗，表明了具有定期收获的农产祭品。西边的房间里有着最奇怪的遗物。中间是一块由石头和泥土组成的低矮平台，上面平卧着一位年轻男子的骨架，他的腿蜷缩着，肋骨上插着一把匕首。更远处的是两具骨架，一具是成年男性的，戴着一个由铁和其他金属制成的戒指，而另一具是一个更年轻的女性。在门外又发现了第三具男性骨骼。这是否是一种特殊的人类祭祀行为，为了某种紧急目的，取代了印石上所描绘的屠宰牲畜的仪式，以及后来在阿基拉–特里亚达石棺上所描绘的场景？对这一独特发现的任何解释都会引发与之相应的许多问题，但毫无疑问的是，阿内莫斯佩利亚的建筑正常情况下是作为寺庙使用，虽然它毁于特别意外的事件。

这些宫殿在其控制的社会中一定发挥了许多作用，但到目前为止，尚无法确定它们是在克里特岛发展起来，以应对日益发展和增长的复杂人口的需要，抑或它们可能是来自克里特岛以外的创新，从而建立了新的活动模式。行政体系和纪念碑性质的建筑风格，在叙利亚和近东地区一直在世代使用。这些宫殿一经建立，便成为克里特岛社会持续繁荣的基础。即使所有的宫殿在大约公元前1600年被一场或一系列地震摧毁，但它们还是很快地就以相当的规模被重建，而且同样富丽堂皇。

公元前1600年至公元前1425年，克里特岛新宫殿时期

与以前的建筑不同，新宫殿建筑保存得相对完好，这得益于大约公元前1425年它们遭到破坏后的废弃，它们生动地描绘了米诺斯社会的复杂性以及建筑师和工匠的能力。这些宫殿是最著名的遗址，但部分城镇也连同许多通常被称为"城郊别墅"的较小的乡村遗址一起被发掘。发掘工作集中在宏大的遗址上，而对克里特经济的基本单位——村落社会，则知之甚少。集体墓室在近1000年之后被废弃，我们不知道是什么取代了它们。

最大的宫殿位于克诺索斯，面积为1.3万平方米，它在其他遗址被摧毁后又存在了35年或更长时间。克诺索斯宫殿，和那些在费斯托斯、马利亚和扎克罗斯的宫殿一样，围绕中央庭院而布局，就像旧宫殿时期那样。除了扎克罗斯，宫殿的组织方式也非常相似。在每一实例中，西翼的底层都专门用于农业储存，如克诺索斯窄长"仓库"的大口陶罐、马利亚的圆形谷仓，或费斯托斯坚固的洞穴。上层有更宏伟的房间，通往它的方石（粗石面）砌体的石阶、倒塌的柱子基座和石膏饰面的碎片能够表明这一点。远离中央庭院向西和向北的其他重要房间，通过成排的木柱和由多重出入口构成的典雅门廊显现出来。这些房间有双扇门，可折回到侧柱的凹

处，使房间能够被打开，也可以根据需要或季节的变化将房间进行分隔。西边的一些房间可能被用于祭祀，通过在克诺索斯发现的小雕像和其他奇特的物品，或者从来自扎克罗斯的大量精心制作的石制"角状杯"（可能用于奠酒的装饰性漏斗状花瓶）可以判断出来。

宫殿的东翼和南翼的相似之处较少。在马利亚，还有另一种储藏室，成排的油罐放置于长凳上；而在扎克罗斯，则有着蓄水池和带台阶的游泳池。在克诺索斯，伊文思所称的"住宅区"，在新宫殿时期开始时就进行了彻底改建，建造了成套华丽的房间。这些三层甚至四层的建筑，耸立在宫殿东南方小山坡的巨大通道中。在这里，"正面大楼梯"仍然以一系列宏伟的石阶栏杆楼梯层达到了中央庭院的水平。位于最底层的，是所有"正式"房间中保存最完好的："国王的中央大厅"，具有多个门廊和环绕的柱廊，较小的"王后的中央大厅"带有"与卧室配套的"浴室和盥洗室。需要四个深竖井才能为较低层提供照明和通风，这是宫殿这一角色的巨大规模及其建造高度的自然结果。

宫殿中的每一处，都显示出负责其建设的建筑师和建造者的精湛技艺。在费斯托斯和克诺索斯附近发现的软土石块，被仔细地修整为用于地基层或者楼梯和重要公共区域的大块石料。在马利亚和扎克罗斯，当地的石头不易处理，在建筑中更多地使用了毛石墙和泥砖。无论使用哪种基本建筑材料，整个结构都用木柱和横梁支撑，为地震多发地区的建筑物提供了强度和灵活性。在宫殿的重要部分，许多墙壁都是用大石膏板作为墙面，而在其他地方，毛石砌体或泥砖都是用石灰抹面加工。精美的壁画赋予了更深层的点缀。石匠的痕迹，常见于裸露的和隐蔽的凿石表面，使人们对采石场的组织情况有所了解。排水渠和水道的设计，旨在从广阔的屋顶区域抽取雨水，并将其安全地引走，而黏土管道的碎片则表明了引入淡水的复杂引水渠系统。

在宫殿周围，特别是在克诺索斯，是规模较小的建筑，它们具有相同的建筑细节。其中最大的一座，称为"小宫殿"，在那里发现了著名的黑滑石牛头角状杯，可能是一位宫廷官员的住所。其他一些建筑，譬如南边的"大旅舍"，配有泉、游泳池，以及鸟类和植被的自然主义壁画，有可能是私人住宅。而"圣坛屏饰之屋"，位于主厅的一端，越过一扇低矮的石屏，具有一座高高的祭台，可能具有祭拜的功能。在阿基拉-特里亚达，有一组较小的宫殿建筑群，它可能是费斯托斯的附属地。这里也有着雅致的房间，具有石膏台阶和墙面。在离海岸稍远的地方，位于岸边的科墨斯遗址的方石建筑标志着费斯托斯港口的位置。

旧宫殿时期的大城镇得到了重建，并继续繁荣发展，但只有古尔尼亚和帕莱卡斯特罗这两个地方被进行了充分的发掘，显示出广阔的区域。在帕莱卡斯特罗一个平坦的滨海平原上，主街道两侧各有垂直的分支，街道的外墙是壮观的方石块。这些房屋集各种不规则的房舍于一体，有些具有柱廊采光井，尽管房子的大小并不值得。在古尔尼亚，蜿蜒的鹅卵石街道和两层小楼房气势则较小，紧紧环绕在小山丘周围。山顶上是唯一一座用方石砌成的建筑，这是一座带有门廊式内部庭院的小型"宫殿"。在南海岸的米尔托斯海滩，有一个小的群落，中心有一座与其类似但较小的方石建筑，庭院和阳台的地面用砖石铺就，采光井是用石膏台制成。这些单一的中央建筑暗示着有一位统治者或总督，也许是由皇宫当局任命的，用来负责管理群落，以及收集准备运往皇宫的农产品。

乡村的"乡间庄园"，缺乏相关的聚落，似乎是一个农业中心，是为了皇宫的利益，在特别肥沃的地区开采葡萄酒或油等农产品。位于阿卡尼斯村以南的维萨佩杰罗遗址，是一个很好的范例。一座中央方石建筑，包括一个储藏室，里面堆满了大口陶瓷坛和用于榨制橄榄油与葡萄酒的装置，被外屋所环绕，这些外屋表明了对于譬如陶窑那样的小型自给自足的经济单位所必需的生产方式。

很少有墓穴可以追溯至新宫殿时期。位于克诺索斯略南一点的"圣殿墓"，其建筑风格与宫殿相同。这是一栋两层楼高的建筑，坐落于山坡之上，前院通向外面的大厅。除此之外，还有一个有着两根方石柱的长方形室，以及一个用石膏砌成的岩墓。在伊索巴达另一座气势恢宏的岩墓中，有一条倾斜的入口通道，一个前厅，以及一间砖石砌成的大的长方形内室。

线性文字A在克里特岛被广泛使用，在岛外也有一些发现，譬如在基亚岛上的圣伊莲娜。然而，在其他地方并没有发现任何泥简，也尚未对其内容提出令人信服的解释。它在符号上与后来希腊所使用的线性文字B有足够的相似性，显现出大多数泥简是有关行政记录的，它们列出了不同商品的数量，比如谷物或葡萄酒，以及动物，比如绵羊或牛。除泥简外，还有其他一些物品项目是使用长文献形式记录的。其中一些是刻在石"灯"上的，似乎是题词，正如阿佩索卡里一个黄金饰针上的铭文一样。然而，所有最长的文献都以一种更古体的形式出现，与旧宫殿时期发展起来的"象形文字"有关。最著名的是"费斯托斯圆盘"，为泥土质地，两面印有45种不同的象形符号，形成螺旋状文字，然后烧制而成。总共有241个符号，用粗略的刻线划分为61个"词"。人们曾多次试图解读这些铭文，但对于是从内向外还是从外向内阅读，甚至都没有达成统一看法。第二件有着长文献的神秘物品，是来自阿查洛乔里洞穴的青铜斧，其中的语境似乎暗示了一种祈愿的铭文，抑或类似于近东的文字，是对某种神性的颂歌。很难相信，如此复杂的一个社群几乎并没有广泛地使用羊皮纸、进口莎草纸或木简，甚至蜡板，比如最近在土耳其南部海岸的14世纪的卡斯沉船中所发现的。如果没有任何书面文本的破译，我们就必须转向于米诺斯人描述他们自己、他们的兴趣，以及他们活动的方式，以获取有关统治和效力于宫廷体系的人们的更多信息。主要的来源是壁画，虽然戒指、雕刻印石和雕刻在石头或象牙物品上的装饰也会有所帮助。

壁画很受欢迎，特别是在克诺索斯，主题极为多样化。它所包含的场面，例如在从南面通往中央庭院的长廊中，年轻的男子们裹着饰有遮阴布的腰带，运送着各种器皿。在宫殿北翼发现的一幅微型壁画，展示了围着一栋小型建筑的人群。这是用"神牛之角"来装饰的，它可能最初是指一个神殿，但在后来的米诺斯文明和迈锡尼文明艺术中只不过是一个装饰图案。女士们衣服精致，穿着多层褶裙，这是穿着得体的米诺斯女士的特点。"王后厅"中的碎片，展示了一个女孩的头部和上半身，她穿着短上衣，胸部裸露，头发飞扬，而同样激烈的行为也出现在微型"斗牛士"壁画中。在这里，年轻的男女或跃或准备跃过猛冲过来的公牛的角。公牛的图案，常见于米诺斯艺术作品中，可能是克里特公牛和半人牛头怪传说的起源。它再现于一头冲锋公牛的头部，在不完全浮雕中，其创作品超过实际大小，成为北入口上方的房间或走廊中场景的一部分。在克诺索斯，壁画也被用于宫殿之外，比如在壁画屋中，其自然场景是蓝色的猴子、鸟类、百合、番红花和桃金娘，在大旅舍中也使用了壁画。在阿穆尼索斯，也运用了类似的自然生活风景，那里的墙壁被装饰得像花园一样，另外在阿基拉-特里亚达，可以看到一只猫在偷偷地接近一只野鸡。奇怪的是，其他宫殿遗址的壁画作品很少，而且可能几乎没有使用过它。例如，在费斯托斯，墙壁常涂以素色。

虽然许多由米诺斯工匠所制造的物品和绘制的场景经常被认为具有宗教或仪式功能（通常是因为无法给出切实可行的解释），但事实是，人们对他们所崇拜的人（或物？）知之甚少，甚至也不清楚这种崇拜是如何进行的。我们可以推测，像在阿内莫斯佩利亚一样，在祭坛或圣所建筑的平台上，供奉土地产物或宫廷工匠制品。奇怪的物体，或不寻常的建筑布局，是很难解释的。女性图案在"崇拜的场景"中占据主导地位，但尚不清楚她们是神灵还是信徒。在新宫殿时期，山顶和洞穴的圣所较少发生。这一时期的米诺斯风格的神殿，在150多千米以外的基亚岛上的圣伊莲娜得到了最好的体现，在那里，穿着米诺斯喇叭裙和裸露胸脯的一半大小的和真人大小的女性图案，绘于中心墙附近的一座不太大的建筑中。

毫无疑问，宫殿中心是主要的制造中心，控制着所有的生产，无论这是发生在宫殿内还是更远的地方。陶器一定是最基本的需求之一，所制作的未上漆的小型实用器皿有成千上万，而较简单的彩绘类型几乎一样普遍。复杂精细的自然图案的装饰瓶备受推崇，大口陶瓷坛的专业化生产也蓬勃发展。一种新的风格发展起来，使用深色的、有光泽的泥釉在浅色的表面上作画，取代了旧宫殿时期陶器的深色表面。起初，这一新样式是用植物图案探索的，但后来，一小部分被精心地饰以海洋生物，如章鱼和墨鱼，或海藻和天然岩石。这一种类，也许全部是在克诺索斯制造的，包括产于史前希腊的最精美的一些装饰瓶。对于宫殿所需的器皿和工具来说，青铜器加工也是非常重要的。涉及青铜器数量的几块牌匾，以及两处遗址，阿基拉-特里亚达和扎克罗斯，当它们被大火摧毁时，都储存有青铜锭。这些铸锭具有"牛皮"形状，这是整个地中海中部和东部地区所认同的标准之一。织物的生产也可能是大规模进行的，正如后来的线性文字B所暗示的，以及在埃及墓葬的插画中，所绘的克里特朝贡者携带的织物。

米诺斯工匠们擅长的是奢侈品。尽管这一时期的陵墓很少，因此，有意掩埋的物品也寥寥无几，但在随后的破坏、火灾、抢劫或打捞中幸存下来的足够多，使我们对克里特人的专门技能和艺术才华有了一个清晰的认识。石制容器，每一种都是经过数小时艰苦的钻探、研磨和抛光的产物，都是大量生产的。这些原材料种类繁多，从当地可用的石灰岩，到进口于埃及的花岗岩、来自伯罗奔尼撒半岛的青金石，或来自米洛斯岛的黑曜岩。工匠们并没有因加工像石英一样坚硬的石头而受阻，而诸如滑石这样的软石，则被用来制作精美的人物场景，就像阿基拉-特里亚达的丰收者陶罐一样。最常见的形状相对简单，但有些非常精细。花瓶被雕刻成代表不同的生物，例如克诺索斯和扎克罗斯的牛头，或克诺索斯南宫的猫头。在某些情况下，即使是最复杂的雕刻也是不够的，因而，就像扎克罗斯的角状杯所展示的山顶圣所一样，雕刻的表面还覆盖着金箔。

雕刻精美的印石是宫殿作坊的另一个特色产品。直径略大于1厘米，主要是扁豆状的，装饰有各种各样的图案：有些可能描绘的是神灵，另一些则是战斗中的成对动物。其功能或许也各不相同：有些作为珠宝饰物，戴在手腕上或作为项链的一部分，而另一些则可能主要是作为标识证明，往往用于前面所提到的在黏土印章和代币上制造印记；有些则带有象征性或宗教性的场景，可能是为了保护佩戴者免受伤害或给其带来好运。沟缘直径为2~3厘米的金戒指极为罕见，但在工艺和构成方面却有着密切联系。尽管大多数样本都是在大陆发现的，尤其是迈锡尼的竖井墓和巨石墓道中，但克里特岛的足以表明它们是宫殿艺术的一部分。其大小给予了它们精巧的场景，比如在出土于克诺索斯附近伊索巴达的一枚指环上，绘有在乡村跳舞的一群人，参加仪式的一组人物。另一些则展示了一些小的建筑，它们可能是神殿。进口象牙被巧妙地雕刻成一系列不同的物体，兼有装饰性和功能性。微型人像，如在克诺索斯发现的斗牛者，是分段制作并接合在一起的，比一连串雕刻更为经济。最近，在帕莱卡斯特罗发现了一个50厘米高的立式男性塑像，展示了肌肉和肌腱的细节，而头发和后脑部是用石头而不是象牙制成的。"彩釉陶器"也被用来制作精致的物品，例如克诺索斯中央庭院祭祀区地面下方石棺中的"女神"图案。在同一堆积物中，是绘有海扇、魟鱼和"8"字形盾牌的镶嵌图案，以及一块浮雕匾额，表现一头正在哺乳的母牛。象牙和彩陶被一起用来装饰一个棋盘，发现于宫殿东部的一个走廊。

米诺斯文明正处于繁荣鼎盛期时，灾难侵袭了所有的宫殿、城镇和乡间庄园，除了克诺索斯。毁灭性的火灾摧毁了大多数遗址，使得它们被废弃多年。火灾原因仍不得而知。目前可以排除锡拉火山爆发的可能性，因为它发生在差不多三代之前。在接下来的一段时期，在克诺索斯，大陆的影响力显而易见。希腊语被用于行政事务，并引入了随葬有武器的大陆风格的巨石墓道。在爱琴海群岛、近东和埃及，迈锡尼陶器取代了米诺斯文明。大陆居民可能已经入侵了克里特岛，以利用它的富足。同样，他们也可能抵达后发现，在欧洲地震活动最活跃的地区之一，这个岛屿遭受地震破坏的强烈程度比平时更大。

公元前1600年至公元前1525年，被掩埋在锡拉岛阿克罗蒂里的城市

大约3500年前，克里特宫殿欣欣向荣之时，构成爱琴海南部锡拉岛中心地带的火山，在长时间的沉寂之后重新活跃起来。首先，地震降临了该岛，阿克罗蒂里现代群落附近一个繁华城镇的居民为了安全起见被迫逃离。随后是一段时间的平静，在此期间，工人们开始着手进行短暂的修理工作。间隔一段时间后，火山猛烈地爆发了，细密的火山灰纷降而下，整个岛屿上满布浮石。受损建筑的街道和空间迅速被填满，许多房屋只幸存下来两三层楼高，但通常其内部楼层仍在原位。不久之后，巨大的火山灰和浮石喷发出来，在地表土层的深处形成了一个巨大的洞穴，岛屿的中心消失，留下了一个巨大的充满海水的盆地。我们不知道镇上的居民是否幸存，还是被卷入了最后一场灾难性的剧烈动荡中，这场大动荡在爱琴海的上空激起巨浪，引发了整个周边地区的地震。数百年来，该岛一直没有被重新占据，直到浮石充分风化，草木开始生长，然后能够耕作。

这一系列事件在爱琴海其他地方不可能没有留下痕迹。火山灰沉降层，可以追溯到远至克里特岛到东地中海，一直延伸到东南部的海床岩心。在克里特岛北部海岸的几个遗址，从干尼亚到莫克洛斯，在南海岸的米尔托斯海滩，以及在罗得岛的特里安达，在层级上，有关火山灰和浮石的发现要比宫殿的破坏更古老一些，这些都表明了这两个事件之间不可能有直接联系。但即便如此，一定是由于火山灰烧焦了农作物和树木，海浪席卷了沿海地区，摧毁了岸上的船只，才造成了经济损失。火山灰沉降层提供了一个绝无仅有的机会，可以据此三维地了解建筑风格，并且保存了大部分壁画和耐久物体，这些是居民带着只能携带的东西逃避最初的地震时所遗弃的。贵重物品相对稀少，但发现了数千件陶器器皿以及青铜工具和数套铅锤。

古迹发掘集中在城镇的一条狭长地带，那里的城墙由于深入浮石层的高山峡谷而暴露出来。在一条狭窄街道的两旁，大约有十几栋房子随意坐

落着，开口通向某处的一个三角形小"广场"。较大的房屋是用精细的正方形石块建造，（谢斯特1—4号）几乎是独立无依附的，而其他的房屋，是用毛石砌成，混入木材，抹上黏土灰泥，一个摞一个砌筑而成，就像在克里特岛的帕莱卡斯特罗一样。任何一个房屋的建造都没有常规计划，它们大概是为了填补现有空间而建造的，并根据需要而增加。底层是储存和加工区，大部分较好的房间都位于上层楼面，就像在西居一样。建筑风格最一致的特点是入口的布局，它的一侧为一扇窗户，对着一个小的门厅，从那里拾级而上，经过两级台阶通向上面的楼层。精心制造的房屋呈现出如克里特岛般相同的建筑特色，例如谢斯特3号和4号的多功能门道。看来这些建筑似乎多数是私人住宅，也许属于富有的商人所有。当然，大量的壁画装饰意味着所拥有的足够资金。最好的作品之一位于谢斯特3号中的净身室上方，从饰画中可以看到，在田野乡间，年轻的姑娘们穿着精致的多层褶裙、前开式紧身胸衣，戴着金饰和青金石的珠宝，正在往篮子里采集番红花。画面的焦点，是一位坐着的老妇人从一只蓝色猴子手中接过一束番红花朵。另一幅绘画，展现了一群年轻的裸体少年，他们的头顶被剃得只剩几绺毛发，还有一位年长的男士，同样为裸体，但拥有浓密的头发。一些学者认为，这些场景描绘的是启蒙仪式，在人类学上与原始社会的现代人相似，但即使如此，它们在这个位置上的作用可能也不过是装饰而已。无论它们的意义是什么，一个女孩的脚受伤了，她坐在那里捧着它以减轻疼痛，这就增加了一种特别人性化的润色。

来自西居的"船画"也引发了很多讨论。这是一幅微型壁画，在上层房间的门窗上方构成一个连绵的饰带。它展示了几个城镇，具有精心描绘的门、窗和阳台，坐落于几乎连续的海岸线上。位于前景的，是一队大小不一的帆船船队，它们在充满鱼、海豚甚至人的海洋中穿行。船员为桨手，载有穿着考究的乘客"盛装"旅行。较大船只的一端是一种用杆子支撑的帐篷，紧邻的房间墙壁上重复着实际大小的图案。有些人认为这一部分场景是一次军事远征，也有人把它看作一个节日。在岸上，有几十个男男女女，有围观的人，还有带着兽群的牧民，武士们则拿着长矛和盾牌准备立即行动，在山顶的神殿是牧师和礼拜者。另一部分是一条蜿蜒的河流，两旁是棕榈树和纸莎草植物，狮子和鹭头飞狮在河边猎鹿，鸟儿飞翔。我们尚不清楚这是否说明了一个特定的故事，或者这些只不过是用于装饰的风俗画场景。或许，最能完全与之相媲美的，莫过于荷马在《伊利亚特》中关于赫菲斯托斯为阿喀琉斯制作的神奇盾牌装饰图案的描绘。

在阿克罗蒂里，空间不允许逼真地重现其他画作。这里有真人大小的渔夫，手拿着他们的捕获物；少年拳击手单手缠着皮带正轻拳出击；还有用粗犷简单的线条优雅绘制的羚羊。在梦幻般的风景中，燕子飞扑至盛开的百合花中。蓝色的猴子在红黄相间的岩石之间欢跃嬉戏，另一只则似乎弹奏着一架里拉琴。一定有几位艺术家在镇上的这个小区域创作过：他们的风格迥异，从细腻到印象派，他们的人物描绘也各不相同，从呆板到活泼。特别是谢斯特3号中的女孩们，是由一位才能和技巧媲美于许多近代大师的一位艺术家绘制的。与支离破碎的克里特绘画进行比较是困难的。许多图案是相似的，但锡拉绘画似乎更为自然。

锡拉文化的独立性还体现在陶器上。它们多数是基克拉迪文化的产品和风格，包括典型的长嘴罐，通常用鸟的图案来装饰。克里特岛进口商品的比例很小，很少有原产于大陆的花瓶。从这一时期开始，爱琴海其他几个繁荣的岛屿群落就逐渐为人所知，所有这些都显示出基克拉迪文化的影响力。有三座城镇具有防护墙，即米洛斯岛上的菲拉科庇遗址、基亚岛上的圣伊莲娜遗址，以及埃伊那岛上的克罗纳遗址。它们的建筑风格类似于克里特岛城镇的建筑，大小和品质各异的房屋紧密排列于一条条网状的街道和小巷中。在菲拉科庇和圣伊莲娜，发现了壁画装饰和线性文字A。

公元前1600年至公元前1400年，迈锡尼的竖井墓和早期的迈锡尼文明

施里曼在圈型墓A中发现竖井墓之后很长一段时间，墓穴中的物品看起来是那么的新而粗糙，以至于被认为是由入侵者带来的一种外来文化。他们拥有马匹和双轮战车，掌握有大量早期未知的武器，无论是在大陆还是在克里特岛；他们还具有波罗的海琥珀珠项链、黄金制品，以及珠宝饰物，其复杂的螺旋形装饰与中欧的类似。1952年，随着线性文字B的破译，迈锡尼人使用希腊语及由此属于印欧语系的这一发现，似乎表明北方起源是不容置疑的。

然而，同一年，在迈锡尼本地所发掘出来的古迹提供了无可辩驳的证据，证明了迈锡尼文明的本土起源。第二座墓葬——B号圈型墓，在城堡外被发现。在这里，最早的坟墓与那些前一时期在整个希腊南部所使用的坟墓并没有什么不同。一个竖穴石棺或砌板石棺被埋入地下1米左右。地面是用鹅卵石铺成的，在石棺用石板封闭之前，尸体旁随葬有陶器、工具或装饰品。后来的墓葬，位于一个粗糙石墙所构成的环形内，更大，埋得更深，并且有着更丰富的祭品。晚期的为深竖井，其大小足以容纳两三个墓葬。它们是用岩架或石墙建造的，以支撑距地面1米高的木质屋顶的横梁。地面仍铺满鹅卵石，祭品包括金银首饰、金杯、克里特岛制造的石花瓶、武器，甚至还有一个琥珀金的面罩。陶器精心制作，既有饰以几何图案的"亚光彩绘"，也有具有光泽涂料的第一批迈锡尼陶器。随着技术的变化以及新形状和新图案的演变，一个品种明显由另一个品种发展而来。许多的墓穴都具有石标，一些雕有螺旋形装饰，另一些则刻有双轮战车的场景。这些是酋长或国王的墓葬，它们葬于一座显然是起源于迈锡尼文明前的墓地中。希腊南部的其他地区也同样繁荣，特别是伯罗奔尼撒半岛西南部的麦西尼亚。墓葬通常聚集在马拉松、沃德科利亚海湾或阿尔戈斯的土丘冢之下，它们一直使用到迈锡尼文明时期。尽管没有证据表明迈锡尼的两个圈型墓都是被坟墩所覆盖，但这两个墓穴都阐释了

同样的原则——一处为有钱人和有权势的人单独安葬的地方。

　　施里曼的A型圈形墓与在B型圈形墓中的最晚的墓葬同属一个时期，并且连续50年不断接纳新的墓葬和祭品。在这里只有6个竖井，其中3个要比早期圈型墓中的任何一个都更大、更深，而且装备更为丰富。里面包括成年男女、儿童以及婴儿的尸体。这个圈型墓的原貌是未知的，因为在最后一个墓穴之后大约200年，护城墙被扩建，这一地区的景观也被美化。地平面被抬高，现在的双重石板圈被置于下面的坟墓周围。原始的石雕标记被任意再用。在欧洲"古迹"产物中，这种整体进程一定是最早的例子之一。

　　祭品包括5副黄金面具、黄金衣物饰品，以及耳环，就像在阿克罗蒂里的谢斯特3号壁画中那些女孩们所佩戴的一样。在竖井墓附近发现了一枚大的金戒指，以及其他珍贵物品，也许是掠夺自古代，它描画了3个手捧鲜花的女子正走近另一个端坐的女子，后者手中持有罂粟花饰。有几十把青铜长剑和大量的矛，还有5把短匕首，上面镶嵌着金、银和黑釉瓷，描绘了狩猎场景、一条河流，就像来自阿克罗蒂里的船画情景一样，豹子在猎食飞禽、狮子在攻击鹿。还有金杯和其他器皿，没有花纹，起着装饰性作用；银质花瓶有两个，具有精致的浮雕装饰，表现的是战斗场景；以及其他的青铜艺术品和铅制品。进口物品包括琥珀项链，是用加入"珠间垫片"的空心珠穿制而成，这种类型的项链也是因英国威塞克斯文化而广为人知。这些，连同也是发现于英国和西欧的多晶石英珠串，继续引发了人们对两种文化的相对年代以及它们之间联系（如果有的话）的争论。克里特岛的石质花瓶，一种彩陶的鸵鸟蛋角状杯，基本上来自近东或北非，象牙制品、青金石物品和其他奢侈品，都表明了大约公元前1500年迈锡尼的统治者所拥有的财富。

　　很难解释为什么这些财富会如此突然地获得，尤其是在像迈锡尼这样一个既不是港口也无法控制丰富农业资源的地点。很可能，日益繁荣和增强的米诺斯贸易影响力的相互作用，创造了一种局面，使得一些强大的、活力奋发的统治者能够利用这种环境，通过贸易或者军事力量，积聚了令施里曼和他的同代人感到惊讶的黄金和其他物品，而且在当今的雅典国家博物馆的迈锡尼展厅依旧令人震惊。

麦西尼亚同样繁荣，一种不同类型的墓穴——圆顶墓，就是在那里发展起来的，它是在古坟内包含有一个墓室。皮洛斯、鲁西和科里法西翁的圆顶墓，是在粗糙的砖石地面上建造的，有一个圆形的墓室，在门道上方有大量裸露的过梁，造型为托臂拱顶。个人祭品，能与来自迈锡尼竖井墓的相比拟，它们包括具有海洋场景的镶饰匕首、金杯、琥珀珠项链和青铜武器。

起初，希腊的迈锡尼文明包括伯罗奔尼撒半岛、阿提卡地区、维奥蒂亚地区和福西斯地区，并且刚刚延伸至塞萨利海岸。大多数聚落位于能防御的山顶或海角周围，具有良好的农业用地和自青铜时代就开始使用的一套供水系统。遗憾的是，后来的建造项目，几乎随处可见，已经掩盖或遮住了早期的建筑物或防御墙。这些壮观的开端，是迈锡尼文明的影响力在未来半个世纪巩固和扩大的基础。统治者的权力，时至今日体现在为他们的圆顶墓所投入的精力以及黄金宝藏上。它们切入山坡，有一条长长的入口通道（古墓地道），采用很好的砖石建造而成，尤其注意门侧柱的定位，这是结构薄弱的地方之一。这些发现显示了几乎每个地区物质财富的存在：来自斯巴达附近的瓦斐奥，用精美猎牛场景装饰的金杯；来自阿尔戈斯附近科克拉的银杯；来自迈锡尼"克吕泰墨斯特拉"圆顶墓的象牙柄镜子；来自阿提卡地区斯帕塔的象牙梳子。统治者之下的下一级社会阶层的财富，体现在他们的巨石墓道上，其占用了软石灰岩所能承受的各个山坡。它们倾斜的古墓地道和方形或圆形的墓室，完全坐落于地下，是为几代人建造使用的，这是这一时期社会和经济稳定的明显标志。这些墓群聚集在大型墓地，内有武器和精美陶器，以及许多更有价值的物品，譬如迈锡尼的金戒指，通常描绘的是战士或猎人的场景，除了克里特岛所使用的"崇拜"类型。

几乎在每一个巨石墓道中，以及在圆顶墓和竖井墓中，都有表明希腊迈锡尼文明与克里特宫殿文明之间密切关系的物体。通常无法确定哪些是在克里特作坊制造的，哪些产于迈锡尼。文化和艺术体系显然是共同的，通常每一件模式化的事物所使用的标准都必定来自大陆，来自克里特岛的一切自然主义事物都少有帮助。

在梯林斯的公元前13世纪宫殿下面一座早期皇家住所地基的发现，证实了人们的怀疑，即早期的迈锡尼国王确实拥有宫殿并控制着工匠以及武士。壁画的碎片包括一幅斗牛场景，在风格和主题上与克诺索斯的非常相似，因此临摹可能发生在公元前15世纪末。至少，技能是在一个不间断的传统中传播的。在斯巴达南部的海伦和梅内莱奥斯的古圣所附近，只发掘出一座貌似这一时期的"宫殿"。这是一座两层高的大宅邸，有一个中央大厅（荷马式的称谓是国王的大厅），有外廊、前厅和主厅，两侧是走廊，两边都有较小的房间。在它建造后不久，就被毁坏了——也许是因为地基柱廊倒塌——只剩下了地基，没有留下任何东西。

早期迈锡尼社会的性质仍需讨论。竖井墓以及其中的发现，被认为代表的是一个还不确定的部落社会的酋长们的墓葬。相比之下，宫殿式建筑的痕迹以及圆顶墓和巨石墓道所隐含的永久性表明，在这一初期阶段之后，复杂的克里特宫殿社会的构成，甚至可能是内容，都被迅速采用（并适应）。然而，到目前为止，还没有可以属于这一阶段的任何印封或匾额。

克里特宫殿的毁灭在大陆没有任何标志，而在克里特岛，大陆风格的巨石墓道中武器随葬的传统，出现在了公元前15世纪末克诺索斯和费斯托斯的"战士墓穴"中。现在克里特岛经常使用巨石墓道来进行古老的克里特传统的丛葬，而不是为同一家庭的几个成员而使用，这是大陆的习俗。克诺索斯的宫殿似乎在这个时候进行了小规模的修饰，譬如"宝座大厅"等部分，其风格化的相对而立的鹫头飞狮纹章绘画，在后来的迈锡尼壁画中颇受欢迎，但以前在克里特岛并没有见过。这个宝座被认为等同于"中央大厅"中的那些,构成了后来大陆宫殿的焦点。在克诺索斯的其他地方,新建筑质量低劣。这座"未勘探的宅邸"尚未完工,其中一些精致的房间被移交给了一个青铜匠作坊。克诺索斯最重要的变化是在行政记录中采用了希腊语,即线性文字B,它的破译提供了克里特岛大部分地区经济的详细资料。其中有一组引人注目的清单,列出了数千只公羊,这是大规模生产粗纺毛织物的基础(如果我们排除伊文思的有关夸张的献祭和盛宴的这一解释)。另一组碑文涉及军事装备,包括双轮战车,以及被认为是厚重帆布的成套"盔甲",直到在阿戈里德半岛登德拉的一整套青铜盔甲的发现,乍一看其外表笨重,但实际上,制作简单,使用灵活。

迈锡尼人是否从克诺索斯遥控克里特岛,这是有待论证的,但整个希腊大陆的圆顶墓群,特别是与相对较小聚落相关的单个圆顶墓,表明有权势的人无处不在。希腊很自然地被划分为几个小的地理单位,很可能每一个都是被单独统治的,甚至于,正如荷马所述,所有的人都效忠于"阿伽门农"。这些当地的君主不仅掌管着建造一座圆顶墓所需的庞大劳动力,而且还控制着设计它们的专业"建筑师"。克诺索斯的碑匾显示了从国王到下级官员的土地所有制的等级制度,这使我们想起了封建社会。成千上万的"工人",通常是妇女,似乎是在一个领取他们口粮的工头手下被组织起来,但基本上这一社会阶层在考古记录中没有留下任何痕迹,除他们努力生产出的产品外。对于多数人的热爱之处,乃至他们被埋葬之地,这些方面我们一无所知。

线性文字B所存档的克诺索斯被大火摧毁的日期,是一个充满争议的话题。伊文思认为它发生在公元前1400年左右,即在其他的克里特宫殿遭到破坏后不久。然而,克诺索斯碑匾与那些在皮洛斯发现的处于公元前13世纪语境中的碑匾,它们之间的语言相仿性是如此之大,以至于他的发现物及其记录的准确性受到了质疑,由此人们提出了一个更晚的日期,特别是由帕默所提议的,几乎接近于公元前1200年。最近在克里特岛西部的干尼亚发现了一块石碑,它与一大批来自克诺索斯的是同样的手迹,其所鉴定的年代要早于传统年表大约70年，其作用是使问题变得复杂而不是提供了简单的解决方案。

公元前1400年至公元前1200年，迈锡尼宫殿和堡垒

继克诺索斯宫殿被毁后（约公元前1400年），迈锡尼文明变得更加统一化，其影响力和出口在地中海东部和中部越来越明显。

最大的圆顶墓建于公元前14世纪中叶，但其原始内容都没有保存下来。阿特柔斯宝库，由希腊旅行作家保塞尼亚斯在公元2世纪所提及，是现存最完好的迈锡尼建筑师和工程师的遗迹，是高超技艺和巨大劳动的产物。它采用当地的砾质石灰岩建造而成，必须将其锤打成型，研磨抛光。与埃及的金字塔一样，它是一位强权的国王在其有生之年建造的，以彰显他的重要地位。它可能是准备建成引人注目的纪念碑和陵庙（大多数圆顶墓可能不是这种情况），通过辉煌的外观遗址以及精美的通道设备可以判断出来。如同有着相似规模、同样壮观的奥尔霍迈诺斯的被毁坏的圆顶墓一样，它具有一个偏厅，供埋葬之用，留出主厅空间供举行葬礼仪式，也可能是为供奉祭品而备，为了不断举行仪式所用。主厅直径为14.5米，完整无损的托臂拱顶高度为13.2米。一些装饰其表面的青铜玫瑰花饰，在19世纪初仍旧存在。侧厅是岩凿而成，粗略地呈现，不像在奥尔霍迈诺斯，那里的天花板是由装饰着复杂螺旋形连接物的石板构成。入口通道上覆盖着两个大块的砾质石灰岩板。里面的那块必定重达100吨之上。门廊高5.4米，两侧是半圆柱青金石，点缀有螺旋形玫瑰花饰，从斯巴达附近的克罗凯亚运来。在门廊上方，装饰板的两侧各设置了另外一对相似但较小的半圆柱，用以隐藏"缓解三角"，即过梁全长上方的一个三角区，工程师们利用它来转移过梁上方拱顶的重量。古墓地道，长36米，宽6米，布满了巨大的石块，形成了宏伟的引道。被这位强大统治者所占

据的迈锡尼皇宫的雄伟壮丽，由于现存遗迹是取代它的建筑，我们也只能尽情地发挥想象。

在迈锡尼、梯林斯、雅典和其他许多遗址，大规模的"蛮石"堡垒墙展示了迈锡尼统治者可利用的巨大人力资源，但很难确定它们的年代。存在着几个分期建设阶段，今日可见的环形墙始建于公元前14世纪，并不断扩大。在迈锡尼，公元前13世纪在西面的一个主要扩展，是围住了早些时候建造的重要建筑，除此之外还有先前作为"地景"被描述的"圈形墓A"。这一扩建工程包括修建主入口，即"狮子门"，西面有凸出的棱堡，使得守卫者能够从四面击退企图强行攻入城门的敌人。在东北方，为了保护入口也建造了同一类型的棱堡，这一原理被广泛应用于迈锡尼的防御工事中，比如在美蒂、格拉和雅典卫城中，迈锡尼棱堡所控制的主入口，位于无翼雅典娜胜利女神庙之下。在梯林斯，袭击者不得不靠近一个坡道，他们的持剑臂恰好暴露，即使他们通过正门，也发现自己处于一个6米高的狭窄通道中。围绕梯林斯低城堡的巨大城墙、其宽度内为住宿或储藏而设的厅室、在东面和南面形成走廊的两组房间，以及西面通往后门的旋梯，都是在其世纪末建造的，也许就在那场导致宫殿社会终结的剧变之前不久。这些蛮石城墙是由竖立起来的石灰岩建造的，利用岩石中的天然平面和裂缝，挖出两三米宽的多边形石块。它们被堆放到适当位置，形成达5米厚、7米到8米高的围墙。所挑选的这些石块，要使其尽可能紧密地贴合在一起，并由插入缝隙的较小的楔石将其锁定到位。这种建筑技术被应用于迈锡尼建筑风格中，在当地地质条件良好的情况下，甚至可以应用于小型住宅的墙壁。

就防御工事而言，这种人力支出的效力还未可知。较小的城墙在阻止突袭方面也会有同样的效果，而且可以经受住没有攻城器械的攻击。迈锡尼城堡的主要威胁，除内部背叛外，来自长期围困，特别是倘若这种围困切断了守卫者的供水。在公元前13世纪末，至少有三座城堡，迈锡尼、梯林斯和雅典，都设有拱状通道，通向墙外的受保护水源。不幸的是，通过对水源本身的发现，他们很容易受到攻击，并且不久之后就被弃之不用，或许是因为它们所起作用不大，也或许是因为在变化了的公元前12世纪的环境中（将在下一章中进行描述），威胁或抵抗意愿不再存在。蛮石城墙规模之大的动机，就像上一代人建造阿特柔斯宝库一样，是统治者想要给他的同僚和对手留下深刻印象的愿望，也在威慑任何潜在的敌人。

其他主要土木工程比较具有实践性。科派斯浅湖似乎已经被排干，与此同时筑堤岸、挖河道，在没有人类涉入的沼泽地上方一处岩石露头上，修建了广阔的格拉城堡。在这20万平方米的围墙内，是整齐规划好的建筑和宽敞的空地。里面没有任何传统聚落的痕迹，很可能建成的格拉城堡和排干的湖泊，是平面图的一部分，旨在将大片区域用于栽培，从而管理新的"地产"，并且将农产品储存在堡垒中。此外，城堡很大，足以为牲畜提供遮蔽处，而它们肯定一直是群落资产中最易受损的。另一个展现迈锡尼工程师远见卓识的项目，是高达10米的巨型土坝，它横跨梯林斯以东4千米处的沟谷，该堤防将河流引导至一条新的航道，避开了城堡和周围的聚落，并消除了冬雨期间一再发生洪水的危险。超过3万吨的泥土被成功地运走，以至于这条溪流今天仍然沿着分流的河道前进。其他的公共工程，还包括修建道路和桥梁，以使满载该地区农产品的四轮运货马车能够到达宫殿，而不是让忒勒马科斯在一天之内驾驶他的战车从皮洛斯驶向斯巴达。

在建造和装饰宫殿方面也投入了大量资源，这些宫殿是设立于克里特岛的行政模式中心。在梯林斯和麦西尼亚的皮洛斯附近保存完好的阿诺·英格利阿诺斯的宫殿布局，通常被认为是荷马英雄内斯特的宫殿。这些情况在迈锡尼是难于了解的，因为卫城的顶端现在已被侵蚀得极深。底比斯的"新卡德迈恩"的碑匾、珠宝和壁画，奥尔霍迈诺斯、现代沃洛斯港之下（据推测大概是《荷马史诗》中的伊尔科斯），以及克里特岛西部干尼亚的大而坚固的建筑物，都表明了一个由宫殿中心组成的网络，各自都控制着一个大的区域。伊萨卡岛，只有荷马所描述的这一伟大中心，没有可以与其在传说中的重要性相匹配的任何遗址。

迈锡尼的宫殿比原先米诺斯的要小得多。内斯特王宫所在的皮洛斯城，其主体为54米×30米，近乎克诺索斯中庭的范围，而梯林斯的主体（不包括外庭、南庭）的面积却有70米×60米。迈锡尼宫殿的中心是中央大厅，面积约为12平方米，中央为壁炉，有4根柱子支撑着屋顶。在皮洛斯和梯林斯已经发现了宝座的底座，但在迈锡尼，支撑中央大厅东南角的柱廊滑入卡俄斯的深谷之下，去除了宝座的任何痕迹。在皮洛斯，两边都有很长的走廊，将中央大厅和其他的厅分隔开来，正如先前在斯巴达的梅内莱奥斯所指出的那样。即使在迈锡尼狭窄的环境中，也是从一个小庭院通过一个圆柱形门廊进入中央大厅。在梯林斯，庭院的四周有一个木质柱廊，而在皮洛斯是在一侧设置了一个小的门廊。这种引道是经过精心设计的，在迈锡尼是穿过一条长长的走廊，或者向上经过一个高大的两级台阶，而在皮洛斯和梯林斯，则是从外庭穿过柱形入口。

所有这三座宫殿都饰有精心绘制的壁画，甚至粉刷过的地板也绘有如花纹瓷砖一样的方格，产生了大理石般的效果，或者有像海豚或章鱼一样的图案。中央大厅的壁炉被反复粉刷，画上了最新的火焰和螺旋形图案。其中一些壁画，譬如穿着多层褶裙的女士，头发精心梳理，与200年前克里特岛的壁画相似，而武士们则身穿迈锡尼短上衣，着以苏格兰短裙。描绘的人物形象，有些是宗教游行场景的角色，但另一些参与的则是在克里特岛很少见的狩猎和战斗等活动。在梯林斯，有猎狗和猎人猎杀野猪的场景，而在皮洛斯，手持长矛的战士，身着护胫甲，头戴野猪牙头盔，在与衣着破烂、轻装上阵的"野蛮人"跨河作战。壁画有助于掩盖迈锡尼宫殿建筑的劣质材料。适合细石砌体的石材很少见，只为特殊效果或门侧柱等薄弱点而保留，而在克里特岛广泛使用的石膏除非进口，否则无法用于饰面。大多数墙壁都是用瓦砾砌成的，或者像在皮洛斯一样，在铺设好的地基层上使用泥砖。自青铜时代以来就一直被使用的横梁撑木，建设者毫不犹豫地把它们的加工提高到了两层乃至三层。通常是折叠的双门，但在较小的大陆建筑群中，克里特风格的采光井是没有必要的。

像在克里特岛一样，宫殿是行政中心。在皮洛斯发现了许多线性文字B泥简，在迈锡尼、梯林斯、依洛西斯、底比斯和奥尔霍迈诺斯，以及克里特岛的干尼亚和阿米尼，也发现了少量泥简。除向不同类别的工人分发口粮的行政账目，以及提供更多关于土地所有权信息的资料外，皮洛斯还拥有与香料行业和铜匠有关的泥简。其中一套泥简，涉及派遣在两个不同行省的"海岸观察员"，被理解为在面临敌人威胁时的防御部署档案，也可能这是导致宫殿被毁和废弃的原因。还有一些泥简提供了古希腊神灵的名字，如宙斯、雅典娜和波塞冬，还有一小部分列出了寺庙储藏室的内容。

用于皇宫经济基础的农产品储存的设备尤其重要。在皮洛斯，正好就在中央大厅的后面，有一个储油室，里面有大的大口陶瓷坛，放置于平台上。附近是另一个储油库，而其北部的一个独立建筑存放着几十个罐子用来储存葡萄酒。在梯林斯，墙厚的大屋子很可能充当了粮仓，但没有残留任何东西。只有在迈锡尼北部边界领域上的一个小的筑防遗址，即马其顿中部的阿西罗斯，才有确凿证据证明这些农作物的存在。在有着固定规划的聚落里，一场毁灭性的大火在一组储藏室内保存了大量烧焦的谷物。储物罐和其他容器所反映的农作物的存储量，远远超过了居住在堡垒里的小群落所需，从微观上清楚地反映了宫殿本身的集中式贮存。在阿西罗斯，所发现的小麦和大麦这两种农作物的数量，与皮洛斯泥简上列出的数量相符，而其他基本作物，如小扁豆、苦野豌豆和葡萄，在地中海农业中也很常见。

泥简还列出了大量的动物，牛、猪、绵羊和山羊，同时注意标明它们是雄性的还是雌性的动物。许多遗址的骨骸证实了这种模式，但除通常所显示出的狩猎的重要性之外，也许它是作为一种树立威望的活动。甚至在梯林斯和马其顿地区的卡斯塔纳斯等遗址也发现了狮骨，表明了迈锡尼艺术的猎狮并不仅仅是想象中的虚构。

我们对宫殿以外聚落的了解是有限的。尽管迈锡尼、梯林斯和皮洛斯的周围有大型聚落，但在克里特岛尚未挖掘出具有古尔尼亚或帕莱卡斯特罗这样规模的城镇。个人住宅基本上是建成两层楼。较低层专门用于储存，如迈锡尼城堡外的"油商之居"。这里和它的近邻所含有的贵重物品，诸如粗陶和彩瓷花瓶，以及大量的象牙镶饰物品，可能来自家具或组装家具的作坊。这些镶嵌物包括戴有野猪牙头盔的头部、8字形盾牌、海豚、贝壳以及具有精巧柱头的锥形柱。其中线性文字B简板的发现，凸显了这组居所的重要性。

迈锡尼的"宗教中心"提供了有关宗教工具的最明确的证据。一组建筑物，竖立在圈形墓A以南的一个狭窄的空间中，里面存放着各种不寻常的堆积文物。这些建筑物包括有："圣殿"，中央有一个平台，墙壁四周设有长台，具有内部储藏室；以及"壁画厅"，有一个中央壁炉，在壁画下面有一个祭坛式的长方形平台，还有一间带有长台的内室。圣殿的正厅里，在支撑屋顶的一根柱子后面，一尊造型粗糙的女性泥塑像站立在一个几乎看不见的平台上，而在后面密封的储藏室里，发现了大量破损的双臂张开、面目恐怖的男女泥人，同时还发现了一条盘绕得紧紧的泥蛇，蛇头高高扬起，还有一尊着色精致的女性泥雕。壁画厅的祭坛一侧，摆放着一尊雕刻精美的年轻人的象牙头，它曾经镶嵌在一个木制的身体上。附近是一头昂首俯卧的象牙狮子，它的底部具有长方形的槽，这可能是宝座的扶手。壁画本身的下部是一位面向祭坛的女性人物。她戴着精致的头饰，举着麦穗。壁画的上面部分是两个更大的人物图案，一个肯定是女性，另一位可能是女性，他们彼此相对。其中一人拿着一把直立的剑，另一人拿着一根棍棒——也许是矛杆或弓。房间里的其他地方有一个黏土的"棺椁"或浴缸，以及一个铅制容器，里面装着各种各样的物品，包括一块埃及彩陶匾额，上面印有埃及国王安曼霍特普三世名号的象形文字长方形图框，已经有150年的历史，可能是某种官方联络的遗物，而不是私营贸易品或古玩物。还有大量的家用陶器。在里面储藏室后边的平台上，竖立着另一位小巧优雅的女性雕像。

这里的礼拜涉及各种不同的祭品，有时可能为放置在平台上或者呈现在粗糙雕像手中的珠宝。优雅女性的角色尚不清楚，唯一可能被认为具有焦点地位的形象，是壁画厅中站立在祭坛上或一侧的象牙头青年。进入这些房间的难度，表明这也不是一个公共的礼拜场所。从其他遗址都没有发现蛇和粗糙的塑像，但来自梯林斯城堡下层和菲拉科庇城墙旁边的小雕，证实了迈锡尼神殿的一般性质。然而，我们掌握的信息太少，无法判断这种宗教与克里特岛所奉行的是否有所不同。许多女性小雕，或动物和图式化的双轮马车，是迈锡尼遗址的代表，常见于家庭废墟和墓葬中。至少其中一些必定具有一种日常功能，或者是作为家庭神灵，或者是充当儿童的玩具。

公元前13世纪建造的圆顶墓很少，但巨石墓道仍然很常见。这一时期珍贵物品的缺乏，或许表明由于致力于筑垒和其他公共工程而导致繁荣的丧失，或者仅仅是时尚的改变。剑和矛仍然是墓葬中较为常见的随葬品，但那一时期刀刃锋利的短剑表明，从相对静止的对峙中用矛和长剑刺，变化为更为激烈的近身冲突。或许发现于登德拉的那种胸甲装备，迫使军事战术发生了改变。最常见的祭品是陶瓷器皿，通常是用来盛放芳香油或其他珍贵液体的小容器，以标准化的方式装饰，这意味着廉价的大规模生产。珠宝，特别是宝石串珠、蓝彩陶珠子，甚至陶珠或贝壳串珠，都是很常见的。尽管其中许多是传家宝，但偶尔也会有一些黄金物品和印封。墓穴中很少拥有黄金和青金石珠宝这样上等品质的物品，以及发现于底比斯的新卡德迈恩一间作坊里的进口"古董"圆筒形石印藏品。

公元前13世纪初，人们公认迈锡尼城邦达到了鼎盛阶段。它包括埃托利亚、塞萨利沿海，以及奥林匹斯山、爱琴海中部和东南部的岛屿，远至罗得岛和小亚细亚半岛的西南部。马其顿地区的查西迪克海岸很可能存在着聚落，但在马其顿的内陆地区，如伊庇鲁斯和色雷斯，却保留了自己的地方特色。爱琴海东北部由特洛伊统治，而克里特岛虽然共享迈锡尼文明，但仍然保持着明显的米诺斯文化。尽管意大利南部和西西里岛的一些遗址出土了大量迈锡尼陶器（其中一个遗址是米诺斯陶器），但迈锡尼文明的其他典型特性几乎没有痕迹，比如巨石墓道或微型黏土小雕，并且这一地区的迈锡尼聚落范围仍然不太可能广泛。

爱琴海文明在地中海中部和东部的影响

克里特岛、爱琴海诸岛和希腊南部大陆，是叙利亚–巴勒斯坦海岸和埃及东部，以及意大利与阿尔卑斯山周边西部地区复杂的青铜时代社会之间的天然媒介，那里的物质文化至少没有那么先进，读写能力的发展比爱琴海要晚1000多年。一旦海员——无论是爱琴海岛民还是东方人——都通晓了东地中海的海上航线、风和洋流，只要经济和政治环境允许，那么就没有什么能够阻止贸易的扩大。大多数这种贸易对我们来说仍然是不可见的，只有借助在卡斯附近距离格里多亚角的乌鲁布伦所发现的青铜时代的沉船，我们才能够了解到贸易是如何进行的、船只是什么样的，以及它们所运载的货物种类。无形的影响，比如度量衡标准、书写和管理制度的使用，必定同等重要。早在公元前2000年之前，克里特岛人就已经与埃及建立了联系，但这种联系很少，而且可能是间接的。最早的双向贸易可以在旧宫殿时期看到，例如，在阿卡尼斯、古尔内斯和勒贝纳的坟墓中所发现的埃及圣甲虫形宝石的进口，以及远至阿斯旺、阿比杜斯和卡洪的米诺斯陶器的出口。来自上埃及托德的153件银器宝藏，与克里特陶器和金属制品有着明显的相似之处，这是一种更大规模的贸易迹象。

通过最近在尼罗河三角洲的特勒埃尔–达巴村，即阿瓦利斯古城，所发现的完全是米诺斯风格和主题的壁画碎片，强烈证实了新宫殿时期米诺斯人贸易的重要性。发掘者曼弗雷德·比塔克认为，这些壁画来自一个庞护所，属于约公元前1550年希克索斯王朝时期在那里定居的一群米诺斯商人。这些壁画场景，包括映衬在迷宫般的交叉线背景下的公牛和斗牛士，还有狮子和豹。这样的商人飞地，很好地记载于近东青铜时代群落的泥简档案中，而且这一发现是最早表明这些飞地包括来自爱琴海的商人在内。交换物品的数量和种类说明了贸易的实力。在埃及和叙利亚-巴勒斯坦的许多遗址都发现了公元前15世纪的米诺斯陶器，而对爱琴海地区的进口，包括埃及的圣甲虫形宝石和塞浦路斯陶器，以及来自埃及和叙利亚的粗陶花瓶。

克里特宫殿作坊进口的原材料，包括完整的象牙，以及大量发现于整个东地中海的标准"牛皮"形状铜锭。在阿基拉-特里亚达发现了一个铜锭库，在扎克罗斯又发现了另一个。对铸锭和铜物体的铅同位素分析表明，其中一些源自阿提卡地区的劳里昂矿，但多数来源仍有待确定。只有阿克罗蒂里的少数物品和在基亚岛发现的一个铸锭，是来自塞浦路斯，尽管这是塞浦路斯人第一次涉足东地中海贸易的时期。每九个铜都需要使用一部分锡来制成青铜，但它的来源仍然是个谜。爱琴海地区没有明显的矿体，近来在土耳其南部海岸附近的托罗斯山脉发现的矿床规模尚未明确。离得最近的大型矿床位于波希米亚和伊比利亚。对锡和铜的需求很可能一直是促进长期贸易的动力。劳里昂矿和西弗诺斯岛的富银铅矿石，给那些控制它们的人们提供了一种在近东有很大需求的宝贵商品。同位素分析表明，劳里昂银矿石至少远达塞浦路斯。

爱琴海陶器发现于伊奥利亚群岛，它可能被用作与意大利大陆和西西里岛进行贸易的安全基地，表明了人们对地中海中部资源的关注。波罗的海的琥珀一定是从这个方向到达希腊的，但是在从亚得里亚海的海角开始的这条最明显的航线上，没有任何活动迹象。迈锡尼早期的长剑和角剑，被向北出口到阿尔巴尼亚和多瑙河流域，保加利亚和罗马尼亚都出现了当地的仿制品。在特洛伊也发现了米诺斯和迈锡尼早期的陶器。

埃及与爱琴海的交往程度，在很大程度上取决于埃及统治者是否对其边界以外发生的事情抱有积极的兴趣。在图特摩斯三世统治时期，官员的陵墓中包含"克弗悌乌"字样，绘于贡品使者的彩绘文件中，他们携带着克里特的贵重金属器皿，佩戴着克里特的遮阴布，如乌拉蒙墓穴（约公元前1451年）中描绘的一样。不久以后，在雷赫米尔的墓葬中，这种遮阴布被迈锡尼式的褶叠短裙所覆盖，这或许反映了公元前15世纪末爱琴海大陆的统治。安曼霍特普三世是另一位鼓励外交联系的统治者，刻有他名字的一些圣甲虫形宝石在公元前14世纪抵达了克里特岛和希腊大陆。他的名号也出现在了迈锡尼壁画厅的彩陶匾额上，已经被视为官方联络的标志。在叙利亚-巴勒斯坦内陆以及埃及南部的许多遗址，都发现了迈锡尼陶器。大多数器皿都是小型容器，小巧优雅，但装饰并不精美，它们能够到达东地中海，是因为其所容纳之物，而非它们本身的缘故。所含之物一定是液体的和珍贵的，例如香水或药膏，它们在埃及和近东备受追捧。在新都的工匠宿舍垃圾场，也发现了迈锡尼陶器，该新都是由法老阿肯纳顿在特勒埃尔-阿马尔纳建立的，只占领了19年。这些珍贵的药膏或许是富人所获得的，而被丢弃的容器随后则被其仆人用于其他用途，直到破碎，就像近年来的玻璃罐一样。

公元前14世纪的卡斯沉船给我们描绘了一幅极具吸引力的画面，展示了当时运载的各种货物，纵然我们不知道它是属于黎凡特、塞浦路斯，还是爱琴海。铜锭、装有塞浦路斯陶器的大口陶瓷坛，以及装满笃耨香树脂的迦南人的双耳细颈椭圆土罐，是货物中最庞大的部分。在克里特岛和希腊，发现了这些双耳细颈椭圆土罐的许多碎片。还有锡锭和锡制品、玻璃锭，以及一些象牙。包括许多迈锡尼陶瓷制品在内的一些物品，很有可能是属于船员的。其他个人物品，比如埃及王后奈费尔提蒂的一枚圣甲虫形的金宝石、一枚美索不达米亚的圆筒印章、两枚叙利亚的吊坠、一把迈锡尼的和一把叙利亚的长剑，都显示出各种文化影响。其中最引人注目的发现物，是一块木制的碑匾，带有象牙制的铰链，上面可能涂上了一层蜡以供书写。公元前13世纪的格里多亚沉船没有那么豪华。它的货物主要是铜锭和农具：磨损或损坏的物品表明了这是一名旅行的青铜匠，他收集废料以换取新的工具和武器。

在公元前14世纪和公元前13世纪，迈锡尼文明在塞浦路斯的影响力稳步上升，爱琴海的塞浦路斯铜的数量也在不断增加。一些装饰瓶，特别是用战车、公牛或其他用色大胆的绘画场景所装饰的大的双耳喷口罐，尤其受到富人们的青睐。这些物品通常出土于塞浦路斯人的墓葬中，其中一件在随葬前曾远至约旦的安曼。同时，迈锡尼与意大利南部、西西里岛和撒丁岛的贸易也有了很大的扩展。尽管在撒丁岛发现的一些铸块是由塞浦路斯的铜所制成，但金属仍然可能是主要的利益所在。伊奥利亚群岛已不再用作基本的安全基地，大部分的发现物来自沿海的一些遗址，比如塔兰托附近的通诺陡崖、特雷比萨切的布罗利奥和卡拉布里亚的特米蒂托。在希腊也可以看到欧洲的影响，特别是在公元前13世纪末。迈锡尼人开始使用欧洲的劈刺剑和"佩斯基耶拉"匕首，以及乐弓式扣针和中翼斧。在希腊和中欧，广泛使用短节矛头。这些联系，特别是与波河流域特拉马拉文化的联系，表明了在迈锡尼宫殿文明的最后几年中，亚得里亚海贸易日益强大。

尽管在地中海中部和西部开展了这种海运活动，但迈锡尼游客对原住民的影响有限，并且仅限于沿海地区。没有迹象表明在爱琴海发展起来的社会组织类型曾经进一步向西传播过，这也许是因为爱琴海复杂的经济和社会模式与欧洲前城市社会没有多大关系。

第七章

精英的崛起：
公元前2500年—公元前1300年
的欧洲青铜时代早期

安德鲁·谢拉特（Andrew Sherratt）

导言：区域相似性与差异性

公元前二千纪，欧洲土地上出现了第一批城市文明，即兴起于爱琴海地区以宫殿为中心的城邦国家。然而，与地中海地区公元前一千纪的文明不同的是，这些与近东城市有着贸易联系的新型复杂社会，对其大陆腹地的社会并没有产生重大影响。虽然在各个方面的技术遥遥领先，甚至他们的权力与军事影响力也沿着他们所接触的人群一路向北传播，但直到公元前13世纪和前12世纪的东地中海城市文明危机才将他们的命运联系在一起。

他们在草原上的邻国也没有更直接地影响到欧洲温带地区的发展进程。游牧社会向东扩张，在此期间一直延伸至中亚；他们也没能将势力延伸至东欧地区。然而，他们确实形成了一个重要的新型冶金社群，影响了东欧的历史进程，而他们的养马技能，以及他们的新型交通工具——双轮马车，就像它们遍布近东一样，在欧洲的大部分地区传播开来。当地还发展了其他形式的运输：用于捕鱼、贸易的船只，给波罗的海带来了一种新的机动性元素，正如它们早些时候在爱琴海产生的影响；许多贸易是通过沿着内陆水运航道上的独木舟进行的。双轮马车和船只，以及东地中海的权力象征，都是由控制着整个欧洲大陆的各种世袭贵族所占据，他们的文物主宰了这一时期的考古材料。

在欧洲许多地区，黄金（另有少量银器）制品虽已出现，但却是作为随葬品埋入贵族墓地中；而用于制作武器、装饰品和某些特定工具的青铜在贸易活动中大放异彩。铜现在经常用于合金，早期使用的砷很快就被常规使用的锡取代。如果铜作为一种天然生成的材料相对稀有的话，那么锡则更为罕见；而青铜物品在广泛的交换循环中，它的流通依赖于这两种金属的正常供应。青铜器作为死者的陪葬品，同样被供奉给神灵或超自然的力量，他们的世界可能反映了人世间的许多方面，《荷马史诗》中保存下来的一些传说呼应了各种王朝斗争，它体现的必定是欧洲青铜时代许多地区的社会所具有的特征。这些"野蛮人"社会（正如古典时代的居民对处于铁器时代的北方邻居的看法），衡量他们成功的标准是可供其支配的奢侈品及可用物品的数量，这与撒哈拉沙漠以南的非洲社会在早期殖民接触时期被视作"权威物品"的金属及进口原材料的方式，在某种程度上是相同的。青铜似乎具有"原始货币"中最有价值的许多特性，通常不以标准化单位表示（尽管也有这方面的一些例子），但更像是家族银器，可用于精美展示，也可以在艰难时用于换取日常必需品。然而，对于南方较发达的经济体，当他们向神灵奉献储蓄和贡品以求得名望与善意时，并不存在真正的等价物。

将这些群体与其城市邻居区分开来的另一个要素是他们的建筑，尤其是缺乏为上层社会精心设计的永久性住所。虽然野蛮人社会和城市社会都建造了华丽的陵墓，但欧洲早期野蛮人的建筑，甚至聚落，都非常普遍。少数大型设防聚落出现在贸易路线上，特别是位于喀尔巴阡山脉边缘的中欧地区，那里是一处十字路口。东至欧亚草原，南至爱琴海，北到斯堪的纳维亚半岛，西经一系列富有的精英群体，一直延伸到布列塔尼和不列颠群岛，那里青铜匕首的设计变化最终反映了匈牙利冶金巧匠的制作风格。然而，在匈牙利和斯洛伐克的防御中心和丘陵要塞，即使在被毁弃的聚落遗址中发现了青铜器、琥珀和黄金制品，也没有任何东西能超过公元前三千纪和前二千纪的特洛伊的伟大建筑，更不用说皮洛斯或迈锡尼。在英国，黄金和琥珀标志着威塞克斯最富有的王侯墓葬，像巨石阵这样的古老仪式中心，仍然保留着它们的象征性力量。

然而，温和的欧洲社会逐步向一个共同的理想靠拢。青铜成为威望的通用媒介，用于遍布这块大陆的各种冲突与战争，由此产生了常见的武器组合和设计；精心制作的饮用器皿中处处体现着人们的好客之道，它通常是由昂贵的材料制成；马匹和轮式车辆随处可见；纺织品、琥珀项链和用来固定松散粗纺毛织物的金属衣物夹，成为鲜明的财富标志。青铜冶铸工艺的进步，主要冶金中心的工艺创新并向四周传播，逐渐被周围人群接纳，这有利于考古学家通过类型学的关系来进行不同地区间年代学的研究。所有这些都给人一种联合的趋向，这与铜石并用时代各自发展形成了鲜明对比。然而，经过几个世纪，这些模式才在欧洲农耕聚落中被接受。从青铜开始在爱琴海流通之后的1000多年里，或许在德国中部的冶金工匠将当地的铜和附近的锡结合在一起之后的300年里，位于哈尔茨山的铜矿和波希米亚北部富锡的溪流之间，斯堪的纳维亚半岛基本上都没有金属，除了偶尔交换过来的青铜斧和用燧石精心仿造的匕首。但是，它很快就采用了中欧的手工艺品和风格，全面参与了获得金属供应的远程贸易。它作为交易的物品是什么呢？琥珀是肯定的；或许也有兽皮或粗羊毛；可能还有来自北方森林里设陷阱捕捉到的动物毛皮。无论商品是什么，这都是一种地区间的交换，是早期经济组织形式所不能实现的，在城市经济出现在古罗马时期南部温和的欧洲，或在中世纪早期出现在迟来的北部之前，这种交换都是不可超越的。

尽管在欧洲大陆不同地区使用的轻便人工制品有着相似之处，但在生活方式方面却存在着一个主要的地区差异。早期青铜时代的欧洲划分为两个巨大的区域，形成于上个千年。喀尔巴阡山脉以南是一个拥有设防定居点和平头墓地的地区，这些墓地里都有大量的墓葬；这给人一种领土稳定的感觉，在这里，占有土地是社会战略的目标。尽管在这一时期，用于献祭的遗物或"窖藏文物"很常见，但这一地区明显没有像北欧和西欧的图木卢斯古坟那样丰富的、纪念碑式的墓葬。相比之下，在后一个地区，聚落遗迹相对较少，为死者所提供的由牧场草皮筑成的土冢表明，人们更重视将家畜作为财富来源。虽然这可能与不同的人口密度有关，但并不意味着"农民"和"牧民"的一种简单划分，因为每个地区都有农业和游牧，比例可能大致相等；这种差异应着眼于这些活动所具有的社会价值，以及围绕这些活动构建社会关系的方式。墓葬和聚落遗存的差异正是这种不同的体现。

喀尔巴阡山脉以北青铜时代人群的生活方式与欧洲史前时代晚期的几乎没有什么相似之处。这是一个独特的事件，有它特定的时代环境，轻质土壤上的森林被迅速砍伐，以提供数年的好收成和长期的牧场。在最初的1000年（公元前2500年至公元前1500年）里，伴随着重型犁的发展，许多轻质土地被废弃在森林和欧石楠灌丛，那里的墓葬坟墩现在仍旧大量存在。在北欧，青铜时代早期的粗放式耕作模式逐渐结束。正是此时在东南欧建立的这种更为精耕细作的农业生产模式，为今后的发展奠定了基础。青铜时代晚期，在首次的爱琴海城市化实验失败之后，希腊迈锡尼文明在公元前二千纪最后几个世纪倒退至实质上的史前状态；多瑙河中下游沿线被开发的土地数量经历了一次激增，使得它们的丘陵要塞和平坟墓地格局进一步深入中欧，并延伸到欧洲大陆的外围。在第九章，我们将讨论这一时期的"瓮棺墓地"的扩展，其中纳入了一些新技术，诸如先前在城市环境中开发的铜片加工。

这些对比鲜明的青铜时代生活模式，起源于南北之间的差异，这种差异可以追溯到欧洲大陆农业发展的最初阶段，也可以追溯到铜石并用的铜器时代，那时欧洲的农业地点已逐渐分属于两大不同集团（如第五章所述）。在东南欧，以村落为基础的农业首先扎根，大量具有平坟墓地的聚落遗址继续构成社会生活的固定点。自公元前四千纪中叶以来，他们的陶器一直展现出爱琴海和安纳托利亚的精美雅致的、受金属器影响的造型。尽管来自大草原的古坟文化人群侵入了东南地区，但这种稳定的定居格局仍然一直持续到青铜时代。然而，在北欧新石器时代，家庭聚落已经趋向于让位给纪念性陵墓和仪式中心，从这些史前巨石碑墓和土方围墙中迅速转移出来。在绳纹陶文化时期，约公元前3000年以后，北欧的聚落遗迹变得非常分散，诸如绳纹陶和古坟等干草原元素，被采用并融入了社会结构。墓葬在地理景观的组织中仍然发挥着突出作用。北欧这种广泛的耕作和家畜饲养的组合模式构成了该地区青铜时代发展的基础。然而，这一模式渗入欧洲大西洋沿岸的速度较为缓慢，在那里，以巨石纪念碑和礼仪为中心的社会持续的时间较长；而西欧的一系列类似变化只是在约公元前2500年之后才发生的，当时钟杯文化的传播将这些变化带到了西方；下文将对此着重展开描述。因此，本章的章节并不是严格按照时间顺序划分的，而是遵循了一系列整体上影响欧洲青铜时代的区域变化来进行的。

公元前2800年至公元前1800年，钟杯文化现象及其后继者

正如北欧的绳纹陶文化一样，从苏格兰到西西里岛，被称为"钟杯文化"的无把手杯具出现在这些地区，同时代表着一种全新的生活方式。在整个大西洋地区，在公元前三千纪后期，出现了一组常见的手工艺术品：钟杯，圆形坟墩中的单人葬，以及一组相关的武器、小型石器与金属手工艺品。在接下来的几个世纪里，这些钟杯古坟往往构成了这种不断聚集的古冢墓群的核心。早期的考古学家们将这些陶罐的使用者猜想为一组战士

和工匠，即"宽口陶器人群"，他们从西班牙散布开来。这种解释尽管具有一些事实成分，但却错误地定义了这些群体的性质和假定的起源。钟杯文化现象不是代表一个独特人群的连贯性迁移，而是应更恰当地被视为第五章末尾讨论的那种过程的结果：这是传统社会结构崩溃的一部分，以及公元前3000年之后在北欧出现的更具流动性的生活方式。正是这些新的生活方式常常大量侵入西欧较偏远的地区，使得这一时期在考古记录中留下了独特的遗迹，并在这一过程中建立了新的海运联系，使其具有了如此国际化的特征。

这种现象的名称源自具有倒钟形轮廓特征的饮用容器，围绕其器体表面饰有水平的带状锯齿纹装饰。起初这些纹饰高而细长，从边缘到底部具有规格一致的绳纹饰带；逐渐地，这些早期的"国际标准"样式发展成各种区域类型；其中较宽的纺织状装饰带通常出现在较短、较宽的壶身上。早期的钟杯和绳纹饮用陶器之间的相似之处并非偶然，因为像钟一样的形状似乎始于莱茵河三角洲下游绳纹陶杯的一种地域变体，那里是西北欧大陆到达大海的主要路线。正是海路联系使得这些原本处于边缘地位的器型获得了优势，并导致它们在大西洋沿岸广泛出现。与绳纹陶器一样，这些陶器通常也被放置在单人男性墓葬中，这些墓葬往往随葬有武器，并被一个圆形的坟墩覆盖。因此，他们是散居在欧洲大陆西北部的外来人群还在坚持的内陆的文化传统；这些人将内陆地区具有侵略性和个性化的意识形态带到欧洲的新地区。然而绳纹陶杯通常与石制战斧一起埋葬，但钟杯通常是伴着其他武器发现的：匕首，以及诸如三角倒钩燧石箭头和细石护腕的箭术设备。最早的钟杯使用者并不从事金属冶炼，因此最早的匕首是用燧石制成的，虽然很快就换成铜制的了，然后又用青铜材质。完整的武士形象可能是：皮革短上衣，后来变成编织物，由一条带有装饰性骨环的腰带固定，这样的人物图案在后来的阿尔卑斯山西部地区的竖石纪念碑雕像上有着简略描绘。早期的钟杯显示出有别于绳纹陶前身的绳纹和带状纹样：也许后来的束带装饰也很重要，因为"zone"这一单词在希腊语中意味着腰带，并且希腊武士的精英仍然是希腊精锐部队中的步兵，即"束好腰带的士兵"，而黑色腰带在今天的武术中仍然象征着英勇。欧洲公元前3000年的形象充斥着这样的象征符号，钟杯墓表达了适合更灵活和机会主义生活方式的武士价值观。这使得土著群体既面临着对既定价值观的挑战，又有机会加入一个能够接触到外来物质文化的新群落。

因此，在欧洲西部边缘钟杯文化相对突然的出现，表明公元前三千纪初期在中欧和北欧积累的一系列新元素的侵入，这些元素由当地精英或少数敢于创新的外来人结合在一起（往往是在一个处于剧变的阶段），他们看到了打开封闭至今的陈旧社会的有利环境，并可能与其人口中的弱势群体保持结盟。这一过程的破坏性集中体现在两个特征上（这两个特征在大约4000年后对新世界产生了同样巨大的影响）：酒精和马匹。宽口陶器被用来酿造一些类似蜂蜜酒的东西，具有绣线菊或野果等草本植物的香味，这一点可从发现于这种器具底部的花粉粒证实。与绳纹陶杯一样，这些容器暗示了个人的待客之道，而不是迄今为止在西欧的礼仪生活中占主导地位的中央集会场所的大型公共仪式：陶器类型的枯燥细节没有充分表达出文化价值冲突的社会现实。同样，在西班牙或不列颠群岛等地区首次出现马匹时，其数量虽然很少，但它们的影响力一定是强大的。随之而来的，是冶金技术，以及羊毛织物，它们通过吸收染料而呈现出比毛皮衣物或亚麻服装更绚丽的外观。某些显赫人物被埋葬时的伸展（而不是屈膝的）姿势，大概是为了在墓穴里炫耀这种华丽服饰。特定个人（或其继承人！）的这种夸耀，是伴随着钟杯文化传播而来的对财富的态度发生深刻变化的征兆。

这样的表述不可避免地掩盖了在这一进程中遇到的各种情况。它不仅影响了大西洋海上航道，连接了莱茵兰、英国、布列塔尼和葡萄牙等地的区域中心，还向内陆延伸到德国中部和前捷克斯洛伐克，并到达莱茵河上游和罗纳河等主要河流的上游地区。在整个地区，一种共同的象征系统占据了主导地位，它以宽口陶杯和弓箭手的武器装备为中心，具有骨质皮带扣或V形穿孔骨钮等装饰元素，用于紧固短皮上衣。这些都是特别精细的工艺品，有些器物的表面布满了黄金。这些地方精英之间的联系将为高等级金属武器，以及其他装饰品和服装款式的传播提供途径：尤其是从多瑙河中游，那里的金属式陶器制造商在河流沿线设防的区域性中心以及德国中部进行贸易，其中一些最先进的金属加工技术正在此孕育。在此范围之外，是在北欧平原和斯堪的纳维亚半岛，并向东一直延伸到干草原的边缘，后来的绳纹陶文化的形成延续了始于公元前三千纪早期的传统。这些群体的社会组织和聚落类型类似于钟杯制造者的后代，尽管他们在很大程度上缺乏新的华丽服饰，而这些只能通过海路和河运的贸易与交流得到。

然而，即使在大西洋地区，钟杯制造者也与古老而安定的人群建立了各种关系，其中许多人群都有自己的复杂社会组织形式。在某些地区——通常是那些处于早期活动中心边缘的地区——新的生活方式几乎直接占据了主导地位；在另一些地区，这种方式似乎受到了积极的抵制；而其他地区只是采用了某些方面的装饰风格。在这种多样化的反应中，通常很难从意识形态的传播来区分侵入性群体，或者简单地从流行的主题和设计的接受程度来区分人群。这一过程的微妙之处在爱尔兰得到了很好的说明，在那里，铜加工和金器制作的新技术开始蓬勃发展，甚至在金质的新月形项环薄片（新月形的东西）上也使用了钟杯风格图案，但他们没有接受钟杯文化的饮用习惯和墓葬形式。然而，必须记住，所有这些物质文化的新元素都是对社会生活和物质生产的态度发生根本变化的征兆，而不仅仅是出于自己展示的目的。与巨石文化和宗教中心的群体重要性相比，采取刻意炫耀的个人生活方式，这本身就是文化传统及其所支持的社会结构的重大突破。

然而，仅仅根据手工制品来书写这一时期的历史是错误的：精湛的手工艺品只有最成功的人才能获得，而这种社会成功是通过在现实世界中饲养和交易牲畜所取得的成就来实现的。这些制约因素解释了为什么新的财富中心往往与取得过突出地位的早期群体发生地域重合并扩大。在一个仍然树木丛生的欧洲大陆上，适于放牧和积累个人财富的拓荒土地本身就是一种宝贵的商品。由此，像威塞克斯这样资源丰富和广阔的地区仍然具有重要价值。因此，值得注意的是，钟杯文化模式只是在与古老的根深蒂固的正统观念长期斗争之后才在这一地区出现的，如第五章所描述的巨石阵纪念遗迹。最早带有钟杯的墓葬远离这些现存的仪式中心，似乎是信仰与社会实践体系不相容的反映。只有后来的钟杯模式才出现在这样的仪式场所，事实上，它与约公元前2000年史前巨石阵的精心建造和翻新有关，这些巨石阵平面呈环形而不再是孤立于地表的土木纪念碑。类似的转变发生在邻近的中心，比如埃夫伯里，以及附近的西肯尼特长古坟，那里被巨石遮挡，似乎是为了强调钟杯使用者最终获得的象征性权威。侵入式意识形态已经成为新的正统观念。很快，属于钟杯传统的单人葬规模变得越来越大，随葬器物也日益丰富，这标志着"威塞克斯文化"的出现，它是一个具有跨区域联系的精英群体，通过埋于大型图木卢斯古坟中的黄金薄片制品、琥珀和最新的青铜武器得到了证实。

在布列塔尼半岛，盛行另一种不同的模式。在这里，最早的钟杯也集中在像莫尔比昂这样古老的中心；但在古老通道墓中，它们是作为次生堆积而大量出现的——往往伴随着小的黄金饰品，而不是武器。然而，这种融合只是一个过渡阶段，后来的钟杯形式更常见于此集中区边缘新开垦的地区：它可能是莫尔比昂最大的纪念碑遗迹，即卡尔纳克和埃尔德旺的巨石大道，代表着为了应对这一威胁而有意恢复传统价值观的尝试，旨在使当地居民坚守古老的信仰。然而，最终证明，农田的价值不如矿产资源：当与威塞克斯可相比拟的大型古冢墓群最终出现时（与英国同类墓葬几乎同时），它们位于更适合金属开采和海运贸易的新地区——尤其是威塞克斯，他们向其提供了精美的匕首。当时他们的联系还延伸到波罗的海的琥珀航线，以及德国中部的金属加工中心，并从那里获得了他们的设计构思。同时代的法国内陆文化有很大的不同，在巴黎盆地和布列塔尼半岛中东部地区，那里以覆盖廊墓为中心的新石器时代晚期的文化模式几乎保持不变，没有任何新财富的迹象，甚至没有与之相类似的。它们小块零散的开垦土地被证明不易受到新模式的影响，而且缺乏有用的矿物资源，这对冒险者几乎没有吸引力。

在法国东部和瑞士，可能还会发现另外一种模式，这看起来更像是莱茵河上游和罗纳河沿岸小群体的实际入侵。在阿尔卑斯山地区，他们引进了新的武士形象，这从后来的竖石雕像中可以表现出来，并重新排列了早期的石头结构，以制作独特的石棺墓；它们少量地渗透到意大利北部甚至中部。值得注意的是，那里的一些墓葬与稀有的马匹遗骸有关，这些马匹最初是由钟杯群体从多瑙河中游的群落获得的。在法国南部和西南部，钟杯及其相关遗物也很丰富；在这里，它们的形象和生活方式可能更容易改变郎格多克干旱高原及其周围地区的粗放式农业群体。在大西洋的伊比利亚半岛，他们的联系可能首先是作为商人而建立起来的。最早的钟杯文化出现在葡萄牙的南部，表明了人们对航行到海上可及地区的早期兴趣；而且它们很快就渗透到伊比利亚半岛的其他地区，甚至北非的邻近地区。在葡萄牙和西班牙南部，他们遇到了本已复杂且使用铜器的人群，他们生活在精心筑防的中心。钟杯已经出现在圣佩德罗新镇和洛斯米利亚雷斯（值得注意的是，在前者中，主要发生在与冶金活动有关的建筑物中）等聚落，以及后来的集体墓地中。然而，这次接触并没有产生任何革命性的后果，而是和平关系和地位象征的交换。伊比利亚人获得了马匹，大概还有一些奇妙的北欧食谱，以及一种几何装饰技能，这在当地的宽口碗等陶器种类上被广泛应用，并扩展到钟杯直接影响的范围之外。作为回报，布列塔尼半岛的钟杯群体及其后继者获得了伊比利亚的铜（有时特别以当地箭头形状的样式出现），以及稀有的银器。西班牙东部的类似渗透发生在法国南部的邻近地区，将其他使用钟杯的群体带到了地中海沿岸地区。

正是在这个阶段，岛际间的贸易才真正开始在西地中海进行，海上贸易线运送的有小型金属物品和其他贵重物品；与此同时，东地中海的贸易航行还将黎凡特的物品带到了克里特岛。巴利阿里群岛上浮华的筑防中心出土了来自大陆的物品，甚至还有马骨。钟杯到达了科西嘉岛和撒丁岛，甚至远达西西里岛西部，在那里它们被仿制成当地彩陶的风格，就像西西里岛东部的居民模仿特洛伊的骨制牌饰一样；欧洲各地区之间的联系前所未有。

公元前2300年至公元前1800年，德国中部冶金的发展及跨地区影响

小规模的铜加工是由绳纹陶文化人群引入北欧的，但是大部分北方地区缺乏二次风化的发育良好的矿脉，而南方的矿石则易于冶炼。在公元前二千纪末，使用钟杯陶器的后继者将技术进行了改进，最先将铜与波希米亚锡合金化；新技术通过新的干草原连接，从高加索的冶金中心，到达了喀尔巴阡盆地，为当地主流文化的发展奠定了基础。人们对炫耀性物品的普遍兴趣，确保了这一发展对邻近地区和遥远的精英阶层都产生了影响。

正是在这一地点，青铜时代的经典场景出现了：大量的青铜器窖藏品。众所周知，来自这一地区的青铜窖藏数量非常多；还有巨大坟墩下壮观的黄金制品和青铜器物的墓葬。考古学家将这一现象命名为乌尼蒂茨文化（此为捷克语名称，有时被德语化为奥恩耶梯茨文化，这表明了它应该如何发音），由此不仅指明了当地的陶器风格，而且还表明了广阔的冶金地区，在那里它树立了炫耀性物品的风格和炫耀的标准。主要的武器是匕首。钟杯文化的冶金学家已经将单纯由铜构成的刀柄发展为用铆钉连接有机材料（木头、骨头、角）柄的青铜形态。乌尼蒂茨冶金师改进了它，添加了固体金属柄，通过被称为"修补浇铸"的工艺将其添加到刀片中。刀片可以通过冲压来进一步美化，或者通过添加金属钉（特别是在威塞克斯和布列塔尼半岛受乌尼蒂茨文化影响的西部地区）来修饰有机刀柄。这种

刀片也可以用作支臂，通过大铆钉将其与杆柄呈直角连接，从而形成所谓的戟。在此阶段，东地中海以外的地区一般不使用长矛，因为它们很难牢固地固定在杆柄上。斧也是用青铜制成的：平斧（既是贵重工具，也可用作武器），以及轴孔斧，在该地区通常有两个窄而对称的刃部。乌尼蒂茨的冶金学家所通晓的这一行业的其他技巧之一，就是知道如何促进锡的表面富集以生产出类似于银的刀片。

与这些武器配套的是金属饰品，尤其是环形物。一种标准化但大体成形的颈环物（称为乌森环，来自扁平且弯曲的末端）是这一时期另一个矿区的特制品，该矿区或位于喀尔巴阡山脉西部，更有可能位于阿尔卑斯山脉的东部。这些环形物是通过铸造毛坯，然后用锤子敲打弯曲成型，作为标准化的商品被广泛交易，然后再进行合金化，重新铸造，形成最终的形状。其中的一些通过独木舟沿着多瑙河行销，但大多数则有着它们自己的道路，向北穿过前捷克斯洛伐克到达德国中部。在摩拉维亚，在窖穴中发现的样本多达500乃至更多；而在离生产源头更远的地方数量较少。这种贸易表明了少数商品流通的方式，即以金属为其主要价值的铸坯，甚至流向拥有自己金属来源的富裕地区。它不是一个高度差别化的经济体系，而且只有少量的商品才能被交易；因此为了获得锡或彰显身份的物品，比如北方的毛皮或琥珀，金属可能就会以一种明显不合理的方式被交换（可能是低等价物）。这导致了大量青铜在当地堆积，这些青铜被作为成形的祭祀供品而从流通中移除。加拿大西北海岸的现代部落呈现出与这一进程的某种相似之处，他们的"冬节"仪式涉及对以铜为形式的财富的类似破坏，是当地领导人争夺威望的主要手段。对这类物资的控制，集中在少数有势力的家族手中，增强了这些群体的地位。

并非所有青铜时代的献祭遗物或窖藏文物都具有这种特征。在德国中部，此类巨大的窖藏文物主要限于公元前2000年前后的一段时间，进而停息，直到青铜时代末期瓮棺墓地时期一个新事件的开始，当时它们包含了更多使用过的和可回收的残件，表明存在着一种相当不同的行为模式。

在喀尔巴阡山脉的南部，与这种"繁荣与萧条"的交替循环相比，献祭窖藏文物有着更为连续的历史，它们的奉献特性在稍后将要讨论的例子中清晰可见。这既表明来自喀尔巴阡山脉的金属生产具有更为连续的性质，也表明此类窖藏文物在那里发挥了相当不同的作用。与青铜时代丹麦的某些地区一样，在窖穴而不是坟墓中的金属遗物，似乎是奉献财富的另一种手段。再往西，向河流和沼泽献祭的传统可能是沿用了新石器时代的做法。所有这些都说明了动机的多样性，在这种体系中，财富物品的替代用途（例如，供养军队，或更为普遍的交换形式）是有限的，并且所有权也受到限制，而且对物品的适当用途也作出了规定。可以肯定的是，在不安定时期墨守的财富旧观念（由窖藏钱币类推）往往是不恰当的，认为这种遗物表现出了流动商人和工匠的商品存货的观念也是不适当的。重要的是，不要将这种观念纳入基于"窖藏文物范围"的编年体系中，以用来表示战争时期或对入侵的预期。

德国中部约公元前2000年的巨大古墓冢群，有关它们的解释并不那么神秘。特别是其中的三个墓群，由于其规模、结构和内容，从其不太引人注目的同时代平坟墓地中脱颖而出：卢宾根、赫尔姆斯多夫，以及毗邻波兰的莱基马勒。卢宾根和赫尔姆斯多夫坟墩（前者有8.5米高）都有大量木制斜坡墓室。它们与金属生产的关系毋庸置疑：赫尔姆斯多夫是在1906年被发现的，当时正在为一座现代化铜矿修建铁路，被认为可能是一位成功的铜匠的墓葬。当威塞克斯的富豪以畜牧业者的身份获得了声望时，超级财富来自对初级商品的直接控制。然而，这种19世纪的原始表象不应掩盖民族志的现实；卢宾根的墓葬包含有一个木匠工具箱和一块用于金属加工的垫石，还有一枚纯金戒指和黄金衣物夹；从荷兰到伏尔加河的其他图木卢斯古坟，我们已经发现了铁匠设备——这表明，冶金术本身可能是一种深奥的精英技能，不能委托给文化下层阶级乃至工匠的仆人去做。对大自然神秘事物的控制，是权力和权威的另一个标志。

在波兰和德国的邻近地区，受乌尼蒂茨文化风格的影响，主要由其铜和锡提供的金属工业在波兰与德国的邻近地区发展起来，但财富集中度不高。乌尼蒂茨的对外关系，经由一系列媒介，与布列塔尼半岛和威塞克斯等不同地区建立了联系，与其他深入至瑞士和意大利北部的古老钟杯文化网络中心地区也建立了联系。威塞克斯是由英国西部和爱尔兰向其提供金属补给的，那里的本土冶金文化（尽管性质相对简单）当时发展蓬勃。偶尔有来自这条东西贸易链条的部分金属制品到达了另一端的领土，并沿着这个链条传播其他材料，包括黄金、琥珀和锡。毫无疑问，一些有机商品自那以后保存了下来；但此外还有一些生活文化元素，比如传奇、英雄史诗和神话等，都消失殆尽。

斯堪的纳维亚半岛，尤其是人口相对庞大和密集的丹麦，长期被排斥在这种平等社会之外。那里的人们还生活在发展迟缓的石器时代，他们出口琥珀，同时进口爱尔兰斧头和乌尼蒂茨匕首，但在自己的领地内缺乏金属资源，也没有任何规模的本土工业能对进口金属进行再加工。甚至连钟杯文化也未能渗入北欧，古老的绳纹陶文化传统继续存在和发展，并且正在被一种"新石器时代晚期文化"，即"匕首时期"的文化所替代。在这个漫长的阶段，从约公元前2200年到公元前1800年，墓葬是由石棺构成的，男人的随葬品常常是一把燧石匕首。在19世纪农业改良期间，这种没有被大型坟墩保护的墓葬被大量发现，当时发现了成千上万的这类遗物，又以各种方式进入了私人藏品和博物馆。它们具有惊人的上乘工艺，因为燧石工人提供了优质的材料，力求模仿和复制德国中部青铜工匠的成就。尽管如此，那时的斯堪的纳维亚半岛仍必须被视为外围地区，它出口有价值的原生材料，但没有能力利用自有的大宗材料和自己制造的工艺品来参与区域间贸易。这种情况很快就会改变，因为远距离的南北交换将从喀尔巴阡盆地开始。

公元前2500年至公元前1600年，喀尔巴阡金属加工中心的兴起及其广泛联系

在公元前三千纪初，图木卢斯古坟文化的小规模干草原侵入者，进入了喀尔巴阡盆地，主要定居在位于匈牙利东部广阔冲积平原的开阔而日益盐碱化的低阶地带，通过蒂萨河及其支流克勒什河排水（及季节性部分泛滥）。由于使用了轻型犁，开辟了周围的梯田和山麓丘陵地带，使得平原人口减少，因此在很大程度上避免了与当地农业人口的竞争。然而，到了公元前三千纪中期，这两个群体已经在喀尔巴阡盆地东北部合并为一个文化人群，具有农业和畜牧业混合经济。

向东的交流仍然很重要，这不仅是因为人们不断从干草原地区大批进口马匹，而且还要与高加索地区金属加工中心持续联系。公元前2500年左右，大约钟杯文化正出现在葡萄牙，或黎凡特的影响力开始在爱琴海起作用时，在欧洲中东部地区可以观察到高加索冶金人群的冲击力。最引人注目的新形式是金属战斧：它不是当地制铜传统的浅而平的扁斧或斧锤，而是用单片模具铸造，然后锻造成形；它是一种更有效力的深刃型，末端有轴孔，用两片铸模铸造而成。随着这种用于金属物体成形的改良技术的出现，砷作为添加剂被用来提高铜的铸造性能，所产生的刃更为锋利。正是这些创新，加上波希米亚的锡，才使得德国中部的金属加工有了发展空间。但是，以特兰西瓦尼亚为中心的新喀尔巴阡金属文化，其发展速度较为缓慢（或许是因为在铜器时代，易于开采的矿石已经被开采殆尽），并且初期影响也较小。最初他们也缺乏创新，其主要产品是砷铜合金的轴孔战斧。典型的类别具有一个突出的轴管，窖穴中偶尔会出现多达30个样本，例如在特兰西瓦尼亚的巴尼亚比奇（原巴尼亚布克）。与之类似的当地变种广泛出现在罗马尼亚东部和保加利亚，并且确实穿过干草原地区，出现在图木卢斯古坟下面所谓的"洞室墓"（带侧室的坑道），这种地下墓穴继承了这一地区早期的竖穴墓。其他器物包括柄式凿，也发现于高加

索。这些器物，以及作为主要金属武器的斧头的主导地位，显示了这一传统与高加索的紧密联系，并将其与这一时期更西方化的匕首使用风格区分开来。

这些群体在蒂萨盆地及其边缘的聚落，以群落格局或台形土墩的形式出现，但这些聚落不同于新石器时代的前身（虽然偶尔叠加其上，如赫帕尔），它们被壕沟和堤岸环绕，相比早期长期有人居住的群落，它们被创建的时间跨度较短。根据黏土模具的遗存判断，其中一些遗址进行过金属加工；某些河畔聚落，比如多瑙河岸（与德拉瓦河交汇处附近）的伍切多尔文明考古遗迹，更具有堡垒的特征。但在这一网状分布的某些地区之外，譬如蒂萨河和毛罗什河（穆列什河）交界处，那里出现的却是大量平坟墓地，这种模式主导了喀尔巴阡盆地东部青铜时代的地理景观。

在匈牙利西部地区，沿着多瑙河，平坟墓地更为典型，这种模式延伸到多瑙河上游，直到奥地利和巴伐利亚。这些地区主要由生产环锭（乌森环）的铜资源提供物资，在生产饰品，比如饰针，尤其是适合作为头饰或服装紧固件和装饰品展示的小型片状饰物时，它们的金属物质被仔细节省下来，往往用骨质物作为原型。项链是用贝壳（包括最近的和化石的）制作的。另一种用空心珠辅助金属性的人造材料是玻璃粉（通常误称为彩瓷），用蓝色碳酸铜着色，可能是由于熔炼当时用作铜资源的较复杂的矿石而发现的。尽管如此，在金属供应较为充沛的地区，这些群体生产出自己的斧头品种，或使用了德国中部类型的匕首。河流提供了这一网络的主干线：尤其是多瑙河，将其河岸和支流沿线的群落联系在一起，在运输系统的节点处有着特别集中的财富。虽然农业生产必定已经占据了这些群落的大部分日常生活，但进口物资的流动逐渐开拓着销售网络，特别是在沿河的独木舟运输过程中，具有独特优势的地区和地点。除畜牧业和初级生产外，这是第三条致富之路。通过金属和其他商品的远距离贸易的增长，少数地区的地方优势将得到进一步增强，这三大优势的结合将产生惊人的财富集聚。

喀尔巴阡山盆地——现在开始对丰富的特兰西瓦尼亚矿体进行更大规模的开采——所形成的冶金群体已经发展到更加庞大的规模。在公元前三千纪后期，金属的使用和初级金属加工已经通过干草原部落传播到有着铜资源的乌拉尔南部。这些不仅满足了当地的需求，森林群体开始越来越多地采用农业，并且开始生活在半地穴的矩形房屋中；而且在公元前2000年之后的几个世纪里，它们供应了更大面积的草原区。除了北部的本廷大草原，它被号称"多重浮雕带"（多层）的陶器制造者居住，里海北部地区还以新的、更大的坟墓为特点，其中包括一个用木材建造的地下洞室（木椁墓），可能复制了同时代的房屋。向东，一直到阿尔泰山脉，关系密切的安德罗诺沃人群将这种生活方式带到了蒙古边境，那里有着更丰富的铜锡矿藏。这些新的冶金中心在整个草原上保持着联系，它们的连接一直延伸到中国北部。这些群体的一个常见组件，是一种带有空槽的物品，它通过带有吊芯的两片式模具铸造成形。在整个草原地带，这些关联所隐含的流动性源自马匹的使用，尤其是新发明的战车：一种轻巧的曲木结构，可以很容易被当时的小马拉动，而马匹是通过连接马笼头和马嚼子的尖状鹿角马勒带来控制。在乌拉尔山脉南部辛塔什塔遗址的木椁墓地，已经复原了5座战车墓穴（车轮陷入地上的槽中），马匹被埋于图木卢斯古坟里，露出其头部和（填充的？）毛皮。

在公元前二千纪的最初几个世纪，喀尔巴阡盆地得益于这个广阔腹地的存在，从而创造出当时最先进的"野蛮人"文化。特兰西瓦尼亚的金属工匠结合了德国中部开创的冶金技能（如铸造刀柄）和本廷大草原周边地区网的冶金技术，以及他们自身丰富的铜和金的资源，提升了自己的雕刻工艺和技巧。他们的主人（因为他们现在肯定雇用了专门的工匠）生活在大型的设防群落里，使用像他们的草原邻居一样的战车，与温带欧洲的周围地区进行远距离的贸易，很快其影响力就波及了欧洲大陆的所有地区：丹麦、意大利、希腊，并以不太直接的方式影响到远至不列颠群岛的武器设计。

匈牙利东北部沙地地区的豪伊杜–沙姆雄窖穴，是这些发展的缩影，人们将这一地区约公元前1800年的这段时期以其名字命名。它是1907年在排水工程中被发现的，含有一把实心柄的剑，剑尖指向正北方，与其交叉还横放着12把具轴孔的战斧，斧刃指向西方。显然，这是一种奉献的祭品，而不是偶然的损失或在危险时期隐藏的一系列财产，它代表了相当数量的财富。剑和其中三把战斧上均雕刻着C形的涡卷纹和曲线纹，它们各自都是独一无二的，而不是大量生产的。在罗马尼亚边境的阿帕，也发现了一把类似的剑与三把战斧。在一个主要挥舞斧头的地区，剑是颇为特别的武器，是为了承袭匕首风格的辉煌开拓，因此增加了长度。铸造剑柄是德国中部的一个特色，尽管长尖头剑刃是一种复杂的本地设计；轴基本上属于高加索的风格，但使用铸造的圆形粗柄，具有独特的旋涡状装饰，在这一点上采用了本地类型。这类装饰风格的起源是什么？

答案在于另一类物体，也与显示威望的用途相关联，并且具有草原背景。各种装饰有鹿角和骨制品的物品，组成了一套马具：马勒带、皮带连接，可能还有成套的鞭子。它们用圆形细木来修饰，通常构成同心圆、连续的波形（波纹装饰），或C形的涡卷纹。这种装饰物的更简单的形状，是在草原的马具上发现的，它们与战车的使用有关。四轮辐车的黏土模型，表明了喀尔巴阡盆地中此类车辆的存在。喀尔巴阡山脉和乌拉尔山脉的马具，在形状上有一些差异：前者以棒状的马勒带为主，而后者则是圆形尖状的；但毫无疑问，它们是密切相关的，而且在这两个地区确实存在混合形式。然而，喀尔巴阡马具的装饰更为丰富，这种圆形细木加工准则曾经发生在金属制品甚至陶器的曲纹装饰上。这种装饰风格体现在实心的铸造金器上，例如南斯拉夫北部比列的金臂环；以及在比哈尔郡（现分割在匈牙利和罗马尼亚之间）发现的一组华丽的薄板金杯上。这些都不是用车床加工完成的规则形状，比如公元前二千纪东地中海的样本，那里已经在使用轮制陶器，但这证明了喀尔巴阡金匠的本土技能。稀有的铁制品，譬如斯洛伐克加诺维奇的一把匕首柄，它表明当时的冶金工匠已经熟悉多种材料。这个地区的陶器，也展现出有别于金属制品的摆荡曲线和雅致的设计，同时这些物质文化产品是史前欧洲最精致的遗物之一。

这些人群的财富，反映在这一时期通常坚固设防的聚落中。从这些遗址中发现的文物，以及该地区特有的大型青铜窖藏文物，在一定程度上弥补了壮观的奢侈墓葬的缺乏——这往往是政治不安定的表现。相反，数以百计的台形土墩遗址给人一种稳定而有组织的生活方式的印象。在贸易路线的关键地点，沿着河流，特别是向北穿过喀尔巴阡山脉的路线（如斯洛伐克的尼特拉斯基城堡和斯皮斯基–斯特沃托克），主要的防御工事遗址带有山丘堡垒的特点，它是否在铁器时代之前就具有长方形的防御城墙尚未可知。在斯洛伐克的巴尔卡有一个这样的遗址，一个地层中保存有房屋遗迹，内含精美的青铜器、琥珀项链、金珠和发饰。这些发现是广阔的远程联系模式的一个组成部分，为公元前二千纪中期青铜时代的温带欧洲创造了一个新体系。

远程贸易路线

如前所述，在钟杯文化时期建立并在青铜时代早期发展起来的联系模式，将大西洋地区与德国中部以一种大体东西向的格局连接起来，一般不包括丹麦；而新体系则强调了从波罗的海到多瑙河的南北连接。斯堪的纳维亚半岛也转变了自身角色，从一个被动的进口商和模仿者，转变为远程贸易的一个积极参与者，并拥有自己独特的青铜铸造风格。在这些路程上流通的商品体积小，价值高：琥珀是影响考古记录的商品，特别有助于重建联系模式，但一定还有更多的易腐材料。考古学家重建了两组可能的路线，一方面是丹麦西部与莱茵河和多瑙河上游之间；另一方面是丹麦东部与奥得河和多瑙河中游之间，它们通常并存，但有所竞争。

这条路径是由北喀尔巴阡地区开创的，它于公元前1800年左右取代了衰落中的德国中部地区，其特征是这条路线上散布着一种独特形状的由曲线装饰的斧头。这条路线穿过前一个群体的领土，直到波罗的海西部，在那里发现了十几把阿帕类型的剑。如果我们没有被不同的保存条件（比如当地常见的窖穴和仪式遗存）误导，那么似乎最好的物品好像经历了最长的距离，以到达有权势的地方酋长手中。这对社会重建具有重大意义，因为它意味着一个横跨北欧平原，并绕过早期权力中心的联系网，以及更为明确的联盟。除了以当地特色风格模仿的剑和战斧，矛头也首次出现在斯堪的纳维亚半岛。这些物品，仍然相对罕见，只出现在窖藏中；但精英人士还是以葬于圆形坟墩或图木卢斯古坟中为特征，在一定程度上正逐渐取代欧洲中西部大部分地区的平坟墓。

从更广义上来说，喀尔巴阡山脉的青铜铸造文化的影响力，也扩展到了西部地区——多瑙河沿线、阿尔卑斯山前陆，北至莱茵河到大西洋，南至罗纳河。这不仅体现在新式样矛头的传播上，还反映在匕首刃更细微的尖头轮廓上。不久，这些匕首也逐渐被加长成剑，采取的是狭长的刺击形式，而不是持斧地区的宽大的砍击形式。更精致的青铜吊坠、脚链，以及长长的螺旋形手镯的传播，也影响了女性的外表。而一种独特的有车轮头形状的饰针可能表明，当地精英人士已经获得了威望的终极象征——战车。在莱茵河和多瑙河上游相连的地区，人们开始实行图木卢斯墓葬，而这个日益统一的地区通常被称为图木卢斯文化的领地（尽管在大西洋地区也曾出现过图木卢斯文化，但这是对钟杯文化时代一个完整传统的延续）。在与北方的远程贸易中，这一欧洲中西部的文化群体迅速成为与以前建立的喀尔巴阡群体的竞争者。图木卢斯文化群体的一个活跃分支，也逐渐立足于德国西北部地区，它以吕讷堡草原为中心，凭借那里的贸易路线，沿着干旱的冰水沉积砂进入日德兰半岛的西部。从这里，诸如琥珀之类的物品沿着新的联盟轴线进入地区间的流通；德国南部的金属和金属制品到达并开始影响斯堪的纳维亚半岛。这里的本地青铜文化达到了一个新的高度，以一种独特的、基于熟练铸造的地方工艺，制作出了饰以螺旋形的武器和女性饰品（项环、固定腰带的金属板）。大西洋地区，如英国和布列塔尼，也受益于这种西移的活动；而波罗的海地区则越来越多地通过独木舟交通与展现在同时代岩画上的各种船只联系在一起，它们本身也成为精英权力的象征之一。

与此同时，喀尔巴阡盆地的输出继续保持不变。当西部地区，比如潘诺尼亚和斯洛伐克西部地区，加入新的图木卢斯文化轴心时，东部地区仍在继续进一步完善早期的传统，并扩大了青铜和黄金生产。有迹象表明，从特兰西瓦尼亚沿多瑙河下游到黑海，可能已经向南建立了新的远程联系，从而与北爱琴海人群和力量日益强大的迈锡尼建立了联系。来自罗马尼亚佩尔西纳里的一把金匕首，还有一起被发现的三个金戟刃，似乎显示出爱琴海（或安纳托利亚）对剑柄设计的影响；在黑海西部周围（武尔奇特伦、拉迪尼、克里佐夫林），模制成品金器的出现，标志着这项更先进的技术向温带欧洲的传播；在那里，它也被用于木杯、页岩和琥珀的精加工。在迈锡尼竖井墓中，用波纹装饰的圆形细木制成的遗物（包括马具）的出现，可能表明本廷周边驯马技能是这些联系中较为无形的产物之一。琥珀珠提供了这个时代与图木卢斯文化区进行远程联系的更为具体的证据：其中包括一个类似于新月形项饰的具有复杂钻孔的独特垫片，它必须经过德国南部和意大利才能到达早期的迈锡尼皇室墓地。因此，迈锡尼凭借其欧洲内陆地区的财富，作为爱琴海强国首次亮相（见第六章）。在随后的几个世纪（特别是或许在其权力达到鼎盛时期的公元前14世纪），折凳的出现表明图木卢斯文化区继续向北联系的迹象；也可能是用于战车车轮制造的更复杂的木工手艺形式，正如最早的金属模型（托博尔和特伦霍姆）所表明的。折凳最好的证明是在遥远的丹麦，那里用挖空的树干制成、放置在石冢下古坟中的棺木，其独特的保存条件，不仅发现了木制物品，而且还有成套的羊毛服装。尽管饰有刺绣等各种图案，但这些织物的单色外观，与爱琴海青铜时代壁画上的精美彩色织物还是形成了鲜明的对比；文化复杂程度的差异，证明了引进风格和进口的南方产品对偏远北方民族的影响力。然而，这种联系太少，而且很不稳定，不足以产生根本性文化变革，也无法建立起各种社会相互依存的关系，而这种关系是城市社会与其野蛮内陆地区之间在公元前一千纪的关系特征。青铜时代的欧洲仍然是一个自治领地。

西地中海世界

尽管爱琴海和安纳托利亚因其自身的经济和政治问题，被东地中海青铜时代的国际社会所日益吸引，但西地中海仍然是史前欧洲的一部分。随着爱琴海（尤其是迈锡尼）势力的增长，西西里岛、意大利和撒丁岛比内陆欧洲更深地受到海运贸易路线的影响，但法国南部、巴利阿里群岛和伊比利亚岛基本上没有受到影响。直到公元前二千纪末，当时在促使近东青铜时代社会走向尾声的变化中，迈锡尼王室已经荡然无存，新一代敢于冒险的商人比他们的以宫殿为基础的前辈更为深入。

公元前三千纪后期的西班牙南部，钟杯文化在传入当地之后，大部分被本地区的铜器时代人群吸收；但是钟杯文化带来的创新，以及这一干旱地区环境的长期恶化，使得像洛斯米利亚雷斯之类具有小型园艺基地和以礼仪为中心的政体，其社会的稳定性被逐渐削弱。新的中心，虽然大致位于阿尔梅里亚至巴伦西亚的沿海地区，却处在不同区域和不同位置，这本身就证明了生活方式的根本改变——可能涉及更多的畜牧业因素，以及蓄水池的使用。它们大多占据山顶建造聚落，有些蔚为壮观，由厚厚的石墙防护，并将许多长方形的小屋围在一起，铺成街道。它们始于公元前2200年左右。在整个群体因其而闻名的阿尔加，无论是在石棺墓中，还是在稍晚阶段的大型陶罐或酿酒池中，都发现了大量的单人墓葬。这些墓葬有丰富的随葬品：与男性相关的有红铜或青铜斧、匕首或戟，与女性相关的是锥子和刀；有时还有银饰，包括戒指和叶状的带状头饰。陶器尤为精美，虽然是手工制品，它们通常以圆形为基础：包括雅致的带基座的高脚酒杯和由黑云母黏土制成的其他饮用器皿，其外观略类似于同一时期的布列塔尼银杯，也许它就是在这里制造的，尽管此地并没有任何保留。在该地区丰富的多金属矿床中，大量的金属显示出如同青铜在欧洲其他地区的类似经济作用，这些金属仍然主要来自当地。大量的银（可能主要是天然的，而不是铅的提取产物）在青铜时代的欧洲并不常见，但或许反映出本地的原料来源，而且它似乎在流通中没有任何特殊作用。按照中欧的标准，青铜冶金相当简单，主要是相当基本的扁平铸件设计；尽管进行了一些创新，但这一传统贯穿整个公元前二千纪。

西地中海群岛表现出与西班牙相同的变迁：在钟杯文化期之后，从神庙和集体仪式的埋葬地转向单人葬和防御工事的证据。例如，在马耳他，塔尔欣神庙上面覆盖着一座墓园，里面的单人火葬墓都随葬有青铜扁斧和匕首。在科西嘉岛和撒丁岛，巨石纪念碑让位于用于防御目的的安全石头建筑：托里古塔和努拉吉圆锥形石建筑。在公元前13世纪及其之后，它们逐渐发展为相当复杂的建筑，就像巴利阿里群岛的塔拉约茨巨石碑一样。

在这些地区，公元前二千纪初期是一个相对孤立的时期。另一方面，从钟杯文化时代开始，法国南部不断受到罗纳河谷沿线的冲击和影响，从青铜时代早期的实心柄三角形匕首，到当地的图木卢斯建筑群设施，表现出与中欧地区类似的转变。它的历史与欧洲内陆的历史紧密相连。意大利北部也与更北端的发展密切相关，其湖畔聚落构成了阿尔卑斯山周边地区的一部分。这种相似不仅仅是一种环境：阿尔卑斯山口使用率的不断增加，以及作为迁移性放牧路线（通常以石雕的集中为标志，譬如贝戈山和梵尔卡莫尼卡山谷）的上游河谷的使用，导致了与斯洛文尼亚（和喀尔巴阡盆地）以及瑞士与罗纳河谷之间更大程度的跨山脉文化交流。因此，意大利的青铜文化在很大程度上与中欧相似，与之相关联的有大量的进口商品，而且可以发现大量的进口产品，这些产品证明了人们希望获得最新式的武器和装饰品，甚至诸如带木材的城墙等防御设施。但是，意大利中部具有更多的自身特征：在沿海平原拥有大量的遗址，在亚平宁山脉有着广阔的居住遗址，其物质文化并不太丰富，这可能代表着一种广泛的畜牧业经济。不过，众所周知，低地遗址参与了与迈锡尼社会的贸易，因此不能认为该地区在经济上是自治的。再往南，在意大利南部和西西里岛，与迈锡尼的联系引发了实质性变化。

仅仅用"殖民地"的术语来理解迈锡尼人对地中海中部的渗透是错误的，就像欧洲人影响美洲一样。组织架构的差异远没有那么明显。位于西西里岛、意大利南部和撒丁岛之间的伊特鲁里亚海，先前承载着一部分以利帕里群岛为中心的本土海运交换网络，那里的利帕里卫城脚下的地层显示出一系列大型建筑遗迹。在公元前三千纪期间，一个运销金属和其他材料的局部沿海贸易体系，在这里逐渐发展起来，而米诺斯和迈锡尼的贸易很有可能就是从与它建立联系开始的。从科孚岛到塔兰托湾的航程很短，从那里到墨西拿海峡的一条沿海路线可以进入伊奥利亚群岛，在公元前二千纪早期，一些贸易可能就是以这种方式进行的。到了公元前16世纪，在迈锡尼的竖井墓时代，很可能这些联系提供了琥珀等材料到达伯罗奔尼撒半岛的途径。（亚得里亚海航线直到公元前13世纪才投入使用。）在公元前15世纪和公元前14世纪，这些交易规模不断扩大，尽管它们可能仍然是通过类似于利帕里岛和那不勒斯附近的一个小岛维瓦拉等这样的贸易港来进行的。这条西意大利的贸易路线，为远途欧洲贸易体系与地中海体系的连接提供了一个契机，意大利金属由此进入迈锡尼体系。西西里岛也被牵扯到这种海上贸易中，或许是以本地特产参与进去，而不是远途商品。到了公元前14世纪，在西西里岛锡拉库扎附近的塔普索斯建造了一座宏伟的宫殿式建筑，带有走廊和长方形套间。虽然并非极度迈锡尼化，但这样的一种结构只能存在于复杂的经济和对外交流背景下，譬如迈锡尼附近墓葬的随葬品以及塞浦路斯的陶器和金属制品所显示的时代线索。

因此，沿地中海向西，复杂性不断下降，从东地中海的国际大宗贸易，穿过意大利和中地中海岛屿的接触区，到伊比利亚的相对隔绝状态。这种迅速的下降幅度既反映了在公元前二千纪末改革之前青铜时代航运的局限性，也反映了东地中海青铜时代指令性经济贸易的集中性。正是这一体系的革命，以及从大约公元前1300年开始的海上贸易的结构调整，才开启了另一阶段的活动，对后来青铜时代的欧洲产生了深远影响。

结语：青铜世界的边缘

发生在公元前2500年至公元前1300年的欧洲转型，是文化和社会层面的，而不是经济和政治的。伴随城市化而来的根本变化只不过影响了欧洲大陆的边缘，虽然青铜时代的近东出现了一系列规模不断扩大的国家和帝国，但欧洲仍保持着它的自主性。所改变的是其社会组织的性质，以及是如何发现物质遗存的。相互竞争较小的地方，那里的王朝领袖建立了复杂的同盟网络，以确保成功的物质象征。没有任何一个地区与其邻国有大的差别，以至于重组其生产性质或从事不平等贸易。没有任何要塞主宰着文化景观、强制执行领土分界或宣称拥有领土控制权。某些具有普遍价值的商品，给生产这些商品或在其分销中居于中间商地位的地区带来了农业财富以外的繁荣；但这并不是通过社会分层和对劳工的剥削来实现的，而是通过参与一场精心策划的胜人一筹的游戏来实现的，这取决于对成功的象征性标志物的获得。即使拥有像剃刀和镊子这样的简单物品，也可能会改变身体的外观，从而增强社交距离。城市文化的聚合性，确保了新形式的物质产品（及其生产方式）的获得，以保持游戏的进行：新颖的饮食习惯、服装、家具、交通工具、威望装饰品，以及武器。然而，欧洲社会并没有像铁器时代的"野蛮人"社会那样，依赖于稳定流动的外来商品。他们存在于青铜时代社会体系的边缘，由于该体系的存在而发生了改变，但尚未构成其活跃部分。

德国学者将这一时期的巅峰描述为"霍奇青铜时代",即公元前1300年后影响整个旧大陆变化之前的"青铜时代巅峰":东地中海宫殿实验的崩溃和那里的铁器时代的开始,欧洲瓮棺墓地、高加索和伊朗高地的青铜冶炼活动的激增,草原上真正游牧生活的开端。后来的欧洲青铜时代在性质上与它之前的时代大不相同:它的山丘堡垒、野外系统、平坟墓地、废料窖穴,以及河流中的献祭遗物,共同表明了一个不那么稳定和有序的社会,在这个社会中,领土斗争更为严重,必须进行彻底的重组。

第八章

爱琴海文明在青铜时代末期的崩溃

默文·波帕姆（Mervyn Popham）

公元前1200年左右，东地中海的政治版图发生了巨大而深刻的变化。在希腊，迈锡尼王宫被摧毁，而在更远的地方，埃及和赫梯这两个大国受到了严重的外部攻击，导致埃及控制权的迅速下降以及赫梯首府博加兹-库伊的灭亡。叙利亚、巴勒斯坦和塞浦路斯的中间国家遭到进攻，整个地区受到广泛而毁灭性的破坏。接下来的一个世纪是混乱的：在许多地区出现了移民，人口重新组合，伴随而来的是有些地区变得荒无人烟。在另一些地方，我们发现了"外来"民族的聚落或混合群落的建立，它们将以前文化的不同元素结合起来，使其具有了新的特征。它最初看起来可能会带来一些稳定和适当的繁荣；但随后，总体而言，这一复兴失败了，尽管在不同的地区呈现出了不同程度的复苏。

在希腊，攻击进一步加剧，人口严重减少，这里的迈锡尼文明迅速衰退并走向实质上的灭绝。赫梯文化的某些方面在叙利亚北部持续了一段时间，但其家园仍旧荒芜。巴勒斯坦的大部分地区恢复缓慢，幸存者处于低谷；例外的是，在巴勒斯坦南部的聚落拥有新的人口，巩固了自己的地位。在塞浦路斯，他们所见证的城市重建和手工艺的繁荣被摧毁，随后迅速衰退。埃及不再是一个强大帝国，它遭受了更多的外部攻击和内部纷争。

青铜时代晚期旧文明崩溃的原因颇有争议，很可能是多方面的。然而，存在着相当多的考古证据的事实依据，可以增加一个合理的假设，即东地中海地区总体情况大致统一，这表明了某些共同因素和某种相互联系。

我们关注的主要地区是希腊，以及爱琴海，再向南延伸至克里特岛，对那里的证据我们先做一概括。

进攻的准备以及约公元前1200年的毁灭

到约公元前1300年希腊铜器时代文化晚期开始时，迈锡尼王国发生了根本性的变化。他们的统治者和贵族不再关心修建宏伟的石造陵墓（圆顶墓），事实上，几乎没有任何证据证明具有前几个世纪风格的墓葬得以延续。梯林斯和皮洛斯的宫殿，也许还有迈锡尼和底比斯的宫殿，早早就形成了它们的最终形制。公元前13世纪（希腊铜器时代文化晚期的IIIB阶段），在主要中心和其他地方的建筑资源大部分被转用于防御工事。在迈锡尼和梯林斯，城墙得到了加固和扩建，并在地下修建了通往外部水源地的通道。雅典卫城也采取了类似措施，在那里，通过可观的地下工程，确保了对水源的获取。在维奥蒂亚北部，格拉的新的设防聚落是在科派斯盆地的高原上建造的。同样表明入侵危险的，是科林斯地峡的一座城墙建筑或具备棱堡的堡垒，其设计可能是为了封锁从北方通过陆路进入伯罗奔尼撒半岛。

这一点和其他证据表明，人们普遍害怕受到攻击，甚至认真做好了受长期围攻的大量准备工作。对这种恐惧的原因有多种解释，但最有可能的有两个：一个是侵略性的跨区域竞争，另一个或为外部威胁。地峡的防御工事及其部署，表明了人们对来自北部攻击所做的准备，或许来自维奥蒂亚以外的地区，似乎很有可能的是，格拉的城堡原本是作为一个防御性的难民中心和军事前哨。那么雅典卫城的设防很容易解释，因为这座城市位于任何敌对军队前往伯罗奔尼撒半岛的路线上。但是同样的，在一个许多的重要中心都位于或靠近海洋的国家，防御海盗袭击的可能性仍然存在。

鉴于希腊的地理情况，其农业用地面积有限，同时依赖这些土地的众多人口。因此，对主要的有关地区间冲突的另一种解释是完全有可能的。后来的希腊历史，尤其是公元前5世纪和前4世纪的，清楚地说明了相邻城市或国家联盟之间的竞争是如何产生的。它是一个以迈锡尼为中心的主流迈锡尼帝国的概念，主要源于记载特洛伊战争的《荷马史诗》，这导致了这种可能性没有得到应有的重视。

在权衡各种解释的可能性时，考古证据的局限性显而易见。而且，通常情况下，可能的答案更多的是在事件的结果后，而不是在我们现在所关注的其可感知的过程细节中被揭示出来的。

很明显，至少从轮廓上看，一些事件的先后顺序是可辨别的。底比斯的毁灭发生在公元前13世纪初前不久，当时城堡内的一座象牙作坊被烧毁。然而，这很可能是一场局部的，甚至是偶然发生的火灾，除非认为奥尔霍迈诺斯的大型建筑被摧毁于同一阶段，目前资料还太粗略，无法确定。

但是，蓄意用火摧毁皮洛斯及其宫殿的行为是明确的，当然也具有重大意义。这一事件，依我之见，发生在公元前13世纪初，鉴于雅典卫城没有设防，这显然是一个没有预料到重大威胁的时期。如果这一年代是正确的，它极有可能促使其他主要中心开始认真对待他们自己的防护，并加强其防御工事。攻击的结果后来在迈锡尼可以看到，那里城堡外的建筑也被摧毁，附近的聚落亦然，包括齐高利斯和贝尔巴蒂。这通常可能发生在大约中世纪或稍晚一些，虽然可能不太精确。进一步加强和扩大迈锡尼的防御工事，可能会使其壁垒内的某些文化活动撤出，这可视为一种正常反应。正如我们所看到的，其他地方也进行了类似准备工作，特别是在梯林斯。尽管采取了大量而精心的防御，但这些保护措施不足以应对约公元前13世纪末突然出现的重大威胁。迈锡尼、梯林斯，以及阿戈里德半岛登德拉的堡垒，都被夷为平地并烧毁。然而，破坏绝不限于该地区。在其他地方，伯罗奔尼撒半岛、斯巴达（梅内莱奥斯）附近，以及尼科利亚，类似灾难的证据都很明显。在更远的地方，底比斯和维奥蒂亚的格拉城堡等中心也被摧毁；再往北，塞萨利的伊尔科斯聚落也遭受了破坏。这些事件是否大致同属一个时期，可能仍然是不确定的。考古证据的局限性——基本上是这一阶段的陶器——表明当时的统一性不如以前，留下了至少四分之一个世纪的时间空白。

破坏的结果

希腊大陆和爱琴海群岛　但是，灾难的程度是毋庸置疑的。不仅主要的中心遭受了损害，而且周边地区也受到了影响。经过考古勘探的少数小规模聚落，除极少数例外，也都呈现出同样的普遍破坏景象。更为重要的是实地调查的结果，展现出乡村的普遍荒芜，许多墓地停止了使用为这一情景提供了佐证。当然，也有一些幸存者，正如我们所看到的，一些聚落得到了恢复。特别是，迈锡尼和梯林斯的旧中心得以部分复兴，人口稠密，也许是在一些人从空旷的乡村撤出之后，这可能也是阿戈里德半岛南部亚辛墓葬增加的原因。另一个相当重要的结果是居民的流动。某些地区的人口有所增长，这似乎是来自其他地区的难民聚集的结果，他们可能受到了更大的威胁。当我们将公元前13世纪希腊化IIIB晚期的遗址分布图与此后的分布图进行比较时，总体情况就非常明显了，当时大片地区的居民肯定是非常稀少的。

爱琴海的岛屿在多大程度上也受到了影响，人们尚不得而知，因为这一时期的聚落与墓地截然不同，很少被发掘出来，充分公布的就更少了。西弗诺斯岛和米洛斯岛这两个岛屿，在公元前13世纪显示出了对防御工事的关注。就后者而言，长期存在的菲拉科庇聚落虽遭受了一些损毁，但得以幸存。在帕罗斯岛，某种动乱可能导致了在公元前1200年后不久，在远离中部平原的岩石高地上一个设防聚落的建立。再往西，我们也缺乏对于小亚细亚海岸的多德卡尼斯群岛和迈锡尼人的聚落的有关资料。公元前1200年后不久，罗得岛已知的遗址显示出一些收缩的迹象，但另一方面，亚吕索斯的主要城堡遗址的墓葬数量增加了。这样一种模式或许意味着向更安全的地方撤退，但并不排除难民抵达的可能，他们中的一些来自大陆，另一些则来自附近的岛屿，譬如喀帕苏斯岛，那里此时显然已经荒废了。塞拉吉里奥，科斯岛的主要城镇，至少部分遭受了火灾的破坏，但之后仍被使用了一段时间。

根据发掘者对约公元前1200年的最新表述，在小亚细亚的对岸，迈锡尼的米利都殖民城邦被烧毁，随后修建了一堵巨大的防御城墙。证据很薄弱，但表明了对危险的预知，紧随其后的是攻击和破坏，后者明显见于看似荒芜的几个岛屿中。

克里特岛 克里特岛以南的情况要清晰得多，在某些方面类似于大陆：一些遗址遭到破坏，更多的则被放弃，还有已知聚落数量的减少。在这种情况下，虽然人们没有统一组织，但还是经常撤退到更容易防御的地点。例如，在帕莱卡斯特罗，居民离开了海滨平原上长期居住的城镇，转而选择了附近的卡斯特里天然卫城，在时隔大约800年后再次被占用。

然而，情况要比这复杂得多，这种观念或许是可能的，因为我们现在更了解情况。这种理解甚至考虑到了该岛的独立特征及其地理位置，也许能够更好地引导人们获知其他地方发生的事件及其成因，因此仍然值得更全面地考虑。

虽然该岛未曾从约公元前1450年的严重破坏和其帝国的海外丧失中完全恢复过来，但到了公元前13世纪，它再次变得人口稠密，并享有一定程度的繁荣。此时，它的主要中心很可能已经从位于中心区的克诺索斯转移到了西部的干尼亚（古老的科多尼亚）。到公元前13世纪末，在经历了漫长的孤立阶段后，克里特岛再次开始在国外产生影响，陶器出口是其主要指标。花瓶，主要但不完全来自克里特岛西部，它们大量到达了塞浦路斯，稀疏但广泛分布在多德卡尼斯群岛和希腊大陆。更令人惊讶的是，它们到达意大利南部甚至撒丁岛的数量相当多，而且，在这种情况下，交换是相互的。在包括干尼亚在内的一些克里特岛人的遗址中，出现了少量明显的异国花瓶，为手工制作的灰色器皿，主要是大的罐子、碗和杯子，其形状和构造与意大利南部的陶器最为相似。同一时期可确定年代的是显然进口于同一地区的极少数青铜器，克诺索斯的一把刀和马利亚的一枚胸针；在目前无法确定年代的情况下，可能还有其他物品。然而，它们的重要性主要在于，它们是在公元前13世纪末的混乱和破坏之后到达的已知的更多事物的先行者。

证据主要来自高山高原的赛克罗宗教洞穴中的祭品，那里离卡尔菲难民聚落不远，是一个有着广阔海岸线的地方，但却严重暴露在风和冬季的降雪中。在大规模抢劫之后还保存的青铜祭品中，有13件物品表现出强烈的意大利或中欧风格，以及是其可能的起源，特别是匕首和刀，还有一些扣针，以及一枚旋转饰针。剑或匕首祭品中的两把刀柄，其外形是爱琴海风格的，矛头也是。对于欧洲的这些形式，我们必须注意公元前12世纪IIIC阶段的3个武士墓葬，在岛的东部出土了5把瑙维[1]二代的劈刺两用剑（并非同一时期），以及一个具有非常短的新型矛头，铸有插槽。在同一地区，很可能发现了没有确切起源的其他类似武器。除此之外，还有其他更多的创新事物，如两个外凸的盾牌，以及火葬的出现。在穆利亚纳有这方面的一个例子，这种盾牌被置于一个大陨石坑中；这从侧面描绘了青铜时代已知最早的爱琴海骑兵，佩有一个外凸的盾牌和长矛。在克里特岛上

---

[1] 瑙维（Julius Naue，1835—1907），德国考古学家、画家。——编者注

的其他地方，同一时期的火化品被放置在巨大的箱形容器中，其中有些涂抹了古老的米诺斯宗教标志，即双斧和"公牛之角"。

破坏的原因及近东证据

我们已经偏离正题，超出公元前1200年灾难的范围，深入了随后的IIIC阶段：这是将岛上早期的意大利和其他外来遗物纳入历史框架所必需的。此外，正如我们稍后将看到的，它将在其他地区产生更广泛的影响。

整体来看，这些证据提供了充分的事实，使得人们相信，甚至在克里特岛遭到破坏和混乱之前，该岛早已为意大利人所熟知，他们中的一些甚至可能已经带着自己的陶器加入了现有聚落。随之，这些相互关系得到增强，武器装备成为重要的组成部分。另一个复杂的情况是，一批来自大陆的迈锡尼人的到来，自公元前14世纪初以后，他们以克诺索斯为中心的对整个岛屿的霸权统治以暴力告终，之后他们似乎对克里特岛没有多大兴趣。迈锡尼的陶器和小雕像出现在特里亚达圣地，而不是卫城遗址，之后在那里建立了一个具有大型祈愿动物雕像的神殿。长期以来，宗教一直是米诺斯人生活的一个主要特征，并一直如此。就在动乱发生之前，在早期的米诺斯建筑、米特罗波利斯的别墅、古尔尼亚，以及克诺索斯的宫殿废墟中，都建立了神龛，这或许代表着对来自过去伟人的一种求助呼唤。这些神龛在约公元前1200年被废弃，但随后在卡尔菲和其他地方建造的神殿中，具有大型的宗教泥塑，再加上人们重新燃起对洞穴崇拜的兴趣，可能都反映了在持续困境中人们对神所给予支持的一种非常现实的需求。

移民 迈锡尼人抵达克里特岛，并不是大陆人移民社群的唯一证据。迈锡尼式的陶器，至少意味着迈锡尼陶工的存在，是在那里的混乱之后，近东地区非常复杂的景象特征之一。由此，我们发现，在塔尔苏斯、塞浦路斯和腓力斯，近乎广泛采用的不仅仅是迈锡尼的装饰主题，还有陶器的形制，而这些都不属于当地的传统。迈锡尼元素在这些地区的存在几乎是毋庸置疑的，但是如果他们是由于国内动乱而避难的难民，正如有人主张的那样，那么他们选择的这个避难所可能不太舒适。一个似乎更合理的解释是，他们是战俘；或者，一个受到一些学者支持的理论，即一些迈锡尼人参与了该地区的袭击。

我们现在已经调查了在希腊大规模毁灭之前和之后的情况，以及它们在岛屿上的体现。灾难的严重性与范围，以及由此导致的人口减少、分裂，以及一些地区的居民向其他更易防守地方的流动，造成这些的理由远不止于城邦间的战争、内部纷争或王国内部的"体系崩溃"，尽管这些因素可能在某种程度上加剧了事态恶化并削弱了士气。对迈锡尼-提林斯、格拉等戒备森严的中心城市的成功攻击，也许还有雅典，那里有一个青铜器窖藏在雅典卫城没有被发现，说明有一支高效的军事力量。假设叛乱者不是迈锡尼人，他们发动攻击并且离开，或者，倘若（正如我所认为的）有些人留了下来，那么他们的人数必定很少，不足以聚居在居民逃离的地区，也不足以在很大程度上改变以前文化的延续基础。

我们实际上已经界定了侵入者的外形特征：具有侵略性、装备精良、高效，以及冷酷无情。显然，这一角色的候选者并不难找到：在近东，特别是在埃及，存在着对其破坏性活动的书面记载和描述。例如，拉美西斯三世将他的国家受到陆上和海上攻击的生动场景镌刻在麦地那哈布神庙的墙上。从中我们得知，敌人是在向北摧毁了权力中心之后到来的，但是他们未能征服埃及。海上突袭的场景描画了袭击者独特的武器装备，包括一支头戴角盔，手持大型圆形盾牌的分遣队；一些人手持剑，另一些人则挥舞着长矛。在早期的埃及绘画中，也出现了同样装备的士兵，他们既是攻击部队的一部分，也是埃及军队中的雇佣兵。也曾出现了一些海上掠夺者的名字，特别是其中的施尔登人和舍克利斯人，是最令我们关注的。

近东的结局超出了本章的地理范围。在这一点上必须说明的是，一些攻击部队留了下来，其中一些人，后来被我们称为非利士人，他们定居在巴勒斯坦南部；另外一群人，是塞浦路斯主要城市重建方面的一个重要的且可能起支配作用的中坚分子，特别是塞浦路斯经历了一个非同寻常的繁荣阶段以及手工艺的兴盛期，迈锡尼人和近东人显然在其中发挥了重要作用。值得注意的是，这里出现的大多数刀和剑都具有欧洲渊源，譬如我们在克里特岛上看到的那样；而在恩科米发现的青铜战神雕像则配备有角盔、圆形盾牌和长矛，这与海上掠夺者的武器装备极其相似。

在回到我们正常讨论的爱琴海范围之前，有两个相互关联的问题值得注意，因为它们涉及对先前提出的证据的理解。第一个问题是关于海上掠夺者分遣队的两个族群——施尔登人和舍克利斯人，可能还有第三个族群：特雷什人。人们认为，这些民族在某种程度上与后来被称为撒丁岛、赛克利亚（西西里岛）的地区有关联，而且，人们更怀疑它与伊特鲁里亚有某种联系，要么是他们在动乱之后最终定居的地方——此为更受赞同的观点，要么是他们的原籍地。如果存在某种关联的话，至少可能发生在撒丁岛，而克里特岛上的证据表明，在突袭之前可能有来自西部的定居者，这增加了后一种解释的可能性。此外，克里特岛是通往近东和利比亚的一个便捷跳板，那里的人对埃及的进攻比海上掠夺者早了一代人左右。至少在这之前，施尔登人一直很活跃，其中一些人被招募为埃及军队中的雇佣兵。这就引出了第二个问题，即希腊大陆是否也可能发生同样的情况，卡特林在他对这一时期武器的研究中极力赞成这种可能性。他认为，在公元前1200年以前危险日益增加的时期，新的非爱琴海武装是出于军事需要，受迈锡尼国王所雇，作为雇佣军将其引入希腊。倘若如此，正如所看到的那样，他们未能提供有效的防御。

直到大约25年前，大多数关于迈锡尼时代的概述都是以王室的灭亡而告终，这意味着黑暗时代从此笼罩希腊。主要是得益于德斯伯勒对后继时代的精心调查，部分是由于最近的发掘，我们现在能够清楚地认识到，事实并非如此。事实上，迈锡尼文明仍然存在了近一个世纪，而且这并不是一个持续不断的衰退时期。然而，对这一阶段的任何考证都会面临严重困难，尤其是施里曼的早期发掘，当时清理了迈锡尼和梯林斯的宫殿，在这些或其他的建筑物中发现的陶器，没有进行任何恰当的记录。因此，在某种程度上，人们只能合理地推测，这些宫殿的毁坏是由于公元前13世纪末的事件造成的。如果是这样的话，我们根本不能确定它们是否被部分地重新使用过，以安顿后来的统治者，因为若如此的话，社会秩序必定会发生变化。在这一点上没有任何书面记录可以帮助我们，单凭这一点，就使得任何宫廷官僚体制的丧失都成为一种可能的假设。奇怪的是，我们也没有任何关于王室住所或统治者住宅的证据，到目前为止，还没有发现任何表明社会差异的"国君的"或"贵族的"墓葬。因此，既然这样，我们最好承认对这个问题几乎是一无所知。同时我们想弄明白，在这个阶段，领导人是不是被称为"巴赛勒斯"，而不是"瓦那克斯"？是否实际上还断断续续地存在着某种形式的王权，直至公元前8世纪末的阿尔戈斯国王？关于他的存在，从书面文献中我们又获得了一些了解。

此外，对于在这些区域中心和其他重要中心，如底比斯、沃洛斯和泰霍斯–迪迈恩较近期所进行的广泛发掘工作的障碍是，目前发表的只是一些初步报告，有些还不足以形成任何确切结论。

因此，如果此处对埃维厄岛勒夫坎狄的色洛波利斯遗址，以及阿提卡东海岸佩拉蒂的墓地给予了过度重视，这并不是因为它们可以充分反映更大范围内的事件，而是由于对后者的充分发掘及与其相关的详尽出版物。并且，就勒夫坎狄而言，该遗址分层良好，极少遭受后青铜时代使用的影响，这一不寻常的情况，也有助于提供一些来自墓葬证据的有力补充。

为了分析剧变的性质和原因，我们先前已经提及了公元前1200年之后时代的某些特征：伴随着巨变带来的居民大幅度减少导致某些地区几乎被废弃；人们转而在其他地区重新集中；一些移民的可能性；在迁往天然卫城的活动和接近那些早已防守森严地方的人群中，人们所体现出的一种不安全感。所涉及的其他特点是：起源于欧洲的新型武器出现，在某些实例中为确切的意大利类别；灾难发生之前，在一些遗址中出现的少量但具有重要意义的完全异域的手工花瓶（并且，在先前提到的地点中应该加上梯林斯）；同样，在某些实例中，最有可能是与意大利的具体联系；武士墓葬和火葬也出现了。

对于其中的某些方面我们将做进一步探讨，但在这之前，有必要确定一个时间顺序，尽管不精确，但也可以将不同的特征或变化纳入其中。这样的一个序列是大约40年前由富鲁马克在他对迈锡尼陶器的伟大研究中建立的，当时他提出了希腊青铜器时代文化晚期IIIC期的三个主要阶段，随后的资料证实了这是一个有效且有用的时间框架。自那时起，人们提出了各种附加的细分或阶段，但除有价值的局部改进外，尚未看到它们是否具有足够的普遍适用性。富鲁马克三个阶段中每一阶段的持续时间，目前都只不过是聪明的猜测而已，在这一点上我们无须过多关注，除整个IIIC阶段开始和结束的日期外，它始于约公元前1200年，不过可能要晚一点，以约略的整数而言，大概结束于约公元前1100年。基于陶器风格的划分，可能具有更为普遍的有效性，表现为先是稳定期，然后是恢复和创新期，最后是贫困和衰落期。

破坏之后的整合

初始阶段，我们可以首先对勒夫坎狄的色洛波利斯遗址展开讨论，然后在一定程度上再转而关注总体的埃维厄岛。虽然在这里和其他方面必须强调的是，除表面上的探索以外，该镇只有很小的一部分被勘探过，但没有发现任何确凿证据，表明该聚落在公元前1200年的普遍破坏中受到了影响。然而，可以相当确定的是，在IIIC阶段开始时，整个山丘遗址都进行了筑防，经过了全面重建，当时它的人口大幅增加。埃维厄岛中部的其他遗址，看起来情况也是如此。这些"难民"的可能来源，如果他们是的话，则来自维奥蒂亚的对岸。这个新的聚落，在它被夷为平地之前，存在了很长的时间，足以进行地板的重新铺设，还有一些建筑的重构。据我所知，这场灾难可能普遍发生于该岛的中部地区。通过更常规的计划和略有不同的定位，几乎立即夷平废墟并进行了重建，这表明破坏者已经定居下来。

这些最早居住者所使用的陶器，几乎在所有方面都是迈锡尼传统的，色彩略为暗淡，点缀较少，这是公元前13世纪潮流的延续。然而，在意大利南部一座住宅的一处被破坏的堆积中发现了一种手工制作的抛光杯，这是一个例外。这并非这种制品的最早亮相，因为在新移民到来之后的最早阶段，发现了一种类似构造的陶器。但是，主要形状却有所不同，杯子较浅，具有一个高拱形的手柄。它出现的数量很少；更受喜爱的是按照当地轮制传统制成的仿制品。在色洛波利斯遗址，这种器型的存在期很短，但令人惊讶的是，它出现在梯林斯、迈锡尼，以及阿戈里德半岛科拉库的后期阶段。因此，很可能埃维厄岛最初的"难民"中含有外国人：来此之后，他们可能与自己的家乡保持了一段时间的联系，就像上文提到的杯子所表明的那样，在同一处堆积中还发现了一把青铜刀，刀片的顶端具有非迈锡尼式的浮雕饰。是否有证据表明，在维奥蒂亚，这些外国人于公元前1200年之前就已经抵达并定居在那里，我们还无从知晓。

重建后的色洛波利斯被再次焚毁，这表明在公元前12世纪初期，动乱仍在继续。鉴于现有的证据不足，不可能说明它们的分布到底有多广泛。然而，可能有另外两个遗址大致在同样的阶段也遭受了损害，一个位于帕罗斯岛，另一个在埃利斯北部，它们彼此相距很远。提及IIIC早期对帕罗斯岛上库库纳里斯的占领和设防，人们认为它可能是避难聚落的一个案例，之后不久它就被烧毁了；但由于它与勒夫坎狄迥异的陶器风格，因此无法进行精确的年代对比。

对位于开法勒尼亚对面、科林斯湾入口处的设防卫城泰霍斯—迪迈恩而言，情况可能更为有利。相关资料的不足，给其年代的鉴定带来了相当大的困难；但它连同许多的其他遗址似乎在公元前13世纪已被摧毁；

之后可能像位于附近的爱奥尼亚群岛一样，它又接纳了新的抵达者，并在IIIC期加强了其防御。随后它再次被毁坏，但尚不确定这种情况是何时发生的，也不清楚此后该聚落是否继续存在。认为它被焚毁的时代和勒夫坎狄的可能大致相同，主要理由是基里克斯陶杯的使用，其形状和装饰风格完全相同，都属于这两个遗址的破坏层。同样令人怀疑的是，在泰霍斯–迪迈恩发生的灾难中，有一把与意大利记录类型有关的刀上烧焦的刀柄，其保存状态非同寻常；但人们不能确定是哪一次灾难。然而无论是哪个年代，仅它的存在就有助于加强那些人所持的主张，即认为科林斯湾是此类进口青铜器进入希腊的一条重要航线。

克里特岛的情况表明，在IIIC早期阶段，类似来源的武器继续流通。更多的证据来自科斯岛的战士墓穴，随葬品有瑙维二代剑和短插槽的矛。另一类似的矛头，是从附近的塞拉吉里奥聚落找到的。在另一座墓葬中，随葬有一枚带有雕饰的扣针，也与意大利的或欧洲的相似，可能属于这一早期阶段。

然而，在罗得岛，尽管已经发掘出大量坟墓，但迄今为止还没有发现这种明显非爱琴海种类的武器，不过圆柄刀可能是一个典型。然而，那里可能存在另一种非战争性质的欧洲联系：在一个墓穴中保存了两颗特殊类型的琥珀珠子，其名称来自在蒂林斯发现的窖藏中串在金制"车轮"上的珠子的形状。这件文物，无疑起源于欧洲，年代很早，由此，可能与同一窖藏中另一把早期类型的瑙维二代剑大致同属一个时代。在科斯岛的墓穴中，也随葬着其他不同形状的琥珀珠。这种琥珀的出现引发了更广泛的问题。当然，琥珀在希腊并不新奇，但对发现于希腊和各岛屿上的这种材料的物体进行详细研究所得出的结论是，在IIIC期到达希腊，特别是爱奥尼亚群岛的数量明显增加；人们认为，这与其他的证据表明了一条通往亚得里亚海的航线。最起码，说明这种商品有了新的供求关系。它可能还意味着戴着此类珠子的妇女的到来，她们陪同着那些存在证据已被阐述的外国战士。

辛克莱·胡德最近提出的一个颇具吸引力的看法可能是支持这种观点的，即埃及沙卡拉拥有琥珀珠项链的9座墓葬，可能是随同应募加入埃及军队外国雇佣军的那些妇女的墓葬。这些墓葬是墓地的一部分，可追溯至第十九王朝，有用蒲席包裹经过防腐处理的尸体，它们都是土葬结构，这是一种与埃及人习俗不同的埋葬方式。据称，这些形状的琥珀珠在中欧和意大利的部分地区都有发现。如果在希腊发现的这些琥珀珠在某些情况下是外国人妻子的所有物，那么它们在厨房设备和烹饪方式领域并没有产生明显的影响，比如后来发生的事情。不过，人们最终发现，在黏土结构的中央炉膛覆盖着一层碎陶片，这是住宅及其烹饪设施的一个特点，那时在色洛波利斯遗址，显然也在梯林斯，正是这种与非迈锡尼相类似的新事物。

科斯岛和克里特岛上的，以及另一座在纳克索斯岛上至今尚未提及的属于这一阶段的战士墓葬，引发了一些问题。这些战士拥有新型武器装备，包括我们所补充的，证实在阿哈伊亚和雅典具有非爱琴海特征的护胫甲，他们留了下来并已定居，甚至或许在某些情况下已经接管了控制权，那么他们是否该被视为入侵者？或者，他们是迈锡尼人和米诺斯人，已经认识到了一种新的、更有效的战斗方法的价值，并因此获得了装备吗？如果是这样的话，为什么外国种类的武器最终会取代那些具有爱琴海风格的，尽管它们当时已经进行了相应的改进并且似乎同样有效？这些问题的答案仍然不确定，甚至存在争议，但这些问题本身无可辩驳地表明了一个新的尚武阶段。

在我们离开这一阶段之前，还有另一项创新需要引起关注，尽管其意义尚未获得任何令人满意的解释：那就是小规模火葬的采用。在克里特岛已经提到过这种做法；在阿提卡的佩拉蒂墓地，以及在罗得岛和科斯岛的那些墓穴，也出现了这种做法，这些地区与阿提卡东部都有着密切联系。没有明显的社会联系，它的起源地也不明显，但主流观点还是倾向于安纳托利亚是在这一时期和较早时期实行火葬的。一旦引入，它会零星地持续存在于同一地区，在克里特岛东部和中部可能更为频繁。

之后，公元前12世纪的最初阶段继续经历了一些变乱，但它们还不足以严重到阻碍相当长距离的互联互通。例如，克里特岛人和塞浦路斯人的物品到达了佩拉蒂，来自近东的小件饰物也一样；克里特岛人的花瓶也被进口到多德卡尼斯群岛，在那里它们对当地的生产产生了显著影响。

恢复期

然而，更为稳定的时代必定具备随后的IIIC中期阶段的背景，当时，更为自由的交流使得一个地区的发展能够在其他地区，有时是遥远的地方得到反映，尽管仍然普遍存在一种潜在的强烈地方主义。与塞浦路斯的联系日益增强，爱琴海对该岛的影响更显而易见，胜过它对佩拉蒂和其他地方的少数物品的出口。黄金和其他珍贵材料仍然非常稀少，几乎没有明显的财富增加迹象。爱琴海大部分地区及其海岸地区的复苏，在其艺术作品的广泛复兴中体现得更为明显，这种艺术仅保存于陶器之上。

关于这种有把握的显而易见的例子，我们可以再次转向色洛波利斯，那里不完全的破坏对该阶段规划得相当有序的城镇造成了一些损害。地层中的陶器，虽然大部分是碎片，但说明了所发生的巨大变化。在此处和其他地方，一个突出特征是绘画表现形式的重新采用，在公元前1200年的动乱之前，这里的绘画基本上已失去活力，之后几乎停止。而现在它被赋予了一种新的生命力，涵盖了广泛的主题，包括鸟类（显然是一个流行的主题）、不同物种的动物、神话中的生物，以及人类的活动。色洛波利斯的大多数陶器都是非常破碎的，但是有一个完整无缺的花瓶：一个大的长细颈瓶，中心构图描绘的是两只鹫头飞狮正在喂养它们巢中的幼仔，还有一系列其他的动物，展现了新一代艺术家的新奇幻想和自信的绘画技巧。很显然，他们没有碰见过狮子，因为其画像酷似牛头犬，但是有关人类的绘画却颇有造诣。其中一个片段描绘了一名战士，他身穿流苏褶叠短裙，腰间别剑，身着护胫甲，令人忆起迈锡尼著名的、大概同属一个时期的陨石坑，里面有两个战士的画像记录，其中一个戴着角盔，这是我们所能想起的一个特征。正规的图案也包含了相当广泛的设计，尤其是所谓的"对照流线图"样式，它广泛传播于大片地区：在迈锡尼是较小程度的，在克里特各岛和塞浦路斯，其影响是巨大的，并且为长距离运输的想法提供了一个可靠的标识。

这些风格的陶器沿着埃维厄岛和大陆之间的海岸线，向北延伸到塞萨利的沃洛斯。

然而，在更远的南部，佩拉蒂墓地几乎没有表现出什么反应，或许主要是由于其钟爱顶部有拱形把手的希腊古罐，将它作为随葬品，而在埃维厄岛上对这种容器很少青睐。佩拉蒂的居民显然找寻到了他们的制作模型，主要是从多德卡尼斯群岛进口，并可能通过同一渠道获得了进口的克里特花瓶。这些岛屿上的陶器，尤其是罗得岛和科斯岛，发展出了他们自己的特色，那就是具有精美章鱼纹装饰，顶部有拱形把手的希腊古罐。在这些古罐上，他们绘有野生动物、鸟类、鱼类，甚至刺猬，主要是作为章鱼触须之间的填充美化物。克里特岛显然是这种风格的起源，在那里，章鱼一直以来都是一个受欢迎的主题，其描画精心制作于IIIC阶段。进口到多德卡尼斯群岛的此类样式被模仿，并给予进一步的装饰润色。这一地区的墓葬品，着重于对瓶饰形状的选择，特别是希腊古罐，从而导致了对某些特征的过分强调。现在从塞拉吉里奥聚落的陶器中可以明显看出，这里的装饰图案种类繁多，尤其是在陨石坑，其承载着在色洛波利斯已经接触过的那些主题：鸟类、山羊、鱼类和罕见物，以及在这里描画得较为贫乏的人类。

在阿戈里德半岛，逐渐演变为一种不太华丽的风格，它的主要中心在迈锡尼，那里对野生动物的兴趣主要限于风格化的鸟类。人们偏爱以讲究的方式对正式图案进行渲染修饰，即所谓的"细密风格"。尽管它可能对阿哈伊亚产生了影响，但它的流通更多是地方性的，也展示出了它自己的本土风格。

这种对陶器的重视，如前所述，部分是由于其他证据的匮乏；那里没有像塞浦路斯那样有着保存至今的象牙制品，也没有显著的黄金珠宝样品，在那里也没有发现有关印章制造业连续性的证据。无论这一观点受限的程度如何，陶器依然提供了对于时代风气的洞察，更具体地讲，它表明了当时的环境允许艺术发展在交流中广泛传播，这基本上是毋庸置疑的。

环境展现得更为稳定，其中一部分从先前的破坏中有所恢复。然而，军国主义和战争仍然是一个基本特征。在这一点上，我们的主要信息来源，即墓葬品，可能会产生误导，因为几乎没有包含什么武器。在色洛波利斯、迈锡尼、梯林斯和其他地方的战士画像，都表明了这种状况。色洛波利斯的身穿褶叠短裙的战士，在某种程度上类似于迈锡尼陨石坑一侧的士兵画像记录。遗憾的是，他的头部缺失，无法表明他是否像他们一样，是戴着一顶角盔，还是戴着那种轮廓尖利的、像刺猬毛皮的头盔，即迈锡尼花瓶另一面所描绘的战士们所戴的那种类型，并且经别处证实，譬如梯林斯，是作为手持长矛士兵的头饰，在这里，是安置于战车上的。

战争的一个新方面，更确切地说首次被证实的一种新表现，展示于最近在罗克里斯的利瓦内斯海岸遗址所发现的这一阶段的两个碎片上：全副武装的战士正在船上作战。随着发现于克里特岛、阿哈伊亚，可能还有梯林斯，以及其他不确定地区的瑙维二代剑的到来，在这些方面还可以补充进来武器的更新。

最后，有证据表明，在IIIC中期这里遭到了破坏：部分发生在色洛波利斯；一次可能是在稍后的迈锡尼卫城内，那里的谷仓被烧毁；另一次是与之同时代的阿戈里德半岛的科拉库小镇。这些事件是如何按时间顺序与所记载的梯林斯的几起破坏事件相关联的，目前尚不清楚。在较远的地区，对于米洛斯岛上的菲拉科庇遗址和科斯岛上的塞拉吉里奥城镇的占领似乎已经结束。在克里特岛上，帕莱卡斯特罗的卡斯特里和重新使用的费斯托斯旧宫殿的一部分，以及干尼亚的重要城镇已被废弃，虽然尚不确定是在哪个阶段。

此外，聚落证据的缺乏也阻碍了对这一阶段动乱的范围和严重性的全面评估。这种破坏可能像以前一样彻底，并对更远的地方造成了广泛影响，例如，塞浦路斯各主要中心就可能遭受到了进一步的损害。在这一时代，即使迈锡尼文明继续存在大约30年，也不会有任何恢复。米诺斯文化传统大多保留在山顶，那里的内陆聚落是孤立的，它们受到的影响很小；但在岛屿的西端，有证据表明聚落被大量放弃。

甚至没有足够的证据用图表来说明这种衰退的速度和程度。在色洛波利斯，它其实并非直接可见的，在那里，人们对第二个IIIC阶段的小镇进行了部分修复。令人惊讶的是，当时它的居住者将死者掩埋于房间的地板之下，或许是出于保护的目的。虽然类似的环境可能导致梯林斯墙内的众多墓葬和迈锡尼可能的浴葬，但尚不知晓同时代与这一做法相似的确切实例。色洛波利斯肯定遭受了进一步的损害，因为有证据表明建造过第三个聚落，尽管其规模尚未可知。在这一阶段，它的陶器具有这一时代的特征：风格贫乏，形状有限，技术低劣；其终结的原因很可能是抛弃，而不是进一步的破坏。在此之前不久，相同类型和质地的花瓶，大概出口到了基亚岛，那里的敬奉似乎一直继续于一个长期的圣地，之后这也被遗弃了。可能移民到了希俄斯岛，在那里建立了一个大致同时代的聚落，在它同样被废弃之前，使用的是极为相似的陶器。

在佩拉蒂，墓葬继续存在的时间和与之有一定联系的色洛波利斯的使用期一样长，但随后就停止了。在罗得岛上，对旧墓地的最后使用大约同属一个时期。

在迈锡尼，几乎没有被使用的确凿证据。而最近的一次独特发现是在不远处的阿戈里德半岛的干尼亚，在那里发现了一座图木卢斯古坟，其中的罐子里装有火葬遗物，这强烈暗示着来自其他地方新事物的到来。再往南，梯林斯和亚辛残存聚落的规模尚不清楚，但可能已经大大缩小；就像迈锡尼一样，它们很可能没有进入铁器时代就已经建造了小型社区。最后，阿戈里德半岛的陶器也变得低劣无光泽，仅保留了最简单的装饰。

阿哈伊亚以及更重要的开法勒尼亚墓地，又继续使用了多久，这是很难估量的，尤其是在那时已经发展出一种完全具有地区特色陶器的爱奥尼亚群岛。从欧洲进口的一种最新事物，可能是一种多环扣针，其类型与在克里特岛卡尔菲发现的相同，这个聚落可能一直持续到这一时期的结束。间或有人认为，开法勒尼亚的墓地持续的时间甚至更长，很可能一直延续到铁器时代，但没有令人信服的证据支持这种观点。位于麦西尼亚南部，皮洛斯附近一座墓的随葬遗物，证实了在那一地区相当持久的占用，大概从IIIC第二阶段的晚期（其简陋的绘画陨石坑），或许一直延伸到恰好这一时期结束，因为某些花瓶已经采用线性主题作为装饰图案，这是麦西尼亚铁器时代早期陶器的一个独有的特征。这些带有转矩把手和鸭头螺旋形饰物的青铜筛或滤器，与中欧具有牢固但较晚的联系。

崩　溃

导致迈锡尼文化最终崩溃的原因尚不清楚。那里的人口的确急剧下降，这种状况一直持续到下一个时代。艺术和经济上的贫瘠也是显而易见的。然而，在一个小规模社会不难获取生存主食（橄榄、大麦、葡萄、鱼和猎物）的地区，这样一种低水平的生存是很难解释的。进一步的毁坏以及可能的突袭似乎是必然存在的，类似灾难曾再次降临到塞浦路斯社群，那里的恢复期就被过早地中断。这一时期出现了快速下降。

我们可能寄望于直接的结果以进一步了解事件，但遗憾的是，我们再次几乎完全依赖于墓地这一间接证据。在勒夫坎狄，墓葬是在铁器时代的新墓地进行的。虽然花瓶具有迈锡尼的基本血统，但它们与来自色洛波利斯的晚期IIIC阶段的陶器没有任何关联。墓葬，包括土葬和火葬，都被安排在石头建造的石棺中；均为独人葬，而不是普遍的家族墓葬；不过这不是迈锡尼的一般习俗。在雅典和附近的萨拉米斯也是如此，这一阶段的大部分证据都来自那里；这是石棺墓的新墓地模式。在希腊的其他地区，例如迈锡尼和梯林斯，也有类似的情况，尽管整个转变过程并不一致。克里特岛没有受到影响，继续进行着丛葬，这一差异凸显出希腊的巨大变化。

某些共同的特征，使得德斯伯勒能够定义他所说的遍布大陆广大地区的亚迈锡尼文化。但这一术语的含义并不恰当。与过去的连续性几乎完全限于残存的一种极为低劣的迈锡尼式陶器，但即使在这一范围，也过度强调了装饰过的花瓶。如果我们转向标准化的炊器，从它所采用的手工制作和抛光质地，以及其略呈袋状的形状，我们就会发现，这在当时绝对是外来品种。可惜的是，我们恰恰缺少地层遗存证据，不能说明厨房发生了怎样根本性的变化，同时对应的还有那些在厨房工作的人员。确实，正如德斯伯勒强调的那样，重要的不仅是新特征，而且还有旧特性的丧失。比如，迈锡尼的"纽扣"已然消失，据推测，当时由于服装的改变，已经不再需要了。

单从考古学的角度来看，对于人口数量的巨大甚至根本性的变化，包括非迈锡尼血统的种族的到来，是很容易发生的。这种变化，无论其程度如何，都是很有可能的。

迈锡尼时代已经结束。可以确定来自它的某些连续性；最显著的不是来自手工制品，而是存在于更基本的语言和宗教方面（至少部分如此），特别是存在于过去的神话和传说中，保存在连续的但不断修改的吟游诗人的故事中，其中两部是以荷马之名为我们保存下来的。

| 第九章 |

公元前1300年—公元前600年的欧洲野蛮人的革命

安东尼·哈丁（Anthony Harding）

如果将欧洲在公元前1300年之前的时期称为"巨石阵时代"，那么就很难找到一个适合的标签来定义这一时期之后以及下一次经济和社会重大变革到来之前的时代。它被恰当地称为"瓮棺墓地时期"，但这并不能说明不同活动领域的可变性程度。如果有的话，那就是一个革命的时代：文化、社会、军事和宗教。

然而，作为一个时代，这部分时期并没有得到它应有的关注。没有伟大的石碑古迹可供巡礼，很少有大型的古墓葬，也没有广泛的聚落。但是，这一时期可以被视为历史性欧洲形成的关键时期。在随后的几个世纪里，地中海地区的读写文化全面恢复，并传播到中欧。欧洲以众多早已存在的原生人群展现在历史舞台上，例如中欧和西欧的凯尔特人，或巴尔干半岛西部部分地区的伊利里亚人。在有文献资料表明他们在那里之前，由于我们没有任何确凿的证据假定他们只是才到达那些地点不久，那么他们很可能是在整个青铜时代晚期，或许在此之前就已经在那里了。因此，在这7个世纪的故事，直接发轫于欧洲众多民族最早的历史。

　　纵观这700年，欧洲仍然处于史前状态，即没有文字记载的历史。但在南部，与东地中海伟大文明的联系提供了历史性的或几乎是历史性的信息。开始的两个世纪是东地中海动荡的时期。伟大的希腊迈锡尼文明和安纳托利亚的赫梯文化都衰落了，许多较小的国家和独立的城市都被破坏，埃及不得不在其边境进行大规模战争，以保持其统治地位，然而这一地位不管怎样挣扎都在下降。虽然这一时期的许多事件都是不确定的，记载它们的文献也是不明确的，但有许多理由让我们可以假设，这是一个"欧洲民族大迁徙时期"，与中世纪早期那个众所周知的时代没有什么不同。主要是由于埃及文本中的含糊提及，人们认为一个民族联盟——埃及人称为"海上之民"——应对袭击黎凡特和塞浦路斯的城市和国家负责。在这一时期，有很多的中欧和北欧较为知名的器物也开始出现在地中海地区，譬如北方类型的剑、矛头和盔甲、安全别针、某些饰品，甚至还有可能源于意大利的陶器。学者们一直试图将破坏和"外来的"人工制品这两种现象联系起来，并假设在青铜时代末期，北方民族南迁到希腊和其他地方，但其中大部分仍然是高度推测性的。但不管怎样，它都是建立在物质文化观的基础上，认为艺术品的风格反映了其制造者和使用者的民族身份。在今天看来，人们对这种推测颇有怀疑。

　　无论对希腊有何影响，整个青铜时代晚期的欧洲都普遍出现了显著发展。其中最引人注目的，是来自墓葬的一个近乎普遍的变化，从把死者直接葬于墓中，到将其火化，并将其骨灰安葬于地下的坑或骨灰瓮中。这种做法导致这一时期被称作"瓮棺葬时期"，如果加以恰当描述的话，这是一个奇妙的标签。在欧洲的大部分地区，这一做法持续贯穿于本章关注的大多数时期。的确，墓葬是这一时期（某些地区除外，包括英国）最明显的遗迹之一：聚落的发现相当稀少，只有没有考古背景的金属遗物才能在数量上与之抗衡。这一事实，从数量和质量上反映了金属文化在这一时期的巨大扩张。这种冶金技术最初主要与青铜有关，其次是金器，后来越来越多地与铁有关。然而，金属并不是被开发的唯一材料，例如，真正的玻璃也被使用，石头和木材仍然非常重要。

尽管不可能在这一时期从历史意义上分离出一些事件，但可以注意到某些影响到整个或部分欧洲的关键发展。从约公元前1100年开始，人们在山顶上建造堡垒，或者在低地圈起栅栏。在某些阶段，一些地区还出现了明显较为奢华的墓葬，并且有大量随葬品。在许多情况下，遗物在到达最终埋藏地之前都被运输了相当长的距离，这是强大交换网络的证据。盐的开采和运输，特别是在奥地利阿尔卑斯山脉矿区开采的盐，更能体现这一事实。本报告所述的整个时期最富有的墓地之一，哈尔施塔特，就位于其中一个盐矿旁边，后来哈莱因（也在奥地利的萨尔茨堡）附近的迪尔堡等其他中心聚落，也被发现靠近盐矿开采遗址，这肯定不是巧合。所有这一切都伴随着人居环境和生存自然环境的变动，以及农民对新的经济和环境条件的反应。还有一些迹象表明，精神生活也发生了改变，尽管此类问题很难从考古学证据中阐明。这是众所周知的。事实上，从公元前1300年起，我们就可以根据一系列革命来对欧洲历史进行分期。

公元前1300年的欧洲

公元前1300年的欧洲基本上是由小规模聚落组成的马赛克。它们之间的联系程度是颇有争论的话题。毋庸置疑，虽然聚落的规模很小，但社会的许多方面已经充分发展，尤其是在整个聚落中财富分配不均而导致的社会分化。但是，在公元前1300年，大多数人的日常生活，如同古时候的许多人一样，都是围绕着田间和作坊工作展开的，也必定制作了用于死者的物品。但对更为精巧的仪式和宗教类物品的关注，或许只是其中的一小部分。

本章中所要描述的青铜时代晚期变革时期的欧洲聚落类型，其地域和规模都是适中的。被发现的大多数村落基本上是农业性质的，当然也有一些村落，特别是那些靠近金属来源的，也参与了手工作坊活动。其他的一些村庄，譬如意大利南部的那些，有着来自东地中海的船只，估计主要是出于贸易目的而存在的。在欧洲的大部分地区，从南部的伊奥利亚群岛到北部的（但是没有中欧）英国荒野，是标准的小型圆形房屋，它们集结成小村庄或村落。我们无法像分析墓葬那样从房屋平面布局判断当时的社会组织，不同的地位并没有反映在家庭布局上。有关特定地区聚落密度的可用资料也不多。这主要是由于难以发现这些相关遗址，但即使在有着良好信息的地方，也看不到像中欧线纹陶文化地区的那种重建模式。

青铜时代早期所涉及的生存活动，延续了新石器时代和铜石并用时代的模式。主要的食物来源是标准的驯养物或栽培品种，包括植物和动物；不过如果能获得野生食物的话，也是很受欢迎的。人们往往没有意识到，直到公元前1300年，野猪、马鹿，甚至欧洲野牛等大型野生动物，在匈牙利平原等高度开发的地区依然能够被捕获。这必然表明，大片林地仍然存在，一部分大概是在最初砍伐后再生的，另一部分是未砍伐的原生林。但对大多数人来说，大多数时候的日常工作包括耕作和畜牧业，使用的是不变的食物种类。在某些地区，特别是不列颠群岛，有大量来自青铜时代农业体力活动的证据，主要形式是田地边界的划分。在大多数情况下，人们不太确定这些田地究竟用来做什么，但至少在一些低地实例中，能够确定可耕地的利用。即使在缺乏具体证据的情况下，这种模式在欧洲大部分低地区也可以合理假定。碳化谷物的发现，以及环境条件，几乎可以确定这些生存活动与当时相适应。

手工业方面，主要的活动是金属加工，尽管陶器制造和木工也很重要。手工业日常工作是来自阿尔卑斯山脉、喀尔巴阡山脉以及其他山区丰富矿源的金属冶炼，数千吨铜被制造出来。金属制品的种类不断增加，尽管尚未出现在后来的几个世纪所达到的壮观规模。除金属之外，还生产其他材料，比如辉石（现阶段和玻璃的原始形态没什么差别），像琥珀和黑玉等原材料也得到了加工。这方面的生产对于了解贸易网的范围是十分重要的。在欧洲青铜时代早期，货物的流动只发生在当地，或至多是区域性的，规模和数量并不大。然而，有强烈的迹象表明，当与东地中海的先进文化有交往时，货物确实会远距离运输。特别是就迈锡尼文化区而言，有几类物品，最值得一提的是琥珀，它表明远距离联系是可能的，而且是有规律发生的。这种情况持续存在于随后的几个世纪，正如我们在下文中将看到的。

然而，在青铜时代早期不只有这些日常活动，更引人注目的是精神生活事件。能够建造复杂的巨石阵或费利杜萨遗迹，以及像英格兰南部、丹麦或本廷大草原的大型长条墓那样广阔墓葬遗址的人群，不论是作为社会实体还是出于技术原因，都是值得关注的。这些社会必定拥有组织系统和权力体系，通常认为，较富有的墓葬（以及诸如此类间或规格更高的墓葬），是属于那些酋长和其他团体领导人的。然而，这种情况并非在整个欧洲大陆都普遍存在。在中欧的大部分地区，墓葬都位于"平坟"墓地中（即没有坟堆），它们之间的差异要小得多。但在大多数地区，丧葬仪式为土葬；以火葬方式殓葬死者，虽然并不陌生，但相当罕见；但少数地区除外，比如匈牙利平原。人们通常认为，处理逝者方式的差别与民族差异有关，但目前还不可能清楚地了解青铜时代早期欧洲的民族构成情况。在公元前三千纪和公元前二千纪，发生在整个旧大陆的诸如车轮和骑马等技术革新的传播，通常被认为与印欧语系人群（即说印欧语系的民族）的活动有关，这一点在希腊、安纳托利亚和近东的其他一些地区都是可论证的。

青铜时代晚期的工艺革命

青铜时代晚期的特别之处在于，它意味着工业生产与前几个世纪相比有如此大的不同：既在于生产的规模，也在于技术进步的发生。在这些概念中，公元前1300年并不是一个固定的分界线。但总的来说，在这一节点之后，技术比以前更为先进。事实上，技术变革的运转是一个连续的过程，试图将时钟冻结在公元前1300年而不是另一个日期是错误的。我们可以从青铜器和铁器的冶金学以及其他工业工艺的角度来研究这些过程。

冶金术 在青铜时代晚期开始的时候，冶金术远非一种新技能，但当时冶金活动在数量和质量上的爆炸式激增，表明"革命"是描述这种情况的一个恰当词汇。冶金生产的惊人激增，主要从地下实际回收的金属器数量可以看出。与此同时，使用的技术范围也大大增加，包括一些使铁匠能够在技术和艺术方面对其半成品进行更大的改造。

从公元前1300年开始的数百年间，最重要的冶金工艺与铜和锡有关，它们被制成青铜。公元前1000年之后，铁日益占主导地位。在某些地区，例如斯堪的纳维亚半岛和爱尔兰，黄金也得到了一定的采用。其他金属，尤其是铅，也被使用，但在这一阶段使用量很少。在这一时期，以及随后的整整7个世纪，对金属的需求必然决定了青铜时代社会的大部分工业活动，对阿尔卑斯山、喀尔巴阡山脉、巴尔干半岛、爱尔兰，以及众多小型矿床的铜矿资源的系统开发，明显是从上一时期延续下来的（见第七章）。事实上，人们对青铜时代晚期主要矿区的开采情况知之甚少，尽管人们认为，同样的火力破石和坑道掘进方法仍继续存在。在早期，独特的颈环形状的铸锭显然是金属传播的主要手段（见第七章），而在晚期，铸锭则变为平凸型，顶部平坦，底部弯曲，反映了它们基于碗状熔炉成形加工的方式。经由成分分析来追溯金属物品的方法也比以往更为困难，众多矿源的利用，以及金属原料的混合，致使最常使用的方法即光谱发射法难以实行，而较为行得通的铅同位素方法还未能够解决地中海地区以外的金属矿料来源问题。即使在那里，人们对独特的"牛皮"形状铸块（见第六章）流动显示的金属贸易路线进行了深入研究，但大量有效的分析表明，它用的是东地中海的矿源，而不是西地中海例如伊特鲁里亚或撒丁岛的。

在这一时期，用于青铜制造的锡的来源并不比前一时期更清晰，但候选的康沃尔、布列塔尼、德国和前捷克斯洛伐克的矿山、西班牙和意大利的某些地区，仍旧是保持不变的。在地中海地区，所有的迹象都表明锡是从东方（也许是阿富汗）而不是从西方获得的，但对于中欧、北欧和西欧来说，被更多利用的肯定是当地的资源。与铜相比，要确定锡的来源地更为困难，但锡矿的有限分布意味着，在任何情况下，金属的来源只有几种可能性。

就黄金而言，爱尔兰和喀尔巴阡山脉产地可能持续向金匠及其用户提供数量惊人的贵金属。特别是在爱尔兰、德国北部和斯堪的纳维亚半岛，出现了大量优质的黄金制品（主要是饰品，也有器皿和其他物品）。如此大量的材料在当时和现在一样被高度重视，它的流通肯定对当时的经济产生了惊人影响，不仅是在整体上（因为新的价值元素不断被引入系统），而且在个人财富分配和展示身份的能力方面。

一旦获得原材料，铸造工匠就必须把它们变成顾客所需要的物品。在这一领域，新技能也得到了应用。迄今为止，金属制品大多是用金属或石头制成的两件式模具铸造的，而现在开始使用多件式模具，并且越来越多地依赖失蜡铸造法（cire perdue）。前者的典范为华丽的青铜乐器：爱尔兰的号角和丹麦的小号（lurer）；后者的典型样本为撒丁岛或瑞典的精美小雕像。使用失蜡铸造法，可以铸模极小的零件，青铜能够忠实地保留最初刻在蜡上的印记，进而保存在外部模具表面的底片上。像特伦多尔姆"太阳车"之类瑰丽的精心杰作，很好地说明了铁匠对其技术方法的熟练掌握，以及他对大体平凡主题有关的线条和比例的精密把握。最重要的是，新模具技术的推广，使得这在技术上是可以实现的。

随着青铜时代晚期金属制品数量的增加，铸件所用模具的主要材料变成了黏土，抑或是掺有少量黏土的沙子，这种模具在过去3000年的埋藏条件下往往无法保存；因此，对于大量的青铜制品而言，现存的模具太少了。这样的铸模只能使用一次，因为它们在提取铸件的过程中就被打碎了。但是许多大型黏土模具遗物，譬如在爱尔兰威克洛郡的拉斯戈尔，或者在英格兰德文郡的丹顿，发现了用于各类物体的模具碎片，都证明了现场冶金（一种很少被发现的现象）的情况一定经常存在。丹顿发现的遗物，包括用于铸造剑、矛头和金属箍（矛杆配件）的熔炉和模具，而拉斯戈尔的材料包括用于剑、矛和嵌碗的模具及用于黄金制品的模具。构成青铜时代晚期冶金革命的不只是模具铸件。在青铜时代中期以及以后被广泛采用的最流行的技术之一，是金属板材加工工艺。它通常是锻造的，用青铜铸条锤打成形，并通过铆接或溢流浇注连接起来。青铜薄片被用于种类繁多的物品：盔甲（胸甲、护胫甲、头盔、盾牌）、器皿、车辆及其配件，以及其他较小的装饰品。

这种冶金活动在哪些经济和社会框架内发挥作用？在青铜时代晚期，铸造工匠的产品只是工业的一个方面，但这肯定是一个非常重要的方面。我们无法得知在一个特定的社会中有多少铸造工匠在发挥作用，也无法知道铸造工匠与其他工匠的比例，但历史学和民族志的相似性表明，铸造工匠的数量相对较少，其重要性与他们的人数不相称。我们对青铜时代冶金学的了解，大部分来自窖藏的青铜遗物，通常是工具，但间或有武器或其他物品。这些东西被保存在地下的小洞里，大概是当时的人打算以后重新取回。这些遗物中许多是用于重熔的破碎物品，有时还包含有金属加工工具。由于它们通常很重以至于不能随身携带，因此有一个合理的假设，那就是铸造工匠们在各个地点流动时，将其存货放在只有他们自己知道的藏匿处，打算以后返回时再重新取回。事实上，他们没有这样做，这可能预示着混乱的时代和铸造工匠的高死亡率，很难相信，这些遗物是被它们的所有者故意丢在地上的。这与我们将在下文中提到的那些完美无缺、未受损害的遗物堆积情况是不同的，在那些案例中，遗物似乎是被故意埋藏的，但是动机不明。

在青铜时代后期，铁越来越多地进入日常使用。相比铜或金而言，铁的来源要多得多，并且均匀分布于整个欧洲；许多社区迄今为止还没有本地供应的工具所需的原材料，现在发现自己能轻松获取大规模的铁资源。在低洼地区，那里的铁与黏土和砂结合存在于碳酸盐矿石中；或者在高沼地和泥炭区，那里存在有"沼铁矿"。相比前一时期，这些地区尤其受青睐。随后的几个世纪里，在中欧和北欧，铁的变化只在数量上变得显著，但在南部，可以用铁制造各种各样的物品（斧头、剑、矛头），从伊利里亚地区（阿尔巴尼亚、南斯拉夫）或意大利墓葬中的遗物可以看出这一点。铁的使用也牵涉高温技术，只有在达到1100摄氏度的最低温度时，才有可能提炼铁矿石。这只能在封闭的由风箱驱动的薄层黏土炉身和碗式熔炉中才能实现，在强还原环境下将氧元素从氧化物矿石中排出。这样的温度是通过铜熔体（铜的熔点为1083摄氏度）获得的，早期的铁冶金可能使用了青铜加工的方法和设备。

玻璃制品 原始玻璃珠（所谓的"辉石"，实际上是一种低温烧制的玻璃状物质），自青铜时代早期就已为人所知，但真正玻璃形成所需的较高烧成温度却很少达到。当这确实发生时，实际上创造出来的玻璃物品只有珠子，尽管在埃及和近东，诸如容器和各种饰品类的精致物品正在生产中。在意大利北部波河流域的弗雷特西纳，发现了部分和完全成形的玻璃珠、黏附有玻璃的坩埚，以及不完全熔融的玻璃原料，这具有非常重要的意义。上述玻璃的分析成分更是表明，这种材料是属于本地的构造类型，而不是由近东贸易商带来的。卡斯沉船（见第六章）也含有玻璃铸块，因此青铜时代玻璃的流动是一种公认的现象。野蛮人社会的生产是小规模的。但的确创造出了某些装饰更为华丽的类型，如蜻蜓眼，以及那些呈螺旋形缠绕的颜色各异的珠子（譬如瑞士的"湖边桩屋珠"）。这种珠子数量众多，可能产于不同的中心聚落，但真正让人吃惊的是生产组织的小规模，尤其与东地中海社会一直保持的生产水平相比。尽管如此，在整个欧洲采用这一技术是具有重大意义的，因为它很好地说明了在一个可以被视为具有真正国际化联系和倾向的时期，技术传播显然是以轻松的方式进行的。

农业革命

乍看之下,在公元前1300年之后,欧洲的生存活动变化似乎并不显得特别剧烈。在有着优质资源的所有温带地区,混合农业似乎一直是主要的生存模式,直到现在为止已经有几千年的历史了。在这一时期之前和之后,多种动植物食品被开发利用,几乎没有迹象表明发生了任何明显的"革命"。然而,非常重要的变化是存在的,尽管其中一些是微妙的。

就农作物种植而言,各种小麦和大麦是迄今为止最受欢迎的。一些豆科植物也很流行,特别是小扁豆、豌豆,以及首次大规模亮相的蚕豆或凯尔特豆,但这远非全部。在欧洲大陆,我们看到黍类(Panicum miliaceum)经常出现在粮食作物中,而西北欧和英国则保存着关于黑麦的最早证据。另一类新开发的作物,是广泛而经常使用的含油植物,如亚麻、罂粟和亚麻荠(Camelina sativa)。再结合凯尔特豆,总体印象是在公元前1300年左右,人们的种植偏好发生了明显转变。这并不是说基本主食发生了改变,它们没有变化,但得到了比以往更广泛的辅助作物作为补充。导致这种显著变化的原因是什么?我们并不确定,但有一些突出的特征。黍作为一种作物,由于其从播种到成熟的生长时间很短,并且能够抵御恶劣的气候条件,特别是干旱,因此值得注意。它在欧洲的许多史学和民族志中都有记载:从罗马时代开始,它就成为最受贫穷阶层欢迎的谷类作物,不仅用来制作无酵面包,还用于发酵酒类和粥;它出现在青铜时代晚期的马其顿、青铜时代中期的意大利北部,以及铁器时代早期的中欧和北欧,似乎证明了人们的一种早期兴趣,这种兴趣在中世纪早期已成为维持生命的主要部分。这种情况与提及的其他植物相似。凯尔特豆类既多产又易于生长,是土壤中的固氮剂,在各种气候条件下,包括凉爽、潮湿的环境,它都能够成熟。油料植物或许麻烦些,但它们的高蛋白含量使其具有很高的营养价值,而且它们本身也很美味,匈牙利奥格泰莱克铁器时代早期的遗址出土了一条上面撒有荠菜籽的面包。

有关动物开发利用的变化没那么迅速和明显，但变化依然存在。人们常常忘记，家畜绝不是唯一存在或让人感兴趣的动物，也有大型野生动物可用。在匈牙利和北欧平原发掘古迹的工作中，发现了体形异常巨大的欧洲野牛和野猪遗存，更不用说马鹿和各种小型哺乳动物、鱼类，以及鸟类——它们的捕获可能带有机遇性成分。很少有遗址能够提供足够详尽的证据来用于系统图像的建立。但荷兰的博芬卡斯珀尔遗址显示，在骨骼遗存中，牛在数量上占了很大优势，并且根据年龄和性别对动物进行了有系统的放养。拿地中海沿岸的其他地方来说，一些遗址可能专门用于饲养绵羊或山羊；而猪往往是温带地区数量最多的动物，譬如在波兰的哈尔施塔特时期。当然，马也是存在的，尽管从来没有作为主要的食物来源；它们作为役用牲畜和用于驾乘的用途，自公元前2000年前就开始受到重视，在公元前一千纪初期的几个世纪，随着青铜和铁制的马具物品开始出现在东欧广大地区的墓葬中，其用途呈现出新的面貌。关于这些发现在民族方面的意义，已经有很多文献记载。马的广泛存在可能表明，人们开始将马视为适合陪同战士参战的高贵动物。

人们不应该忽略那些能满足人类需要的体型较小但同样有用的生物：在糖还没有出现的时代，所有甜味调味料都是依靠蜂蜜来实现的。令人惊讶的是，有关这种极为有用的物质幸存的证据非常之少，但来自柏林遗址的一个被解读为蜂巢的物体，或许表明了确实曾经存在过这种东西。我们可以再现用途更少的细菌制剂，如酸奶，在许多社会中，它将牛奶变成了一种较为固态且更令人愉悦的食物，而且它们无疑也是存在的。

当然，农作物和动物都需要空间，它们通过田地、农场和庄园，来占有地理景观中的空间。田地无疑到处存在，但仅在北欧和西欧被大量发现。部分可能是实地考察优先次序的反映，部分可能是因为保存程度，它肯定不能反映真实的史前情况。无论在何处培育可耕种农作物、饲养动物，活动空间的划分都是必要的，并为新的后代提供保护。像这样的确定年代的证据表明，造田的主要阶段发生在青铜时代的前半期。然而，这绝不是故事的结尾。在公元前1300年之后的几个世纪里，至少在其中一些案例中引入了一系列显著的改良措施。在迄今仍然存在着小型田地系统的地方，如今长长的边界沟渠和河岸笔直地穿过它们，将这里的地貌分割成许多重要的地块，它们被恰当地称为"牧场"或"庄园"。譬如，人们一直在深入研究汉普郡、威尔特郡和多塞特郡边界上的一条主要堤坝——鲍克利堤坝，其古罗马和中世纪早期的最终形态，表现出借鉴了青铜时代中期的起源。威塞克斯的山岳堡垒，以类似的方式通过广阔的田地系统和线性边界，与其周围的乡村结合成一体。从大陆遗址中找到可比的证据很难，那里的田地范围往往规模较小，而且通常年代要晚得多。然而，在地中海的某些地区确实存在这种边界，从诸如克罗地亚沿海的新温暖期的达尔马提亚地区工程的调查工作中可以得知。

精神革命

在欧洲，公元前1300年左右发生的最显著的变化，不是在技术或生存领域，而是在对待死亡和墓葬的态度上。迄今为止，欧洲大部分地区对于逝者，要么是葬于简单的土坑中，要么是置于切入地面的块石衬砌的石棺里，或者是埋在堆积的土堆下（古冢或图木卢斯古坟）。大约公元前1300年，这种做法发生了巨大的变化，从那时起，死者通常被火葬，骨灰被收集并放置在骨灰瓮中。然后，这些瓮棺葬被放置在指定的墓地区域，因而这种现象被赋予了名称：瓮棺墓地。这一名称通常适用于整个时期，一般将瓮棺墓地文化描述为大约公元前1300年到公元前700年时间跨度的特征。即便如此，正如我们所看到的，尽管我们正式进入了随后的哈尔施塔特铁器时代，但许多相同的埋葬仪式仍在继续。

然而，如果认为在公元前1300年之前或之后，整个欧洲的墓葬习俗是统一的，那是不对的。在青铜时代的早期和中期，部分人被火葬；在匈牙利的部分地区，普遍流行火葬；在英国等其他地区，这种情况发生得更为零星，这或许反映了生活习惯的差异。因此，在瓮棺墓地时期，如此大规模地采用火葬是有其背景的，尽管模式转换的过程依旧不清楚。同样，并非瓮棺墓地时期的所有个体都被火葬，在某些地方，根本就没出现；而在另一些地方，则是两种仪式的混合。譬如，如果你研究波兰南部的普热奇采等已公开的大型公墓就会发现，在该墓地的874座墓葬中，其中132座是火葬，727座是土葬。这可能会引发思考，将其与随葬品相联系，从而以特定的方式表明被埋葬者的地位或身份，但事实上，这与随葬品的类型没有任何有规律的联系；无论如何，公墓所提供的遗物（正常情况下）不足；些许的陶盆和青铜纽扣物品，也很难被视为相当程度财富的标志。

对所举行的仪式的好奇态度也许可以从北欧地区看出。在相当于瓮棺墓地时期开始的时候，那里火葬墓的数量急剧增加，而且显然是为保持这种受欢迎的仪式的需要，甚至达到了把火化的遗骸放入大到足以容纳大型土葬墓的程度！有时会出现特殊形状的坟墓，一种石制的船形装置，火葬的遗骸也可置于其中。在中欧和北欧的部分地区，人们在火化的遗骸之上建立了小型的土丘或坟堆，为子孙后代提供了一个清晰可见的标记，这可能表明死者是一位显要的祖先，值得世世代代铭记。这种风格，在瓮棺墓地社会偶尔出现的大型土丘上，可以找到最令人印象深刻的表现：早期在斯洛伐克的奥科夫，晚期在德国北部的塞丁和瑞典的乌普萨拉附近。其中之一的"国王墓"，位于德国东北部勃兰登堡的普里茨瓦尔克附近的赛丁，它由一个石质的托臂拱顶墓室组成，其顶部建立有一个巨大的土丘，宽约130米，残高仍有8米。这种拱顶实际上是自新石器时代以来在原始欧洲一直不曾出现的，再加上丰富的墓葬品（剑、矛头、吊碗、剃刀、刀、镊子、戒指、斧头，以及青铜器皿和陶器），生动地说明了极少数人从当地居民手中获取财产和地位的能力。它还提供了一个惊人的证据，表明人们可能沉迷于这种炫耀财富的行为，因为一般来说，瓮棺墓地的墓葬品很少。我们知道，在这个时期，剑、武器、盔甲、精美的金属器皿、金属或玻璃的装饰品以及其他物品都被制造出来了，但它们几乎从未被放置在坟墓里。为什么不呢？

向火葬的转变通常被认为是史前后期最重要的特征之一，因为它显示出人们对待死亡和来世的态度发生了显著改变。也许，土葬式的做法意味着一种信念，即身体的完整性在某种程度上对死者在死后的他或她的"存在"的人物角色来说是重要的。另一方面，火葬法表明，身体本身是毫无价值的，易于腐烂，不过却是高级事物——情感、反思性思维和精神观念的一个微弱而暂时性的载体。这些抽象概念的延续不取决于身体，而是依靠在祭祖中的颂扬和重复来缅怀。因此，所涉及的墓葬仪式的根本变化，可能反映了青铜时代社会对信仰的一种非常明显的重新定位。这可能更多地与人们对生活的态度有关，而不是人们所称的"宗教"。死者随葬了他们生前拥有的很少财产，或以其他方式表现出来，采用这种方式强化了这样一种观点，即对死者及其成就的记忆，不是他们的肉体存在，是瓮棺墓地社会中人们所感兴趣的。

然而，不应由此就得出结论，认为宗教在青铜时代晚期欧洲居民的生活中没有任何作用。事实远非如此：广阔的遗址和样式繁多的遗物向我们表明，精神生活是极其重要的。首先，许多符号或标志被反复使用，从欧洲的一端到另一端随处可见。例如，鸟类发挥了自新石器时代以来从未有过的重要性，并且后来以一种完全不同的形式出现。泥塑的和青铜的鸟类小雕是常见的，或者为独立造型的物体（由此可能与神殿中的宗教活动有关），或者是附着在像四轮马车和大釜这样的大型器物上。鸟类还作为装饰性图案出现在青铜器和陶器上，尽管我们不清楚它的确切含义，但显然在信仰体系中具有重要意义。间或，水鸟（鸭子？）被绘制于小船或四轮马车上：来自贝尔格莱德附近杜普利亚的著名战车就是一个很好的范例。古人在这辆车上描绘了三只鸟，两只在中央辐条轮的前侧翼，一只飞起于车身后；战车上站着一个显然是女性的雕像，但头部像鸟，有钟形的裙子和显示身体特征的雕刻装饰，战车由另外两个四辐轮支撑。在其他案例中，鸟类的图案往往只是示意性的，只有眼睛和喙清晰可辨；但这是一个确定的符号，表明原始的想法很重要，因为观察者仅凭原始的概念草图就能将图片的意义汇总在一起。

此类符号只是欧洲瓮棺墓地时期和哈尔施塔特初期进行宗教和仪式活动的一部分证据。宗教活动必须有一个场所，其中一些——尽管并非全部——毫无疑问是露天场所，譬如小树林和小山顶，它们所发挥的作用是众所周知的。在巴格罗斯维尔德的德伦特泥炭地，发现了一处不同寻常的木质结构遗迹，它由一圈小石头围绕着两根平直的枕梁组成，每根枕梁上矗立着四根柱子：两根为圆形截面，两根为方形。在这一建筑物的拐角，伸出的尖角状木端子或许起着美化作用，这些建筑是被故意拆除的。在瑞士东部恩加丁的圣莫里茨，发现了一种截然不同的仪式性建筑。在这里，一块长方形的木板围住了两个木制的落叶松圆筒，而整个四周又被彼此交叉并在拐角处接合的又一圈木桩环绕。在圆筒中发现了三把剑，其中两把是完整的，此外还有一把匕首以及一枚饰针。还不应忘记的是，尽管巨石阵是早期的产物，但它不仅继续出现，而且还在被积极地使用：在围绕中心建筑的Y孔和Z孔中，发现了当地青铜时代晚期和铁器时代类型的陶器，以及从埃文河附近向南延伸的大道沟渠所获得的材料中，根据放射性碳测年表明是青铜时代晚期的建筑。在早期的仪式场所进行的这种持续性的活动，通常很难有文献记载，而是否能以此证明仪式的连续性则是一个争论未决的问题。至少，青铜时代生活的这一方面似乎没有经历过革命。

仪式生活的另一方面，很可能产生于本章所述时期（至少部分），那就是岩画，在岩石表面雕刻描画的图案（人类和动物）、船只和各种符号。这些场景中最为著名的来自斯堪的纳维亚半岛南部（特别是瑞典），但阿尔卑斯山脉的两个地区也有大量分布：布雷西亚以北的梵尔卡莫尼卡山谷，以及博尔迪盖拉附近法意边界上以贝戈山为中心的地区。阿尔卑斯山岩画的年代很难确定，而且在任何方面都各不相同，有些明显早于公元前1300年，另一些则晚于公元前600年。另一方面，大部分的斯堪的纳维亚艺术遗存很可能介于这两个年代之间，尽管在这一点上，年代测定也是非常困难的，通常取决于对所描绘物体的分析。少数案例附近的墓葬会提供一些线索，但仍然很难有定论。例如在瑞典南部斯堪的纳维亚东南海岸的西姆里斯案例，那里有一座横跨青铜时代晚期和铁器时代早期的大型墓地，位置靠近岩画。尽管并不能肯定这两者是相互伴随的，但至少表明，该区域对宗教仪式活动一直很重要。

绘于这些经过冰川侵蚀、略微倾斜的岩壁上的艺术，其主题图案范围极为有限，重复出现，令人审美疲劳。船只代表了最常见的单一主题，不仅出现在海洋附近，而且出现在今天的内陆位置。动物，尤其是牛类和鹿，也很常见，经常出现的是犁耕的场景和其他可能被认为来自日常生活的绘画。但最吸引人的是涉及人类的场景。他们远不如船只或动物常见，但在他们出现的地方，展现的似乎是仪式性舞蹈或其他表演的行为，通常是双臂举起，有时手拿诱饵或斧头（偶尔持弓），而且总是有生殖崇拜，很少描绘妇女和儿童（依其身份可明确识别）。通常不清楚各种图案在多大程度上应被视为一个构图整体（即一个场景）的一部分：有时会让人们禁不住相信，某些板块是有意创建的，但这仍然纯粹是假设而已。这样的场景，如果可以证明的话，将是一种风俗画类型，而不是单个真实事件的实际表现，尽管我们毫不怀疑所描绘的仪式确实发生过。

这方面的一个例外是斯堪的纳维亚地区希维克附近布雷达洛墓葬，其墓室内壁石板上的不同寻常的岩画构图。遗憾的是，这些石板现在已经严重损坏，部分已经遗失。残存的画面看起来像是一个出殡的队伍，正在为葬于墓中（我们对所涉墓葬一无所知）的死者举行临终祈祷。残存的图案包括船只、动物、战斧、圈状十字形记号、波浪形线条；以及在末端的两块石板上，哀悼者队伍（包括吹鼓手）和一辆战车以及某种代表露天墓穴的标志。这组奇特的描绘，在感官和题材上，使人想起希腊几何艺术中类似的场景。或许就青铜时代而言，最接近它的是在西班牙发现的雕刻石碑（墓碑），这些石碑描绘的题材通常是战士，而且将其简绘成棍棒人，但装备有剑、矛、盾牌和角盔。人们更关注的是武器，而不是人物本身；强调的是死者的军事性质，而不是他的身体方面，但被装饰的石板全然表明了对他的名声永存的一种关注，并以他这一最重要的身份，即作为一名战士来描绘他。

贸易和运输

青铜时代晚期和铁器时代早期的社会在经济上并不复杂，但它在很大程度上充分运用了通过贸易和交换进行联系的可能性。当然，货币还没有被发明出来，也没有任何确定的"一般等价物"（充当交易媒介的价值很小或没有内在价值的物品）的实例，虽然某些类别的人工制品被认为适合这一角色。在布列塔尼发现的一系列嵌入式斧头，其铅含量过高，无法有效地用作木工工具，可能只是作为易货代币运行。我们当然也不能重建市场，即使在公元前1300年之前的几个世纪里，与其类似的事物已经存在于近东的某些城市。用卡尔·波拉尼的"实体主义"学派所采用的术语来说，经济是被"嵌入"社会关系中的，因此经济活动总是发生在社会背景中，并被赋予社会意义。当然，这并不否认，从获得有关商品的角度来看，交换具有在合作伙伴之间转移货物的作用。事实上，大多数此类交换必定是针对这一目标的。但它缺乏一个正式的交换地点，也没有任何证据能够表明它是在一个相当于地方层面以外的任何地方运作。大多数青铜时代晚期的人群规模较小，且以正常的生存活动为基础，如果误以为在此阶段大批食品被运送到欧洲各地，那将是错误的。

不过，根据这一时期发生的多起沉船可以做出判断，欧洲内外确实产生了交流，而且显然是远距离的。虽然土耳其南部海岸附近的格里多亚角海域沉船的年代是青铜时代东地中海城邦崩溃前的垂死挣扎时期，但韦尔瓦和阿格德角沉船完全发生在本章的时期内，而且英格兰南海岸附近的两艘沉船也在时间上接近。因此，在奥迭尔河河口发现的一批来自韦尔瓦窖藏的遗存，很可能来自一艘沉船，其中包含一种特殊形制的剑，具有较窄的剑尖（"鲤舌剑"），分布在大西洋沿岸、最北至英国。除此之外，还有许多其他的遗物，既有武器，也有装饰品，这表明它联系的地域很广阔。在纳博讷东部南海岸的阿格德角的遗物中，包含有典型的当地"劳纳西亚人"青铜业原料，可追溯至大约公元前700年的青铜时代末期。这些遗物的证据与来自兰登湾和索尔科姆窖藏中的那些相似，其中包含大量法国风格的金属物品。这些物品究竟是准备进口到英国，还是仅仅偏离航道，目前都不得而知。对我们来说，大批金属制品被运送到各个地区的事实说明，即使确切目的不明确，运输机制也仍然存在。因此，像罗诺昂剑这样类型的遗物（一种早期的带有简单铆接柄形制的剑）被发现从英国到前捷克斯洛伐克都有分布就不足为奇了；还有标准的"法兰柄"剑出现在从瑞典到希腊的整个欧洲。

青铜器是欧洲青铜时代进行运输交换的货物之一，特别是武器，当然还有其他货物。史前交换中最显著的现象之一是来自奥地利阿尔卑斯山脉的矿山和蒸发点的盐，尤其是在哈尔施塔特遗址自身，以及之后的哈莱因等邻近中心（这两个词，从词源学上讲，都与希腊语"hals"、盐和其他印欧语系中的类似词有关）。在哈尔施塔特，对一处青铜时代晚期含盐地层的开采一直持续到铁器时代，显然人们对其的使用没有明显中断。从附近的墓地中，发现了大量青铜时代晚期和铁器时代早期的墓葬。尽管没有直接证据表明由此产生的盐饼所采取的贸易路线，但来自阿尔卑斯山南北地区遗物的外观显示了这种宝贵商品的一些可能的接受者。从他们坟墓中的财富判断，那些控制盐源的人肯定从交易中赚取了巨额利润。据推测，他们自己并没有进行实际的开采，这一定是一项危险和令人不悦的工作，其技术类似于自青铜时代早期以来的铜矿开采。

玻璃和玻璃制品的活动也有一些证据。乌鲁布伦沉船上载有蓝色玻璃块状物，因此在欧洲发现近东成分类型（高镁）玻璃的地方，玻璃原料至少可能是以铸块形式从东方海运而来。这与弗雷特西纳所发现的玻璃类型不同，这种玻璃被发现广泛分布于晚期青铜时代世界。从远处进口的另一种材料是琥珀。至少从公元前16世纪开始，琥珀就从北欧传播至希腊，但在公元前1300年之后，接受"北方黄金"的地区在数量和多样性上都有所增加。虽然希腊一直到公元前1100年甚至以后都持续获得了一定的发展，但交换的重心转移到了地中海的西部和北部，尤其是意大利和南斯拉夫。在那里，用琥珀和玻璃珠装饰的扣针（安全别针）变得很常见。

当然，这些交换蕴含着承载它们的技术手段，从源头运输材料，以及从作坊到客户的制成品。我们先前偶尔提到船舶，但是对于所讨论的船舶的形状知之甚少。唯一经常出现的图示来源于斯堪的纳维亚半岛的岩画，那里的船只通常被描绘成没有帆的高船头、浅吃水的船只，显然是由一排桨推动行进的。这类船只是用来沿着瑞典群岛的小溪、穿过狭窄的水域航行的，并不一定用于进行较长距离的海上航行。罕见的帆船描绘可能代表这种船，但它们只是在东地中海地区流行。但这并不能掩盖这样一个事实，即公元前1300年之前和之后，古人在地中海地区显然进行了长时间的海上航行，埃及、安纳托利亚和黎凡特市的外交和经济档案就清楚地表明了这一点。

陆路旅行也很重要，在远离海岸的地区更是如此。有关这方面的认识仅限于那些古道遗迹或形成人工小径的地区，譬如在下萨克森州、荷兰，以及英国和爱尔兰部分地区等潮湿、泥泞的土地上。在萨默塞特郡平原区，公元前一千纪初期有一个道路建设的主要阶段，这可能是为了应对降雨量较大的时期，当时地下水位上升，更多地面变得潮湿。像廷尼地区的那些古道，都是用固定在适当位置的灌木丛建造的，并且在地面特别潮湿的地方还加上了其他木板。下萨克森州的一个显著实例中，相距40千米的两条古道都是在公元前713年用同一棵树建造的，这表明了古道建设某种形式的集中规划和组织。在干旱地区，重建古道的路线要困难得多，这在很大程度上取决于已知重要遗址的位置。例如，很可能在青铜时代就已经存在连接伯克郡丘陵沿线铁器时代堡垒的山脊通道：拉姆山的堡垒前面有一堵青铜时代的围墙，其他遗址也可能是如此。

沿着这些道路行驶的交通工具，既可以从岩画上中找到，也可以从属于它们的青铜配件和车轮遗物中获知。其中一些车轮，譬如发现于下萨克森州施塔德或德塞夫勒省库隆的壮观实例，它们可能属于大型礼仪车，用于重要的出行，如葬礼或其他仪式。杜普利亚的小型三轮马车泥塑模型，以象征手法暗示了它的仪式意义，很可能就属于此类性质。而有轮的大釜，譬如来自梅克伦堡州佩卡特尔或日德兰半岛斯卡尔拉普的那些，可能只是用于祭祀活动。它们展现的形制可能还是那种用于更多日常活动的。然而，在农家宅院和田地中，马车的构造可能千百年来变化都不大：实心木轮，某些具有新月形的或其他形状的车轮，或者横杆式车轮，都在沼泽地区发现过，它们必定代表了至少从新石器时代末期以来建造的用于运输农产品和粪肥的缓慢移动的运货马车和手推车。这种由牛或马拉动的车辆，是青铜时代大多数居民所熟悉的，对他们来说，描绘于塔努姆、法拉那坡或纳奎尼岩画中仪式典礼上的那种精心制作的青铜马车是很少见的。

战　争

虽然瓮棺墓地时期的许多人，也许是大多数人，可能过着乡村平和的生活，仅仅不时被农业年的季节性需求以及相关的祭礼和仪式义务打断，但有些人从事的活动显然更具军事性质。从行动的规模来看（就我们根据岩画和武器装备遗物重建而言），个人或小团体的冲突似乎已经成为日常事务，而不是大规模军队的演习。岩画描绘了许多高举武器的人们的场景，但他们通常是以个体身份出现的，而且不是在冲突场合。稍后在梵尔卡莫尼卡山谷发现的岩画展示的是冲突情景，但其中一些可能晚于公元前600年。然而，青铜时代晚期的遗址和人工制品遗存给人们留下了一种强烈的印象：战争是那个时代的要素之一，是经常发生的。这首先体现在大量保存下来的武器上：刀剑、匕首、矛头、箭头，以及盔甲——向我们展示了瓮棺墓地时期的战士可用的进攻和防御武器库，伊比利亚的墓碑和科西嘉的竖石雕像则让我们看到了古人对战士外表的重视。

例如，阿尔卑斯山东部地区在青铜时代中期开发了多种形制的剑，更新速度也极快，或许反映了若要保持军事上的成功，就必须不断更新装备。它既是一种功能性的工具（如某些部件的磨损和再开刃痕迹所示），又是一件用于炫耀的重要物品。剑柄通常是由骨头之类的有机材料制成的，套以青铜剑首；但有时他们用青铜铸造剑柄，并精心加以装饰。这样的事例往往很明白地说明了，当时的人为了外观已舍弃了操作的实用性。能够准确评定这两种剑柄优缺点的最好方法，就是所连接的有机剑柄。这两种类型剑柄共存的事实可能表明，实用和华丽外观之间是有区分的，也是有意被保持着的。

盔甲（盾牌、头盔、胸甲、护胫甲）在青铜时代战争机制中扮演着越来越重要的角色，但从考古学的角度来看，只有那些用金属制成的盔甲才得以保存下来，而这些盔甲并不是功能上最有效的。例如，实验证明，用青铜薄板制成的盾牌可以被一把剑猛击切开，而皮革或木制的盾牌则要坚韧得多。另外，身着金属片的盔甲很难自由移动，而皮革可能是普通的材料，更有可能的是这些金属片是用于展示的——要么用于战争仪式，要么意在使敌人一看见就心生恐惧，就像在《伊利亚特》中的荷马英雄那样。

瓮棺墓地时期也是一个人群有系统地开始保护自己免受战争影响的时期，他们在自己的领地上增加了城墙和沟渠，从而建立了堡垒。丘陵地区的堡垒遗迹最著名，但低地地区也有它们的踪迹。虽然学者已经对德国东部卢日茨地区（靠近波兰边境的科特布斯附近）防御工事的地层进行了最好的研究，但是这种现象是非常普遍的，欧洲大陆大部分地区以及英国都发现了此类青铜时代的堡垒。虽然这种围墙的初始阶段往往只是增加了木栅栏而已，但后来发展成一系列精心制作的木制框架，辅以石制外墙、碎石填充物以及倾斜堤岸。在其他地区，例如德国西南部，可以看到堡垒的分布几乎是地域性的，沿河谷两侧以大致相等的间隔（10千米至15千米）出现，大概是作为邻近地区的避难所。同样引人注目的是，尽管有这些预防措施，但事实上几乎所有的堡垒都是被迅速摧毁的。大多数堡垒发现的陶器都局限在一个阶段，而且这些堡垒未再被使用过。虽然这些阶段的具体年代仍然相当不精确，但我们现在确实知道了（如前所述，由于树木年代学的发展）所涉及的时间范围，而且这些时间范围很少超过100年。同样的情况也出现在波兰的大栅栏，那里的比斯库平或索比朱奇遗址接连经历了两三个发展阶段，而灾难性的破坏导致投入了大量时间和精力而建立的遗址走向终结。

最后，我们不应该忘记骑兵在瓮棺墓地时期和铁器时代早期战争中的作用。公元前2000年后，自欧洲大部分地区采用了马拉战车（及之后的骑乘）以来，它的多功能性和威力日益受到人们的重视。在公元前二千纪年的上半叶，一系列骨制和鹿角的马勒配件越来越多地增加了金属件，这些金属件既包括马嚼子本身，也含有更为常见的连接嚼子和笼头的马勒带。可以看到，在仪式上，或许也在战争中，马的使用量正在增加。但真正巨大的变化发生在大约公元前800年之后，当时在东欧和中欧的广大地区开始出现含有骑兵装备的墓葬，它们被解释为"色雷斯-西米里族文化"，反映了希罗多德所记载的东部草原民族向西进入欧洲的传统：在斯基泰人定居之前的一段时间，人们从干草原地区向东、向西进入欧洲的活动。据推测，后者在匈牙利东南部的森特什-维克祖格等墓地中都有体现，这些墓地中都有铁制的马勒和马嚼子，可追溯至公元前600年以后。在类型上，早期的组合是青铜制成的，至少可追溯至公元前1000年，而鹿角材质的同类物品自青铜时代早期以来也一直在使用。

结语：公元前600年的欧洲

到了公元前600年，欧洲进入了有文字记载的时代，希罗多德这样的作家很快就记载了希腊的历史事件，以及在某些情况下，他们与北方"野蛮人"部落的互动。公元前600年以后，南北联系的规模远大于在此之前我们所能识别到的一切，这表明瓮棺墓地时期的形成过程是如何成功地为欧洲下一个主要发展阶段奠定了基础。其中一部分原因，无疑是阿尔卑斯山以南地区发展的结果，因为希腊和意大利经历了殖民化、政治演变和贸易扩张等过程，这些过程在那些城邦社会的兴起中发挥了关键作用。但是，北部地区的事态也在不断发生变化，出现的社会规模大大超过了之前的任何时期。例如，海涅堡的规模和精细度都标志着瓮棺墓地模式的重大进步。

铁的广泛出现也起到了一定作用。正如我们在上文所看到的，欧洲发现的铁的数量在公元前第一千纪不断增加，这表明人们明显不再依赖传统材料，而是转向那些更容易保证供应、来源更广泛、产品硬度和锋利度更高的产品。到了公元前600年，铁成为制造工具和武器的标准材料，尽管最高质量的艺术产品仍然是用青铜制造的。铁冶金技术很重要，尽管它只是过去几百年发展起来的众多技能之一；这些技术在构成下一章主题的主要社会、政治和艺术成就的发展中取得了丰硕成果。

第十章

公元前800年—公元前140年的 西欧及其他地区的铁器时代社会

巴里·坎利夫（Barry Cunliffe）

公元前800年至公元前400年，古希腊罗马世界的诞生

公元前14世纪至公元前13世纪，欧洲处于迈锡尼权力的鼎盛时期，预示着未来的发展。根据迈锡尼陶器在意大利和西班牙南部的分布情况，爱琴海船只定期冒险进入亚得里亚海和西地中海，以满足迈锡尼王朝对原材料的需求。在更遥远的蛮荒欧洲的边缘地区，当地精英的出现在很大程度上归功于他们对商品的控制能力，尽管这种权力结构是不稳定的；这些商品的目的地是爱琴海的消费市场。就像迈锡尼社会的短暂繁荣是希腊文明以及后来的古希腊罗马文明的先兆一样，迈锡尼的贸易体系以及边缘地带野蛮人部落对此后5个世纪或更长时间发展的互动也是如此。迈锡尼体系几乎是针对成熟的古希腊罗马世界的一次试运行。

要了解早熟的地中海边缘地区以外的欧洲所发生的事情，首先就必须看看地中海本身，因为从公元前8世纪开始，这两个世界的命运就密不可分地联系在了一起。公元前800年至公元前400年的4个世纪中，地中海的

历史随着希腊人和腓尼基人之间的贸易竞争而开启，并随着罗马人和迦太基人这两个继承者的军事对抗而闭幕。错综复杂的事物和次要历史情节很多且引人入胜，在这里我们只能梳理出几个主要的主题。

到公元前800年，希腊大陆和小亚细亚爱琴海沿岸的城邦开始从默默无闻中崛起。随着人口在重点地区集中，社会系统变得更加复杂；城市化进程带来了一系列问题，特别是由于人口迅速增长以及生产系统无法长期维持粮食供应而加剧了社会压力。这些问题通过大量人口离开家园并建立殖民地而得以缓解。尽管希腊人将殖民定居点（apoikiai）与贸易站点（emporia）区分开来，但两者之间的差异并不会很大。无论最初定居的动机是什么，人口过剩的虹吸效应和在不管是在庞蒂克草原（Pontic）的玉米田还是金属丰富的伊特鲁里亚（Etruria）这样的高生产力区域边缘建立贸易飞地的渴望，都使得两者的区别很快就会变得模糊起来。

公元前800年到公元前600年的两个世纪，见证了西地中海向希腊世界的开放。根据希腊的传统，最早的殖民运动是由来自埃雷特里亚和卡尔基斯的欧波亚人发起的。从考古证据可以清楚地看出，大约到公元前770年，集约贸易就已经开始了。迄今为止发现最早的殖民聚落之一，是在那不勒斯湾北端伊斯基亚岛的皮特库萨，殖民者令人折服地选择了这个地点，它与北部的埃特鲁里亚的高产地区和厄尔巴岛有直接和方便的联系，那里有各种金属，特别是优质的铁矿资源。人们显然认为这个岛屿位置优越，不到几年，哈尔基斯人就在库迈邻近的大陆上建立了一个新的聚落。

从希腊到西地中海偏远地区村落的旅程是漫长的，但早期海上交通的陆地环绕式风格，以及在意大利和西西里岛沿岸提供的安全且经过充分试验的锚地，使得航行变得不那么危险。随着贸易强度的增加，这些港口有许多已经成长为固定的聚落。纳克索斯岛，位于西西里岛东海岸陶尔米纳以南，据说始建于公元前734年，科林斯人在次年就选定在其南部80千米处的锡拉库扎建立殖民地。其他人紧随其后，直到大约公元前650年，西西里岛和意大利南部已经成为希腊的一个延伸区域，它们被称为"大希腊"并非毫无道理。

起初，与伊特鲁里亚人的贸易满足了希腊大陆本土市场对金属的需求，但在公元前7世纪中叶，一批新的探险家出现在地图上，他们是来自小亚细亚爱琴海沿岸福西亚镇的福西亚人。据希罗多德记载，他们是"最早远航的希腊人，正是他们开辟了亚得里亚海、伊特鲁里亚和西班牙，以及塔尔泰索斯地区"。据他所述，福西亚人驾驶的不是商船，而是一种有着50只桨的单层桨战船，这提醒我们，当时的探险活动与2000年后的瓦斯科·达·伽马利用他的火力为葡萄牙在印度建立的霸权几乎是一样的。这清楚地表明，西班牙东南部黄铁矿带的矿产资源是主要的吸引力。这些资源是由占领了瓜达莱特河下游地区、瓜达尔基维尔河，以及廷托河领土的塔特西人控制的。希罗多德还记载道，塔特西人对福西亚人的态度非常友好，当福西亚的家园受到来自波斯人越来越大的压力时，塔特西国王邀请他们全体迁移到他的王国，福西亚人拒绝了这一提议，而是接受了金钱来建造防御城墙。

福西亚海员所走的航线，极有可能先向北行驶，从那不勒斯湾到科西嘉岛，再到法国海岸，然后沿着西班牙的地中海海岸，经由直布罗陀海峡的赫拉克勒斯之柱，到达大西洋的塔特西港口。像所有的海员一样，他们会在沿途选择港口来补给食物和水，从而与许多土著群落建立密切联系。逐渐地，位置最好的港口发展出了贸易港口的功能，最终更有利的地点迎来了他们的第一批永久殖民者。靠近罗纳河口的马萨莉亚（马赛），在公元前600年成为殖民地。不久之后，恩波利昂（安普里亚斯），以及科西嘉岛东海岸的阿拉利亚在大约公元前560年也成为殖民地，后来又发展了子殖民地，以填补两者之间的地域。因此，到公元前6世纪中叶，福西亚人已经牢固确立了自己作为西地中海北部水域主人的地位，逐渐接管了曾经是伊特鲁里亚人的领地。通过这种方式，西欧的野蛮人群落首次密切建立了自己与希腊城邦的联系。

希腊扩张的同时，来自黎凡特（今黎巴嫩）沿海城市闪米特人一支的腓尼基人，正在与北非和西班牙南部沿海地区建立直接的贸易联系。他们似乎也被塔尔泰索斯的矿产资源吸引。据传，他们应该是在加尔德（加的斯）建立了一个贸易港口，那时是塔特西王国南侧的一个岛屿，时间约为公元前1200年——这是一个未经考古证实的日期。迄今为止发现的最早的占领遗迹仅可追溯到公元前8世纪。当然，到公元前800年，腓尼基人的贸易得到了加强，其背后的原动力可能是亚述人对白银的需求。腓尼基人，凭借其家乡的沿海位置，是占据地中海生产和近东消费帝国之间接合的天然中间人。

希罗多德详细描述了腓尼基商人和塔特西人之间的贸易性质。"在向那个地方输入石油和其他小型海上贸易商品之后，"他记叙道，"他们获得的白银如此多，以至于再也无法保存或接收更多的白银，而在驶离这些港口时，他们不仅被迫用白银制造他们使用的所有其他物品，而且还制造他们所有的锚。"这无疑过分夸大，但足以说明白银的输出可能是巨量的。塔特西人的银子极有可能最终成为亚述人的货币。

腓尼基人的贸易范围极为广泛，不局限于塔尔索泰斯。他们的踪迹可以追溯到北非的大西洋沿岸，并且在地中海地区沿着西班牙南部海岸有一系列的小港口。从这里，内华达山脉山间地区的生产腹地，以及更远的瓜达尔基维尔山谷，都能够被开发。腓尼基人的聚落也沿着商人穿越地中海沿岸的路线建立起来，但在突尼斯沿岸最多。最早的是在尤蒂卡，但它很快就被公元前7世纪盛极一时的迦太基取代。腓尼基人在沿途其他地方如西西里岛西部、撒丁岛的南部和西部海岸，以及巴利阿里群岛上都建立了港口。就是说，当希腊人控制西地中海北部地区时，腓尼基人控制着南部。这并非表明这两个势力范围是互斥的，相反，有许多合作的证据。在迦太基的早期地层中发现了数量众多的希腊遗物，很有可能是腓尼基商人在西西里岛或意大利港口接载希腊石油和其他商品，然后将其转运给他们在西方的贸易伙伴。

公元前6世纪中叶，西地中海的政治结构发生了重大变化。公元前573年，巴比伦人占领了黎凡特海岸的腓尼基城邦，严重破坏了长期建立的贸易体系。当时西地中海与东部的联系被切断，从现在开始，迦太基而不是古老的母城提尔和西顿成为腓尼基商人在西部的主要据点。不久之后的公元前544年，波斯人霸占了小亚细亚诸城，围攻了福西亚人的城镇。人们集体向西逃亡，想要定居在其科西嘉岛的阿拉利亚殖民地。伊特鲁里亚人将如此大规模的希腊人数量存在视为严重的经济威胁，因为他们当时仍在西地中海北部区域进行广泛的贸易。伊特鲁里亚人与迦太基人结成联盟，于公元前537年左右在阿拉利亚附近的海岸发生了海战。尽管希腊人获胜，但这是一场势均力敌的较量。希腊殖民者决定从科西嘉岛迁出，离开伊特鲁里亚人的领域，在意大利南部的埃里亚建立一个更安全的殖民地。

这一事件提醒人们，西地中海地区开始变得局促，无法满足希腊人、伊特鲁里亚人和迦太基人日益增长的经济野心。阿拉利亚是长期紧张局势加剧期间的第一次重大冲突，最终导致公元前264年第一次布匿战争的爆发。

阿拉利亚之战，并不意味着伊特鲁里亚人将北部海路据为己有，事实上，大约正是在这个时候，希腊的马萨利亚城邦开始迅速发展，主导着通往野蛮高卢及其他地区的贸易路线。这一突然增长的原因可能是，继阿拉利亚之后，迦太基人有效控制了西班牙南部的港口，阻止了希腊人的贸易通道，使得他们不仅无法获得塔尔索泰斯的矿产资源，而且还无法进入较远的大西洋贸易体系，而希腊市场的大部分锡都是从那里获得的。通过发展马萨利亚和高卢南部的其他港口，希腊殖民者可以直接控制通过蛮族欧洲的两条主要贸易路线：通往北部罗纳-索恩流域的航线，以及进入大西洋海路的卡尔卡松峡谷至加伦—吉伦特的航线，从而获取了加利西亚省、阿莫里凯地区和康沃尔郡的宝贵锡矿。因此，迦太基人垄断直布罗陀海峡的一个后果是，希腊人在高卢南部的势力更强大安定，这反过来又导致伊特鲁里亚人的利益逐渐被剥夺。

对伊特鲁里亚人的影响可以很容易地查明。古老的沿海城镇开始衰落，一个新的贸易路线系统通过亚平宁山脉向北发展。到公元前6世纪末，伊特鲁里亚人在亚平宁山脉的北侧建立了马尔扎博托和费尔西尼亚（博诺尼亚）城镇，俯瞰着富饶的波河流域。这种重新定位为伊特鲁里亚人提供了直接进入两个新市场的途径，一个是穿过阿尔卑斯山通往野蛮人的北部，另一个是经过沿海城镇斯皮纳和阿德里亚进入亚得里亚海，从而直接进入希腊市场，而不必经过大希腊贪婪的中间商。根据目前的证据，斯皮纳似乎建立于公元前520年左右，而阿德里亚可能略早些。这些经济调整，使得伊特鲁里亚人在近一个世纪中处于有利的地位。与此同时，在西地中海，人们的行动自由逐渐被剥夺，最终在公元前474年，伊特鲁里亚人与大希腊的军队在库迈附近进行了一场伟大的海上战斗，伊特鲁里亚舰队惨遭重创。

回顾详细资料，可以发现在公元前800年至公元前600年存在一个不受限制的自由贸易阶段，紧接着是公元前600年至公元前450年的冲突、竞争和加剧的阶段。在第一阶段，从意大利到葡萄牙的整个欧洲海岸，都与希腊、伊特鲁里亚文化和腓尼基文化有接触；在第二阶段，腓尼基和迦太基文化的影响力集中在伊比利亚南部，而在北方，希腊人开始主宰高卢的南部海岸，同时，伊特鲁里亚人的势力范围重新聚焦在亚得里亚海和阿尔卑斯山东部。正如我们将看到的，所有这些转变和再调整都会对欧洲内陆地区的人群产生巨大影响。

公元前600年至公元前450年，蛮族外围

围绕地中海沿岸建立的贸易港口，刺激了欧洲蛮族的发展。不同地方的人群以不同的方式做出反应，但每种情况的模式都是相似的——地中海

地区的商品被狂热地寻求，其中最有价值的则被贵族获得，用来炫耀其高贵的地位；而价值较低的商品，则被精英们在礼物交换的循环中流传给了地位较低的人。同时，人们渴望模仿异国风情，当地的工匠仿制进口奢侈品，人们采用异域文化的某些方面。

在西班牙南部，随着塔特西人及其邻国与腓尼基人和希腊人建立了密切的贸易联系，我们可以看到上述进程发挥着明显的作用。进口商品的数量是巨大的。在韦尔瓦（几乎可以确定这是古塔尔泰索斯遗址）的发掘中，人们从一条长6米、宽4米的沟渠中提取了1400枚希腊陶罐碎片。这些陶器来自东地中海的一些中心，包括雅典、希俄斯岛和萨摩斯岛。最早可追溯到公元前7世纪下半叶，但大多数属于公元前6世纪。如果这一次挖掘的材料密度在整个遗址内是一致的，那就意味着有数百船货物进入过这座港口。

在拉霍亚聚落的外围有一座公墓，那里埋葬了公元前7世纪的一些当地塔特西精英。在17号墓中，死去的贵族随葬有一辆胡桃木马车，车上饰有青铜，并配有一个象牙盒，以及一套由壶、碟和香炉组成的青铜礼器。这些物品显然是由当地工匠制作的，但墓葬品所隐含的信仰似乎取自东地中海。在塔特西人领地的其他地方，随葬丰富的墓葬很少见，但在王国的北部外围附近发现了许多。在卡莫纳发现的一组墓葬，随葬有雕刻精美的象牙；另一组墓葬发现于阿利萨达，随葬品由一系列惊人的黄金珠宝组成，其中大部分是当地制造的，除了一枚叙利亚紫水晶印章和一个埃及耳环。这些富有的墓葬可能代表着当地精英的财富，他们通过控制经其领土到达沿海港口的商品流动，得以致富。

通过加的斯和韦尔瓦的主要港口以及西班牙南部海岸较小港口进口的希腊和腓尼基陶瓷制品，导致当地生产发生了巨大变化。用红黑几何图案绘制的浅赭色织物，代替了灰暗的制品，很快被人们接受。这就是被称为东方化阶段的一部分内容，可追溯到大约公元前750年至公元前550年，随着这一阶段的到来，遍及瓜达尔基维尔河流域的城市也得到了同样迅速的发展。到了公元前6世纪，这里已存在着相当多的城镇，四周都围有城墙，不久之后，伊比利亚艺术的最初表现形式就出现在波尔库纳这样的地方：令人吃惊的精美雕塑作品，在盔甲和服装的细节上明显是本土风格，但其东地中海的原型仍然清晰展现出来。瓜达尔基维尔河流域的这一系列引人注目的发展，可能是由于贸易网的重新定位，因为那时西班牙南部沿海的腓尼基港口最为活跃。其影响似乎是腓尼基人从地中海沿岸向北，与控制着远处莫雷纳山脉的白银产区和瓜达尔基维尔河流域丰富资源的群落建立了直接联系。有证据表明，大约在这一时期，塔特西人领土向西变化的步伐变缓，这可能是因为东地中海的商人宁愿使用更直接的航线，也不愿冒险进入大西洋经由塔特西中间商进行贸易。

随着公元前6世纪的到来，中心城市的进一步转移是显而易见的。根据希腊陶器进口商品的分布来判断，西班牙东南部的港口成为主要的入境点，这一发展可能与伊比沙岛在约公元前550年之后成为腓尼基中心的重要性日益增加有关。发生这种变化的原因尚不完全清楚，但是喀他赫纳港附近银矿的开发可能是其中一个吸引点。从东南海岸，瓜达尔基维尔河的传统开采资源仍然能够通过塞古拉山谷到达。所有这一切的结果是，到了公元前5世纪，整个西班牙地中海沿岸地区都已经发展成为充满生机的城市化社会，以复杂的军事结构为基础，具有高度独特的艺术和文字。他们当时被称为伊比利亚人，源自土著血统，与东地中海商人长达3个世纪的密切互动，使得他们加速了文化发展，也增强了文化特色。

北部的山脉，如滨海阿尔卑斯山和塞文山脉，在地中海地区和欧洲温带地区之间形成了一道重要的屏障，但罗纳河和索恩河流域提供了一条从勃艮第到德国南部广阔地区的简单路线。这一西哈尔施塔特地带，横跨塞纳河、索恩河、莱茵河和多瑙河的上游，可以直接进入阿尔卑斯山以北的大部分大陆地区，由此在欧洲占有重要地位。因此，毫不奇怪，在公元前6世纪下半叶，当希腊主导的贸易通过马萨利亚得到加强时，这一北部区域的精英们得以指挥和控制异国的地中海产品作为贸易货物运往北方。货物流通在早些时候就开始了，包括用于希腊宴会饮酒仪式的贵重装备，譬如制造于公元前7世纪末，在维尔辛根和卡珀尔发现的"罗得岛"酒壶，以及公元前6世纪初在意大利南部制造的出土于格拉奇维尔的提水罐。但公元前6世纪中叶之后，贸易量激增。有着大量价值不菲的大型物品被持续进口的，比如维克斯的与人等高的青铜罐；还有一系列价值较低的商品，包括雅典的陶器，先是黑彩，后来为红彩。毫无疑问，马萨利奥特的双耳细颈椭圆土罐装满了普罗旺斯产的葡萄酒。

贸易的运作机制仍然模糊不清，我们也无法确定有什么当地产品作为回报。黄金是一种可能，兽皮、毛皮和食品也有可能，比如熏火腿，几个世纪后该地区就以其闻名于世。对地中海经济至关重要的另一种产品是奴隶，在后来的商业交易中往往起着重要作用。当地精英阶层对这些交易保持着完全的控制，并将获得物作为他们崇高地位的象征。生活中，最高酋长与下属之间存在着奢华的盛会和礼物交换的循环；而酋长死亡后，家族就会随葬昂贵的酒具和其他奇异的装备，以此来体现其社会声望。在这一层面上的炫耀性消费造成了奢侈品短缺和需求，从而进一步刺激了贸易。地中海贸易商一直有能力也愿意为该体系提供供给，这种平衡尽管不稳定，却一直保持着。

考古学上的这种"名牌商品经济"的表现形式是引人注目的。许多山顶区域被开发成贵族的防御住所。在勃艮第的拉苏瓦山、德国南部的海涅堡，以及瑞士格拉讷河畔的沙蒂永，都发现了大量的地中海奢侈品。同时，一堵与众不同的城墙环绕着海涅堡，它是在石块构造的地基上用泥砖砌成的，向前突出的矩形棱堡赋予其生气。这种技术在希腊很普遍，但对于欧洲温带地区来说却是完全陌生的，那里的冬雨很快就会对墙体造成严重破坏。尽管如此，它依然是一个显著事例，说明蛮族的精英是如何热衷于他们所理解的地中海文化。

在他们的墓葬中，所随葬的一系列奢侈品也展示了精英阶层对地中海的掌控。在拉苏瓦山附近的维克斯，死者随葬有一整套的葡萄酒具，从调制葡萄酒的罐子到用来饮用的杯子。而在霍赫多夫，一口源自地中海的大釜中盛着蜂蜜酒，它是用当地制造的镶金角杯来饮用的。在别处，往往能发现酒壶和雅典杯。高等级的墓穴也可以通过黄金用量和装饰精美的随葬车具的存在来区分，在霍赫多夫，人们普遍用铁板覆盖随葬车具，这是一项没有任何效用的工作，但表现出家族指挥近乎无限劳工的能力。

西哈尔施塔特地区的主要家庭，在竞争性贸易网络中相互关联，有证据表明，他们的财富随时间而变化。变化原因之一是由地中海政治重新定位而引起的奢侈品流通的变化。较小的变化很难从考古学上加以辨别，但阿拉利亚之战后，伊特鲁里亚贸易网的重新调整导致了一次重大动荡。公元前525年以后的一个世纪左右，在瓦尔奇和邻近城镇的伊特鲁里亚作坊制造的鸟嘴状酒壶的分布最明显地体现了这一点。这些酒壶散落分布在通过亚平宁山脉、穿过波河流域、沿山口向北通过阿尔卑斯山的路线上。除此之外，莱茵–摩泽尔区中部地区的精英墓葬群密集分布，而法国北部的马恩地区则较少集中。对这种模式最简单的解释是，由于马萨利奥特人当时的垄断地位，伊特鲁里亚商人无法通过罗纳走廊得到北欧地区的丰厚财富；于是他们开发了自己的新商道，迂回绕过了西哈尔施塔特地区，并与北部边缘的马恩–摩泽尔区人群建立了直接联系。这一地区最吸引人的地方之一，很可能是洪斯吕克–艾费尔地区的优质铁矿石。

这种联系对马恩–摩泽尔区的影响是巨大的。先前，已经开始出现分布广泛的武士权贵，其尚武性很可能是由于该地区能获得奴隶，进行与西哈尔施塔特精英阶层的交易，而后者则将他们转运到地中海。与地中海建立的新联系，凭借伊特鲁里亚网络，首次将名贵商品直接引入该地区，从而使杰出的武士通过操纵奢侈品继而成为精英。这样的人被葬于华丽的墓地中，比如萨尔兰州的魏斯基兴和施瓦岑巴赫，以及马恩的梅耶峡谷和索姆–比昂尼。

伊特鲁里亚人与马恩–摩泽尔区的联系，通过进口鸟嘴状酒壶的分布得到了最鲜明的体现，但它也以更微妙的方式表现出来。新的精英阶层在其葬礼仪式中采用了两轮战车，这是从伊特鲁里亚人那里学到的一种方式。此外，还出现了极具创造力的铸造匠人群体，他们依靠其不拘一格的艺术图案为他们的贵族顾客制造了一系列器皿和装饰品，其中许多只是稍微偏离了伊特鲁里亚的原作。在这个短暂而辉煌的时期，他们创造了一种全新的艺术风格，被称为凯尔特艺术或拉坦诺艺术，这注定要成为欧洲大陆第一种真正的泛欧艺术风格。

这一新的精英阶层在公元前5世纪初突然崛起，对已经建立起来的西哈尔施塔特体系产生了破坏性影响，致使该体系迅速瓦解。瓦解的原因是内部动荡，还是奢侈商品供应量的减少，或者是来自北方外围的侵略，这些都不完全清楚：年表太不精确，允许多种解释。可以明确的是，到公元前5世纪中叶，西哈尔施塔特的奢侈商品经济已经接近尾声，马恩和摩泽尔的武士精英阶层正蓬勃而迅速地发展起来。这些地区的精神很快就被广泛地传播开来。

亚得里亚海的海角，为地中海地区和欧洲温带地区之间提供了另一个便捷的连接。从威尼斯平原有一条相对容易的路线，可以通过尤利安山到达斯洛文尼亚的丘陵地带，然后向东经过德拉瓦河和萨瓦河，到达多瑙河上游平原；或者向北沿着东阿尔卑斯山脉的边缘，穿过布拉迪斯拉发附近的多瑙河，到达摩拉瓦河流域以及远处的北欧平原。斯洛文尼亚位于阿尔卑斯山脉和巴尔干山脉之间，其中心位置至关重要，从公元前8世纪到公元前5世纪，在这里出现了一个独特的聚落群，其基础是马格达伦斯卡-戈拉、瓦采和斯蒂纳等大型设防聚落，其下面分布着巨大的墓地。这些遗址的考古证据给人留下的首要印象是近4个世纪以来的稳定性和连续性。

无法确定是哪些产品进出斯洛文尼亚，但来自波罗的海沿岸的琥珀所占分量可能很大。当地有优质铁矿石，具有铁矿开采的充分证据；另一个专业产品是玻璃，通常被制成五颜六色的珠子。鉴于该地区的关键位置和生产力，人们可能曾期望精英阶层的出现，能以西哈尔施塔特地区的模式创造对地中海奢侈品的需求，但事实并非如此。有证据表明，贵族的墓葬形式丰富，通常配有轻型青铜盔甲，并附有华丽的瓮，但进口奢侈品较为罕见，西部的财富集中现象在这里找不到。显然，这里的社会制度与西部是完全不同的。

最合理的解释是，东地中海商人在西班牙和法国南部展现的企业家精神，以及伊特鲁里亚人用来开拓中部阿尔卑斯山关口的创业活力，出于某种原因，并没有引起东阿尔卑斯山地区的关注。人们关心的是在斯皮纳和阿德里亚的通商口岸开发波河流域，以及通往西北部的航线。这或许仅仅是因为从东北部到达亚得里亚海的商品需求量要少得多。如果是这样的话，他们就会借助植根于社会体系中的传统交易方式穿越斯洛文尼亚，使其在很大程度上不受地中海贪婪的商业主义的影响。

更远处的边缘地区，公元前600年至公元前450年

在从葡萄牙到克罗地亚这个直接受希腊、腓尼基和伊特鲁里亚世界影响的不规则领土区域之外，是欧洲大陆的广阔地带。由于地貌和气候及其资源潜力各不相同，这相应又影响了令人困惑的各种文化输出。我们可以将该地区简单划分为三大区域：从英国南部和法国北部延伸到斯洛伐克的温带地区；包括荷兰、德国北部、波兰和斯堪的纳维亚半岛在内的北部地区；以及从葡萄牙延伸至苏格兰西北部的大西洋地区。毋庸置疑，这些地区不仅在文化方面，而且在现有证据的保存质量方面都有相当大的差异。

在温带地区，数量惊人但又完全不同的群落将十分之一的精力都投入到山地堡垒及其相关建筑的建造和维护上。其中许多地区，例如英国南部和德国南部，山地堡垒在青铜时代晚期就开始发展，在公元前7世纪得到

了很好的发展，但在公元前6世纪和公元前5世纪初，这种现象达到了顶峰。这些建筑占地面积通常在1～6公顷之间，很显然，这需要在某种强权下组织起来的群体的努力，其存在本身就表明了权力和社会经济体系的某种程度的集中化，它们将群落凝聚在一起。但是，如果认为该地带不同地区堡垒的存在就意味着它们具有非常相似的社会结构，那将是错误的。

鉴于这种现象的潜在意义，考古发掘工作却出乎意料的少。在英国南部，已经发掘出一部分这一时期的堡垒，其中一些规模相当大，很显然，许多堡垒都被大量的群落占据。在代恩博里，圆形的木结构房屋就集中在城墙后面的空地周围，而且沿着围墙南部的碎石小道分布。在其他地方，人们在木制的仓库和窖穴中留出了粮食储存区。在该地区的某些区域，特别是中南部，在公元前6世纪和公元前5世纪修建了大量的山丘堡垒，但大部分在大约公元前400年之后被废弃，只有少数在继续使用并上升到主导位置。这种被称为"成熟的山丘堡垒"的类型有许多被一直使用到公元前1世纪。因此在这个地区，鼓励建造早期堡垒的社会制度似乎持续了500年左右，尽管是以一种发展的形式。

在法国北部和比利时南部，堡垒的密度略低，发掘出的数量也很少。但有些堡垒规模较大、足以作为范例，譬如法国的哈鲁德堡，以及比利时的布泽诺尔、凯默尔堡和哈斯登，它们似乎都在公元前400年至公元前350年时被废弃。但在更东的卢森堡的两座堡垒——奥岑豪斯和阿尔特堡，它们的使用密集期在公元前400年以后。在这里，或许我们看到的是类似于英国南部山地堡垒现象的一种本土化发展。山堡区一直延伸到德国中部，直至前捷克斯洛伐克。在斯洛伐克西南部的斯莫列尼茨，发掘了一座公元前6世纪的筑垒，其基本规模、位置和基础经济与威尔士边区的典型堡垒几乎没有什么差异。

公共防御工事的理念在波兰也得到了很好的发展，在大波兰区和西里西亚发现的许多堡垒，大多数可追溯至公元前7世纪至公元前5世纪。并非所有的堡垒都在小山上，在湖泊中的岛屿上也发现了一些。最著名的是比斯库平，位于比得哥什附近，在1938年至1949年发掘工作揭露了岛上聚落的总体规划，它被一堵坚固的木制城墙围绕。城墙内的整个区域都被13排平行的房屋占据，房屋之间紧密地排列着用木头铺成的小道，连接着一条环绕城墙内建筑群的环形路。一排排房屋由3栋到10栋独立的房子组成，按照单坡屋顶，以排屋的方式排列。尽管没有明显的重大社会分化迹象，但这一非凡聚落的整个布局都让人联想到公共秩序是维持在强权之下的。假设所有的105栋房屋同时使用，且每套房屋只容纳一个家庭，那么常住人口可能有400人到500人。

就其多样性而言，我们很容易看到，在欧洲温带的这个山地堡垒区，社会和经济组织的基本水平大致相同，堡垒代表着人口的集中，而服务则大概由当地领导人的权威来维持。这种发展的内在过程植根于青铜时代晚期（见第九章），但在公元前6世纪和公元前5世纪有明显加速的证据。筑垒这一非常行为，以及从英国到波兰的许多遗址所证明的被攻击的事实，都足以说明潜在的侵略潮流偶尔会爆发为公开的战争。很难阐明造成紧张局势的原因，但是，普遍的气候恶化加上人口的增加，可能足以引起广大地区的社会不稳定。在西哈尔施塔特区和南部的马恩—摩泽尔区，相互竞争的上层精英阶层所造成的紧张局势也可能是一个辅助因素，尤其是如果最终为了地中海市场而通过突袭抢夺奴隶成为两个地区交流进程的重要一部分。

由于不同区域的资源潜力，支撑这一山地堡垒地带各个群落的经济体系差异很大，但筑垒的持久性以及与之相关的聚落的长期性，则表明了人们对土地的所有权和开发的重视。当时英国南部山地堡垒明显可见的相当大的存储能力充分表明，在这里，至少盈余粮食的获取和储存是一个重要的基本动机，虽然很难说明这在多大程度上反映了有组织的区域再分配制度，或者仅仅是一种针对周期性短缺的对冲措施。然而，有一点是明确的——在整个地区，进口奢侈品在经济中没有发挥任何重要的作用：这些堡垒基本上是区域体系的中心，而这些体系主要是自给自足的。毫无疑问，只有在诸如铁、青铜、矿石等基本商品，以及像玻璃制品、琥珀和珊瑚等小奢侈品中，区域间交易才会在社群互动的礼物交换系统中发生。

在该区域内，很少会看到富有的墓葬，但偶尔会发现一些被认为是权贵人物的墓地，比如在比利时海恩地区的库尔圣艾蒂安，那里有一座跨越公元前8世纪至公元前5世纪的长期公墓，不时会埋葬富有的武士。在掌握了各种物资或路线使财富得以积累的地方，是可能会出现这种区域性精英的。

越过山地堡垒地带向北，从莱茵河口到维斯瓦河，横跨北欧平原，向北穿过丹麦和瑞典南部，有一大片广袤的领土，其特点是村庄在确定的领土内一代又一代地转移定居。这种乡村经济是一种非常持久的现象，它起源于新石器时代，在维京时期仍然可见。在整个三千年左右的时间里，可以发现技术变革和农业制度的进步，但令人印象深刻的是该地区巨大的社会连续性。甚至在公元最初的4个世纪中，罗马世界的临近也几乎没有造成混乱。

在公元前一千纪中期，典型的村落由一组长屋和附属的仓储建筑组成，每个建筑群代表一个家庭单位，它们之间几乎没有明显的社会差异，但在地域性建筑中出现了区域和年代的变化。在公元前6世纪的荷兰哈普斯聚落中，屋顶的屋脊由居中放置的一排排木料支撑，侧墙负荷由坚固的墙柱承受，而在公元前5世纪的日德兰半岛的格伦托夫特聚落，则采用了三道侧廊的结构。在整个地区反复出现的一个特点是通过一条贯穿两个相对门道的中央连接通道将房子分割成两部分。其中一个区域通常较小，被预留为一个公共生活空间，有一个放置在中央的炉膛；另一个区域通常用于牛栏。这种划分在格伦托夫特这样的村落中尤为明显，那里牛栏末端的侧廊被划分为单独的畜栏，其中一些较大的房子可以容纳10头到20头牲畜。牛显然在经济中发挥了重要作用，但绝不能排除粮食生产，因为农田系统在公元前一千纪后期的许多地区都变得很普遍，而且不时在沼泽中能发现木制的牲畜围栏。

北欧平原的乡村经济，在公元前一千纪明显成为整个欧洲最稳定的社会和经济体系。在公元前1世纪和公元前2世纪的罗马贸易网络开始带来不稳定的音符之前，这些农业群落与地中海发展中的消费市场的破坏性影响相隔绝。他们同时受到所处地貌的严酷限制，几乎没有动力接受创新或通过操纵奢侈品来追求地位。

如果说北欧平原的人群生活在一个社会流动性最低的区域里，那么大西洋航线的人群则陷入了一个繁忙的运动系统中。整个欧洲大西洋沿岸，从北部的设得兰群岛到南部的塔尔泰索斯港和加的斯港，都紧密相连在一系列基于便利海上通道的相互关联的贸易和交换系统中。这些活动的动机并不难理解，因为大西洋沿岸富含金属。伊比利亚西部的黄铁矿区出产银、铜和铁，位于伊比利亚半岛西北角的加利西亚，是古代世界锡的主要来源之一，而坎塔布连山脉中则含有黄金。阿摩力克半岛的古老坚硬岩石是锡的另一个潜在来源，并具有数量较少的银和铜，而康沃尔半岛则以锡闻名于古社会。德文郡和康沃尔郡的花岗岩荒原周边也出产铜、银和少量的黄金。威尔士和爱尔兰南部也有铜和黄金。这些财富不可避免地被当地人群开采利用，并通过长距离运输从一个地方体系交易到另一个地方体系。

大西洋贸易网早在公元前6世纪就已建立，在韦尔瓦附近的港口塔尔泰索斯港发现的可能是公元前7世纪沉船上的爱尔兰青铜矛头，充分证明了这个贸易网络的广阔性。在整个大西洋地区，人工制品的分布反映了更大系统中更多的区域性交易网络。例如，公元前6世纪，大量的高铅青铜在布列塔尼被加工成斧形铸块，并从那里分销到法国北部和西部以及英国中南部，而当时大部分青铜交易即将接近尾声。尽管铜和黄金无疑是重要的出口商品，但引起古典作家注意的却是锡。后来的罗马诗人阿维阿努斯在他的诗歌《海岸》中引用了一些诱人的信息片段，这些信息是从大西洋航道的航海手册《玛萨利奥特·伯里浦鲁斯》中的一条古记载收集而来的，据信可追溯至公元前6世纪。这本航海手册描述了塔特西人和迦太基人从伊比利亚南部港口向北到布列塔尼、爱尔兰和英国的旅程，目的是寻找高价值的贸易商品。很难讲明这些长途旅行有多频繁。但我们得知，大约在稍后的公元前330年，一位希腊商人探险家皮西亚斯的航海历程：他向北航行，经由布列塔尼，探索了英国周边的北部水域。到此时，人们已经为康沃尔和布列塔尼地区建立了一条常规的贸易路线，从比斯开湾经由加伦河和卡尔卡松峡谷到达奥德河，从那里再到地中海和马萨利亚，可以进行锡的运输，从而避开了伊比利亚半岛周围以及通过迦太基人控制水域的漫长而险恶的航路。

考虑到贸易网的范围，人们很有可能在合适的港口和河口建立贸易港，以便进行交易。普林尼在一部著名的著作中描述了英国的伊科提斯岛在退潮时与陆地相连，当地的土著人带来了锡块在这里交易。伊科提斯岛的位置尚不清楚，但普利茅斯湾巴滕山岬角貌似是最适宜的。在这里发现了大量的证据，表明在公元前8世纪至公元前3世纪贸易繁荣发展。

大西洋地区的人群，在社会和经济结构方面差异很大。在加利西亚，许多大型山丘堡垒（卡斯特罗斯）的存在表明了社会体系的复杂性和集权化程度。但在更北的布列塔尼、康沃尔、威尔士和爱尔兰，聚落模式的基础是小型的防御住宅，被称为多元环形住宅或围屋，代表了单一的家庭单位。在公元前一千纪的整个后半期，在这里发现了一些玻璃珠和手镯等精美的小件饰物，其精细化和尺寸化的发达特征表明了这些人地位的提高，但经济基础可能更多的是粮食资源的开发以及家畜的饲养，而不是贸易货物的操纵。对于所有关于大西洋交换系统的文献证据，来自地中海的奢侈品是出了名的罕见。

公元前450年至公元前140年，地中海霸权之争

在公元前450年之前的几个世纪里，腓尼基人和迦太基人与希腊人为争夺西地中海贸易路线的控制权各执一词，而伊特鲁里亚人则被挤在两者之间；最后通过条约建立和商定不同的势力范围，达成了某种不稳定的平衡。但是现在，随着罗马城摆脱伊特鲁里亚人的统治，一股新的破坏性力量开始出现，他们开始实施其领土野心，这一野心最终导致一个庞大帝国的建立。

在整个公元前5世纪，罗马的势力一直扩张到意大利中西部城市、南方的拉丁人城镇，以及北方的伊特鲁里亚南部城市。扩张的高潮阶段是包围并最终占领了维爱（据传为公元前405年至公元前396年），开辟了通往北方的道路。但是，凯尔特人的迁移造成了暂时的停顿。然而到了公元前4世纪中叶，在公元前348年与迦太基缔结了一项互不侵犯条约之后，罗马又一次开始了向南的扩张进军，与萨谟奈人进行了零星的战争，萨谟奈人利用凯尔特雇佣兵在罗马控制下的许多城镇中煽动反罗马情绪，取得了良好的效果。公元前295年，在翁布里亚的森提乌姆，伟大的反罗马联盟与罗马军队进行了会战。罗马大获全胜，不到5年就控制了横跨意大利半岛中心从第勒尼安海到亚得里亚海的一大片领土。

此时，意大利南部的希腊城邦正处于经济和社会衰退的状态，受到敌对的原住民的攻击以及政治阴谋的摧残。罗马不可避免地被卷入其中，公元前264年，当希腊西西里岛的居民与邻国迦太基发生冲突时，罗马站在希腊人的一边并出面进行了干预，挑起了三次布匿战争中的第一次。对于罗马来说，取得胜利并非易事，但在公元前241年，迦太基人投降了。罗马从中受益甚多，或许远甚于它意识到的，因为在短短15年的时间里，它就了解到了海军的价值。作为脱离接触条款的一部分，迦太基人承诺自己的船只将不再进入罗马水域，并同意放弃对西西里岛的所有要求，并支付巨额赔偿金。罗马利用对手的弱点，随后又吞并了撒丁岛和科西嘉岛。

因此，在仅仅约30年的时间里，罗马成功地控制了近5个世纪以来腓尼基人及其后继迦太基人经济圈的重要部分。由此一个主要的后果是，迦太基不得不另辟蹊径，以维持其摇摇欲坠的经济：它选择了西班牙。在公元前237年，迦太基主要贵族家族首领之一的哈米尔卡·巴尔卡启航前往伊比利亚，以建立迦太基对富饶南方的控制权。不像他的前任是去进行贸易的，他着手进行征服，一开始就建立了港口城市新迦太基（卡塔赫纳）。

到这一阶段，罗马已经被古希腊城邦卷入法国和西班牙沿岸地区的政治事件中，这些古城邦经济不稳定，担心迦太基人会沿着海岸向北扩张。随着罗马的保护势力扩大，迦太基也不断推进，直到公元前218年，这两大巨头不可避免地发生了冲突，第二次布匿战争爆发了。这场战争对欧洲历史进程具有至关重要的意义，是一场势均力敌的事件。冲突迅速蔓延。战斗一开始发生在西班牙和意大利，直到公元前204年入侵非洲的辉煌战绩之后，罗马统帅西庇阿·阿非利加努斯才在公元前202年于突尼斯山丘的扎马将汉尼拔及其部队最终击败。罗马因而控制了伊比利亚南部的大部分地区。

迦太基虽然被严重削弱，但仍然是一个潜在的威胁。此外，罗马贵族又将贪婪的目光转向了突尼斯繁荣的生产力上。在这时候，老加图把成熟的迦太基无花果扔在他的参议员们面前，大声告诫"迦太基必须被消灭"，他不仅提醒贵族们商业竞争对手的临近，而且提醒他们迦太基有富饶的农田。这种诱惑太大了，在公元前149年到公元前146年的短暂战役中，迦太基被摧毁，其领土被吞并。

对迦太基的征服与罗马早期介入希腊和巴尔干半岛地区的活动是同时进行的。它始于公元前229年，当时罗马向伊利里亚女王宣战，因为她的臣民一直在攻击亚得里亚海的罗马商船。伊利里亚人没有引起什么麻烦，但战争不可避免地导致了与马其顿人旷日持久的冲突。直到公元前190年，马其顿才被制服，在40年后的一次起义之后，它成了一个行省。一直以来，希腊残余城邦组成的亚细亚同盟在名义上仍然是自治的。但是在公元前146年，一场计划不严密的起义爆发了，罗马军队进驻伟大的海上城市科林斯并将其洗劫一空。如此一来，在一年内，即公元前146年几个月的时间里，罗马的两个强大海上对手科林斯和迦太基就被摧毁了，罗马成为这两个贸易帝国的继承者。也许是偶然，也许是命中注定或者本就心怀野心，这些因素使得罗马变成了一个霸权帝国。几年后，维吉尔在《埃涅阿斯纪》中写道："记住，罗马，是你来统治这些国家。这是你的任务：推行和平的道路，宽恕被征服者，以战争为荣。"普通的罗马市民在这样的陈述中不会感到有什么了不起或傲慢。

因此，从公元前450年到公元前140年的3个世纪，地中海从一个主要由城邦贸易组成的竞争性政体的海洋，有时是和谐的，有时是竞争的，变成了一个单一的大国的实际垄断。但即使到这一时期结束时，罗马的势力范围仍然基本上还是地中海。它尚未开始将注意力转向蛮族欧洲的边缘地带。

罗马扩张的一个影响，是在西地中海地区造成了一种几乎连续的战争状态，完全破坏了在公元前6世纪和公元前5世纪初繁荣起来的贸易体系：一方面，这减弱了地中海体系对北方蛮族的直接影响；但另一方面，贸易网络的崩溃加剧了已经在发生的变化，特别是在马恩–摩泽尔地区，我们现在必须回到这个话题上。

凯尔特人的迁徙，公元前450年至公元前200年

我们已经了解到，到公元前5世纪中叶，西哈尔施塔特区的奢侈品经济已经崩溃，部分是因为用于驱动其竞争性交易循环的奢侈品流通已经枯竭；部分是北方新权贵的崛起，他们有着自己的期望和需求。依靠本地工匠来生产奢侈品使得这个北方边缘地区能够维持自身一段时间，比如在公元前5世纪后期的贵族墓中发现的许多凯尔特艺术杰作。然而墓地数量的

增加表现出人口的快速增长，这些因素动摇了本已不稳定的社会平衡。这些因素一起导致了主要社会体系的崩溃，致使广泛迁移阶段的到来。

经典作家们非常清楚这种现象，并试图对其进行解释。老普林尼确信，正是无花果、葡萄、油以及葡萄酒等南方奢侈品的吸引，才促使劫掠群体向南流入意大利和希腊。庞培·特罗古斯提出了不同的解释。他认为，高卢人（与"凯尔特人"的用法相同）的人口增长已经超过土地的负荷：人口增加造成的社会压力日趋严重，以至于30万人开始出发去寻找新的土地。李维对同一个话题展开了论述。高卢人中最强大的是比图里格人，他们由安比加特斯国王统治。他们以谷物为生，但人口的增长使得秩序难以维持。国王希望"减轻王国的人口负担"，于是派遣了他的两个亲属塞哥维苏和贝洛维苏，谕示这两个年轻人领导大规模的移民。塞哥维苏向东朝着海西造山带的方向行进，而贝洛维苏则率领他的追随者南下意大利。因此，总的来说，在事件发生几个世纪之后的经典文献资料与考古学证据表明的人口增长和社会体系面临崩溃而导致的迁徙绝不矛盾。公元前5世纪后期和公元前4世纪初的墓地分布表明了这一迁移的方向，凯尔特人南下至波河流域，向东沿多瑙河进入匈牙利，一些早期的支属穿越匈牙利大平原，定居在当时罗马尼亚的中心特兰西瓦尼亚。

在马恩–摩泽尔区所在地，贵族墓地一度持续了一段时间，它们位于索姆–比昂尼、赖恩海姆以及瓦尔达格斯海姆，但墓葬的数量却少得多，这表明最初的迁徙就是从这个地区开始的。我们先前已经了解到，在迁徙之前，马恩–摩泽尔地区支持的是一个武士社会结构。年轻人的墓穴里总是随葬有长矛和剑，也许还有盾牌，尽管这些东西大多是由木头和皮革制成的，几乎没有留下痕迹。更富有的人可以拥有青铜头盔，最高酋长则拥有可以用于战争的快速双轮战车。正是这些万千勇士，穿越欧洲寻找新的土地，进行掠夺。

在接下来的400多年里，地中海社会获得了关于这些北方民族的第一手资料，他们将其归类为"高卢人"或"凯尔特人"。这些北方民族首先是野蛮的入侵者，后来是作为雇佣兵，最后是作为被占领和统治的异族。关于凯尔特人，尤其是他们的作战方式，存在着许多广泛的同时代记载。它们多是传闻轶事而非民族志，但足以让我们建立起一幅凯尔特社会在迁徙时的概貌。

似乎从早期阶段开始，没有土地耕作束缚的武士阶级与留在家里照料庄稼和家畜的那部分人口——老人、妇女和儿童以及没有自由的人，他们之间似乎就有了明显的分化。在自由的武士中，维护社会秩序体系的重点是宴飨。正如作家阿忒那奥斯所描述的，宴会安排会受到严格的管制：

> 当几个人在一起进餐时，他们围成一圈坐着；但其中最强大的人，在战争技能、家庭关系或财富方面突出于其他人的，就像合唱队的领队一样，是居于正中的。在他旁边的是东道主，两边紧邻的是其他人，按照他们各自的等级就座。手持长方形盾牌的士兵紧站于他们身后，而他们的保镖则围成一圈坐在正对面，像他们的主人一样分享盛宴。

盛宴是宣布和接受等级的场合。步骤之一是把分配给英雄的食物端上桌。"在过去，当烤好的动物后臀及后腿被端上桌时，最勇敢的英雄会拿走大腿部分，如果另一个人想索取的话，他们就会站起来，来一场一对一的殊死搏斗。"（斯特雷波）东道主，或负责切肉的人，会根据他理解的每个人的地位为其上菜，给聚会中的任何一个感到被低估的成员提供参与公开争夺的机会，而这可能会以搏斗告终。无论结果如何，集会的客人都是见证人这一事实使得它合法化了。

集会还为有抱负的领导人打算袭击邻近群落提供了机会。个人的地位将由表示愿意跟随他的人数来衡量。如果突袭成功，战利品也有足够的回报，那么下一次他的追随者可能会增加。突袭近邻社群为维持和再现社会群体内部的等级制度提供了一种机制：它还允许部落通过不断重新界定其领土来重新确定自己的身份。因此，战争是地方性的，它是社会制度的重要组成部分。正如斯特雷波所说："整个民族都疯狂地喜欢战争，斗志昂扬，战斗迅速，然而在别的方面却性格直率，并不邪恶。"

在改变方法以适应与地中海军队的冲突之前，典型的凯尔特人的战争场面是参与的双方部队会在战场上排好队伍，彼此面对；然后勇士们会自告奋勇地乘坐他们的车辆或步行上前，并对他们的对手大声施以恶言；进而，在双方武力尽收眼底的情况下，会进行一对一的战斗；最后，可能会爆发一场更大范围的混战，或者一大群人可能会散去。这种战争具有强烈的象征性，它与地中海国家进行的征服战争形成了鲜明的对比。最后，战士们自己的情况怎样呢？

> 几乎所有的高卢人都身材高大，白皙而红润，眼神凶猛可怕，喜欢争吵，专横傲慢。（阿米亚诺斯）
>
> 无论你以什么借口煽动他们，即使他们除自己的力量和勇气外什么都没有，也会随时准备面对危险。（斯特雷波）
>
> 他们的性格中除率直和烈性外，还必须加上孩子气的自夸，以及对装饰的热爱。他们戴着金饰，脖子上套着金属项圈，臂腕上戴着手镯，而上层精英则穿着镶金的印染衣服。正是这种多样性，使得他们经受不住胜利，在失败中完全颓靡。（斯特雷波）

凯尔特人及其社会所呈现的景象，是在一个基于勇士威力的社会体系中松散地维持着一种不安定的繁荣。突袭和战争是维持社会和繁衍的基本机制。这种体系在公元前5世纪的马恩–摩泽尔区的战士墓葬中很容易辨认。此外，在接下来的4个世纪中，随着武士贵族遍布欧洲大部分温带地区，并开始与地中海国家互动，这一主题反复出现。就是在这个时候，我们从史前时期过渡到了原史时期[1]。

历史学和考古学都充分证明了凯尔特人对波河流域和意大利半岛的渗透。李维区分了两个不同的阶段，第一个阶段大约在公元前600年，第二个阶段是在第一阶段开始200年后。首批移民的可信性一直受到质疑，但越来越多的考古证据表明，在公元前6世纪和公元前5世纪，一些北方人群可能已经穿过阿尔卑斯山口，定居在伦巴第湖周围的山麓丘陵地带。在格莫尔达岛和塞斯托-卡伦代的墓地，哈尔施塔特风格的车葬是众所周知的，而在更南的拉文纳附近的圣马蒂诺，以及博洛尼亚附近的卡索拉-瓦尔塞尼奥等公元前5世纪的墓地中，发现了北欧类型的人工制品。

这些早期的渗透为公元前5世纪末涌现的北方部落不断向南移动的主旨铺平了道路。当时苏布雷人攻占了梅尔普姆城（米兰），塞诺马尼人定居在布雷西亚和维罗纳附近，勒庞蒂人选择了马焦雷湖地区，而科比西人和萨鲁维伊人则定居在提契纳河岸。稍晚些时候，博伊人和林贡斯人穿过这一北方部落定居区，接管了波河以南的土地。最后到达的部落之一，塞诺尼人，进一步向南迁移到翁布里亚和亚得里亚海沿岸地带。定居点的取得是通过武力完成的。博洛尼亚的一块石碑描绘了伊特鲁里亚人和凯尔特人之间的战斗场景，以及亚平宁山脉北坡伊特鲁里亚人城镇马尔扎博托下的废墟，都是北人南来的见证。

这一阶段的移民本质上是一场整个家族迁居富饶山谷地带的民间活动。波利比奥斯在事件发生后的一段时间记叙了凯尔特人的肥沃田地：出产小麦、大麦、小米，以及藤本植物，还有散养的猪。考古学上对这些定居点知之甚少，但从数量众多、规模相对有限的墓地来看，人口似乎生活在分散的小型聚落中。本地墓葬风格被保留下来，战士们随葬有他们的剑、矛和头盔，但有些人当时也采用了伊特鲁里亚的胸甲。

波河流域的开拓标志着一个初期阶段，亚平宁山脉成为进一步扩张的

---

[1] 原史（英语：Protohistory）是史前时代与信史时代中间的一段时期，指在一种文明还没有发展出自己的书写系统，但被外部其他文明以其文字所记载的时期。——编者注

重大障碍。与此同时，在更远的南方，罗马人正在与他们的伊特鲁里亚邻国进行对抗，以获得对维爱、法列里和沃尔西尼等城市的控制权。大约公元前390年，罗马的领土已经向北延伸到奇米尼森林。正是在这个时候，凯尔特人的战团突破了亚平宁屏障，袭击了南方的城市。狄奥多罗斯宣称，他们是从塞农人定居的领土上突袭而来的战团，但波利比奥斯认为他们是来自阿尔卑斯山脉以外新涌现出的部落成员。他们的精力非常充沛，几天内就开始向罗马进军。

李维将罗马执政官马库斯·波皮利乌斯·拉伊纳斯的讲话概括为："你们面对的不是一个拉丁人或萨宾人的敌人，当你们打败他时，他们会成为你们的盟友。我们已经拔剑对付野兽，我们必须放尽他们的血，否则就会洒下我们自己的血。"在台伯河左岸的阿利亚，最后的罗马防线被攻破，使得这座城市向凯尔特部落打开了大门。这一事件的创伤从此深深植根于罗马人的灵魂，正如我们所看到的，后来不止一次地被唤起。尽管首都在凯尔特人战士离开之前坚持了7个月，但罗马大部分地区都被摧毁和掠夺。在接下来的60年里，凯尔特人的突袭队活跃在意大利半岛。其中一些人可能来自亚平宁山脉以北的大本营，只是为了进行一次暂时的突袭，带着掠夺品返回家园；而另一些人则充当雇佣兵，受雇于南方暴君。但是到了公元前4世纪30年代，突袭完全停止了。在公元前332年至公元前331年，罗马人与塞农人缔结了一项条约。

对于塞农人来说，公元前3世纪是一个撤退的时期，罗马逐步将其势力向北扩展到整个波河流域。约公元前295年，在森提乌姆发生了第一次重要的对抗，当时苏布雷人和博伊人向他们的北方亲属求援，在公元前225年的泰拉蒙战役之后，凯尔特人定居的大片领土被罗马人霸占。波利比奥斯对此事件的叙述值得回顾：

> 苏布雷人和博伊人穿着长裤、披着轻便的斗篷作战，而盖萨塔依人出于对自己的骄傲自信丢弃了他们的衣服，赤裸裸地

站在整个阵列前面，只手持武器……罗马人……被凯尔特东道
主的良好秩序和令人畏惧的喧嚣声所吓倒，这里有着无数的号
手和鼓手，随着全军同时发出战争呐喊，声音是如此令人心烦
意乱，似乎不仅有鼓号手和士兵的，而且整个区域周边都异口
同声发出了鸣叫声。前面那些赤裸战士的外表和姿态也非常令
人害怕，他们都正处于生命的黄金期，年富力强、身强力壮，
而且都是佼佼者，他们所有人都佩戴着金项圈和臂环。

但是罗马人的力量和秩序战胜了凯尔特人的浮夸和急躁，凯尔特军队
被打垮了。在公元前197年和公元前196年的又两次作战后，拉丁人开始了
在波河流域的定居生活。博伊人进行了反抗，但最终在博洛尼亚之战中被
击败。他们损失惨重，大部分土地被侵占。于是，该部落的幸存者再次出
发，沿着祖先的足迹，穿过阿尔卑斯山，定居在波希米亚，以这个名字来
纪念他们的存在。

凯尔特人向东的迁徙活动，同样可以在考古记录和古典历史学家的著
作中找到。他们最初的活动似乎是沿着多瑙河展开的，在公元前5世纪末
和公元前4世纪初呈扇形散开进入匈牙利东部的外多瑙河地区；到公元前
4世纪初，在喀尔巴阡山脉和特兰西瓦尼亚山脉的弧线范围内建立了大量
的聚落。大约公元前360年之后，可能是从他们在外多瑙河地区的家园，
向南进入伊利里亚的突袭行动开始展开，造成了当地部落的混乱。公元
前310年，随着袭击的加剧，伊利里亚人陷入恐慌，公元前300年至公元
前280年，进攻扩展至保加利亚，穿过铁门峡谷，进入多瑙河下游流域以
及瓦拉几亚平原。整个这一时期，这股势头在不断增强，最后，在公元前
279年，一支庞大的军队涌入马其顿，一心想要掠夺和定居。它由3支独立
的军队组成：博尔吉乌斯率领一支军队通过奥乌斯山口，但后来出发进入
塞尔维亚，建立了一个王国；塞尔特里乌斯带领他的追随者大举入侵色雷
斯；而布伦努斯先是前进到波埃尼亚，进而带着他的3万人军队行进到色

雷斯，然后经由塞莫皮莱山口深入希腊，最后到达特尔斐。塞尔特里乌斯无疑是被传闻中保存在阿波罗神殿的巨大财富吸引了。这次战役是失败的，主要是因为遭遇了严冬天气，凯尔特人的残部被迫后退到马其顿。很大一部分人口向北迁移到多瑙河流域，使那里已经存在的凯尔特人口激增。合并后的人群被称为斯科迪斯克人，他们的主要奥皮杜姆（城镇）位于辛吉度努姆（今贝尔格莱德）。

蛮族军队的另一部分由3个部落组成：托利斯托波伊人、特罗奇尼人和沃尔卡埃特克托萨格人，他们经由各种路线向东进入安纳托利亚，最终定居在弗里吉亚北部地区，在接下来的几年里，他们从那里对小亚细亚沿岸的爱琴海城市进行季节性突袭。近300年后，这些部落的起源以其后裔的名称被铭记——迦拉太人，圣保罗曾用责备的言辞写信给他们。

对于凯尔特人迁徙的情况，我们只是部分了解，而且必然也是不完整的；但是我们能够追溯到在公元前450年至公元前200年，从加来海峡到特兰西瓦尼亚，从波河流域到波兰南部，整个欧洲的面貌都有着显著的文化相似性。这种拉坦诺文化，正如它的命名，是凯尔特语系的文化。至于它通过迁徙的人口或者只是通过文化适应过程所传播的程度，是无法究明的，但没有人能够怀疑人群的流动起了很大的作用。这一时期的艺术——凯尔特艺术，反映了人民的紧张、对抗和纯粹的活力，生动地记录了那个动荡的时期。遍及整个地区持续存在的战士墓葬，进一步表明了当时的社会制度。

在温带欧洲的这一大块土地上，密集分布着居住在农庄或更大村落聚居区的群体，他们在周围的土地上耕作。原材料似乎是在正常的社会交往过程中，从一个群落交换到另一个群落的。没有证据表明存在着密集的长途贸易，但许多村庄显示出工艺专业化程度日益提高的迹象。到移民潮消退、欧洲蛮族开始出现一定程度的社会稳定时，罗马征服地中海的第一阶段正接近尾声。现在，两个世界又一次建立了一种新的、充满活力的关系。

最后，我们必须讨论的是，究竟在多大程度上可以表明欧洲的西部和北部属于泛欧凯尔特文化（或拉坦诺文化）的一部分。历史上没有任何人群向西迁移的记载，也没有考古证据能够表明西部人群文化与中部拉坦诺地区的文化之间有着密切的相似性。事实上，拉坦诺的手工制品和艺术风格被当地系统吸收并且往往被当地工匠改良，这一牢固延续似乎已成为一种普遍情况。例如，在阿基塔尼亚，一组独特的金饰环在装饰中运用了凯尔特艺术的基本图案，但这种使用是以一种原始的方式进行的，完全没有纯凯尔特形式的雅致。再往北，布列塔尼文化既保留了它的高度个性化的特点，同时也采用了凯尔特人的设计，这很可能是从金属制品中学到的，以适应当地制作的精美陶器组合。阿摩力克半岛的陶器连同其他元素，譬如可能用于储存的地下窖穴（福戈斯），以及一系列精心制作的石碑，有助于将布列塔尼的文化和社会与法国其他地区明确区分开来。再往北，在英国中南部，公元前6世纪时的山地堡垒现象明显地持续存在，而且得到了加强，发达的山丘堡垒在调整社会再分配体系方面发挥着越来越重要的作用。对防御的更加重视，意味着侵略正逐步升级。但是，置于这一狭隘连续性之上的，是从欧洲大陆进口的一系列拉坦诺金属制品，其数量足以激发当地工匠开发出具有他们自己的娴熟工艺且能高度表现其思想的造型。

在这个欧洲西部边缘地区，土著传统的延续性远比与泛欧拉坦诺文化的相似性更令人印象深刻。结论肯定是，影响欧洲很多地方的民间迁移运动遗忘了这一外围地区，使得它基本上未受影响。这并不意味着该地区没有接纳任何移民群体。在约克郡发现的许多车葬，归于当地命名的阿拉斯文化，与塞纳河流域和法国北部地区的车葬极为相似。这使得许多人认为，这些墓葬映现出移民中的精英阶层，这一观点从部落的名称"巴里西人"与塞纳河流域"帕里西"名称的相似性得到了进一步支持。然而，也不能排除另外一种观点，即杰出人物是土著人，只是采用一种"外来的"墓葬方式来使自身区别开来。

拉坦诺的金属制品向北传播，穿过北欧平原进入波兰，但拉坦诺文化真正的北界线大致位于从莱茵河口以南，穿越德国南部，直到前捷克斯洛伐克的苏台德山脉，再到喀尔巴阡山脉这一条线上。在北部，北欧平原的村民们继续放牧和种植庄稼，就像他们的祖先1000多年来所做的那样，丝毫没有受到南部发生的重大事件的影响。对罗马作家来说，不久之后，可以将这些完全不同的群落归并为一个通用的名称——日耳曼人，而这个名字很快就在罗马历史上占据了重要地位。

不稳定的平衡，公元前200年至公元前140年

公元前206年，罗马军队占领了港口城市加的斯，他们成为由迦太基人控制的伊比利亚南部领土的主人，但半岛其余地区的土著部落却并不畏惧。罗马人迅速开发了新赢得的领土：公元前206年，在塞维利亚附近的意大利加建立了殖民城镇；公元前179年，又进一步在瓜达尔基维尔河流域建立了科尔多瓦。在加的斯沦陷后的十年间，有5.9万千克的白银和1800多千克的黄金被运往罗马。在喀他赫纳附近的银矿里，据说有4万名奴隶在劳作。罗马控制着当时半岛上最富有的地区——不仅有喀他赫纳的银矿，还包括科尔多瓦后面的莫雷纳山脉的金银资源，以及里奥廷托地区的铜矿和银矿。同样重要的是瓜达尔基维河流域广大肥沃的土地，它盛产橄榄、葡萄酒和谷物。而西班牙的探险使罗马的殖民回报比以往任何时候都更为丰厚。

伊比利亚的土著部落并不甘愿忍受罗马人的剥削，公元前197年，瓜达尔基维尔地区的图尔登塔尼人发起了反抗运动；公元前194年，占据伊比利亚半岛西南部地区的卢西塔尼亚人也加入进来。对罗马人的抵抗一直以一种杂乱无章的方式进行着，直到公元前154年，一场全面的叛乱爆发，这次西部的卢西塔尼亚人与占据西班牙中部地区的一个部落联盟凯

尔蒂贝里进行了结盟。叛乱的成功在很大程度上归功于其领袖维里亚图斯的超凡魅力。当他在公元前138年死于谋杀后，反对派变得支离破碎，结果当时葡萄牙的大部分领地都被罗马人占领。凯尔蒂贝里人继续斗争了几年，但最终于公元前133年屈服，当时他们位于杜罗河上游河段和埃布罗河之部偏北的最后据点——努曼提亚要塞在罗马指挥官西庇阿·埃米利安努斯的长期围困后陷落了。

在此后大约70年的时间里，罗马军队取得了对伊比利亚大部分地区的牢固控制权，这一半岛上的资源价值在罗马经济中得到了体现。公元1世纪，普林尼这样写道：

> 西班牙的晶石和她的云母，还有她沙漠地带的物产，为我们增添奢华的色料。这里的人民在辛勤工作中所表现出来的热情，对奴隶的完美训练，男人的强健体魄，以及他们性格的坚定性，都优于高卢行省。

令人关注的重点是——虽然原材料是受欢迎的，是罗马经济的必要条件，但现在迫切需要各级人力资源。爱德华·吉本以其特有的敏锐眼光审视了历史，指出西班牙对罗马就像秘鲁和墨西哥对旧世界一样重要。

罗马人普遍不喜欢长途海上旅行，这意味着随着罗马人对半岛控制权的加强，他们对从意大利到西班牙经由高卢南部的陆路使用率越来越高。紧随军队而来的是商人，来自意大利的商人一心想要开拓高卢南部的市场。通过罗马进口商品的大量涌现，他们的活动得到了鲜明体现，在公元前3世纪末以后发展起来的南部城镇遗址层，越来越多地发现了这些商品遗存。逐渐地，在整个公元前2世纪，罗马的利益，无论是军事的还是商业的，都与高卢南部沿海地带的命运联系在了一起。但这条路线的一部分很不安全，利古里亚山地部落一直是一个威胁。公元前189年，一位总督及其随行人员在前往西班牙的途中遭到伏击，不久就去世了；15年后，又有一位总督被杀，情况可能类似。除此之外，还有利古里亚海盗对沿海航运的掠夺。情况越来越糟，直到公元前154年，来自山地部落的威胁已经迫在眉睫，逼近了希腊的尼西亚和昂蒂波利斯两个城邦。为了减轻这种危险，马萨利奥特人向罗马请求军事援助。后者的介入成功地摧毁了两个相邻部落的武力，其领土被转让给马萨利亚，但它要求罗马军队在该地区越冬。

敌对山地部落的持续威胁，不仅威胁到罗马对西班牙和罗马沿海城市盟友的军事补给线，而且还危及日益有利可图的南部高卢市场，而意大利商人正成功地利用这一市场。最后，为了维护罗马的利益，除吞并整个地区外，别无他法。因此，到公元前120年，山北高卢行省已经初具规模。

虽然罗马的利益开始越来越多地参与到阿尔卑斯山脉西端的本土事务中，但东端的局面却大相径庭。在卡林西亚州（今奥地利的一部分），当地的凯尔特群落，自公元前3世纪起就占领了该地区，已经确立了强大的中央集权政治体制，并且很快就建立了诺里库姆王国。该地区的经济实力在于对金属资源的掌控，特别是铜矿和优质铁矿石以及丰富的盐矿床。罗马人挺进波河流域，并在该地区建立了殖民地（公元前189年在博洛尼亚，公元前183年在摩德纳，公元前183年至公元前181年在的里雅斯特附近的阿奎莱亚），使罗马世界第一次与东阿尔卑斯山凯尔特人直接接触。有一群凯尔特人曾向南迁入阿奎莱亚领土，并试图建造一座奥皮杜姆城堡。罗马军队阻止了这一行动，在罗马使馆参议员的陪同下，将凯尔特入侵者送回其阿尔卑斯山以外的家园，并向他们说明了情况，与其王国建立了友好关系。这次访问在外交上取得了成功，两国几十年来一直和睦相处。

罗马最初的考量是军事利益——在阿尔卑斯山东部建立一个强大的友好国家，为抵御外来威胁形成一个有效的缓冲，并使罗马的防护扩展到伊斯特拉半岛和利古里亚。但不久之后，这种局势的经济潜力就开始显现出来。到了公元前2世纪60年代，罗马商人开始使用当地的马格达伦斯堡作为主要的交易港口，与诺里库姆王国进行贸易，不久之后，人们发现了一处丰富的金矿，从而引发了淘金热。紧张局势接踵而至，意大利淘金者被驱逐出境，但这一事件并没有破坏两国之间的外交和经济关系。

到公元前1世纪中叶，新生的罗马帝国迅速意识到欧洲蛮族的巨大潜力。地中海中部和西部基本上是安全的，而西班牙正顺利地被纳入罗马体系。同时，位于地中海和欧洲温带地区之间两个古老的边缘区域——高卢南部和亚得里亚海的海角，正在建立新的有利可图的市场。在接下来的一个世纪里，意大利面临的经济和政治危机是创造需求，而这些需求只能通过大规模扩张才能得到满足，最终将欧洲大陆的大部分地区纳入帝国版图。

第十一章

公元前800年—公元前300年的色雷斯人、斯基泰人和达契亚人

蒂莫西·泰勒（Timothy Taylor）

作家和发掘者

如果我们寻找达契亚人的起源，一个非凡的无文字国家的创造者，其精神中心位于萨米色格土沙的圆形圣殿，受到喀尔巴阡山脉弧形棱堡的保护，那么我们就必须找寻他们的祖先——多瑙河平原上的色雷斯人，以及弥尔顿笔下的撒旦。我们的目光必须更进一步，搜索"越过本都，以及梅奥蒂斯湖，直到较远的鄂毕河"的土地（《失乐园》）。锡西厄地区——大草原的经脉线，从瓦拉几亚一直延伸到西伯利亚南部。这片广袤土地上的史前民族的确可能讨魔鬼喜欢，因为据希罗多德等希腊作家所述，这里有狼人、乳房被切除的女战士、食人族、易装癖的萨满，以及用头盖骨喝酒的猎头部落成员，他们都生活在持续不断的战争状态中。贵族墓葬被填充的护卫者围绕，他们以一种最冒犯英国情感的方式骑在经过类似处理的马身上。令人惊讶的是，现代考古发现在很大程度上证实了希罗多德的描述。当然，通过考古学获得的对过去的了解，在本质上与从历史文献中得

到的认识有很大不同。拥有这两种证据既是恩赐，也是挑战。

草原及其过渡地带，包含了许多现代国家地区。在匈牙利、保加利亚、罗马尼亚、摩尔多瓦、乌克兰、俄罗斯南部、格鲁吉亚，以及远东地区进行的考古工作质量参差不齐，但材料的数量非常巨大。再结合古典作家们时常敏锐的观察力，我们应当能够重建一幅详尽、全面和可靠的图景，描绘出庞塔斯（黑海）沿岸地区铁器时代希腊殖民社会的许多方面。

由于公元前一千纪只是在某些而非所有社会中存在着历史记录，因此这一时期通常被称为"原史时期"而不是史前时期。哈利卡纳苏斯的希罗多德，在公元前5世纪中叶发表了他的史学名著《历史》，就无文字社会的描述而言，他是我们有幸知道的古典作家中最能提供参考信息的一位；但是对于他的叙述可信度一直存在着相当大的分歧。许多学者与修昔底德一样，将希罗多德塑造成"谎言之父"的角色，或者根据更复杂的文学批评理论，将他的故事刻画成主要是希腊思想和希腊范畴的体现，而不是对今天仍然有效的客观现实的反思。古典学者弗朗索瓦·哈托格就希罗多德的"斯基泰人"进行了最为雄辩的解读，他将其称为"想象中的斯基泰人"。

大多数考古学家对希罗多德的解读敏感度要低得多。历史人物和事件的编年史，使得原史考古学具有专制性。考古学文化及文化群体对古代文献中所描述的民族，如色雷斯人、达契亚人和斯基泰人进行了不加批判的认同（而发掘的结果相应地不允许对文献提供的整体概念框架提出质疑）。在东南欧和苏联的学术界，存在着一种强烈的倾向，即使用片面和简单化的解读来证明某些解释的合理性，并且往往将非常小的考古学上认可的物质文化群体与希罗多德著作中仅出现过一两次的名称联系起来。对于东西方学者来说，关于政治和军事事件的描述被认为是希罗多德对该地区历史的最重要贡献。然而，只有在我们转向社会问题时，希罗多德才最能帮助我们。因为对于性别、遗传、家庭和亲属关系结构、特定的宗教信仰，以及种族认同等问题，仅凭独立的考古发现是最难以解答的。如果对

《历史》这本书认真加以使用，作者提供的信息将是无价的。

在东南欧，史前时期大约在公元前500年渐近尾声，但这一时期的史前文化同样也被归类为无文字的欧洲"野蛮人"民族（希腊人之所以被如此称呼，是因为其奇怪而含糊不清的语言）。这些社会群体之间有两种区别，一种是概念上的，另一种是地缘政治上的。概念上的区别在于，对于欧洲蛮族，我们可以举出具体名字，谈论的是欧洲史前民族而不是文化。地缘政治的差异是，从这一时期起，欧洲无文字的民族与城市文明的力量广泛地处于不对称且日益加强的"中心–边缘"关系中。这些文明，特别是波斯、希腊和罗马的文明，有着本质上不同的社会组织——国家。其中的关键因素可能是读写能力和货币制度。这些因素使得先进的会计和信贷设施得以发展，有关财产和继承方面的法典得以制定，并为拥有良好通信系统的专业军队提供了后勤基础。

按照传统定义，从公元前800年至公元300年的时期跨越了史前时期和历史时期。对于公元前一千纪早期阶段，我们必须主要依靠考古材料。而对其以后的世纪，有许多文献可供使用，而且范围很广，从早期的赫西奥德和荷马的诗歌，到公元前5世纪伟大的希罗多德著作、修昔底德以及希波克拉底的文集（以下简称"希波克拉底"），再到希腊文化、古罗马，以及中世纪早期的历史学家、评论家著作和抄本。

体质人类学和语言人类学的资料也是可用的。欧亚草原是高加索人种和蒙古人种体质类型的交汇地带，并且草原种群之间存在着许多地区性的体质差异。其中一些差异可能是文化而非繁殖的结果。希波克拉底将一些草原种群描述为"头颅长的人"："孩子一出生，他们就用手重塑其头部，而此时头部仍然柔软，且身体也纤弱，用绷带和合适的器具迫使其增加长度。"这种细长的头部后来在匈奴人中成了社交礼节上所必需的。希罗多德形容盖洛诺斯镇的居民有着明显的蓝眼睛和红头发——这可能纯属遗传特征。如果没有对所有相关因素的精确控制，那么通过测量头骨来识别种群之间的遗传学差异将十分困难。然而，可以根据文化和（或）遗传的差异，从考古材料中对特定地区的新的或侵入性的人群进行令人信服的鉴定。

关于草原部落所讲的语言，这一问题很棘手。幸存下来的只是一些专有名称和不多的其他词语。伊朗语和色雷斯语当然是通用的，但可能与其他较小语系的语言共存。语言是种族的核心，根据倾向也有可能成为文化接触的障碍。当希罗多德笔下的斯基泰人遇见亚马逊族女战士时，"男人无法了解女人的语言，但女人们却学会了男人们的讲话"。关于定居在乌拉尔山脉欧洲一侧的秃头族，希罗多德这样讲道，"斯基泰人开始接触这些人时，通过7名口译者、借助7种语言与之进行交易"——这可能是一种诗意的表述，但这是考古学上定义的"二叠纪人类"的地区，他们讲的可能是一种非印欧语系的芬乌语系，与斯基泰人的语言截然不同。希罗多德提到的草原北部的其他各民族，一定也包括讲斯拉夫语和波罗的语族的祖先。

19世纪的语言学者认为，色雷斯人是印欧语系的创始者。现在从事实或概念的角度来看，这一观点都不再有意义。关于印欧语系和种族的争论，既复杂又具有争议性。根据地名和其他证据，我们所能说的是，在公元前一千纪至少有一种主要且独特的印欧语系（可能分为两种主要方言："色雷斯-莫西亚语"和"色雷斯-伊利里亚语"）在色雷斯使用。尽管如此，东欧学者基于语言推理的简化方法，使用"色雷斯语"一词来描述公元前三千纪甚至更早的考古学文化，而在这种坚定的认同之前还有很长的时间。

新金属，新风格

令人困惑的是，"铁器时代"一词被不同的学者群体以不同的方式使用。它被按照时间顺序和（或）社会以及（或）技术意义来使用。因此，从"青铜时代"到"铁器时代"的过渡日期是一个约定和分歧的问题。在欧洲，可以说它最早出现在希腊，因为铁开始取代青铜作为基本工具大约是在公元前1000年。在3个世纪后的中欧和东欧，铁得到了充分利用，这大致与希腊对沿海地区的殖民统治以及与内地人民发展奴隶奢侈品贸易的时期相吻合。因此，对于东南欧而言，铁器时代指的是从公元前700年左右到公元前1世纪和公元1世纪罗马扩张的时期。它标志着一种重大的社会调整，这与欧洲其他地区的发展同步进行（见第十章）。

要想理解这一变化带来了什么，我们必须首先查看考古学证据，以了解在希腊殖民色雷斯人和斯基泰人海岸地区之前所存在的社会。正如我们在第七章看到的，在东南欧的青铜时代社会有一些贸易商与北欧和爱琴海地区保持着联系。为换取他们制造青铜所需的锡，大多数人群不得不进行长途贸易。整个东南欧的情况都是如此，除南斯拉夫东部的一些小矿外，因为这些地区本身没有锡矿，只能从波希米亚、土耳其或乌拉尔获得。到公元前二千纪中期，人们发现了一种新的金属——铁，它不需要合金流程，并且在欧洲很多地方都有当地的供应。

铁似乎是在一开始冶炼某种天然含铁量高的铜矿石时无意中产生的。在喀尔巴阡山脉的北部（斯洛伐克的塔特拉山脉）和格鲁吉亚的高加索山脉，铁的生产似乎始于公元前1700年左右，接近冶金业显著创新时期即将结束时，这在欧亚大陆的广阔地区都可以观察到。公元前二千纪早期的塞伊玛-图尔宾诺现象，即在相隔甚远的森林草原墓地中的当地墓葬中发现的，具有异域风情的华丽墓葬，很可能表明了流动军事精英的出现。这些墓葬含有展示创新金属加工技术的人工制品，它们先于南部草原边界出现的专门青铜制品，以及随后在整个大草原上使用马和战车的精锐产生大规模联系时期（安德罗诺沃文化）。因此，尽管铁的发现可能与黑海东部和西部不相关联，但对新武器类型的开发和区域间联系的扩大创造了条件，使高加索山脉和喀尔巴阡山脉之间有可能直接传递有关这种新金属的信息。

根据目前（当然是不完善）的证据，在公元前1100年之前（例如，拉普斯的苏丘德苏斯文化遗址，东欧考古学家习惯上将铁器时代的开始确定为这一日期）很少使用铁。此后，直到公元前750年左右（"哈尔施塔特B阶段"时期结束），它的制造量似乎有所增加，尽管总是随着青铜生产的波动而波动，而且从未用于任何非常新颖的用途：铁制品通常是更普通的青铜制品的仿制品。从大约公元前750年开始，我们可以观察到铁的激增，这与新矿源的开采，以及新的特别是含铁的人工制品类型的发展有关。

从社会的角度来看，在这通力使用铁器的千年序幕中，我们可以察觉到一种深厚的保守性。青铜匠可能是通过客户关系的纽带来运作的，他们的领主是锡供应的世袭控制者。要使铁器站稳脚跟，不仅必须用锻造技术取代占主导地位的合金工艺和铸造技术，而且必须对社会进行根本性的调整。在这种被戴维·克拉克称为"去部落化"的重新定位中，旧秩序从此丧失了对制造业继而是社会的控制权；工匠与特定部落群体或家族的联系变得不那么紧密；人的社会地位也变成了一种更可以努力争取而不是被赋予的东西。

如果我们研究一下总体趋势就会发现，在公元前1100年到公元前100年，首先是陶器装饰类型的区域差异在逐渐减小，进而到任何类型的陶器纹饰差异全无。到公元前8世纪，从多瑙河下游平原一直延伸到南斯拉夫和特兰西瓦尼亚部分地区的广大区域，都使用了规格相当统一的彩陶。这种陶器是在被统称为"巴萨拉比文化"的低地农业聚落发现的。在摩尔达维亚和乌克兰森林草原的广大区域，也出现了类似的陶器类型同质化现象，即所谓的"戈利格拉迪"（或"霍利赫拉迪"）和"索尔达内斯蒂-色雷斯文化"，以及更东部的"切尔诺莱斯文化"类型。

这些大型陶器"文化"，取代了青铜时代晚期极为多样且极具吸引力的地域陶器类型（见第九章），并被视为更大社会形态出现的象征。然而，没有确实的证据支持这种观点。聚落与之前时代有很大的连续性，并且类型相似：主要是开放式的，偶尔有战略性的防御场地（譬如多布罗加的巴巴达格或喀尔巴阡山脉的塞尔纳图德苏斯）。直到公元前8世纪中叶，还没有任何证据表明墓葬具有显著的竞争性表象，火葬和土葬的墓地在个人墓葬之间还没有显示出差别。这种观测数据与持久定居的小规模酋邦的大致情况是一致的，在酋邦中，地位是通过继承得到的，不需要大肆宣告。

因此，巴萨拉比文化可能标志着一种缓慢趋势的开始，即不再通过本地生产的且相对固定的独特陶器装饰纹案来标识种族差异。这与人们的期望有关，随着该地区各种形式的畜牧业的发展以及新群体的涌入，种族认同的重心转移到了人体及其时尚配饰上。当然，物质文化大约在这个时候发生了巨大变化。不仅金属传统发生了改变，铁取代了青铜作为常用工具和武器，而且还建造了新型聚落，埋葬地点和仪式也变得更加多样化。这些事物标志着铁器时代的开始。虽然定居的农业人群继续生活在平原上，但他们的聚落变得更具防御性；走出草原，我们可以分辨出一种新型流动的游牧牧民元素。

牧马人和牧羊人

本廷大草原北边毗邻森林草原，其次是落叶林地，然后是针叶林；接着，在到达北冰洋之前，是没有树木的冻土地带。在南边，草原逐渐变成半沙漠，以蒿属灌木为主，或与群山或海洋接壤。在西边，它被喀尔巴阡山脉和多瑙河铁门峡谷中断，但随着匈牙利的普施塔草原而再次短暂延伸。植被带随季节交替按时变化，随着气候的变化向北或向南移动。到公元前9世纪末，环境发生了重大变化，随着亚大西洋期取代了亚北方期，草原的气候迅速变得寒冷而干燥。与这一事件同时发生的，是中亚游牧牧民在中国和近东国家边缘的突然出现。正如今天一样，史前草原经济以水源网络为基础，不规则地分散在广阔的区域，涉及大约2000千米范围内的季节性牧民迁移。这样的系统是无弹性的：任何一点上的压力，都可能导致整个欧亚草原地带的人口被迫逐步迁徙。局部地区气候—人口的失衡，也可能给牧场带来压力。自公元前四千纪草原畜牧业开始以来，周期性的气候—环境模式很可能造成了经常性的人口危机。在这样的危机中，几次丰年后人类和动物群体增加，将不得不面对干旱和较为恶劣的条件，周而复始。

主要的压力原点一直是蒙古大草原，一个被沙漠和针叶林环绕的美丽牧场草原中的森林地带。公元前8世纪下半叶[1]，蒙古牧民（匈奴人，通常等同于后来历史上的匈人，见下文和第十三章）的牛羊缺乏水源，由此侵犯了当时的中国。周宣王将他们击退，多米诺骨牌效应被启动，一直延伸至蒙古、哈萨克，以及黑海等草原地区。从同时代近东的文学作品和历史记载以及后来的希腊故事中，我们了解到一个被称为"马萨格泰人"的群体迁入了咸海周围的地区，迫使斯基泰人背井离乡，而斯基泰人转而又迫使西米里族人离开家园，促使西米里族人卷入了与高加索山脉以南的亚述王国和喀尔巴阡山脉两侧的摩尔多维亚的色雷斯部落的严重冲突中。在另一个故事版本中，阿里玛斯庇亚人驱逐了伊塞顿人，而伊塞顿人转而又把斯基泰人分流到了西米里族人。名称不同，但结构相同。

从文献中，我们只能了解那些牧民领袖人物参与并影响了有文字记载的事件：在公元前681年至公元前668年，亚述国王阿萨哈敦击败了图什帕国王领导的"金麦里人"（西米里族人，《圣经》中的"歌篾人"）；公元前674年左右，"阿库扎"（或斯基泰"伊什库扎"）的国王帕尔塔图亚迎娶了一位亚述公主，三四十年后，他们摧毁了安纳托利亚东部的乌拉尔图王国，并控制了伊朗北部的米底王国——可能是与亚述人结盟。约公元前610年，这一游牧的斯基泰人联合米提亚人，攻克了亚述首都尼尼微；

---

[1] 应为公元前9世纪下半叶。——编者注

之后，被米提亚人逐回高加索北部；而米提亚人随后也处于波斯阿契美尼德王朝的霸权之下。从大约公元前520年开始，"尖帽塞卡人"（波斯语中的"尖帽斯基泰人"）对新帝国的威胁与日俱增；约公元前513年，大流士一世对他们进行远征——跟随他们进入欧洲，穿过色雷斯，进入大草原——给予了希罗多德有关斯基泰人起源和风俗习惯长篇描述的由头，使他为我们提供了关于斯基泰人起源和习俗的长篇报道。

何谓牧民领袖？虽然所讨论的这些游牧民族，他们起初的生活可能只是规模相对较小的、以宗族为基础的部落群体，在辽阔的中亚大地上管理着他们的牛羊群，但他们永远不可能完全游牧化——去到他们想去的任何地方。他们不断地与邻近的森林和山地群落相联系，建立起一个供求网络，这些群落向他们提供金属和木材，而他们相应地为之提供马匹、奶制品和其他牲畜。在受保护的河谷区实施了一定量的农业生产，牧民群落也参与其中。但是，由善于骑乘所赋予的好战优势，意味着专门的军事群体有兴起的趋势，这些军事群体一边管理着自己的牛羊群，一边从定居的人群那里获取他们所需的其他物资，他们则"保护"这些人群免受其他军事群体的攻击。对于公元前5世纪的西米里族人和斯基泰人，希波克拉底和希罗多德都明确区分了自身拥有马匹和骑马的"贵族"与不具备这些的贫穷"平民"。这些骑在马上的群体的基本一致性，是由一位设计战略并分割战利品的具有超凡魅力的领导人来确保的，而不是通过任何牢固的基于家族的传统义务制度。希罗多德对"斯基泰人"这一名称的理解是，它是一位国王名字的一种译文（有两种希腊化形式的变体：克拉科赛司和斯科洛蒂）。

骑兵对高加索地区的入侵，在考古记录上有迹可循，它被称为"斯鲁巴那亚-赫瓦伦斯克文化"，通常认为与斯基泰人有关。在纳戈尔诺-卡拉巴赫的一些墓地中，公元前700年之后墓葬的相对财富突然发生了变化，出现了一些富有的武士墓葬，其体质类型不同于那些放置在旁边作为献祭的人骨。在这些墓穴中发现的武器凸显了游牧民族不断发展的军事才能和掠夺性偏好。他们采用的是高加索武器类型：通常每名战士都装备有复合反射弓和穿甲青铜三叉（三裂片）箭镞（现代实验表明，射箭速度约为每秒50米，仅比弩箭略慢一点）、铁制的"阿基纳克"短剑，以及巨大的铁矛。

在高加索地区，艺术中的"动物风格"也可能已经形成。中亚游牧民族一直生活在靠近动物的地方，并在立石上雕刻有他们放牧和狩猎的图像。但直到建立了与近东金属加工传统的联系，才出现了一种真正新颖的风格（包括有翅膀的狮身鹫首兽这样的混合动物形象），用于装饰马勒饰物、盾牌和鞘套以及珠宝。

由此可见，接近城市文明进一步刺激了游牧武士精英群体的专业化发展。从一个被洗劫的城镇所能获得的丰富战利品，远远超过了袭击鄂毕河上一个农庄的微薄回报。即便如此，从古坟中发现的新型且极具特色的草原类墓葬品的数量判断，游牧民族在东欧和中欧也有进行猎物猎取的活动，在这些墓穴中发现有成对的马和战车、动物风格的装饰品、"阿基纳克"短剑以及三叉箭镞。在匈牙利平原上的辛特罗尼克古墓，墓主骸骨属于东方的庞塔斯或陶洛人体质类型。看来，这一群体（考古学上称为维克祖格族）的斯基泰人骑手，就像跟随他们到来的匈奴人和蒙古人一样，都是被多瑙河中游地段这片草原中的森林地带吸引。

在其他地方也发现了斯基泰式的材料，尤其是在特兰西瓦尼亚中部的穆列什-蒂尔纳夫墓葬群，以及在波兰维塔斯科沃（曾经的维特斯费尔德）出土的著名饰金铠甲。之所以使用"斯基泰式"一词，是因为在俄罗斯草原南部（狭义上的锡西厄地区）的墓葬中发现的人工制品（例如剑）的造型与这些中欧的实例存在细微差异。至于那些墓主是否为"真正的斯基泰人"的争论一直很激烈。然而，我们无法知晓这些人的自称，也不知道古典作家对他们的真正了解（希罗多德谈到了该地区热爱黄金的阿加西尔萨人，但无法确定应该将其视为色雷斯人抑或是斯基泰人，还谈到了配备有矮种马牵拉双轮轻便马车的昔恭纳伊人，他们显然既不是色雷斯人，也不是斯基泰人）。此外，我们应该预料到，入侵的斯基泰精锐的装备会因当地条件而异，因为他们会依靠当地的专业知识——无论是否出于情愿——来给他们的马重新套上马具，并且更换他们破损的武器。最后，动物骨骼研究表明，在这一时期，经由中间商，斯基泰人的骑乘马匹正被交易到欧洲（一直到亚得里亚海角）；草原装备的便利性，可能为特定地区的骑兵精锐在当地的出现提供了支持。

草原群体的到来，似乎刺激了铁的使用。他们一定是在瓦解了保持锡供应的特权阶级的同时，又渲染了他们所使用的新技术，从而产生了这样的效应。

随着山地区域采伐森林建立夏季牧场以适应一种新的、更集约的当地季节性迁移放牧的草原畜牧业体系，新的铁矿在特兰西瓦尼亚山脉被发现。参与这一砍伐和勘探的文化群体（费尔吉勒–比尔塞斯蒂群体）似乎具有旧的本地混合农业社群和新精英人士的共同特征。人们在位于喀尔巴阡山南麓通往山地牧场的费尔吉勒火葬墓地发掘出了150多座武士墓穴。这些墓葬的遗物包括与当地低地巴萨拉比类型相似的陶器，绵羊、山羊及其他动物遗骸，铁制的马衔铁、长矛，以及一把仿制草原类型的"阿基纳克"短剑。至少在埋葬方式上，似乎体现了身份等级制，因为几乎所有的火葬墓主人都被证实是那些不可能使用随葬武器的儿童。

因此，在草原边界周围同时存在着许多不同的生存和剥削模式。造成这些模式的人们，他们是和平共处，还是通常处于冲突之中？他们主要是遵循经济，或者语言，抑或种族划分的吗？在现代英国，山农、奶农和谷农之间可能会有差异，但他们通常认为自己属于同一社会；然而，就物质生活而言，他们的文化是不同的——受不同的需求和不同范围的本地可用资源的制约，他们彼此之间的关系是特定于功能且分散的（"单一"）。相比之下，人们通常认为现代化之前的非城市社会具有自然的"团结"，人们融入紧密交织的（"多元化"）关系，并具有明确的部落或民族认同感。但是，铁器时代的部落组织解体进程意味着，尽管族群认同感仍然很强，甚至变得更为强烈，但许多社会关系却变得单一。之所以如此，是因为随着经济活动变得更加专业化和更具竞争力，特定民族的领土变得越来越少。这导致了资源上的冲突：色诺芬关于色雷斯南部的一手资料记录了"山地色雷斯人"对一个用栅栏围起来的色雷斯低地农牧村庄进行的夜袭盗取牛群行动。

侵入性的骑士精英出现，为流动的铁匠、淘金者和口译员等专业的"服务"人员创造了商机。这种社会形式预示于公元前三千纪的安纳托利亚，也许是在欧洲青铜时代的奥托马尼文化时期。从公元前700年左右它重新浮现，而且开始变得更加复杂和专业化：首先是奴隶，然后是货币的推行，还有希腊的葡萄酒和石油。

希腊人的到来和见证

当第一批希腊船只逆流而行，穿过达达尼尔海峡驶入黑海时，他们跳上海岸，寻找自然的停泊港，他们小心翼翼地窥探蚊虫滋生的伊斯特河（多瑙河）、提拉斯（德涅斯特河）和波律斯提尼斯（第聂伯河）的出入口，紧随着迈锡尼人的脚步。但是迈锡尼人了解航海知识吗？答案或许是肯定的，就黑海航行的一些知识来说，已经口头传授给他们，后来以书面形式在航海家的沿海地理学中正式化。由此，我们可以就布罗代尔的"长时段"概念来思考：黑海周围希腊殖民地的建立，是与内陆地区关系的重新恢复和继续开始，而内地也保留有先前事件的记忆。

在《伊利亚特》中，爱琴海以北的一片土地被描述为"色雷斯，那片肥沃的国土，如波浪般翻滚的草原，羊群的滋养者"。荷马的史诗，写于公元前700年左右，通常被认为借鉴了有关青铜时代——迈锡尼英雄时代的记忆和幸存的传统（见第八章）。《荷马史诗》中的色雷斯位于何处？唯一明确的是，它位于达达尼尔海峡的欧洲一侧，包括一个山区。

在第9卷中，内斯特向阿伽门农致辞，说道："你的小屋里装满了葡萄酒，那是我们的船每天穿过广阔的海洋（爱琴海），从色雷斯运来的。"在第14卷中，赫拉在"色雷斯骑兵的白雪皑皑的山丘之上"滑行。从广义上来讲，早期的希腊作家将色雷斯理解为马其顿以外的国家，有爱琴海和黑海海岸，包括哈伊莫司山（巴尔干半岛的老山山脉）。除了哈伊莫司山，情况就变得不太确定。往北部横跨多瑙河，是一片平原，被认为是锡西厄地区的一部分，但后来的作家在那里找到了色雷斯人的部落；而在多瑙河以北、喀尔巴阡山脉以及更远的地方，达契亚人——一个通常被认为在语言和文化上属于色雷斯人的民族，在稍晚的时代出现了。

《荷马史诗》中的色雷斯人是什么人？首先，他们是来自色雷斯的民族。他们所说的语言，荷马暗示是叙事中作为其同盟者出现的特洛伊人所能够理解的一种语言。安纳托利亚和色雷斯之间似乎存在着某种联系：从考古学上讲，亚洲的弗利吉亚人似乎与欧洲的色雷斯人相似；在《荷马史诗》中，色雷斯的瑞索斯和特洛伊的希波孔是亲戚；特洛伊人伊菲达穆斯在色雷斯被养育长大，通过联姻，他即将成为居住在那里的基修斯的亲戚。伊菲达穆斯将要支付的聘礼，部分是色雷斯的绵羊和山羊。《荷马史诗》中的色雷斯人，是指男性武士精英；他们与特洛伊人的亲戚关系，可能不是社会各阶层"族群连续体"的一部分，而是一种出现在精英间的现象。

希罗多德认为，色雷斯人构成了"仅次于印度人的人数最多的国家"——这是许多现代"色雷斯学家"所采用的说法。他的观点是基于地理上的误解，这种误解使得色雷斯比实际情况要大得多。除此之外，还有居住在那里的不同"民族"总人数的数值评估情况：由于色雷斯比锡西厄更靠近希腊，希腊人可以说出更多的当地"部落"——其中一些，毫无疑问，只不过是单个村庄而已。

按照希罗多德的信念，世界的地理对称性促使他将多瑙河的河口置于尼罗河三角洲的正北，从而有效地将色雷斯扩大到与印度相称，并缩减了被认为是"正方形"的锡西厄地区。

希腊人最早在色雷斯和斯基泰海岸定居的动机和时间是许多讨论的主题。希腊本土的"人口压力"往往被认为是原因之一。然而，在通往蛮荒腹地的战略要地，出现了组织良好的殖民地，其间隔均匀、便于航行，连同基于此路线进入内陆的希腊奢侈品，这些都表明贸易很快就变得至关重要。

南部的第一个希腊殖民地位于色雷斯的爱琴海沿岸，名为阿夫季拉，始建于公元前654年，但庞塔斯海岸殖民化时间尚不确定。靠近多瑙河口的伊斯特洛斯，似乎是最早正式建立的殖民地；该遗址的有效考古证据可将其最早的人类活动层追溯至公元前630年。然而，历史学家尤西比厄斯和西姆努斯为其建立给出的考古测定年代范围，分别为公元前656年和约公元前600年。其他文献证据表明，甚至早在尤西比厄斯提出的年代之前，就已经开始了有关黑海的爱琴海知识的复兴，这增加了年代上的不确定性。赫西奥德在他所著的《诸神谱系》中所谈到的"挤奶的斯基泰人"，可追溯到约公元前700年，这比赫卡泰厄斯文献中所保存的关于黑海北部沿岸地区更详细的地理信息要早近一个世纪。

对这些差异明显的记录的一个解释是，希腊殖民地的发展需要时间。研究表明，最初的聚落处于自然防御的位置，可能没有最便利的港口地理位置以及通往内地的贸易路线，也没有足够的空间进行城镇规划和扩建。考古上发现的殖民地位于交通便利的地方，只有在与好战的土著人建立良好关系之后，这些地点才可能被采用。

如果这一探索是为了寻找新的材料和市场而不是逃避人口过剩而引发的现象，那么甚至最早的接触都可能是季节性的：希腊人每年一次沿着海岸行驶，与那些来自内地的人进行贸易往来，以满足他们的需求。重要的是，到公元前5世纪，希罗多德记载了一群斯基泰人的生活方式，"他们播种谷物，为的是出售，而不是填饱肚子"。这表明，大规模的农业生产结构调整必然是相当长一段时间互相影响的结果。

永久殖民点坐落的优越地理位置，适宜与内地进行贸易：阿波罗尼亚–本都卡和梅森布里亚–本都卡位于布尔加斯湾两侧，前往色雷斯平原很便利；托米斯和伊斯特洛斯位于多布鲁詹海岸，相距多沼泽、不适宜居住的三角洲之前的多瑙河下游最北端弯道，只有一小段的陆上运输路线；提拉斯，位于德涅斯特河沿岸；别列赞和奥尔比亚，位于第聂伯河沿岸；还有潘提卡派翁，位于刻赤海峡，控制着出入梅奥蒂斯湖（亚速海）以及顿涅茨河和顿河（后来在顿河河口建立了塔纳伊斯）的交通。在草原墓葬中发现的希腊葡萄酒双耳酒罐和希腊制造的银酒具，使我们对贸易的程度有所了解，正如我们从碑文和文学资料中了解到的那样，希腊人（尤其是雅典人）从贸易中获得了奴隶和谷物。

但起初，草原上很少有华丽的墓葬。游牧民族似乎在森林草原地带活动，在他们自己当地的森林草原农牧民，以及希腊沿海和内河的商人之间形成了三方关系。到公元前6世纪中叶，在该地区已经建造了许多防御工事，希腊的进口商品大量涌入这里。其中已知现存的最大遗址是贝尔斯克，它位于第聂伯河的沃尔斯克拉河支流。建于公元前7世纪末，由东西堡组成，外围堡垒周长33千米（相当于环绕现代巴黎的环城大道）。仅西堡一座，就占地72公顷（规模相当于一座颇大的西欧城堡），被认为是1100万工作日工程量的体现，其外部有1000多座古墓。这一切使得世界上任何已知的同时代的聚落都相形见绌。

根据某些遗迹，贝尔斯克被鉴定为类似于盖洛诺斯镇的木结构壁垒，城镇人口包括希罗多德曾简要提到过的格洛尼人和布迪诺伊人混杂的希腊–斯基泰人以及斯基泰人。但是，尽管他可能想到了其中一个森林草原中心，但我们不能确定是哪个。从考古学的角度来看，贝尔斯克是不可能被完整发掘的。城镇还开展了诸如三叉箭镞的铸造、灌封遗存，以及铁器锻造之类的工艺作坊。中央围场安置有粮仓，还有至少11个独立的聚落。我们可以设想一下这一季节性的聚会，牧民们牵着他们的牛羊和满载经济作物的农耕团体汇聚到一起，进行实物交易，下赌注、玩游戏，并结成婚姻联盟。

斯基泰与色雷斯社会

无论是古典资料还是现代考古学，都无法全面了解斯基泰人和色雷斯人种族渊源的复杂性。对希罗多德来说，地理上的中间群体和边缘群体属于不确定的状态，实际上对考古学家来说也是如此。考古学所确认的物质文化群体，与古典作家所承认的部落和社会群体，是不太可能恰好一致的。对于希腊人而言，锡西厄地区代表的是大片的土地。"斯基泰人"是一个广义的社会经济学名称，相当于同样宽泛的术语"塞卡人"，波斯人用它来表示草原游牧民族。然而，希罗多德不断试图根据姓名、语言、风俗习惯和外貌来定义许多不同类型的斯基泰人、色雷斯人以及其他人。从他的有关亲属关系的讨论中，我们得知，在色雷斯人和斯基泰人之间发生了通婚，并且他们的贵族阶层以欧洲王室的方式，拥有一个国际性的家庭关系网。

一般来讲，在色雷斯人中，希罗多德称："懒惰是最高尚的，而成为这片土地上的一名劳动者是最不光彩的。所有人中最高贵的是那些靠战争和掠夺为生的人。"他说，他们只崇拜阿瑞斯、狄俄尼索斯，以及阿耳特弥斯，"但是他们的国王，与普通民众不同……他对其他的神灵并不推崇备至，除了赫耳墨斯，并声称出自其血统"。从神话的角度来说，赫耳墨斯是一位漂泊的神。如此说来，虽然色雷斯贵族可能不像斯基泰人那样游牧或半游牧，但他们在体制上与在色雷斯的本地小规模农业社群可能存在着明显的不同。

从他们的墓葬及其艺术中，我们可以看出他们是马的所有者，而且存在着明确的社会等级。在保加利亚，大致有2万座公元前4世纪和公元前5世纪的土石墓葬，每一座都必定耗费了一个群落许多天的劳动。虽然多数墓葬已被盗掘，但很少被损毁。因此，根据村落和堡垒的数量以及历史记载，我们能够估计出，在多瑙河以南的色雷斯人居住时期，每一代人大约建造了3000座墓，那么他们的人数一定是有数十万之巨。他们的死者大多数都是以不同方式来处理的，无论是谁：可能是葬于偶尔被挖掘出来的那种平坦的火葬墓地（它们很少留下地表痕迹，而且不像土石墓葬那样很容易被农业破坏）。在保加利亚南部，一些群落可能将死者裸露于山腰上岩凿的凹洞里。

古典的叙述，如果结合考古材料，就能够给我们提供一个模型，以了解公元前5世纪的色雷斯和斯基泰居民的整体族群结构。在这一模式中，流动精英是"横向"组成的族群，对于男性而言，其精英资格的获得大体取决于是否通过经验获得了武士身份（尽管财富有所帮助，而且显然可以继承）。这些精锐在特定地区形成了占主导地位的政治和军事组织，他们的名字就是古典作家们所提起的名称。下属群体，要么是"纵向"构成的种族群或部落，人们繁衍其中，并通过发展宗族之间的亲属关系来提高其地位，要么是"服务性"的族群，具有强大的"专业"或"行会"身份，内部分层很少。

希罗多德提供了关于联盟和争端解决方式的详情，后者最简单的方式似乎一直是决斗。在贝尔斯克发现的一座比较专业的手工作坊，生产的是用人类头骨制成的酒杯。这让我们想起了他的报告：斯基泰人锯掉最令他们不满的敌人的头骨，用其饮酒，当他们负担得起的时候，就会把头骨镀金，"至于和他们有意见分歧的亲属，他们也这样做，最终会在国王在场的战斗中打败他们"。复杂的争端和决议，似乎由一类专门的装扮奇怪的占卜师（或萨满：下文进一步讨论）着手处理。

色雷斯和斯基泰女性，似乎在政治上一直从属于男性（尽管下文所谈及的"亚马逊族女战士"有所不同）。因此，我们可以认为，贵族联姻主要是建立或加强男性之间的联系。但是，希罗多德在谈到斯基泰人缔结誓约协议所采用的方式时，提到了一种更直接的方法，即在碗里装满葡萄酒和缔约各方的混合血液，然后由缔约各方饮用，这在一定程度上类似于后世草原上的蒙古族人重要的"拜安达"（金兰之好）习俗。

到公元前5世纪，在斯基泰世界，似乎一直存在着相当多的习俗化了的复杂事物。希罗多德谈到了"行政区"和斯基泰王族，总的说来，他们似乎是当权者。他提供了一个生动且高度细致的描述，是有关一位斯基泰皇室国王的葬礼，其基本内容是：塞满填充物和打上蜡的死者尸体被储藏在"隶属国"的领土周围；然后，被勒死的朝臣被埋葬在国王周围，并用巨大的坟墩遮盖；一年后，他的五分之一的随从及其马匹被勒死，然后塞满填充物，且将尸体骑于马尸并在墓葬周围围成一个大圆圈。葬礼仪式结束后，亲眷们在三脚架支撑的小型大麻帐篷里，将大麻籽掷于滚烫的石头上，通过吸入其熏气来净化自己。

这一描述与第聂伯河下游盆地的地下遗迹非常吻合，那里是现存最丰富的公元前5世纪和公元前4世纪的古墓集中地。但这些坟头的坟墩并不是简单的土堆。仔细的考古发掘表明，它们最初是相当陡峭的，呈圆锥形，具有多层超致密的土制"盔甲"，用于抵制盗贼，还覆盖着一层层反铺的草皮。或许，这种结构是来世草原分配的符号化呈现。北高加索被盗的公元前6世纪的乌尔斯基奥古冢，在1898年被韦谢洛夫斯基部分发掘，发现葬有360具马的骨架，每18匹为一组，被拴在钉入主墓室地板的柱子上。在古墓冢中三分之一地层处的其他遗存中还发现了更多的马（韦谢洛夫斯基放弃了计数！），以及大量的驴、羊和牛的殉牲。正如希罗多德所宣称的，这一较高的地层可能代表了葬礼仪式的第二阶段，也许是在主葬后的一年内完成的。在第聂伯河下游的托尔斯塔亚古冢（"厚葬墓"）中，一名男子、一位妇女及一个儿童先后被埋葬于此，每次葬礼之间可能只间隔一年的时间。他们的各种侍者似乎当场被杀害：留下一人守着一条通道，有两个马夫牵着马，男子和妇女都是孩子的"看护者"。

在西伯利亚南部阿尔泰山脉距黑海数千英里发现的巴泽雷克古墓，更是明显支撑了希罗多德的叙述。在那里，多年冻土使得游牧民族的大量墓葬被冻干，因而保存了大部分的有机遗骸。尸体上的皮肤在20世纪50年代被挖掘出来时仍然完好无损，显露出文身；还有希罗多德所谈到的细致的动物标本剥制术——尸体里也的确塞满了他列出的许多草药。肌肉区已经从皮肤下被去除，也许是出于某种与仪式上的嗜食人肉相关的原因（据希罗多德记载，伊塞顿人曾做过类似的事情）。在一座墓室的一角，有一个毛皮袋，里面装有大麻籽、一只装满石头的香炉，以及一顶六脚构架的吸入式帐篷。

文化适应与差异

巴泽雷克古墓展示了草原民族参与的庞大联系网。墓葬品包括来自北极泰加针叶林的毛皮，其中一件是一条绘有狮子图集的进口波斯地毯，其精美的镶边是用当地的黄金制成的；有来自近东的猎豹毛皮和芜荽；一顶高加索的青铜头盔；一面中国的镜子；以及一件刺绣的婚礼丝绸——被修改成了一条饰有流苏的鞍褥。从中我们体会到了大草原的核心地位，同时也看到了游牧民族对有文化精美品"文明"的某种崇敬之情的缺失。在希罗多德叙述大流士对斯基泰人的失败远征中，有一个难忘的时刻：数周来一直拒绝与庞大的波斯步兵进行激战的游牧骑兵，他们列队仿佛要冲锋，但随后"一只野兔在双方之间奔跑，而每一个看到它的斯基泰人都在追逐这只野兔"，这一情景刺激了大流士，他不由得说道："这些人完全在鄙视我们。"

实际上，游牧贵族很快发现自己正遭受着"文化适应"的困扰。虽然雅典在公元前400年后几乎完全依赖进口的黑海谷物，使得许多斯基泰人变得非常富有，但他们埋葬死者时随葬的希腊制造的精美奢侈品金银酒具，表明他们对葡萄酒的热情接受。加上他们的大麻，纵情遂欲形式发展的可能性必定很大。据希罗多德的讲述，尽管事实上他们不喜欢希腊的方式，而且他们中的两个人——阿纳卡西斯和后来的斯克拉斯，由于采用希腊的做法而被处死，他们不在葡萄酒中掺水，因而时常喝醉。旧方式的转变或许是不可避免的（就像后来美洲印第安人面对白人和威士忌一样）。在阿特阿斯统治下，他们几乎变得很稳定。一些人断言，他们的上层人物习惯于居住在舒适的希腊风格的石头房屋中，这些房子位于第聂伯河下游卡缅卡镇的卫城，但这方面的考古证据尚不足以支撑这一说法。可以肯定的是，阿泰乌斯于公元前339年在色雷斯被马其顿的菲利普二世打败，到公元前3世纪，斯基泰人霸权区已经缩小，集中在克里米亚半岛奈阿波利的一个固定的城市首府。在大草原之外，一个拥有更先进武器的新军事贵族——萨尔马提亚人，逐渐取代了他们。

事实上，等到希罗多德旅行到黑海时，斯基泰人已经不同于那些曾经奚落大流士的人了。尽管希腊人仍然将其称为斯基泰人，但在考古学上，我们已经察觉到公元前5世纪中叶新一轮中亚游牧民族的到来。因此，希罗多德的锡西厄地区的民族志也包括对正处于剧烈转型的社会观察报告，在这个过程中，族群之间和内部的权力关系以及族群本身的定义，正在发生变化，男女之间的权力关系似乎也在发生变化。

继恩格斯之后，许多社会学家认为，草原游牧制度标志着女性承受的男性压迫进入了一个新发展阶段。这似乎与我们对斯基泰的考古和文献证据相矛盾，至少部分如此。社会学家玛丽亚·米斯写道，"最可能正确的说法是，好战的游牧民族是所有统治关系的始作俑者，特别是男性对女性的统治关系"，因为"只有在游牧民族驯养牲畜，以及妇女涌入耕种界这一阶段时，狩猎者的'生产力'才能得到充分释放……对于游牧民族来说，妇女不再是非常重要的粮食生产者或采集者……她们是作为儿童特别是儿子的养育者而被需要。她们的生产力现在已降低至由男性占用和控制的'生育力'上"。这一点在锡西厄地区并不明显，那里的性别范畴似乎与希腊世界的明显不同。最著名的例子是亚马逊族女战士：在希腊和罗马神话中，这是一个由女战士组成的民族，其最显著的习俗是抑制她们右侧乳房的发育，以便更自由地投掷长矛和用弓射击（a-mazos，在希腊语中的意思是"缺少一个乳房"）。在希腊雕塑和绘画中，亚马逊族女战士的右侧胸部被绘成褶皱状垂下，以遮蔽这一缺失的乳房。

据希罗多德所述，斯基泰语中有关亚马逊族女战士的单词是Oiorpata，意思是"杀人者"，她们是一群来自萨尔马提亚人群或从中分裂出来的女战士。希罗多德对于她们的起源显然进行了神话般的描述，他说当这个部落的女人被年轻的斯基泰男性邀请回家时，她们抗议道："我们不能和你们的女人生活在一起。因为我们和她们没有相同的习俗。我们引弓射箭、投掷标枪，还能骑马；但是，对于'女性的任务'，我们并不了解。"目前我们还不清楚，战士的角色在多大程度上能为斯基泰世界以外的女性所接受。希罗多德本人很熟悉哈利卡纳苏斯的阿尔泰米西娅，她是一名战士及军事领袖，据他记载，一些帕米尔地区的斯基泰人曾经由大流士一世之王后、马西斯忒斯之母——"居鲁士大帝之女阿托莎"领导作战。但给人的印象是，这些妇女是特例，而且（或许）只有草原游牧民族才理所当然地愿意在一个女人的领导下作战。

尽管人们通常对此持怀疑态度，但大草原上女战士的存在于考古学上是有根据的。发掘者并非总是把体质人类学特征作为性别指数来关注。大多数斯基泰人的墓葬被归为"男性"或"女性"，这是基于对特定墓葬品（例如，男性用武器，女性用镜子）持有的先入为主的观念；就草原群体来说，没有什么比这种先验归因主义更令人可笑了。例外地，19世纪中期对高加索地区捷列克河的发掘，清理并辨认出了一具女性的骨架，但是这个墓主随葬有盔甲、箭镞、石板铁饼以及一把铁刀。在奥尔-斯捷潘-茨明达附近发现了一系列墓葬，似乎都是骑着马的女战士（虽然在时间上要晚于斯基泰时期）。最近以来，雷纳特·罗尔围绕切尔托姆雷克陵（1981—1986）的斯基泰"王冢"古墓进行了发掘，在已发现的50座战士墓中已经确定其中3座埋葬的是女性骸骨：一具女性墓主的背部牢牢嵌着一枚箭头，另一个随葬有一件巨大的铁制盔甲，第三个与一个年幼的孩子葬在一起。在顿河以西的斯基泰地区，目前已知大约有40座这样的墓葬；顿河以东，在希罗多德所说的萨尔马提亚，经过调查的公元前5世纪和公元前4世纪战士墓中有20%

是属于女性的。据希波克拉底所述，萨尔马提亚妇女"除非杀死3个敌人，否则不会放弃她们的贞操"，在接受丈夫之后也不会骑马，"除非被迫进行远征"。

有关妇女活动的证据并不能证明斯基泰妇女在所有社会领域都能与男子平起平坐。"亚马逊族女战士"墓葬的比例很低，而且它们与更明显的"女性化"墓葬并存——在有权势的男人墓中作为献祭的那些女性陪葬墓（没有相反的事例记录在案）。尚存的斯基泰骑术的表现手法是健壮的男性形象：以其形状明显的末端命名的"阳具和马蹄"因其明确的终端形状而得名，且很受欢迎；在艺术上，雄性马被描绘为通常的坐骑。

然而，在与希腊人接触之前，妇女可能已经享有较高的地位，或者某种程度的平等。在晚近的北美印第安部落民族志中，对女战士和女猎人出现的公认解释表明，这种现象可能是中心—边缘经济的一部分：随着欧洲毛皮商人向西进入加拿大，土著男子通过捕猎毛皮（一种男性性别的追捕）能够或多或少地变得富有；而在此之前，他们的经济和社会政治地位都不过是与妇女平等；妇女开始从"女性"转向"男性"性别类型的活动，以力图弥补日益缺乏的权威。此类事情可能发生在锡西厄地区：就希罗多德而言，在偏远森林草原的游牧民族伊塞顿人"妇女和男子是平等的"——或许是以前比较普遍的一个痕迹。当然，从考古学的角度来看，无论是女性武士葬，还是男性墓葬中的从属女性人殉，似乎都是铁器时代晚期的现象。

与亚马逊族的跨性别相对应的，是希罗多德称为"两性人"的西徐亚人。这个词可能与梵文nara（男人）有关，赋予它的含义是"没有男子气概"。希罗多德说这些男人患有"女性病"，希波克拉底则认为：

这些男人对性交没有太大的渴望……马匹不断地颠簸使得他们体格不佳……绝大多数的斯基泰人变得阳痿，他们做女人做的工作，像女人一样地生活和交谈……他们穿上女人的服

装，认为自己已经失去了刚毅之气……这种痛苦侵袭到了富有
的斯基泰人，因为他们的骑行……而不骑马的穷人，遭受的痛
苦较少……斯基泰人是男人中最阳痿的，理由我已给出；另外
还因为他们穿裤子，把大部分时间都花费在马匹上，以至于他
们不能处理这些部位，而且由于寒冷和疲劳忘却了情欲。

从现代医学知识方面来看，希波克拉底的解释似乎是合理的：颠簸
会对睾丸造成创伤和不可逆转的损害，而裤子——可能是一种马术发明
物——会使体温升高并导致不育。然而，斯基泰人可能会显示出一系列症
状，并且不可能出现在这些简陋的文本记录里。希罗多德所说的"女性
病"可能暗示出血，与其他骑兵的病痛有关，譬如痔疮和瘘管（从1337年
至1453年的百年战争中归来的骑士中，英国外科医生约翰·阿德恩得知了
这两种疾病，并进行过治疗）。

任何解释的另一部分都必须考虑到这些人作为占卜者的角色：根据
希罗多德所说，"作为两性人的西徐亚人……用欧椴树的树皮练习占卜。
当他们把树皮劈成三段时，先知就会用手指把树皮编成辫子，再把辫子
解开，从而做出预言"。希波克拉底说，"当地人把这一'征兆'的原
因归于一位女神，并为此尊重和崇拜这类人"。考虑到这些情况，我们可
以提出一种心理上的解释，一方面激进的性别分工导致母亲们要在马车上
颠簸；另一方面是男人们要组建骑兵突击队，而且每次服役都将持续多年
（就米底王国来说是28年），这些都迫使孩子们承受压力作出选择，也不
给那些由于各种病痛不能再骑马去打仗的男子留下位置。希罗多德告知我
们，一个男人如果不在战斗中死去，会被认为是完全可耻的；"改变"性
别并成为萨满巫师，可能提供了一个社会认同的心理折中点。这种萨满教
在晚近的西伯利亚牧民中有充分的记录。

在色雷斯，墓葬和文献证据表明，妇女在生活的各个阶段都处于更
从属的地位。希罗多德描述了一个色雷斯人的一夫多妻制群体，在丈夫去

世后，妻子们由他的朋友们来评判。获胜者"如此光荣，受到男人和女人的高度赞扬，然后被她最亲近的亲属残杀于丈夫的坟墓里"，并葬在旁边，而其余的妻子们会为此而感到羞愧。对保加利亚西北部公元前4世纪的弗拉察的莫吉兰斯卡古墓冢中的考古发现与这一描述相一致：一座富有的中央男性墓葬中伴随着一位衣着华丽的妇女，她被一把铁刀刺穿了肋骨。

碰撞中的民族

按照希罗多德所言，下聘礼而不是要嫁妆是大多数色雷斯人所遵循的通例；他还说道，"他们卖掉自己的孩子去出口"。修昔底德评论说，"在色雷斯人中，不送礼是无法完成任何事情的"。从考古学上，我们可以看到，与斯基泰人一样，到公元前5世纪初，色雷斯人已经与希腊和波斯等以货币为基础的经济体进行了贸易往来，因此也正在经历迅速的社会变革。"奢侈商品经济"开始发展起来，在这种经济中，人们从殖民地和其他地方获取外来奢侈品并用于特定社会地位的外在标志，从而推动了社会竞争。由此，贸易进一步加强，小规模摩擦升级到区域性冲突，并为建立具有自己货币制度的国家级组织开辟了道路。

大流士一世对锡西厄地区的军事远征，是一个重要的催化剂。它是从色雷斯发动的，有色雷斯雇佣兵参与，并将波斯阿契美尼德王朝宴会风格的金银酒具引进给了色雷斯贵族。据波斯人的记载，在远征失败后，斯库德拉总督管辖区的附庸国行政区划仍然维持了30年（约公元前513年—公元前480年）。不管是否如此，波斯式的朝贡制度和波斯王权意识形态似乎随后被色雷斯人采纳。

在公元前5世纪和公元前4世纪，阿契美尼德的金属加工风格直接刺激了色雷斯贵重银器制造业的发展。银币在当地的使用已变得越来越广泛，似乎此时色雷斯开始开采本地银矿，同时也从劳里厄姆的雅典矿山进口白银。银器显然是以硬币的整数倍重量单位制成的，符合波斯或色雷斯–马其顿的标准。

公元前4世纪的许多葡萄酒酒具上都带有"Kotys"这个名称，后面往往跟着一些似乎是地名的东西。这些刻文，在希腊字母表中，通常被认为与约公元前384年成为奥德里西亚人国王的科蒂斯有关。波斯人撤军之后，奥德里西亚人凭借与雅典的密切政治和军事联系，在色雷斯中部逐步变得强大起来。对这些刻文的一种解释是，科蒂斯可能是在他的领土周围发展起来的，像英国中世纪的国王一样定期朝会，接受带有他名字和产地的贡赋。公元前359年，他被马其顿的支持者暗杀。

在菲利普统治下的马其顿扩张到了色雷斯，继而由亚历山大带领，活动范围扩张至多瑙河以北，以控制盖特人。在多瑙河渡口，亚历山大遇到了一些凯尔特人，向他宣称著名的"天空坠落头顶之恐惧"的言辞。次年（公元前334年），亚历山大带着他的色雷斯雇佣兵离开了多瑙河流域前往波斯、印度，并不幸早逝。随着马其顿政权的衰落，奥德里西亚人在索瑟斯三世的统治之下再度崛起，并且索瑟斯三世还发明了铸有他本人肖像的货币。考古和墓志资料显示，索瑟斯三世的首府塞索波基斯的城墙内有一座设防的塔楼或提尔西斯，他本人是其中一座圣殿的大祭司。这座城市的中心，有墙的部分是仿照希腊的方法建造的，可能是由一位接受过希腊培训的建筑师设计的，凭借属民和希腊殖民地的朝贡来维持——据希腊矿主和历史学家修昔底德所言，某年使用的黄金和白银重达400塔兰特（其中使用白银1吨，1塔兰特约等于25千克）。在色雷斯南部，希腊移民聚居地和本土内地之间最初的显著区别，已经让步于世界性的压力。最近，由多玛拉德斯基先生领导的对距爱琴海约200千米处的内陆、马里查河上游的色雷斯市和韦特伦文化遗址考古发掘表明，到公元前4世纪中叶，在特别法律保护下经营的希腊商人，以及可能的葡萄酒双向贸易已经出现了。

此时，再往北，在多瑙河下游的河道贸易网络已经充分地建立起来，不过根据目前的证据，人口似乎在很大程度上保持了空间距离。就在距希腊人聚居区内陆的沿海地带，有一片希腊化的聚落和墓葬区域。这一区域涉及穿过多瑙河主航道的货物运输。位于多瑙河左岸的济姆尼恰聚落，距黑海约300千米，在这里已经获得了奥德里西亚、杰蒂克和斯基泰类型的手工制品，除此之外，还发现了数百件公元前430年左右开始陆续到达的希腊双耳葡萄酒罐的残片。在多瑙河和喀尔巴阡山脉之间、雅洛米察河的皮斯库-克拉萨尼等遗址，以及在山口的出入口、西塔尼丁河谷等遗址，也发现了双耳葡萄酒罐，在那里，破碎的陶片数量惊人，再加上几乎没有完整的罐子，这更进一步表明了葡萄酒在这些地点被转存至皮酒囊，以便于通过进入特兰西瓦尼亚崎岖不平的通道。

盖特人中的贵族，随葬有金银盔甲，以及绘有似乎与另一个波斯国王有关的主题——"王室狩猎"相关场景的酒具。斯基泰的动物风格、希腊和波斯的基本图案习俗，都采用了这种不拘一格且独特的风格。这里的建筑风格似乎也受到了城市模型的启发：在奥尔特河支流、济姆尼恰以西的科托费尼-丁-多斯，由V. 济拉进行的考古发掘发现了一座巨大的泥砖壁垒，其中规则间隔的塔楼构成了一座原本平淡无奇的山顶堡垒的一侧（见第十章）。

希罗多德讲述了两个关于盖特宗教的故事，他认为这两个故事既不是相互矛盾的，也不是完全可信的。他说，盖特人认为自己是不朽的，是一神论，他们信仰一位被称为"撒尔莫克西司"或"盖贝莱齐斯"的神灵，死时会到他那里去。他们通过一个信使向撒尔莫克西司询问有关世俗事务的问题，这个信使通过被钉在他们的矛尖上"派遣"了出去。希腊殖民者向希罗多德讲述了关于撒尔莫克西司的另一个不同的故事：他之前是一个富有的奴隶，回来是要讲授一种不朽的哲学，即死后在一个舒适的地方享受。在教学期间，他秘密地建造了一所地下窑居，然后消失在里面，让人们认为他已经死去。三年后，他回来了，向那些易于轻信的听众证明了他的不朽。第二个故事的逻辑是有缺陷的。如果盖特人对地下密室一无所知，为什么他们会相信撒尔莫克西司已经死了，如果他仅仅是返回外地了呢？来自保加利亚东北部斯韦什塔里附近的土石墓葬地的考古证据表明了一种有趣的可能性。最近的发掘显示，在一座土石墓葬中有一扇滑动的木门通向中央墓室，木门底部的石槽非常光滑，表明是经常使用的。这种结构显然适于一种死而复生的仪式，并且极有可能同一种与阴间相关的"地府"宗教有关，这种宗教分布于色雷斯（俄耳甫斯的诞生地），为希腊人所信奉。

当亚历山大遇到凯尔特人时，他们已经完全立足于多瑙河下游地区。公元前4世纪初，凯尔特人开始向东进入特兰西瓦尼亚，并在公元前3世纪继续向色雷斯南部和希腊进发，他们洗劫了塞夫索波利斯（公元前281年）和特尔斐（公元前279年），之后于色雷斯的某地建立了泰里斯王国。在东北方向，凯尔特人利用斯基泰政权衰落留下的权力真空，将活动范围跨越了普鲁特河和德涅斯特河。

面对先是马其顿人、后是凯尔特人的进攻，当地的色雷斯人似乎已经尽可能多地埋藏了他们的贵重物品——在保加利亚的西北部和中北部，陆续发现了许多窖藏的公元前4世纪的银制装饰品。这个地区尚存的凯尔特突袭时期的银器艺术品之一，是在本地制造的贡德斯初普大釜。在日德兰半岛发现的这个谜一样的大釜，在许多方面都囊括了我们理解色雷斯人、达契亚人和斯基泰人社会的全部问题。简言之，这些社会并没有牢固的界限。一方面，它们存在于一个发展中的世界体系中，具有许多共同的要素和较长的存续时间范围；另一方面，它们是由众多小型的、地方性的、短暂的文化群体组成，在这些文化群体中，这些要素被赋予了含义。

在公元前2世纪上半叶的某段时间，拥有制造精美大釜技术的通常是色雷斯人。大釜上面描绘的一些形象，譬如戴着鸟类顶饰头盔的战士，发现于特兰西瓦尼亚的西约姆麦斯蒂地区的凯尔特人墓葬，看起来像凯尔特人；另一些则是源于希腊和伊朗神话的海豚骑士和屠牛者；还有一些来自印度，包括拉克西米女神、诃利帝鬼子母神，转轮圣王或"宇宙之君主"，以及坦陀罗瑜伽坐姿的头上长角的人物。后者，根据大釜的图式语法以阴阳人呈现，一手持蛇，一手握着一个金属项圈，头上长着角——这些符号很可能分别象征着对男性、女性和动物领域的权力。坦陀罗瑜伽促进了草原萨满教的发展，萨满们通过药物和酒精来获得对宇宙的支配权，并经由特殊的姿势来引导性能量；佛教和耆那教的传统与之背道而驰，是要成为独身者、禁欲者和有读写能力的人。从主题上说，大釜与影响草原轴线的东部悠久历史融为了一体。在公元前300年以前，这主要来自伊朗、西伯利亚和中国，之后则更多地来自塞种人地区和印度（有关印度女神的描述，出现在萨尔马提亚人的银制工艺品中，以及乌拉尔语"二叠纪"动物风格中，它们从那里传至芬兰）。大釜很可能是被突袭的日耳曼人也可能是凶残的辛布里人作为战利品带到北方的，这些辛布里人最终定居在日德兰半岛（希默兰）地区，那里留存着他们的名字和大釜。

在大西洋和欧洲斯堪的纳维亚半岛，印度象和神的绘画，还有中国丝绸（也被发现于黑海潘提卡派翁的一个墓地中）的存在，使我们充分意识到：在公元前300年至公元300年，欧亚大陆北部的族群活动超越了不同的帝国边界，他们相互之间的联系远比人们普遍认为的要紧密得多。在大草原上，到公元前200年，萨尔马提亚人取代斯基泰人成为占统治者。萨尔马提亚人，被大多数古典作者与希罗多德的召罗马提亚人混为一谈。尽管这些单词可能是同名变体，但与之相关的考古学文化却并非如此。在考古学上，最初的萨尔马提亚文化通常被确定为普罗霍罗夫卡文化，它在公元前4世纪至公元前3世纪，从南部的乌拉尔山脉进入伏尔加河下游地区，然后进入本廷大草原北部。在这一迁徙过程中，萨尔马提亚人似乎已经壮大并分裂成几个群体——阿拉尼人（或阿兰人）、奥尔西人、罗克索拉尼人和埃阿热格人。从公元前1世纪到公元4世纪，考古学文化群体与这些族群类属之间的关系到底如何，我们尚不知晓（苏斯利和切尔尼亚科夫文化，似乎一直都是萨尔马提亚人的文化；在罗马尼亚和匈牙利的穆列什和蒂萨河上的墓葬，很可能是埃阿热格人或罗克索拉尼人的）。东部的事件可能在某种程度上导致了萨尔马提亚人向西扩张。约公元前176年，据中国历史学家司马迁所言，匈奴人击败了月氏人（或吐火罗人）；在公元前1世纪，他们扩张至南部的乌拉尔和伏尔加河地区。

达契亚国家及其劫后余生

公元前2世纪，罗马人征服了南部的马其顿；公元前1世纪，北部的达契亚国家崛起，从而在东南欧重新实施了一些历史上令人满意的制度措施。公元前60年，特兰西瓦尼亚的凯尔特人（博伊人和海尔维第人）被布雷比斯塔王击败，并被迫向西迁移（后来卷入对曼兴的破坏，参阅第十章）。布雷比斯塔似乎在公元前62年与一个叫德凯尼乌的祭司（即我们的主要资料来源者——公元6世纪的约尔丹，他保存了几位早期作者的部分著作，本例中为狄奥·克里索斯托）联盟，借此巩固了他的权力。布雷比斯塔–德凯尼乌的联盟合作，将包括盖特人、达契亚人和布里人在内的四五个较小的群体聚集在一起，建立了一个强大的足以威胁罗马的山间国家。

在达契亚国家，社会分层并非像早期的部落酋长制那样主要以亲属关系为基础，而是与中央集权经济特别是宗教权力有关。克赖顿在他的《盖特史》一书中写道，"盖特国王通过诡诈和魔法，将对神的恐惧与和谐强加给他的臣民，并享有崇高的地位"。祭司和国王（然而后者最终更强大）联合执政的理念，可能与西徐亚国王的斯基泰人血缘关系有关（如同德鲁伊教国王或瑜伽修行者转轮圣王一样，这似乎已经形成了当时欧亚大陆北部共同体的一部分）。达契亚人的一个特殊阶层——貌似为祭司身份，被描述为"云上行者"或"烟行者"，该名称可能暗示了大麻的使用

（大麻在色雷斯广泛种植）。达契亚祭司是素食者和独身主义者，这种宗教可能完全源于当地，撒尔莫克西斯的不朽一神论可能是这个宗教的先驱之一；而像达契亚人的山顶圣殿在公元前4世纪就已经在色雷斯南部的罗多彼山脉中预演。但此时也有许多潜在的外部影响力——佛教、犹太教，它们刚刚传至克里米亚的博斯普鲁斯王国，还有在希腊化的南部色雷斯城市的埃及宗教。无论达契亚宗教的确切形式是什么，它显然都对罗马征服者构成了强大的威胁，罗马占领者有系统地将庙宇夷为平地，仅留下柱基。

达契亚人的墓葬不易辨认。除在库吉尔发现的一座带有丰富随葬品的孤独的武士墓葬外，它们在考古学上似乎是作为"奥斯特里纳"火葬遗址而存在的——一个桶状的坑，里面有人体骨骼，其中大约有15具已在定居点得到确认。这种证据与一种新的宗教仪式的形式相吻合（在某些方面可以与同时代的花剌子模国的拜火教习俗相提并论，它与大夏王国的佛教相似，包括将尸体暴露和将尸骨移至骨罐中）。没有任何可以将物品与特定个体联系在一起的埋葬证据。就考古学而言，我们对达契亚社会中男女的相对地位几乎一无所知。古典作家和图拉真凯旋柱上的描绘，都表明了男性在军事和宗教方面占主导地位。

尽管达契亚国家发展了国教、纪念性的建筑、中央存储设施、货币，以及对广阔而多样的领土的控制权，但它既没有可识别的城市，也没有文献记录，而这两个特征都是我们认为会伴随着这种中央集权的发展而来的。有关达契亚人的文字是可以找到的（公元前5世纪，它以金属制品上铭文的形式开始传播到色雷斯）；他们选择不采用这种方式进行交流或记账，这表明他们拥有自己的适当方法（1000多年以后的蒙古人也是如此）。

达契亚国家的内部经济是如何运作的，目前我们尚不清楚，但其中央意识形态显然很重要。布雷比斯塔–德凯尼乌的领导层强令戒酒，导致葡萄园被拆毁。低地粮食都被集中于高地堡垒的粮仓里，这些储地本身与在费尔吉勒-比尔塞斯蒂文化时期就已初具规模的高海拔区的专业高地畜牧业经济区相连。达契亚国家很可能在其高地中心实际上是城市化的,虽然是以分散的方式存在。因为在奥拉斯迪山的萨米色格土沙周围,发现有高密度的堡垒和圣坛,这些地方与小山顶的车道(或普莱乌里)网络以及之间的露天聚落和山坡上的小型单人排屋相连接。公元106年,罗马人摧毁了这座建筑群,并声称他们在一个窖藏里掠夺了16.5万吨黄金和30万吨白银[1]。尽管根据达契亚人对阿普塞尼山贵金属的大规模开采(以及来自国外的贸易款项和贡品)来看,这一数额或许是可信的,但它们集中在一个地点表明,贵金属的流通受到中央的控制。

达契亚国家的外部经济学令人费解。波利比奥斯在公元前2世纪的著作中记载了三种主要的黑海出口商品:牛、奴隶和谷物,为此还进口了其他谷物、橄榄油和葡萄酒。正如我们所见,其中大部分是通过诸如皮斯库-克拉萨尼之类的河岸贸易站到达特兰西瓦尼亚的。但是,在布雷比斯塔王掌权的时候,皮斯库-克拉萨尼被遗弃了,达契亚国王攻击并部分摧毁了黑海的奥尔比亚、提拉斯和希斯特里亚殖民地。这表明,布雷比斯塔王首先试图削减殖民地的权力,还有作为其主要贸易伙伴的萨尔马提亚人领主的权力;新近主张禁酒的达契亚不需要葡萄酒,但它确实需要多瑙河和庞塔斯北部的谷物(以及军事安全)。其次,黑海贸易网的切断表明,达契亚的主要经济联系肯定已经朝着另一个方向发展。钱币窖藏遗存表明该联系是向南延伸的,从中部的多瑙河流域(最近从斯科迪斯克人那里获得)直到达尔马提亚海岸,以及阿波洛尼亚和第拉奇乌姆的殖民地,正好穿过出自罗马的亚得里亚海。奴隶似乎是这个方向上最有可能的出口品,并且是用在这些城镇铸造的四德拉克马银币来支付的。

达契亚国家似乎实行内部现金经济。目前已知的90多座钱币窖藏,

---

[1] 原文如此,疑为笔误。——编者注

年代可追溯至公元前130年到公元前31年，其中包含2.5万多枚罗马共和国第纳里，以及它们的本地铸造版本。除铸币外，达契亚人似乎没有进口任何实质上由耐用材料制成的东西。那时人们所具有的消费能力足以进口各种奢侈品，但至少根据现有的证据，他们似乎既是文化上的孤立主义者，也是军事上的扩张主义者，同时也允许一定数量的有利可图的"直通"贸易。公元前1世纪和公元1世纪的萨尔马提亚墓葬，往往发现含有意大利青铜器，它们是通过达契亚–亚得里亚海贸易通道抵达的。

布雷比斯塔似乎是一位与凯撒、阿利奥维斯塔（见第十章）或米特拉达梯·攸巴托（本都王国的国王）同等声望的军事领袖。凯撒原本计划对他发起进攻，但在公元前44年，这两位领导人都被暗杀。我们对接下来大约一百年在达契亚发生的事件知之甚少，这个国家似乎已经四分五裂。但突然之间，在公元1世纪后期，她在一位新的国王戴凯巴路斯的领导下重新崛起。我们仅详细了解这一时期罗马人开展的反对戴凯巴路斯执政的达契亚人的运动，但它并没有进一步使我们领悟到这一主要强国的社会构成、宗教或经济。公元105年至107年，战争取得了胜利，罗马的达契亚行省建立。

公元2世纪和3世纪东南欧的族群关系，以及考古学和历史之间的相关性，都是混乱的，以至于已知情况看来好像更为复杂。达契亚国家的毁灭与萨尔马提亚墓葬的财富和社会分化的突然增加，以及萨尔马提亚人向森林草原区的扩张有关。达契亚人继续生活在罗马帝国之外的喀尔巴阡山脉北部和摩尔达维亚，在考古学上与一个称为"卡尔皮人"的族群有关——这个群体以其丰富的儿童墓葬著称（可回顾公元前6世纪费尔吉勒的儿童墓地）。公元117年之后，罗马只对多瑙河下游盆地的草原地区行使名义上的控制权；直到公元275年，由于阿勒曼尼人、高斯人、汪达尔人以及其他族群对帝国的潮水般袭击，几乎耗尽萨尔马提亚人的兵力，罗马也完全失去了控制权。公元293年，戴克里先大帝在仍受罗马控制的多布鲁詹沿海地带建立了一个单独的锡西厄行省，将色雷斯教区和东部辖区并入其中。但是，这一新的省份很快成了一个完全不同的世界——哥提亚的一部分（见第十三章）。

民族遗产

欧洲东南部和俄罗斯南部现代社会发酵的许多因素，都是在我们所回顾的这一时期汇集起来的。从中石器时代到新石器时代的过渡时期（甚至更早），不同的民族在欧洲共存，虽然这一点很明确，但东南欧铁器时代互动的多样性和强度，为我们描绘出多民族兴起的早期图景。希腊的殖民化使动态的社会经济体系更加复杂。（公元前7世纪希腊殖民者表面上的后裔——庞塔斯的希腊人，仍然讲希腊语，有着独特的体质特征，直到最近才被驱逐到斯大林统治下的中亚；后来又逐步返回，但不是返回黑海沿岸，而是返回希腊。）

在色雷斯和锡西厄地区，利益集团的互动变得激烈、多面和易变。在城市环境中，人们可能期望看到一种随和的世界大同主义的兴起，能够消除人们之间的差异（在哈利卡纳苏斯，通用语和普通法法典都是必要的，这种情况已经发生了）。但是在草原上，随着一些群体几乎可以不受限制地行动，而另一些群体则进行季节性的迁移，还有一些定居在易受影响的河谷和高地，这种差异性使得个体对身份的需求变得至关重要。族群问题变得很明显，并被密集地编印在佩戴和携带的手工制品中，而不再体现在家用陶器上。

某些族群的身份是持久的，如黑海的希腊人；其他族群，譬如好战的草原精英，似乎变化非常之快，以至于以古典作家的民族志为代表的传统文本编纂方法所提供的解析度，并不能用固定的身份标签将他们集中表述。草原游牧部落的组成本来就不稳定，其种族名称几乎随着个别领导人来去的速度而变化。然而，如同我们先前指出的蒙古族人的"拜安达"，他们的习俗在时间上似乎有很大的连续性。对于发生在20世纪80年代初的普什图人统治者的葬礼，必须征得城市当局的许可，才能用马车将国王的尸体运到其臣服的属地周围，越过巴基斯坦和阿富汗的边界，以一种我们所忆起的希罗多德所描述的方式来处理。对此，我们可能会认为，斯基泰人和普什图人是完全一样的社会类型，与草原毗连，可以追溯到遥远的史前时期。现代地缘政治边界，与欧洲各国民族的实际分布不符，他们也无法严格按照国界来分布。是定居的人、城市的人和有文化的人，将明确的边界强加给牧民、游牧者和旅行者。后者发现，他们现在需要得到许可才能露营，才能把兽群从A地赶到B地，才能收集柴火以及捕捉野兔。权力的天平已经倾斜。

　　游牧民族精英对喀尔巴阡山脉一波又一波的冲击，在该地区非凡的民族复杂性和迷人的精神生活方面留下了痕迹。因此，当我们谈到族群认同时，我们必须首先要仔细思考现实中存在的多重身份认同。东南欧的历史一直是名称和职业、基因和遗传的融合联结，在这里，除非是神话中的族群认同行为，否则无法追溯一条民族血统线。保加利亚的史前史通常是根据单一的、同质的民族——色雷斯人，来书写的；而对于多瑙河以北的罗马尼亚，史前史学家们则是根据民族对比，以及通过独裁者齐奥塞斯库铁腕的长期统治，描述了一个不同的但同样单一的色雷斯人种群，即将现代罗马尼亚人的祖先追溯为达契亚–盖塔人的精神历程。然而，无论是今天还是过去，这两个国家都没有同质的族群构成。"在特兰西瓦尼亚的人口中，有四个不同的民族：南部的撒克逊人；与这些人口混合在一起的瓦拉几亚人，他们是达契亚人的后裔；西部的马扎尔人；东部和北部的塞克勒人。我要加入后者，他们自称是阿提拉和匈奴的后裔。"乔纳森·哈克在他的日记中写道（布拉姆·斯托克，《德拉库拉》）。事实上，在当今的罗马尼亚，至少有12个文化背景各异的主要民族群体在共同生活。当然，他们包括：淘金者和工匠——色雷斯金属加工传统继承者；拥有印度拉迦曲、助产术、占卜术和精明的讨价还价交易技巧的锡格纳人（卡尔德拉什人和其他的"吉普赛人")。

正是人群和人群之间不断变化的关系，而不是其族群名称的变化，才导致了新的社会形式的出现。铁器时代发生在色雷斯、达契亚和锡西厄地区的经济、政治和（也许是最显著的）宗教，以及精神方面的激烈互动，在特兰西瓦尼亚的民间传统中得到了保留。因此，"世界上每一种已知的迷信都聚集在喀尔巴阡山脉的马蹄铁中，就好像它是某种富有想象力的旋涡中心"。

| 第十二章 |

公元前140年—公元300年
罗马对蛮族社会的影响

巴里·坎利夫（Barry Cunliffe）

从共和国到帝国：公元前140年至公元前60年的开端

如果说公元前146年迦太基和科林斯这两座海上大城市毁于罗马之手，是罗马走向古代世界帝国统治的不可阻挡进程的重要起点，那么公元前133年则标志着另一个分水岭，因为在短短几个月的时间里，发生了三起重大事件：在西方，伊比利亚人的抵抗在努曼提亚要塞被围城攻陷后遭到压制；在东方，在阿塔罗斯三世的遗嘱中，罗马继承了大部分小亚细亚；而在国内，最近刚从西班牙军事任务中归来的提比略·塞森姆普罗尼乌斯·格拉古被选为人民的护民官。地中海两端的重要新领土的正式获得，在罗马国家内部创造了新的天平和新的紧张局势，而格拉古的当选则使一位志在阻止经济和社会衰退的人上台执政，而衰退早已侵入了罗马帝国的心脏。

要了解罗马在那段时间的问题，以及她对帝国的发展态度，就必须对伊比利亚半岛正在进行的社会进程有所了解。在许多方面，早期的罗马社会与凯尔特人并没有什么不同，在这一社会中，社会等级制度是通过在军事胜利仪式上合法化的军事英勇行为来维持的。因此战争是地方性的，因为社会系统需要区域冲突，以便社会等级能自我完善。从公元前5世纪开始，军事战役变得很普遍，到了公元前3世纪中叶之后，罗马几乎一直在围绕其日益增长的外围地区发动战争。这样的一种制度在经济上是可行的，因为意大利的土地是相对富饶的；而且最初实行的农业经济类型是一种自给自足的经济，也就是说，农民个人只生产维持家庭生活和缴纳国家税收所需的产品。这意味着，在罗马乡村存在着大量未被充分利用的劳动力，可以从中抽调出由精英指挥的军队。

在共和国成立之初，指挥官是每年按抽签方式选出的（以防止权力集中在任何一个人手中），农民必须服兵役。这一制度有可能创造一种平衡：只要维持适当的战争水平，就可以将人口过剩的能量用于生产，而同时，人口水平可以通过战场上的屠杀得到控制。然而，一旦罗马开始进行大规模的海外侵略战役，这种平衡就开始改变。

长期缺乏男性农民，导致农村日益不稳定。一方面，小农场无法维持；另一方面，较大庄园依赖的季节性农业剩余劳动力开始枯竭。除此之外，一个人在军队服役的时间越长，他就越不愿返回到这片土地上再过农民的生活。所有这一切的结果是，劳动力从土地向城市稳步流动，小农场被废弃或被大庄园吞并，这些大庄园不得不越来越多地依靠奴隶劳动力来维持生产。因此，奴隶作为战争的副产品之一，成为推动罗马农业经济发展所需人力的主要来源。在城市中，城市贫民逐渐成为日益不安稳的暴民；而在农村，贵族阶层的庞大庄园吞并了小农户，从而减少了军队从中征募自由农民阶级的规模。随着外围战争的加剧，大批服役期满的士兵带着期望涌回意大利，社会危机进一步加深。这就是提比略·塞森姆普罗尼乌斯·格拉古在公元前133年开始与之抗争的局面。

格拉古的土地改革，提议将现在集中于贵族手中的国家土地重新分配给小农，但遭到了保守派的暴力反对。格拉古被暗杀，但问题仍旧存在。

由他的兄弟盖约提出一个新的解决方案，即在意大利的偏远地区和海外新获得的领土上建立公民殖民地。在经历了最初的反对之后，该方案得到了推行。在公元前80年到公元前8年间，意大利约有一半的自由男性居民被重新安置在意大利和各行省的城镇和农场；公元前45年到公元前8年，罗马在海外建立了100个新的殖民地，人口在殖民地重新定居不仅减轻了国内的社会压力，而且还在不断扩展的边境周围的战略要地为训练有素的军事人员提供了飞地，这些军事人员渴望保留自己的土地，从而在意大利周围形成了一道保护屏障。

与此同时，在意大利的乡村，大型庄园继续蓬勃发展。土地是贵族投资的一个主要热点，随着各省巨额财富的不断增加，更多的土地被购置并进行管理以牟利。据瓦罗和科鲁迈拉所述，意大利变成了一个巨大的果园，有关地产管理的文学小册子也激增。所有人都建议使用奴隶。一个奴隶可能很昂贵，但可以使之努力工作而且他还没有任何法定权利。此外，如果管理得当，可以鼓励奴隶繁衍后代，为主人牟利。因此，伴随着庄园的增长，奴隶的数量急剧增加：到公元前1世纪中叶，仅意大利就有100多万人受雇于农业。这些事态发展形成了自己的势头。资本的流入导致大庄园数量和规模的增加，这反过来又造成了对奴隶劳工的需求不断上升。然而，与此同时，为了从他们的投资中获利，庄园主必须尽可能廉价地生产农业盈余，并将其推向市场以赚取最大利润。

大多数古典作家都很关心这些事件，认为最有利可图的作物当属葡萄。普林尼说，酿造葡萄酒产生的收益甚至超过与远东的贸易。这或许是事实，但它取决于找到一个合适的葡萄酒市场，而意大利市场太小了。因此，生产商不可避免地开始将目光投向海外，比蛮族欧洲更好的地方，那里的凯尔特人对葡萄酒的热情是具有传奇性的：

> 他们酷爱葡萄酒，用商人进口的纯正的酒来款待自己；他们的欲望使其饮之贪婪，当他们喝醉时，他们会烂醉如泥或性

格狂躁。因此，许多意大利商人以他们一贯的对金钱的热爱，把高卢人对葡萄酒的渴望视为他们的财富。他们在通航的河流上乘船运输葡萄酒，通过马车穿过平原运送，以此换来高昂的价格作为回报。举例来说，一只双耳酒罐的葡萄酒能使他们得到一个奴隶——一份酒换来一个仆人。（狄奥多罗斯·西库路斯）

因此，从公元前2世纪初开始，意大利企业家就开始将过剩的葡萄酒越来越多地转运至高卢南部的港口，在公元前2世纪20年代吞并该领土后，供应量更是激增。

可以说，有足够证据表明，支配意大利罗马社会和经济体系的动力具有强大的发展轨迹，它注定会渗透到地中海，并穿过山体屏障进入蛮族欧洲。到公元前1世纪末，战争已经成为生活的一个主导部分：它引起了问题，但也创造了克服这些问题的机会。对新领土的征服，提供了罗马人最需要保持自己核心的东西——财富、原材料以及奴隶形式的人力。但同样重要的是，新赢得的省份是一个方便的倾销市场，可以用来倾销从核心地区流失出来的生产盈余——意大利庄园的葡萄酒和参战的退伍老兵将是严重破坏意大利稳定的一种影响力。因此，罗马的地中海核心逐渐变得越来越依赖于蛮族人外围地带，一旦这个外围被吞并，在它的后面总会有另一个，直至增加到海洋、沙漠和森林为止。

到目前为止，我们已经仔细研究了系统而不是个体，因为直到公元前2世纪中叶，这些系统大部分包含了个体。然而，在公元前131年之后，在将共和国变为帝国的革命时期，伟人的抱负打破了旧的束缚，成为扩张阶段的重要推动力，这一阶段一直持续到公元117年图拉真去世。

蛮族欧洲，公元前140年至公元前60年

当罗马国家正经历社会压力和经济调整的阶段时，欧洲正在发生超越罗马人直接控制范围的重大变化。我们可以很方便地从罗马早已开始建立牢固利益的高卢南部开始。到公元前140年，人们已经清楚地认识到，沿海地带迟早会落入罗马人手中。这一时刻发生在公元前125年，当时马萨利亚城邦寻求罗马的援助，以对抗邻近部落萨卢维人的侵略意图，萨卢维人受到占领中央高原的强大联盟阿韦尼族的支持前来袭击海岸。随着罗马军队的涉足，问题的严重性开始变得显而易见，直到经过5个季节的紧张战役之后，一支由3万人组成的罗马军队与大约20万人的阿韦尼人和阿洛布罗克斯人的联合部队进行了一场重大的战斗，该地区才表面上恢复了某种秩序。这场战役发生在伊泽尔河和罗纳河的交汇处，表明罗马人的利益现在已经沿着罗纳河流域向内陆扩展了200千米。

到了公元前120年，局势已经稳定，罗马人开始进行道路和城镇的基础建设。约公元前118年，在纳博-马蒂乌斯（纳博讷）建立了一个公民殖民地，这是一个重大举动，预示着在西方一种新利益的到来。纳博-马蒂乌斯是一个地中海港口，靠近奥德河口，它提供了一条向西的天然路线，经由卡尔卡松峡谷，到达当地的托洛萨城镇（图卢兹），占据了通往大西洋加伦河的枢纽位置。几个世纪以来，这条路线一直被用于将锡从布列塔尼和英国运往地中海。纳博-马蒂乌斯的建立，是罗马意图接管这一贸易控制权的一个明显迹象，仅仅几年后，军队便被派来征服托洛萨，从而获得了到达加伦河的直接通道。十年之内，在南部高卢的冒险活动，使罗马完全控制了通往西欧的两条基本路线——奥德河-加伦河和罗纳河。

与此同时，一种局势正在遥远的北部发展，它很快就使所有的罗马人心生恐惧。大约在公元前120年的某个时候，来自日德兰半岛和北海沿岸的北方部落联盟，在辛布里人和条顿人的领导下，决定向南迁徙。他们首先穿过摩拉维亚和匈牙利到达多瑙河中游，在那里他们袭击了凯尔特部

落的斯科迪斯克人，导致其南下进入马其顿，并沿着萨瓦河向西迁移。接着，在公元前113年，辛布里人和条顿人转向西部，攻击了诺里库姆王国，当时这一王国与罗马建立了密切且有利可图的关系。一支罗马军队由此涉足，但遭到惨败。在意大利几天的进军中，伴随着这支庞大残忍的日耳曼游牧部落，许多罗马人都会忆起不到3个世纪前凯尔特人袭击罗马的恐怖故事。然而，出于某种无法解释的原因，这支蛮族部落决定舍弃意大利，未对其有任何损害，向西进入高卢。几年后，我们发现他们正横冲直撞，穿过山北高卢行省的西部地区，分别在公元前109年、公元前107年和公元前105年，于3个不同的场合，打败了被派去截击他们的罗马军队。在公元前105年罗纳河阿劳西奥城的第三次挫败后，一股新的恐怖浪潮席卷了意大利。结果罗马接受了挑战。盖尤斯·马略，率领一支新的"现代化"军队，于公元前102年在塞克斯提乌斯的水城（普罗旺斯地区艾克斯）附近与条顿人对峙并击败了他们。次年，辛布里人在波河流域的韦塞莱被大批歼灭，意大利国民可以宽心了。

很难高估这些创伤岁月对罗马精神的影响。自公元前4世纪凯尔特人迁徙以来，人们对北方蛮族的深切恐惧就一直存在，这再次成为一个可怕的现实。从今以后，一个有抱负的指挥官只需进一步唤起人们对来自北方可怕经历的缠绕心头的恐惧，就能被过度焦虑的民众投票选出他所需要的一切权力来对付他们。正如我们将要看到的，尤利乌斯·凯撒将这种恐惧变成了一种很好的手段。

而德国游牧部落往返罗马，与高卢人的贸易继续有增无减。进入南部高卢港口的商船船队及盛载着葡萄酒的双耳酒罐被转运到河驳上，并深入内陆。在托洛萨和索恩河畔沙隆等地，葡萄酒被倒入桶中或装入皮袋中，以运往更远的内陆，不再使用的双耳酒罐在托洛萨被大量砸碎，或者像在沙隆一样干脆倾倒入河中。一些双耳酒罐被罗马企业家经由陆路运往当地的奥比达城镇，如蒙特梅尔赫、埃萨卢瓦、乔夫雷斯和比布拉克特，在那里他们与当地贵族交换奴隶和其他商品。罗马商人很可能常驻于这些奥比达城镇。沙隆（卡比郎努姆）的情况就是如此，凯撒提到他们曾是公元前52年那里的定居者。来自高卢领土内这些主要奥比达城镇的双耳酒罐，可能是通过当地的交换网将其分销于消费葡萄酒的定居点。

根据公元前1世纪高卢葡萄酒双耳酒罐的分布来判断，重要河流是主要交通线，这一点得到了斯特雷波的证实。奥德河–加伦河航线似乎一直特别重要，因为它提供了进入黑山和比利牛斯山脉矿床的通道，而且它通向大西洋航线。关于公元前1世纪初葡萄酒向北流动有着翔实的证据：在布列塔尼有密集的双耳酒罐，特别是莫尔比昂地区和菲尼斯泰尔沿岸，还有英国中南部索伦特海峡亨吉斯特伯里角，及其直接相连的腹地。的确，现在有充分证据表明，主干线是通向法国西海岸，到达基伯龙湾，在那里卸载货物，其中一些被当地的维尼提亚人船只获得，向西绕过布里多尼海岸。而另一些则采取了跨伊比利亚半岛的航线，沿着维莱讷河和朗斯河，到达阿莱特的布里多尼北海岸，那里的一个海角，很可能具有防御性，在公元前1世纪作为一个主要的贸易港。从这里，科里奥索利人的船只向北航行，途经根西岛，到达当时已发展成为一个主要转口港的亨吉斯特伯里。在亨吉斯特伯里的遗物堆积层里有充分证据表明它在此时的规模，包括铁、铜、银和黄金在内的金属，连同谷物，可能还有准备出口的牛。在港口得到证实的进口商品，包括葡萄酒、有色玻璃、无花果，以及从布列塔尼进口的布里多尼人制造的陶器等诸如此类的物品。凯撒在撰写维尼提亚人的海运和商业实力时，对这一贸易体系的了解是不完整的。

在山北高卢行省的成立和凯撒征服高卢之间60年左右的时间里，法国各部落，尤其是与该行省接壤的部落，越来越多地受到罗马人的影响，有可能在他们的社会体系中会发现所发生的某些变化。这一点在瑞士的海尔维第人中表现得最为明显。到公元前58年，他们已经摒弃了王权，由民选的治安官统治，但这一制度是危险的，一名贵族成员——奥格托里克斯，被指控密谋夺取王权。他被监禁起来，若被判有罪，将受到火刑，但他似乎选择了自杀了断。在那时的埃杜维人中，已确立的执法官制度较为稳固。首席治安官——选定的法官，拥有相当大的权力，但受到这样一个事实的约束，即他是年度任命，而且任职期间被禁止离开部落领地范围；此外，在他有生之年，他的家族中的其他任何成员都不能担任这一职务，甚至不能被选入参议院。显然，这些严格规则的存在是为了防止任何一个家族变得强大，从而使治安官不可能以传统的凯尔特方式领导突袭部队，来提高他的威望并创建一支强大进而危险的亲军。所有这些都与公元前3世纪至公元前2世纪所运作的社会制度形成了鲜明对比。我们不禁相信，这些变化至少部分归于罗马人的激励。如果边境地区被拥有稳定政府的群落占领，而不是必须面对一个建立在武士威望和突袭基础上的游民体系，这对罗马是非常有利的。

随着罗马对原材料需求的增长，新兴的罗马帝国——本质上仍然是地中海强国，对温带欧洲的影响在公元前2世纪中叶之后开始增强。与此同时，可以在相当大的范围内观察到大规模防御据点的出现，这些据点通常被称为奥比达城镇——对于这一词语，凯撒将其用于他在法国遇到的此类据点。奥比达的分布范围遍及温带欧洲的大部分地区，从法国西部到塞尔维亚，从阿尔卑斯山到前捷克斯洛伐克的苏台德山脉。在进行大规模发掘的地方，例如德国南部的曼兴，可以看出防御区内通常是密集建造起来的木结构建筑，沿着笔直有序的街道整齐排列。还有证据能够表明当时正在从事的各种手工艺技能，某些商品的产出，譬如轮制陶器、玻璃珠和手镯，以及各种铁制品，都达到了一定的产业规模。奥比达也是铸造硬币的中心。鉴于这类据点体现出的人口规模以及生产的绝对强度，游民很难抵抗将奥比达视为蛮族欧洲的最初城市中心的诱惑：至少可以说，其中许多奥比达都显示出一系列重要的城市特征。

从公元前2世纪下半叶开始，这种"城市"现象在整个欧洲都得到了认可，这一事实可能表明，这是罗马消费需求所带来的贸易加剧的直接结果。不过，虽然这可能是一个缘由，但过分强调罗马在这一直接因果关系中的重要性是错误的。在公元前2世纪初，温带欧洲村庄的文明化程度日益提高，较小的游民部落群体逐渐融合成更稳定的政治格局，这一迹象表明，在罗马与北方的贸易开始加强之前，在国王或主要酋长合法权力下组织起来的以城市为基础的经济已经取得了进展。因此，更为稳妥的是将奥比达的出现视为具有本土起源的一种温带欧洲现象，但在其后期阶段由于罗马世界对原材料需求的不断增加而加快了发展速度。

征服和混乱的十年，公元前60年至公元前50年

到公元前1世纪60年代，我们可以清楚地认识到在蛮族欧洲出现了一些不稳定性。在东方，达契亚人处于由匈牙利博伊人控制的强大势力范围（见第十一章），而在西方，莱茵河以外被凯撒称为"日耳曼人"的部落，又开始向其南部邻国施压。与该行省接壤的部落之间也爆发了争执。据凯撒所述，埃杜维人长期以来享有声望，有许多附属部落向他们致敬，但现在却与他们的邻居塞夸尼人发生了冲突。塞夸尼人逐步赢得了许多埃杜维属地的拥护和支持，从而使埃杜维人自身陷入屈从的状态，以至于他们被迫交出酋长的儿子作为人质。最终，在公元前61年，一位贵族被派往罗马寻求帮助，结果却失败了。更麻烦的是，3年后，一支以阿利奥维斯塔为首的日耳曼部落开始发出威胁性的声音。与此同时，瑞士的海尔维第人已经清楚其领土已容不下他们的发展，下定决心迁往法国西部，走一条穿过埃杜维领土的路线。很难确定这些紧张局势在凯尔特人世界中的常态程度，或者它们是否构成了一场特殊的危机，因为我们是借助尤利乌斯·凯撒的叙述才对此有详细了解的，而这些叙述是为凯撒的个人利益服务的。

凯撒正处于事业的关键阶段。他迫切需要为自己创造一种局面：在这种局面中，他的军事才能可以展示出来，胜利就会接踵而来。只有这样，他才有希望在憎恨并恐惧他的罗马保守寡头政体中生存下来。在高卢，他

看到了自己的机会，公元前59年，他引导参议院制定了一项特别法律，赋予他在山南高卢和伊利里库姆一项为期5年的指挥权，随后他得以将这项权力又延长了5年。于是，为控制局势，他被准许培养和维持一支坚定效忠于他的庞大战斗部队。他提出此议案的论据之一，是日耳曼的蛮族开始威胁盟国。他说，要么高卢成为罗马人的，要么被日耳曼人占领。日耳曼人对意大利发动攻击的威胁，在辛布里人和条顿人之后不到50年，它们如此接近，对罗马人民来说是一个可怕的前景：于是凯撒得到了指挥权。

对高卢的征服始于公元前58年，完成于公元前51年，尽管在随后的几年中，有必要进行几次清理行动才能将这片从地中海延伸到莱茵河的广阔领土完全征服。凯撒的战斗以闪电般的速度进行。公元前58年，他成功地击退阿利奥维斯塔，并迫使海尔维第人返回家园。接下来的3年里，是与从布列塔尼到莱茵河的北部周边地区的部落打交道，公元前55年以两次具有象征意义的横渡而告终——穿越英吉利海峡进入不列颠，穿越莱茵河进入日耳曼。经过如此大胆的壮举之后，罗马很难不延长对他的任命。第二年，他巩固了对贝尔加伊族部落的控制权，并对不列颠进行了一次更深入的探索；公元前53年，他专心致力于将自己的立足点扩展到整个莱茵河。至此，军队的大部分精力都花在了对付塞纳河和莱茵河之间的贝尔吉卡行省部落上，法国的其他地区，除对反叛的布里多尼人部落发动了一场激烈的战役之外，都没有受到影响。然而，在公元前53年，塞纳河以南的塞诺尼人和卡尔努特人爆发了动乱；公元前52年，法国大部分中心地区都公开起义，反叛部落在领袖韦辛格托里克斯富有感召力的领导下，在短期内迅速团结起来。凯撒的处境很严峻，但罗马人再次战胜了凯尔特人的热情。在阿莱西亚，韦辛格托里克斯相当轻率地陷入了凯撒的包围，在经历旷日持久的围攻之后，这一事件以高卢人的投降而告终。接下来的一年里，在凯撒宣称"整个高卢现在都已被征服"之前，他只是简单地扫清了一些抵抗力量。

公元前1世纪中叶，日耳曼部落向南推进，当时达契亚人的领袖布雷比斯塔正在向西扩展他的权力。正是在这一关键时刻，凯撒决定入侵并吞并高卢，直至莱茵河沿岸，以反击日耳曼民族的南进。在接下来的几十年里，罗马穿越阿尔卑斯山扩张到多瑙河上游。

无论以什么标准来衡量，征服高卢都是一项了不起的成就：仅仅8年时间，一片辽阔的领土就被罗马人统治，在征服的过程中，凯尔特人的社会制度遭到了破坏。几个例子就足以说明破坏的规模。公元前56年，在对付反叛的维尼提亚人时，凯撒将所有的长老都处死，把其余的人都卖为奴隶。他对待比利时北部纳尔维人的态度就较为宽容。经过激烈且充满血腥的战斗之后，这个部落原来6万人的部队只有500人幸存下来，600人规模的议会已减少到3人。但是，为了防止这个部落被完全消灭，凯撒鼓励能够被找到的每一个人，尤其是那些逃到森林和沼泽安全地带的老人、妇女和儿童，回到他们的城堡，并发布命令让邻近部落不要在其弱势的时候攻击他们。阿杜亚都契人就没有受到如此宽恕了，他们的城堡被围困和占领。大约有4000人在袭击中丧生，而其余的约5.3万人，凯撒说，"将我在城堡里所发现的人全部都拍卖"。卡尔努特人受到的对待甚至更为严厉，因为他们屠杀了生活在他们中间的罗马商人。他们在凯纳布姆的城堡被围困，当其被攻陷后，罗马士兵被鼓励向全体居民复仇：4万名男子、妇女和儿童中，除800人以外，其余的人都被砍死。被围困的乌克塞洛顿诺镇的居民略为幸运些，那些携带武器对付罗马人的，被聚集起来切断了双手。

8年的战争对高卢的许多凯尔特部落来说是灾难性的。这需要好几代的时间才能愈合心理上的创伤，崩溃的经济也才能恢复，这可能是罗马对高卢事务干涉甚微的原因之一，直到公元前27年奥古斯都才开始全面重组。

向莱茵河和多瑙河边境扩张，公元前51年至公元14年

凯撒的活动使得莱茵河以西的欧洲处于罗马的控制之下，但在其他地方，罗马对欧洲大陆的控制是微乎其微的。波河流域、伊利里亚海岸，以及马其顿和希腊都在罗马的统治之下，但这仍然只是以阿尔卑斯山和巴尔干山脉为界的地中海边缘，温带欧洲以外依然保持着自由。到公元14年奥古斯都的统治结束时，疆界已远向内陆扩展至多瑙河，只剩下色雷斯，名义上享有附庸国地位的自由。

我们先前已经知悉，到公元前2世纪中叶，罗马已经与阿尔卑斯山脉东部的诺里库姆王国建立了密切的外交和贸易联系。罗马的政策是既不干涉其内政，也不为其提供军事援助。不可否认，在公元前113年的辛布里战争期间，曾进行过短暂的干预，但它是未经授权的，当提古林尼人于公元前102年移居诺里库姆西南部，博伊人在公元前60年围困诺里库姆王国的首都诺里亚时，罗马依然置身事外。

公元前1世纪，诺里库姆经济非常繁荣，其基础是集约化农业生产、铁矿开采和加工以及贸易。与邻近凯尔特部落的商业关系很重要，到了大约公元前70年，一种本地制造的货币开始出现在诺里库姆南部，以便利国内和国外的交易。有充分证据表明，诺里库姆与东方的潘诺尼亚和西方的高卢有贸易往来，但对当地经济而言，更为重要的是增强了与罗马的通商。从南部出发的主要路线，是从阿奎莱亚出发，经过塔利亚门托河流域，到达诺里库姆的中心。在毗邻这条路线的马格达伦斯堡，一个重要的贸易中心发展起来。马格达伦斯堡建筑群由两部分组成，一个是山顶上的本土奥皮杜姆，另一个是下面的罗马贸易侨居地。奥皮杜姆是王国的主要行政中心和王室的住所，正因如此，自然而然成了罗马商人的关注区域。罗马人的侨居地是在奥皮杜姆南面向阳的阶地上发展起来的。最早的建筑是用木材建造的，可以追溯到约公元前100年；但到公元前30年左右，商人的房屋是用石头建造的，并用壁画装饰，这些壁画的场景是由移民的罗

马艺术家绘制的古典神话。侨居地中心是一个大型的开阔广场，在那里可以进行商业事务。在这里生活和工作的罗马商人，是大商业"公司"的代表，主要来自阿奎莱亚。和所有的异域商人一样，他们具有自己文化的外在且明显的标志。与罗马的贸易规模相当可观，对当地生产起到了刺激作用；它还将罗马人的生活方式引入当地，几十年来，当地人越来越接受罗马的奢华和罗马的礼仪。

诺里库姆以及阿尔卑斯山以北和以东整个地区的未来，都与罗马领导人的雄心息息相关。凯撒利用时机，在高卢成功解决了对罗马国家的挑战。公元前44年3月15日，他用生命为自己的抱负付出了代价。随后事实上的无政府状态，最终以见证屋大维胜利的亚克兴战役而告终。4年后的公元前27年，屋大维，即现在众所周知的奥古斯都，被确立为罗马国家的元首。新秩序的建立花费了10年时间，以巩固其在国内和各行省的权力，但是到了公元前17年，皇帝可以着手向北方和东方扩展他在高卢与德国以及阿尔卑斯山和多瑙河的疆域。

第一个重大收获，是在公元前15年由德鲁苏斯和提比略取得的。阿尔卑斯山地区的瑞提人和文德利基人，以及多瑙河中游的斯科迪斯克人被征服了，很可能在这个时候诺里库姆也被罗马吞并了。次年，开始镇压达尔马提亚和潘诺尼亚地区，但直到公元前12年至公元前9年的一次重大攻势才得以完成。诺里库姆并不对罗马构成真正的威胁，但当时帝国的政策是将疆界向北扩张至莱茵河–多瑙河一线，几乎不容将这块飞地作为持不同政见者的潜在避风港，因此，在罗马商人的侨居地驻扎了罗马军队。唯一的重大影响，是马格达伦斯堡变得更加富足：吞并实际上只是近两个世纪之前与罗马建立第一个试探性贸易联系进程的最后一步。

莱茵河之外，公元前55年至公元16年

对罗马来说，莱茵河是一个重要的分水岭。它提供了一条非常有用的边界线，尽管在某些人看来，这只是一个临时的解决方案，而且它标志着南部的凯尔特人和北部的日耳曼人之间的族群鸿沟。这至少是凯撒所选择并呈现的观点，尽管事实上情况更为多变。公元前1世纪中叶，河流两侧的部落非常混杂，不太可能识别出严格的族群差异，但沿河边界的建立，阻止了部落的进一步迁徙。这意味着北部的日耳曼部落，在其零星的南移中别无选择，只能集中在河流北侧以前由更多不同部落所占据的土地上。因此，罗马人的存在本身就是加剧沿河两岸族群差异的一个重要因素。

通过公元前51年完成的凯撒作品，以及一个半世纪后塔西佗的著述，我们可以窥见日耳曼社会的某些本质。这两本书都没有提供一个系统的叙述，但都试图描绘一幅普遍的日耳曼人生活方式的逸事图景，以使读者感到有趣和惊奇。凯撒认为他们的农业并不是特别先进。土地由部落持有，按照既定的每年再分配制度分配给各个宗族。通过这种方式，可以防止因不断获取特别肥沃的土地而产生的财富积聚在任何一个群体手中。然而，人们还可以通过在突袭行动中表现出的勇敢行为和领导才能来获得地位。"日耳曼人，"凯撒说，"声称这是对年轻人的良好训练，可以防止他们变得懒惰。"在公众集会上酋长宣布了突袭行动，所有那些在这一激动时刻宣告自愿跟随的人，都应该在部队准备出发时现身，否则他们就会受到部落的嘲笑，丧失所有的威望。这个时代的权力，就像在传统的凯尔特社会一样，是由贵族阶层掌握的，并由其随从的规模和他们给予赞助的能力来衡量。是他们组成了部落委员会；只有在特殊的战争时期，贵族成员才会被选举出来领导联盟军队。

一个半世纪后，到塔西佗写作之时，社会制度已经发生了变化，至少在最靠近边界的部落是这样。可耕地，现在是按照社会地位分配。有两种类型的领导者被认可，一种是包括贵族阶层的从小部分贵族家庭中选出的

终身制的国王，另一种是根据军事中的英勇表现而任命的在困难时期统军的军事长官。贵族委员会定期举行会议，讨论全体战士集会时提交给他们的所遇到的问题：他们似乎无法主动采取行动。这种双重制度，显然是为了维持某种社会均衡的表象而发展起来的。但是，一个破坏稳定的主要特征存在于日耳曼社会中，就像在传统凯尔特社会一样，即个人吸引忠诚随从的能力。塔西佗巧妙地总结了这一点：

> 首领为胜利而战，追随者为首领而战。许多高尚的青年，如果他们的出生部落在长期的和平或不活跃中停滞不前，他们就会故意寻找其他手头有战争的部落。因为日耳曼人对和平没有任何的兴致；在危险中更容易赢得名望，除非借助于暴力和战争，否则不能将一大批随从维系在一起。

他接着说，最无畏的战士更喜欢战争而不是农业，他们"没有固定的职业，房屋、家务和田地，都留给妇女、老人和家庭中的弱者去照料"。那时的日耳曼社会与500年前的凯尔特社会非常相似，其威望体系依赖于冲突的维持，这不可避免地造成了永久的不稳定。

凯撒在公元前55年和公元前53年横渡莱茵河，并不是一次认真的征服尝试；公元前38年阿格里帕发起的一场短暂战役也不是。在这段时间里，罗马人满足于把这条河发展成一条边境线，而帝国的事务则由奥古斯都和他的行政人员来整治。到公元前15年，帝国内部的局势已经足够稳定，能够着手实施征服阿尔卑斯地区的行动；到公元前12年，阿尔卑斯地区已经处于罗马控制下，伊比利亚西北角也已被充分制服，帝国现在能够从西班牙和阿基塔尼亚撤军，横跨莱茵河的新的前沿政策可以着手开始了。

奥古斯都的意图似乎是使易北河—伏尔塔瓦河—多瑙河成为帝国的永久边界，但他严重误判了日耳曼人的抵抗力量。对于凯撒来说，侵占高卢相对容易，因为高卢人已经成为一个拥有发达农业基础的定居民族，而且现在许多部落在政治和经济上都以固定的奥比达城镇为中心。此外，来自地中海奢侈品的削弱效应，令高卢社会抵抗力减弱。日耳曼人则完全不同：流动性和战争是主旨，没有任何的奥比达；到现在为止，几乎没有南方奢侈品渗透到这个地区。通过围攻它的奥皮杜姆城堡来摧毁一个部落是一回事，而当它的军队只是缩进广阔的未开垦的防护森林中时，则完全是另一回事。

起初，这一进展对罗马来说似乎并不算太糟。公元前12年到公元前7年每年的战役，以及公元4年至公元5年的又一次战役，使得罗马对莱茵河到易北河的这一地区有了足够的控制，将人们的注意力转向了对波希米亚的征服，这是为易北河和多瑙河规划的边界区之间的重要纽带。对波希米亚的控制，也将为罗马商人提供一条通往北欧平原和波罗的海的主要贸易线，从那里可以得到一系列令人满意的产品。然而，在关键时刻，伊利里库姆爆发了一场严重的叛乱，需要紧急关注：当罗马军事行动的主要砝码集中在应对这一局势上时，日耳曼部落却借此机会进行了重组。阿米尼乌斯，精英的一员，曾在罗马军队中担任骑兵军官，被选为军事领袖，效果令人震惊。三支罗马军团在条托堡森林深处被歼灭，罗马军队几乎被赶出。这对罗马来说是一次毁灭性的逆转。次年，即公元10年，莱茵河边界得到了加强，为重新夺回日耳曼领地所有权的新战役做好了准备，在随后的几年里，罗马取得了一些显著的成就，但通晓日耳曼语、在日耳曼打过仗的提比略皇帝最终承认这个族群是难以统治的。在公元16年的最后一次战役之后，他把罗马军队撤至莱茵河，从而结束了28年徒劳的努力。

然而，有一段发人深省的后记。阿米尼乌斯，正如我们所见，是由他的部落凯鲁斯奇选出的战争领袖，领导了对罗马的军事起义。起义的成功无疑提高了他的威望，从而增加了他的随从，但他甚至在自己的家族中也没有被普遍接受。他的岳父塞格斯特斯和他的叔叔英吉奥莫鲁斯都反对他的政策，并且能够激发他们自己的、并非无足轻重的随从来反对他。这就是日耳曼社会中个人贵族的力量，以至于个人野心和反感可以掩盖整个族群的需要。事实上，人们不禁想弄明白，日耳曼民族所认同的观点是否更多的是罗马历史学家建构的，而非现实。公元19年，在与罗马人战斗了12年之后，阿米尼乌斯突然倾向于暴政。根据塔西佗的说法，罗马人撤离日耳曼，波希米亚亲罗马的国王马罗勃杜乌斯倒台，都促使他采取行动企图获得王权，但这对那些信奉传统价值观的人来说是深恶痛绝的。冲突爆发，最终"阿米尼乌斯死于背叛他的亲属"。这一事件强烈地提醒人们，公元1世纪初的德国社会与近80年前凯尔特高卢的情况相似，当时海尔维第人奥格托里克斯渴望王权，但受到其人民的制止，他选择了结束自己的生命。

扩张中的帝国：不列颠和达契亚，公元前60年至公元130年

将不列颠与欧洲大陆分隔开来的英吉利海峡，可能是罗马扩张的心理障碍，但是对于那些生活在其周围的人们来说，它是沟通的主要通道。几个世纪以来，人们一直越过水域彼此交换商品。在公元前一千纪中期，康沃尔郡的锡原料供应引起了地中海商人的注意，在法国南部海岸被罗马人吞并后不久，古老的大西洋贸易路线因对奴隶和一系列原材料的需求而活跃起来，以换取大量的葡萄酒和各种小饰品。到公元前1世纪中叶，在布列塔尼北部滨海圣塞尔旺，以及索伦特海峡亨吉斯特伯里角之间，已经建立了一条常规贸易路线。

凯撒对高卢的征服，以及他在公元前55年和公元前54年对不列颠东部的短暂远征，彻底改变了传统的贸易模式。罗马高卢现在距离英吉利海峡只有几英里远，随着整个高卢道路交通的改善，沿着大西洋的漫长而危险的海上航线逐渐被废弃。对于商人而言，使用短途通道前往格索里阿库姆（今布洛涅），然后经陆路至索恩河畔沙隆，再沿着河流直达地中海，要比直线面对比斯开湾便利得多。另一个因素是值得考虑的，在不列颠战

役期间，凯撒与东方的某些部落建立了条约关系，特别是那些占领泰晤士河以北沿海地区的特里诺文特人。也许，为了确保他们继续与罗马保持友谊，他允许他们对跨海峡贸易拥有一些垄断权。无论如何，凯撒时代政治重新整顿的结果在不列颠是显而易见的：大西洋贸易迅速减少，与此同时，比利时海岸和泰晤士河以北的不列颠东部的海岸之间，发展起来一个活跃的交易体系。

在凯撒战役和公元43年克劳狄乌斯入侵之间的大约90年中，特里诺文特人和卡图维勒尼人的部落领土从埃塞克斯海岸一直延伸到切尔吞山，而且因跨海峡贸易的收益而变得富有。来自不列颠西部和北部的商品必须途经这些领土才能到达高卢。正因如此，控制吞吐量的上层阶级，通过掌握罗马葡萄酒，以及以适当仪式来分发所必需的杯子和陶罐等名贵商品，获得了财富并提升了地位。随着交换系统的建立，进口商品的范围也随之扩大，包括橄榄油和鱼酱之类的更多外来商品。所有这一切的影响是，到克劳狄乌斯入侵之时，该岛东南部的很大一部分地区已经完全被罗马的奢侈品侵蚀。因此，当克劳狄乌斯想要征服一片领土来提高他的威望时，似乎不列颠已经时机成熟了。

对罗马人来说，入侵初期的进展很顺利。沿泰晤士河口南侧，穿过卡图维勒尼人和特里诺万蒂安人的领土，迅速实现了军事攻势，并通过建立两个附庸国，即北部的爱西尼人王国和南部的阿特莱巴特人王国，促进了政权巩固。在两到三年之内，就建立了一个由福斯路连接的军事区，横跨杜罗特里吉人、多布尼人和科利埃尔塔维人的领土，在文明的东南部与仍然野蛮的北部和西部之间形成了一道屏障。克劳狄乌斯和他的顾问们，似乎决定只占领农业生产发达的东南部地区。贸易基地很快就在军事区的边缘发展起来。亨伯河口的南费里比及其在北费里比的跨河合作伙伴，促进了货物往来北部的运输，而像伍斯特这样的聚落，则与威尔士边境地区的群落和远处更广阔的山脉相连。

接纳罗马的本土掌权人物，很快就从占领中获益。沿着南海岸，在尼禄统治时期，存在着许多令人惊讶的富有的罗马别墅，它们都以新样式的罗马风格进行了奢华装饰。在费施柏尼的其中一座，很可能属于当地的附庸国王提比略·克劳狄乌斯·科吉杜布努斯，据塔西佗所言，他对罗马自始至终都非常忠诚，并被赐予额外的土地。到此时，东南部的城市化进程正在迅速展开。殖民地已经在卡木洛杜鲁姆（今科尔切斯特）建立起来，维鲁拉米翁（今圣奥尔本斯）可能是一个罗马自治市，伦敦到处都是商人和管理者，较小的地区首府卡莱瓦（今锡尔切斯特）和诺维奥马格斯（今奇切斯特），正在迅速为自己装备罗马城市生活的外部标志。

威尔士部落的敌对行动、爱西尼族的反抗，以及北部的政治动荡很快表明，克劳狄乌斯只限于东南部范围的政策代价太高，无法维持。大约在公元70年，他决定完成对整个岛屿的征服——这一政策最终在阿格里科拉将军的率领下迅速推进到苏格兰，以公元84年格劳庇乌山战役结束，当地的抵抗被粉碎。

当北方正发生这一切时，在较文明的南方，正在实行一种蓄意的罗马化政策。塔西佗的讥讽值得引用：

> 为了诱使一个迄今散居的、原始的、由此有战斗倾向的民族，愉快地适应和平与安逸，阿格里科拉对寺庙、公共广场和私人宅邸的建造，给予了私人支持和官方援助……从他那里争得荣誉，是一种有效的控制。此外，他还对首长们的儿子进行了人文方面的培训……其结果是，人们对拉丁文的厌恶被转化为一种驾驭它的热情。同样地，我们的民族服装也受到了青睐，托加袍随处可见。于是，不列颠人逐渐被引导到令人愉悦的舒适设施上——游乐中心、浴室和豪华宴会。他们谈论诸如"文明"这样的新奇事物，而实际上它们只是其被奴役的一个特征。

在这一段话中，塔西佗概括了罗马的征服精神及其帝国主义政策。

克劳狄乌斯也活跃于东方。公元前46年，罗马最终将长期以来一直是一个附庸国的色雷斯吞并，力图将世界上一些组织混乱且不稳定的地区纳入更牢固的罗马控制之下。多瑙河提供了一个合理的边界，但北部的部落此时开始构成越来越大的威胁。主要的反对派重点是达契亚人——一群占领特兰西瓦尼亚高地、处于喀尔巴阡山脉和特兰西瓦尼亚山脉封闭山系保护中的广泛的民族联盟。他们最早是在布雷比斯塔的领导下崭露头角的，在公元前60年，布雷比斯塔率领一支由20万名战士组成的军队，向西对抗定居在匈牙利的凯尔特部落，并沿多瑙河进入前捷克斯洛伐克。接着向东扩张，吞没了多瑙河下游的富饶土地，威胁着黑海沿岸的古城。布雷比斯塔的帝国终成泡影。在公元前1世纪40年代末，他被暗杀，由于国家中心在敌对派系之间分裂，外围的占领地很快就失去了，但这向罗马发出了一个警告，即这个未被征服的地区在一个强大领导人的率领下可能构成的潜在威胁。

在奥古斯都当政期间，多瑙河边界正式确定下来，与北部各部落发展了一条正常的贸易航线。在这一时期，大量的第纳里形式的罗马银币流向北方，毫无疑问，是用来交换奴隶和毛皮。地中海的葡萄酒、油和其他奢侈品也被运往北方。在此期间，达契亚国家也迅速发展起来。精通银器制作的工匠，正在为上层阶级生产一系列商品，高质量的轮制陶器被普遍应用，希腊字母和拉丁字母被用于各种形式的记录保存。在达契亚领土的中心，在奥拉斯迪山中，萨米色格土沙的奥皮杜姆城堡为国家提供了一个集中点。由于希腊军事建筑的技术，这里被石头筑成的防御工事所包围，大量的居民安全地生活和工作着，因为他们知道通往城市的道路受到一系列战略堡垒的保护。在萨米色格土沙，人们建造了一座精致的圣殿，其石柱和木柱分别代表着日、季和年，将一年分为12个月，每个月30天；将一个月分为5个星期，每个星期有6天。

到公元1世纪末，达契亚国家与古希腊罗马世界的关系由来已久，但并非都是友好的。尽管达契亚人接受了地中海文化，但他们仍然是一个好战的民族，准备对他们的南部邻国发动突袭。在战斗中，他们拥有自己独特的武器，是一个强大的敌人。他们用大的椭圆形木盾或金属镶边的皮革来保护自己，有时用铁板遮盖。这些盾牌，就像凯尔特人的盾牌一样，部分是从凯尔特人那里继承下来的，通常都用徽章精心装饰，以抵御邪恶，可能也是家徽。常见的武器有弓箭、矛和剑，但他们拥有两种本地的锋利的武器，即弯匕首或西卡，以及用于近距离肉搏的重型弯刀（法拉斯）。

公元1世纪80年代初，王国交由一位能干的年轻贵族戴凯巴路斯掌管，他很快将不同的派系融合为一支强大的战斗力量；公元85年，他越过多瑙河，击败并杀死了罗马总督，并横扫莫西亚行省。罗马人的初始反应是入侵达契亚。起初，战斗对他们不利，但最终，戴凯巴路斯以对达契亚人来说颇为合理的条款进行求和，包括每年从罗马得到补贴，以及借用一些罗马工程师。

这一不稳定的和平又维持了10年左右，在此期间，戴凯巴路斯巩固了他在国内的地位，但公元98年，图拉真被提升为罗马皇帝，使事态迅速变得十分尖锐。达契亚被意识到对罗马的安全构成了威胁——这一观点部分基于军事考虑，但无疑受到达契亚国家所拥有的巨额财富的影响。公元101年，图拉真行动起来对抗达契亚。战争的细节尚不清楚，但第一年的战役并不果断。然而，次年，戴凯巴路斯求和，作为条款的一部分，他同意放弃王国的西部地区，同时接受罗马在他的首府萨米色格土沙驻防。和平一经建立，戴凯巴路斯就开始重新武装起来，到公元105年，已经强大到足以变为侵略国。罗马兵营的指挥官被扣为人质，达契亚人横扫了莫西亚行省。图拉真的反应仅限于救援该行省，但次年他准备采取主动。罗马军队向萨米色格土沙进军，包围了首府。当贵族们饮下毒药时，戴凯巴路斯逃离并最终自杀了断。彻底失败后，很大一部分人口向东迁移，把一片废弃之地留给了罗马人。

达契亚因此成为罗马第一个也是唯一的外多瑙地区的行省。在距旧都不远的地方，建立了一个殖民地——乌尔皮亚-特拉亚纳，并促进了其他城镇的发展。丰富的银、金和盐矿藏，得到了迅速而彻底的开采，但达契亚在帝国的边缘曾经是而且仍然是一个棘手的赘生物，没有任何的自然分界线，除了长期以来由其控制而形成的。但最终，在作为一个行省的短暂的150年之后，达契亚被遗弃。很可能正是这些东欧人口的流动性，使得罗马难以维持对它的控制。

帝国疆界之外

罗马帝国需要源源不断的原材料和人力供应。其疆界的不断扩张，使得贵重金属和其他商品的来源处于其边界之内，但许多奢侈品位于无法直接到达的蛮族土地上：来自波罗的海沿岸和遥远北部的琥珀和毛皮；来自东方的丝绸和香料；以及来自更远处撒哈拉沙漠的黄金。这些东西只能通过贸易获得。但是，罗马对蛮族外围的最大依赖，在于它需要奴隶来提供维持罗马体系运转所需的能量。奴隶贸易的规模是巨大的。据卡西乌斯·狄奥记载，在帝国初期，每年约有25万名奴隶在公开市场上被转手，由于这些奴隶是出于纳税目的而记录的，因此我们可以确定，实际的交易数量要大得多。据估计，仅在公元前1世纪末的意大利，600万总人口中就有200万是奴隶。假设每年的损耗率约为7%，为了维持这个规模，每年需要将14万名新奴隶投入市场。因此，斯特雷波不经意间说，在得洛斯岛的奴隶市场上，每天有1万名奴隶找到买主并不稀奇，这绝非夸大其词。

补充奴隶储备的手段多种多样。海上劫掠提供了稳定的奴隶来源，当局于是任由其继续下去，而战争也是一个极为有效的方式。倘若我们还能忆起，单单在一次对抗阿杜亚都契人的战役中，凯撒就把5.3万名俘虏卖为奴隶，那么他8年的战役必定满足了帝国的大部分需求。但是，随着大规模的征服战争在2世纪初逐渐消失，奴隶的主要来源已经脱离罗马人的直接控制，这种需求必须通过边境以外的蛮族中间商来得到满足。

为了保持邻近蛮族部落中一定程度的稳定和控制，罗马制定了一系列措施。可以简单地用奢侈品或金钱来收买土著贵族，也可以给他们提供特殊的垄断和保护；在某些情况下，他们的青年可以"养育"在罗马皇室中，并在适当的时候返回他们的部落，于是他们的举止要比纯正的罗马人更罗马化。所有这些方法都经过了试验和评估，使得罗马占得了先机。

人们对贸易和交换的实际过程并不十分了解，但古典作家提供了一系列逸事信息，给所运行的体系提供了一些启示。在凯撒时代，苏维汇人以好战著称，然而他们却完全愿意接纳商人到他们的国家，"这样他们就会有战利品的购买者，而不是因为他们想进口任何东西"。这可能指的是他们对葡萄酒的厌恶，他们认为葡萄酒使男人变得"女人气，不能忍受困苦"。罗马商人的团体定居于日耳曼，这一点毋庸置疑。当时定居于波希米亚的是马科曼尼人首领马罗勃杜乌斯，他的反对者在公元18年发现了"来自罗马行省的商人和随军商贩，他们先是受到贸易协定的引诱，然后又寄希望于赚更多的钱，于是从他们的不同家园迁往敌人的领土。最终，他们忘记了自己的祖国"。这些人显然满足于定居在具有丰厚利益的地方：其他人则更具冒险精神，比如罗马骑士。在尼禄统治时期，罗马骑士探索了德国和波罗的海地区，以搜寻野兽进行角斗表演。他们偶然发现了贸易港口（商业贸易），获得了大量的琥珀，并将其运回罗马。商人也并非总是裹足于一方。塔西佗提到了赫尔门杜里人，他们是"唯一与我们进行贸易的日耳曼人，不只在河岸上，而且在我们的边界之内……他们深入自己想去的地方，没有一个卫兵监督他们"。从这些记载下来的为数不多的例子中，我们可以判断出在公元前1世纪至公元1世纪货物易手的一些方法。

各种罗马商品被用来与日耳曼人进行贸易。根据自由德国的文物分布图来判断，硬币是距边境200千米左右地带最受欢迎的物品。塔西佗证实了这一点，他说："距离我们最近的日耳曼人，重视黄金和白银在贸易中的使用，并认可且偏爱某些类型的罗马硬币……他们喜欢古老而又常见的硬币，具有凹口边缘和双马战车图案的第纳里……他们试图优先获得白银，而不是黄金……他们发现兑换的大量银币更适合购买廉价和普通的商品。"大量的硬币窖证明了这一说法的准确性，公元64年尼禄货币改革之前的早期发行的钱币在2世纪硬币窖藏中的比例仍然异常高。他们对小面额硬币的偏爱是特别令人关注的，因为这表明公元1世纪末的边境部落正在实行市场经济。这些部落与罗马建立了友好的关系，并且经常与在河两岸发展的许多市场中心进行贸易。

在蛮族领地深处，输入的罗马奢侈品种类有限，最常见的是与酒饮仪式有关的成套的金属器皿、桶、瓮、罐和圆盘饰。从东部的波兰一直延伸到北部的瑞典和挪威的一片广阔的弧线范围内，已经发现了数百件上述遗物。在这片区域内，有许多奢华的墓葬，里面随葬有成套的奢侈品。这类墓葬以波兰的卢布索遗址命名，在这里发现了5座这样的墓葬。最壮观的发现之一是来自丹麦洛兰岛上的霍比古墓，可追溯至公元1世纪初。在这里，死者被安葬于一具木制棺材中，随葬有他在阴间享受盛宴所需的一切——成块的烤猪肉，以及一套酒具，包括一个青铜瓮、一个罐和一个圆盘饰，一个银勺、两个银杯置于一个青铜托盘上，还有两个嵌有青铜的角杯。他的个人物品包括青铜的、银的和金的饰针，金戒指、腰带配件以及一把刀。显然，霍比古墓属于当地的一位贵族成员，他凭借自己的地位，能够获得一套最昂贵的罗马奢侈品，他的宗族随葬于此，以宣告他们的地位。卢布索墓葬，似乎代表了那种名贵商品经济，这种经济是由西哈尔施塔特酋长在公元前6世纪至公元前5世纪（见第十章），以及不列颠东部和比利时的贵族在公元前1世纪至公元1世纪初运行的。

这些墓葬的分布，恰好处于帝国边界前面的一片广阔区域，使帝国边界免受市场经济区的侵害，这强烈地表明，这里实行的较为"过时"的奢侈品经济形式，可能反映了当地上层阶级在促进商品从波罗的海以外的地区向罗马世界流通时所起的作用。换言之，他们充当中间人，并从中获益。

在这一贵族墓葬区的东北部，从波兰北部一直延伸至芬兰湾，此时可以发现一种截然不同的社会制度。能够确定两种文化群体：维斯瓦河下游地区和但泽湾的欧克斯威文化，以及维斯瓦河–奥得河地区的普热沃斯克文化。人们主要通过墓葬才知晓这些考古学文化的，它们是典型的战士墓。死者中的大多数都随葬有他们的剑、盾和马刺；但也有少数较高地位的人，随葬有银制或金制带钩。这一战士群体可能从事的职业，是通过突袭和战争，获取俘虏，然后将其驱赶到罗马边境南部，作为奴隶出售。

上文概述的社会经济区域体系，在整个公元1世纪和公元2世纪的上半叶仍然有效。在2世纪后半叶，随着人口压力和族群互动在日耳曼地区的深入发展，这一体系开始瓦解；这种解体又对边境地区部落产生了压力，进而又威胁到帝国的稳定。这一压力，部分来自战士墓葬区，那里的社会制度不稳定，加上人口增加，可能促使部落向南迁移。战士墓葬文化人群所占据的领土，大致与通常认为是勃艮第人和汪达尔人出现的地区相吻合。

第一次有记录表明这个问题日益严重，出现在公元162年，当时一个名为卡蒂族的边境部落试图向南迁移进入罗马领土。几年后，伦巴德人和马科曼尼人横渡多瑙河进入外多瑙地区的匈牙利；随后在公元167年，马科曼尼人、夸德人和埃阿热格人展开了更大规模的迁徙，他们设法成功到达了亚得里亚海角，包围了阿奎莱亚。这些事件，以及罗马在公元166年至180年为阻止人口流动而发动的马科曼尼战争，标志着在3个世纪内摧毁帝国的移民潮的开始（见第十三章）。

我们已经看到，在整个公元前第一千纪一直到公元后一千纪的两千年里，北欧平原的定居模式都呈现出显著的连续性。在北海地区，从荷兰到丹麦，人们可以认识到罗马的临近对发展中的定居模式的影响。临近北海将确保这里的人群能轻松保持与南方商人的贸易往来，而不必考虑民族进一步向内陆的迁移会造成什么样的混乱影响。这种贸易的强度，最明显地体现在大量小饰品和陶器上，譬如萨摩斯陶器，从公元1世纪到3世纪，它们以自己的方式进入了北欧沿海地区的村庄。综观聚落本身，可以发现两种趋势：生产的集约化和等级化。在罗马时代之前，经济似乎是以自给自足的生产为基础的，几乎不需要参与复杂的长途贸易模式；没有生产大量盈余的企图，因此，基于生产垄断的财富和声望在考古材料中是无法识别的。然而，受罗马影响的市场的发展，某些本地商品增值并提供了一系列较低价值的外来物品作为交换，这为社会和经济变革提供了动力。

最显而易见的，是对地方专业化生产的日益重视。在下萨克森州的弗勒格尔恩村落，作坊的数量开始增加，特别是从公元3世纪初开始，有证据表明，金属加工和可能的皮革加工的规模正在扩大。在更北部的日德兰半岛的德伦斯特德，铁的生产量远远超出当地人群的需求，而且附近的丹基尔克村落发现了奢侈品遗存，包括玻璃制品和铅铸块，这些都表明当地贸易水平有所提高。在这种生产集约化的同时，有可能辨别出农庄中出现的显著规模差异。例如，在不来梅港附近的菲德森-沃尔德，从2世纪起出现了一个规模和中心位置有别于其他建筑独立的建筑，它的地位进一步体现在大量的青铜器皿、珠子和萨摩斯陶器等罗马进口商品的聚敛上。据推测，这里大概是村落头人的宅地。

生产水平的提高，意味着一个比迄今所实行的更为复杂的交换体系的发展。鉴于北海地区的原材料普遍匮乏，而且农业生产力大幅提高的空间较小，因此，最适合的集约化领域是牛的饲养，并且一些延续至今的牛栏使用规定可以确认这一点。邻近的罗马边防军对皮革、帐篷、盔甲、靴子、马鞍和马具的巨大需求，必定创造了一个快销市场。虽然罗马人对皮革的需求—牛饲养的增强—市场的发展—生产的增加，这一模式作为一个说明过于简单，但它确实强调了当时在北海地区可观察到的经济变化动态涉及的一些因素。到了3世纪，北海的贸易路线越来越多地受到海盗袭击的影响，这必定严重扰乱了已建立很久的交易体系。很明显，到达北海地区的贸易额迅速减少，是破坏该地区社会经济体系稳定的一个重要因素，这可能促成了5世纪北海沿岸地区特有的混乱移民活动。

最后，我们必须转向罗马世界的西端——不列颠群岛。到公元84年，尤利乌斯·阿格里科拉所领导的战役，将远至北部格兰扁山脉山麓丘陵地带的整个不列颠，划入了罗马政权统治之下。在格劳庇乌山与卡尔加库斯领导的不列颠军队进行的最后一场大战，是一场实力悬殊的事件。不列颠人的武装很陈旧：双轮战车仍在使用，这种技术已在高卢废弃了近200年，而他们的长而钝的剑，在与手持尖利短剑的罗马军队近距离肉搏中几乎毫无价值。这场交战，很快就演变成了一场1万名不列颠人遭到360名罗马人屠杀的溃败（或者，是塔西佗想让我们相信是这样的）。但是苏格兰没有被长期控制，到2世纪初，横跨泰恩河–索尔韦地峡的边界线已经建立，后来被称为哈德良长城；对于其他占领区，帝国边界在此处及沿着克莱德河和福斯湾一线的前沿位置之间波动。

在这个广阔的边疆地区内外，土著部落继续发展，几乎没有受到罗马的影响。自由苏格兰的生产能力极为有限，尽管一些古老的山堡充当了生产和交换集中的部落中心，但很少的贸易发展都处于相对较低的水平。西部和北部的群落，直至设得兰群岛，仍然分散在孤立的聚落中，占据着几个世纪以来一直使用的地点，使用并有时修整已有的建筑。正是这些完全不同的北方部落，他们聚集在一起，组成了一个自由联盟，名为皮克特人，即"刺花文身的民族"，意指在身体上装饰的悠久传统。从3世纪开始，皮克特人成为来自不列颠日益严重的威胁，并最终导致罗马在该岛的统治被摧毁。

公元82年，阿格里科拉站立在苏格兰西海岸，眺望着爱尔兰。"我经常听到阿格里科拉说，"塔西佗写道，"只要一个军团和一些辅助人员，爱尔兰就可以被入侵和征服。这将是一个优势，特别是在平定英国的时候，如果到处都能看到罗马人的武装，独立领主们就会被从地图上抹去。"如果不采取任何行动，爱尔兰仍然是凯尔特社会中唯一免于罗马奴役的地区。一些商人穿过爱尔兰海，到达都柏林湾海港和科克港，他们带来了许多小型饰品、相当多的奢华的萨摩斯陶器和一些青铜器皿；作为回报，他们获得了奴隶、兽皮和著名的爱尔兰猎犬，但他们的影响似乎微乎其微。凯尔特人一直将爱尔兰作为大西洋地区特色的捍卫家园持续建设，丰富的口头传说继续流传，远古的法律法规继续制约着人民的行为。因此，凯尔特人的社会就这样设法生存了下来，几乎没有变化地贯穿了这一罗马穿插事件。

第十三章

公元300年—700年的欧洲蛮族

马尔科姆·托德（Malcolm Todd）

在基督纪元的最初几个世纪里，北欧各族与地中海罗马帝国远未隔绝。虽然从18世纪开始，学者们倾向于将罗马世界与其蛮族邻国视为领土和人口独立的国家集团，但它们之间的相互关系远比现存的文学记录所揭示的更为密切，并且在许多领域接触紧密：军事、政治、外交、经济、商业，在某种程度上还包括文化和社会等。蛮族领域，从北海延伸到西部大草原，从斯堪的纳维亚半岛延伸到莱茵河和多瑙河，在人口、经济和文化的表现形式上都是极其多样化的。这种多样性在我们现有的书面记载中并没有得到充分反映，考古学研究仍在揭示这一点。罗马和蛮族之间的分界线，并不是现代学术界在欧洲史前人类学中所创造的唯一划分。在与罗马帝国共存的大体定居的蛮族社会和从4世纪末到6世纪后期横扫该帝国的移民部落之间，也存在着同样错误的区分；在那里建立的权力体系被公认为是蛮族的，尽管这些体系以罗马为基础。大规模的迁徙当然是改变欧洲的事件，但它们并不是由于环境的某些突然变化、某些新的民族入侵而引发的。更确切地说，它们的起源可以进一步追溯至将许多蛮族与以地中海为中心的大国联系在一起的复杂关系网络。要了解这些关系，就要掌握真实的迁移情况。在罗马帝国鼎盛时期，提供了这样一个观察时机。

迈向迁徙

公元2世纪后期是中欧和东欧颇为动荡不安的时期。人们南迁多瑙河和黑海的活动，影响了广大地区，使得许多部落与罗马边防军发生直接冲突，特别是在多瑙河中游地区。在166年至180年，罗马和多瑙河以北的各族群之间爆发了一系列长期的战争，通常被称为"马科曼尼（Marcomannic）战争"——尽管夸德人（Quadi）也大量参与其中，通过军事力量和外交手腕的结合，罗马的权威最终得以维持，但略为不稳定。虽然帝国的北部边界在多瑙河中游地区得以恢复，并因新的军事部署而得到加强，但马科曼尼战争的余波很快就显示出军事力量和野心开始向莱茵河和多瑙河以外的蛮族转移。这些冲突结束后的30年间，有迹象表明，横跨中欧的各个族群进行了重大调整，在靠近罗马边境的地区出现了新的侵略性联盟。阿勒曼尼人，于公元213年在历史资料中首次被提及，当时他们被卡拉卡拉（Caracalla）大帝赶出了上德意志和腊埃提亚（Raetia）。20年后，他们再次闯入边境省份，造成了广泛的破坏。公元260年，他们，无疑还有其他各蛮族，导致了罗马对从莱茵河到多瑙河边境体系的放弃。阿勒曼尼人特有的名称，"所有的人""每个人"，表明了联盟的起源，我们可以猜测，它是在几位领袖的领导下所组成的一个组织松散的联合战团。阿勒曼尼人的主要领土位于易北河上游和罗马边境之间，苏维汇人（Suebi）和塞姆诺奈人（Semnones）早先曾在那里统治。后来，他们又向前推进到旧边界后面的楔形领地，并继续向黑林山和阿尔卑斯山北部进发。

在莱茵河下游东部的法兰克人，虽然在公元250年后才首次出现在我们的文献里，但他们在3世纪初可能已经作为一个独特的群体出现了。他们也可能起源于几位领袖控制下的侵略性战团，趁罗马人对边境控制有所放松，敢于攻击罗马各行省。目前尚无早期法兰克人实施中央政治体制的依据。后来的法兰克人对他们自己的民族历史有着颇为模糊的概念，统一的进程是缓慢且相对平淡无奇的。法兰克人在3世纪以海上和陆路突袭而闻名，就像他们的北方邻居撒克逊人和弗里斯人一样，同时他们的野心也超越了北部沿海地区。即使有明显的文献资料证据可以表明，在3世纪晚期，莱茵河下游以西的法兰克各族的聚落处于罗马的管理统治之下，但考古学上几乎没有关于3世纪、4世纪的法兰克人的发现。然而，在4世纪后期，在莱茵河和塞纳河之间出现了一系列惊人的战士墓葬，随葬品极为丰富，通常有精致的武器、个人饰品、玻璃以及精美的陶器，某些墓地与罗马城镇和堡垒有关，另一些则位于农村地区。这些墓葬，往往随葬有莱茵河以东生产的物品，而这些墓葬作为战士墓葬的这一基本事实，进一步说明其墓主的蛮族身份。在这些日耳曼人的墓地中，也有女性墓葬，因此，在4世纪末和5世纪初，家族或亲属群体显然是从莱茵河对岸来到高卢北部的。直到最近，可能与这一进程有关的聚落遗址仍未找到。但现在已经确定一个约公元400年的日耳曼人聚落，位于默兹（Meuse）河流域马斯特里赫特（Maastricht）附近的尼尔哈伦-雷肯（Neerharen-Rekem），靠近一栋废弃的别墅。一些战士墓地，与法国东部和比利时的山顶要塞有关，譬如菲尔福兹（Furfooz）和维勒-莫兰（Vireux-Molhain）。在大约公元400年的数十年动荡时期，这些地区驻防的军人或许在保护晚期罗马庄园和其他领土方面发挥了作用。

在东欧，也存在着民族迁徙，日耳曼民族及其游牧和半游牧邻国的政治地理格局也发生了改变。从2世纪后期开始，维斯瓦（Vistula）盆地的居民与黑海腹地和草原边缘地区的混合民族之间的联系不断发展。人口向东南部的大规模迁移很可能没有发生，但很明显，战团确实进入了黑海沿岸地区，那里聚集着盟军和资源，使他们能够攻击东罗马世界。这些新的群体被罗马作家称为"哥特人"（Goths），这个术语包含了广泛的种族成分，并给成分复杂的部落集合体、战团，以及其他群体，赋予了一种虚假的统一体气氛。因此，3世纪在黑海以北形成的权力框架，在文化上极为混杂，汇集了各种游牧民族、东日耳曼人，以及黑海沿岸古希腊和罗马城市及其周围的居民。在这种情形中，我们无须寻找任何独特的"哥特式"文化，因为它并不存在。然而，这种新兴力量对小亚细亚和巴尔干地区造成的军事威胁是实质性的。从238年起，哥特人军队攻击了多瑙河下游地区，并取得了相当大的成功。在其国王克尼瓦（Kniva）的足智多谋的领导下，他们于251年在阿伯里图斯（Abrittus）大胜罗马军队，杀死了罗马皇帝，并从其继任者那里获得了巨额赔款。后来，哥特式袭击的范围扩大到几个世纪以来从未发生过重大战争的小亚细亚，还有爱琴海。这些攻击必定是从港湾发动的，这是蛮族入侵者的一个新方案，由此造成的破坏是广泛的。公元257年，几支哥特人武力入侵希腊，标志着他们在这一时期取得的成功达到了顶峰。这场战役最终以失败告终，在此之后一系列入侵突然结束。哥特人和罗马人之间的关系，通过公元332年签订的条约得以稳定，该条约规定罗马每年向蛮族支付金钱，以换取人力，并允许恢复多瑙河两岸的贸易。金钱、人力、兵役、商业：作为帝国联盟的哥特人已经到来。

　　考古学上所定义的东南欧文化，给那些试图将不同民族区分开来的人们带来了极大的难题。这是一个在罗马铁器时代晚期经历了人口巨大变化的地区，导致了复杂令人费解的文化联系。它也是一个多民族在寻求正常经济活动时高度流动的地区：并不是所有的游牧和半游牧民族都永久生活在西部大草原上。对位于顿河和多瑙河之间这片庞大领土上的民族的研究尚未取得多大进展，自19世纪以来所做的一切学术努力都被民族主义者的自说自话困扰。这里最广泛的考古文化被称为"普热沃斯克（Przeworsk）文化"，它起源于公元前1世纪，涵盖大片地域，从德涅斯特河上游流域到匈牙利的蒂萨河，再向北到达奥得河和维斯瓦河流域，一直繁荣到公元5世纪。这是一种不规则的地方嵌合文化，深受诸多民族的影响，包括日耳曼人、多瑙河中游盆地的凯尔特人、草原居民以及其他民族。有些人在普热沃斯克文化的东方传播者中探寻斯拉夫人的祖先，但这根本不能令人信服。在这些领土上，很少有针对聚落进行的调查：墓地提供了可供我们支配的大部分物证。战士墓葬很常见，很多都随葬有马具。有少量墓葬的随葬品非常丰富，但绝大多数死者的随葬品数量是适度的。普热沃斯克文化统一体在5世纪初突然结束，这可能是由于随后匈奴人的出现和哥特人的到来迫使他们南迁和西迁的重大转变所致。

与此同时，在多瑙河和第聂伯河之间，一种广泛的文化逐渐兴起，即以基辅附近的一处墓地遗址命名的"耶列尼亚霍夫（Cjernjakhov）文化"。这种文化产生于2世纪，起源于俄罗斯西部的斯基泰人（Scythian）和萨尔马提亚人（Sarmatian），在4世纪这种复合文化达到顶峰，当时它可能由于哥特人及其盟友的作用，已经向南扩展到多瑙河。耶列尼亚霍夫文化是一种充满活力和创新的文化，其特点是精美的抛光陶器、高品质的金属制品和优质的铁器。对于这一文化的传播者，人们仍然争论不下。乌克兰的广袤流域可能是它的发源地，但它向西南的延伸，则意味着向日耳曼人和达契亚人的传播。这种稳定的文化在4世纪后期完全丧失，可能是由于导致普热沃斯克复合文化终结的同序列事件所致。

聚落、文化以及战争

蛮族欧洲某些地区的聚落和聚落类型，要比其他地区保存得更好。总的来说，人们对西欧和北欧这一主题的了解，要比东欧的更多，那里迄今为止还很少进行大规模的考古发掘。无论是罗马铁器时代还是大迁徙时期，信息最丰富的地区，是德国北部、荷兰和斯堪的纳维亚半岛。在大迁徙之后，意大利、西班牙和巴尔干半岛的前罗马行省内的聚落，都有零星的保存。莱茵河和多瑙河地区、法国和不列颠的情况正变得越来越清晰，但仍有很多未知情况。在迁移之前，蛮族各族还没有发展出城市类型的聚落，也没有在这方面取得重大进展。社会仍然是部落社会，在其结构上也很相似。中央的经济和行政管理职能是不完全的和不稳定的，还没有可能出现稳定的城市中心。当早期国家形成之初，这种情况并没有迅速改变。在公元前一千纪的欧洲就存在的主要据点或山堡，在公元一千纪里的蛮族社会中并不常见。确实存在的那些，似乎只是地方政权的据点，而不是联系更广泛的区域中心。

这并不意味着蛮族欧洲不存在大型群落聚居地。北部的大规模挖掘表明，自公元前一千纪中叶开始，就存在着大规模的且布局有序的聚落。那些罗马铁器时代的定居点经常展现出从简陋家园的稳步发展历程。威斯特的情况就是如此，公元前1世纪初始它是一个小农场，但到了3世纪，已经发展成为一个可观的村庄，以木栅栏为标志的棋盘式的道路布局也做了常规规划。它又持续发展了一个世纪，然后在早期迁移阶段相当突然地结束了。像威斯特这样规模的定居点在其人口顶峰时（在4世纪可能有200人居住），只能是稳定社会结构的产物，很可能是在当地酋长的领导下进行的。在菲德森-沃尔德（Feddersen Wierde）的海岸遗址，也有一些这样引人注目的建筑，从公元前1世纪至公元5世纪，一个聚落按照其年代顺序，占据了威悉河口附近一处不断扩大的土丘。这也是一处结构井然有序的遗址，其房屋呈辐射状排列。到2世纪，靠近南部边缘的一处住所已被一道围栏隔开；在这种筑有围墙的院落里，工匠们使用各种材料劳作。这大致被视为一位当地领主的住处，控制着群落和一群附属工匠。菲德森-沃尔德最令人感兴趣的事实是，这种内部排列方式一直维持了两个多世纪。

在日德兰半岛，也发现了大量4世纪、5世纪的聚落遗址，这些聚落往往是经过漫长的发展过程才形成的。在沃巴瑟（Vorbasse），一系列长屋坐落于一条中轴线街道的两侧，每一栋住宅都设置有自己的围墙。这个聚落代表的只是有限区域内房屋使用的一个阶段，在几个世纪中，聚落的主要居住区从铁器时代早期地层转移到了维京时期。这种聚落变迁现象，在丹麦、荷兰和英格兰的盎格鲁–撒克逊都得到了充分证明。确切地讲，其背后的原因尚不清楚，但可能与需要保持集约化利用农业用地的肥力有关。这种集结的村庄绝不是北部聚落的唯一类型。众所周知的弗勒格尔恩（Flogeln）小规模聚集农场，也是单一农场。在某些地区出现了一种分散的农场类型，例如瑞典南部，瓦尔哈加（Vallhagar）零散的遗址提供了一种典型的斯堪的纳维亚半岛迁徙时期的遗址。瑞典以及波罗的海的哥特兰岛和厄兰岛，也发现了大量早期移民时期的小型设防遗址，其中埃克托普斯–伯格（Eketorps Borg）的研究最为全面。到现在为止，再往南还没有类似的情况。

北欧各族人民的农业经济以混合农业为基础，但畜牧业是大多数地区的主要特征，对此确实有可靠的资料存在。正如塔西佗这样描述早期德国人："他们的财富存在于牛羊群中。"在聚落发现的动物遗骸，以及作为欧洲长屋一个基本特征的畜舍隔栏，非常清楚地表明了这一事实。在北部的几乎任何地方，牛都是最重要的家畜，它生产肉类和奶并可以用作耕畜；排在第二位的，是猪、绵羊和山羊，它们在不同地区的比例各不相同。马一般是大型动物中最不常见的。大多数动物的北方品种，很少受到其他地方的杂交繁殖的影响，必然导致个体动物要小于欧洲南部的那些动物。牛肩高通常只有1米多，马仅有1.5米；猪极小，但绵羊和山羊的大小较接近于那些罗马社会的。家养的狗是用来放牧和看家的。奇怪的是，尽管北欧地区事实上有很多可用的野生动物资源，尤其是野牛、獐和马鹿，但狩猎在肉类供应中只发挥了很小的作用。沿海群落从事捕鱼和海豹捕捉的活动，但这些活动的重要意义只在少数地方持续存在。最重要的是，蛮族人是农民，他们对土地资源的开发效率是极高的。

从聚落的种子残骸、泥炭沼泽中保存的人类尸体和胃中的内容物，以及花粉谱系，就可以知晓北部种植的农作物。大麦仍然是中世纪早期最重要的谷物，用于酿造啤酒和提供食物。从新石器时代到中世纪，这里一直种植有多种类型的小麦，特别是单粒小麦和二粒小麦。燕麦、小米和黑麦分布广泛；还有亚麻，因其种子中所含的油及其纤维而被广泛种植，可用于制作亚麻织品。种植的蔬菜包括豆类和豌豆类，可以在其中添加各种野生植物，包括芹菜、菠菜、莴苣、萝卜和芸薹属植物。菘蓝也被收集用于纺织品染色。欧洲大片的蛮夷之地很可能也是膏腴之地，与某些古典和中世纪早期作家的树木丛生的蛮荒印象相去甚远。但是饥荒和困苦可能会发生，特别是冬季常常很严酷的东部地区。

工　艺

从3世纪开始，欧洲蛮族大部分地区的工匠在技术和设计方面都取得了巨大进步，尤其在贵金属的设计制作方面。黄金和白银的供应量大大增加，这些主要是以罗马硬币和其他物品的形式出现。首要的原因是，贵族都渴望在精美的饰品和武器装备方面展示他们日益增长的财富和威望。从技术上讲，金银丝细工饰品美化、镶嵌工艺，特别是半宝石（尤其是石榴石）的镶嵌等工艺更加成熟，这些都改变了蛮族欧洲的金银加工业态。从3世纪晚期开始，这些奢侈品普遍见于华丽的墓葬中：在中欧的哈斯莱本和扎克罗、多瑙河5世纪的墓葬和窖藏中发现的琳琅满目的珠宝首饰里；以及后来在意大利的东哥特王国、法兰克的高卢、斯堪的纳维亚半岛和英格兰的盎格鲁–撒克逊的金属匠的辉煌成就里。半宝石与黄金相结合的多色装饰风格的发展，是3世纪至5世纪精细工艺最鲜明的一个特征。长期以来，这一直被视为哥特人西进运动的结果之一，他们带来了一种起源于草原民族的风格。虽然新设计的某些元素确实起源于遥远的东方，比如伊朗和俄罗斯南部，但它们极盛时的艺术繁荣现在看来似乎归于5世纪早期在多瑙河中下游地区劳作的工匠。罗马尼亚阿帕希达（Apahida）的豪华墓葬，以及同在罗马尼亚的彼得罗阿萨的令人惊叹的器皿和珠宝窖藏，是金属匠的精湛技能及其主人财富的最好展示，而这一切从欧洲大迁移早期就广为人知。金属匠人在此处取得的成就，很快就被欧洲其他地区仿效，比如希尔德里克墓葬随葬品、克雷费尔德-盖莱普（Krefeld-Gellep）、多马尼亚诺（Domagnano）和萨顿胡（Sutton Hoo）。就像蛮族欧洲许多地区一样，对这一惊人成就的贡献来自几个地域，尤其是东罗马社会。

直到欧洲民族大迁徙时代之后，蛮族人基本上仍然目不识丁。然而，早在4世纪初，多瑙河以北的哥特人主教乌尔菲拉（Ulfila）就把《圣经》翻译成哥特语，这几乎是超人的成就，他为此发明了一个字母表。乌尔菲拉是一名哥特人，他的祖先中有一名基督教囚犯，在3世纪的一次突袭中被哥特人从小亚细亚掳走。在这么早的时期试图将日耳曼语翻译成文字作品的其他事件，历史上没有记载。不过，确实存在一种使用符号进行交流的系统，至少从2世纪起就开始发展，尽管它是用于相对专业化的用途。这些符号——自17世纪以来被称为如尼文（runes），其早期的形式表示单个名称或单词，最常见于武器或装饰品上；有一些似乎是命名一种特定的武器，或为了表达其力量；其他的似乎是对神灵的献辞或针对敌人的咒语，可能还与占卜和宣读众神的旨意有关。如尼文的起源还不完全确定。早期的如尼文〔古弗萨克文（futhark）〕或字母表中，包含24个字符，其中4个可能与拉丁字母有关，而有9个类似于至少在公元1世纪流行于阿尔卑斯山北部地区的北意大利语族的字母表，如尼文可能部分来源于此，但其他因素也发挥了作用，而这些目前还没有令人信服的论证。直到后来的大迁徙时代才确实出现了如尼文字的铭文，它已不同于之前的符号体系。正是在波罗的海西部地区，这种发展取得了最大的进展，一直延续到维京时期和中世纪时期。在其他日耳曼领土，如尼文的出现较为零星，主要是在祭拜和巫术领域。

它为我们粗略地记录了北方诸神的角色和势力范围。与大多数原始社会一样，生育、死亡和战争等神灵拥有最强大的权力。尽管他们的身份鲜为人知，但水池和泥炭沼中的献祭遗物仍显示出显著的祭拜仪式的遗迹，尤其是在丹麦和德国北部。19世纪，在托尔斯伯格（Thorsbjerg）、维莫塞（Vimose）和尼达姆（Nydam）发现了三处大型祭祀遗迹，康拉德·恩格尔哈特（Conrad Engelhardt）对此进行了深入研究。最近被发现的还有丹麦的伊勒鲁普（Illerup）和埃斯博尔（Ejsbol），以及厄兰岛的斯凯德莫塞（Skedemosse），这些遗址对上述祭祀遗迹的历史和意义进行了重要的澄清与补充。罗马铁器时代晚期的大量遗物，主要是武器和其他战争装备：剑（占大部分，如果不完全是罗马风格）、矛、标枪、盾和盾牌零件、刀、皮带和马具。在托尔斯伯格（Thorsbjerg），以精美的服装和装饰品为代表，胸针和罗马硬币占遗物的大部分，甚至在尼达姆还发现了3艘完整的沉船。在埃斯博尔和伊勒鲁普，也发现了大量战争主题和战利品祭品遗物。在埃斯博尔，大概是在4世纪末，大约可以装备60名战士的武器装备似乎被一次性地献祭到泥炭沼泽里。动物和人类的献祭情况，在其中一些遗迹中也得到了证实。在斯凯德莫塞，马是献祭时常见的一种祭品，或许是献给一位天空之神，这是他的象征。在某些遗址，包括托尔斯伯格，遗物堆积是经过几个世纪形成的，那些与战争有关的遗物堆积开始于3世纪。在其他案例中，在重大的胜利之后或许会发生单一的献祭事件，如同在伊勒鲁普和埃斯博尔的。战争装备的献祭遗物一直持续到5世纪，然后就告一段落，也许是因为军事上的重心不再位于北欧。

在泥炭沼泽中发现的遗物，是关于北方各族使用的武器和作战装备的非常宝贵的信息来源，可以作为墓葬和浮雕之外的一种补充证据。到4世纪，剑显然已经变得更为广泛，其中大多数是罗马产的，质量很高。弓箭越来越重要，但远距离作战的主要武器仍然是标枪，通常是装有倒钩的安戈。飞斧变得越来越普遍，成为对抗武装精良的对手的有效武器。但是，在所有的蛮族中，胸甲仍然极为罕见。只有前列的战士才能获得头盔，而且在4世纪末之前，人们几乎不知道如何遮盖身体。此后很长一段时间，大多数战士都像几个世纪前他们的祖先一样，缺少防护地投入战斗。在某些民族中，特别是东欧那些与萨尔马提亚人、阿兰人和匈奴人有联系的民族，他们使用骑兵编队的情况有所增加。哥特骑兵，在378年的阿德里安堡战役中进行了决定性的干预，后来成为入侵意大利的一支重要力量。但是，蛮族军队仍然主要是步兵，装备相对轻捷，其效力取决于他们传统的勇猛和体力。战术依然是简单的，从隐蔽位置的突袭仍然是最重要的策略。通常会避开对有城墙的城市和其他要塞的袭击，因为这种行动可能徒劳无功，这需要运用围城器械方面的专业知识，在这方面蛮族知之甚少。尽管如此，蛮族军队能够，而且确实战胜了罗马军队。事实上，罗马人和蛮族人在这一领域的划分变得越来越难加以区别。从4世纪中叶开始，大多数军事交战都是在帝国之外的一方蛮族人与在罗马服役的另一方蛮族人之间进行的。

罗马帝国军队中的兵役，为蛮族人的好战性提供了一个更具吸引力的表现机会，从3世纪起，蛮族人军队成为罗马兵力的一个重要组成部分。到4世纪后期，几乎可以肯定地认为他们构成了帝国军队的大部分，这部分反映了帝国内部的人力短缺，部分是由于他们的战斗力受到高度重视。对于野心勃勃的蛮族人来说，在罗马服役可以为其提供财富和地位，远远超出其本国人民的预期。康斯坦丁大帝建立的机动军团，对招募日耳曼人起到了非常重要的推动作用。他的新部队很大程度上是从蛮族队伍中抽调出来的，其许多军官都出自同族。在4世纪上半叶，阿勒曼尼人在高级指挥官中表现突出，法兰克人和其他民族后来也加入了部队。后者中包括西尔维纳斯，他在4世纪50年代曾在高卢担任军事长官，在罗马观察员看来，他似乎是"献身于帝国"，但他却宣告自己为皇帝，以保护自己免受阴谋的侵害，不料不久后竟被自己的士兵谋杀。在4世纪末和5世纪初，许多最高级的军事指挥权都被德国人控制，尤其是在西方。他们的权力可能和他们名义上效忠的皇帝的权力一样大，甚至更大。

哥特人：从巴尔干半岛到意大利和西班牙

在332年签订条约之后，靠近多瑙河下游的哥特人与罗马国家保持着一种联邦制的关系，这种关系并不总是那么无疑或可靠，但大体上是恰当的。到如今，这些蛮族人通常被称为"西哥特人"，以区别于他们东方的同胞，即"东哥特人"。在哥特人自己的传统中，这种分裂可以追溯到来自维斯瓦河流域迁徙期间发生的一起事件，当时一座横跨河流的桥梁发生断裂，致使两族永远分离。事实上，这两个集团在黑海后面的平原上定居之后，可能已经形成了不同的身份。在4世纪70年代之前，人们对这两种哥特政权知之甚少。他们都与西部草原民族有联系，并在某种程度上与他们融合在一起。他们的政权似乎都很稳定，占据着富饶的土地，并且与黑海沿岸的其他民族保持着联系。在公元370年之后不久，这块相对安全的领域就被突然地破坏了。被希腊人和罗马人称为"匈奴人"的草原游牧民族，迅速向西突击，似乎让蛮族人和地中海社会都措手不及。侵略者以惊人的速度侵占了东哥特，并使得他们在接下来的80年里一直臣服。西哥特人及其邻国，立刻领略了西部大草原新主人的生猛力量。376年末，大量的哥特人乞求罗马皇帝允许他们穿越多瑙河，定居于巴尔干半岛北部。一旦到达那里，他们就发现生活条件几乎没有比可能留下来忍受匈奴人的统治要好多少。在经历了两年的严寒困苦之后，西哥特人及其盟友在阿德里安堡使得一支罗马军队遭受了惨败，并杀死了皇帝瓦林斯。在西哥特人被正式确定为同盟者之前，发生了更进一步的混乱战争，根据382年签订的条约，莫西亚是为帝国内的蛮族人设立的最早的行省。然而，他们的苦难才刚刚开始。由于没有足够的土地供他们在巴尔干半岛定居，因此他们将目光向西转向意大利北部。在他们的领袖阿拉里克——一位有战斗力但并不出色的指挥官——的领导下，在5世纪的头10年，他们从北部基地威胁到了旧帝国的心脏。由于斯提利科的阻击，阿拉里克的军队陷入了困境，直到408年斯提利科被处死，阿拉里克的军队才最终于410年8月占领了罗马。这一事件震惊了同时代的人，但却几乎没有引起任何影响。阿拉里克的注意力迅速转向了非洲的财富，但在准备横渡地中海的入侵时，他突然去世。在帝国境内，西哥特人仍旧没有稳定的家园。他们的新领袖阿萨尔夫在意大利北部基地维持了一段时间；在他被谋杀后，他的大批人民再次根据条约的条款，于418年被安顿在阿基坦。在大约一个世纪的时间里，这将一直是西哥特人的领土，以图卢兹为中心。在政治和文化上，阿基坦地区的哥特王国在5世纪的动荡事件中起到了相对次要的作用，其主要贡献是451年作为击败高卢的匈奴侵略者的重要一员。西班牙北部的部分地区也处于西哥特人的控制之下，随着法兰克人的势力稳步向北部扩展，伊比利亚半岛广阔居留地的吸引力也有所增加。

阿基坦的西哥特王国，是欧洲日耳曼时代早期最不为人所知的强国之一。墓地考古是有关这一时期大多数民族的主要信息来源，但西哥特人特有的物质文化却鲜在墓葬中表现，因为在死者周围放置许多来世的物品并不是他们的习俗。因此，我们甚至不清楚西哥特人的主体在公元418年的聚居地。他们的国王以图卢兹为首都，这应该意味着加伦河上游是罗马后期大量别墅庄园的所在地，接纳了许多的盟员。普瓦图和圣通日辽阔的平原提供了另一片肥沃的土地，但迄今为止还没有在那里发现西哥特人的任何证据。无论他们抵达阿基坦时自身的物质文化如何，他们似乎很快就将其摆脱，并适应了高卢罗马人所遗存的独特文化。事实上，他们现在与其他日耳曼族群隔离开来，这可能进一步抑制了任何明确的文化意象的发展。王国的内部历史同样鲜为人知。在阿基坦的第一任国王提奥多里克一世的长期统治期间，一般都遵守了盟约条款。451年，在卡塔隆尼平原上面对匈奴人的罗马军队核心成员，是由西哥特人组建的。提奥多里克本人在那次重大战役中丧生。他的儿子，另一个提奥多里克，仍然是罗马的盟友，但他的王国很快就受到了因法兰克势力崛起而带来的越来越大的压力。早在507年武耶战役中败给法兰克人之前，西哥特人的目光就已经向南转向西班牙了。

由蛮族人建立的两个最大的罗马王国是哥特王国：意大利的东哥特王国，以及西班牙的西哥特王国。东哥特王国，从长期臣服于匈奴人中摆脱出来，在最伟大的蛮族政治家提奥多里克领导下于488年入侵意大利。他的青年时代大部分时间是在君士坦丁堡作为人质度过的，接受过罗马教育，精通罗马的治国方略，但又不失天生的战争嗜好。他在意大利北部建立的以几个古老城市为基础的王国，在他漫长的一生中一直保持着稳定的政权，但在他死后却无力反抗复兴的拜占庭帝国。提奥多里克王国的成就，主要归功于国王本人。在保留那些可以为他的目的服务的罗马等级制度和行政管理要素的同时，提奥多里克仍然是一位日耳曼国王和指挥官，另一方面还具有非凡的视野和外交技巧。他通过哥特会议统治哥特人，并雇佣日耳曼军事指挥官。但他也任命罗马人在宫廷中担任要职，值得一提的是来自意大利南部的卡西奥多鲁斯，其信件透露了提奥多里克的意大利消息来源。东哥特王国的弱点，是东哥特族人民本身。他们似乎没有服从国王分配给他们的社会角色。他们的主要聚居中心仍在意大利北部，在北部亚平宁山脉以南发现的东哥特人物品极少。尽管在488年之后，意大利在近半个世纪内一直享有免受外部攻击的安全保障，但哥特族对北部的控制却未能形成一种经历提奥多里克之后还能存在的凝聚力。526年国王去世后，意大利再次暴露在外部势力之下。

在罗马土地上存在时间最长的日耳曼王国，是西班牙的西哥特王国。从5世纪后期开始，西哥特人在西班牙北部的势力得到巩固和扩大，他们很快占据了伊比利亚半岛的大部分地区。在早期，他们得到了提奥多里克的大力援助，但到了530年，西班牙王国的独立性得到了保证。它一直存续至711年阿拉伯人入侵。西班牙的西哥特人，虽然略显内向，但却是罗马和日耳曼元素的完美融合体。西班牙的财富主要集中在南部，从6世纪中叶开始，王国定都托莱多，奇怪的是，它靠近日耳曼人定居点的南部边界，考古发现证明了这一点。西班牙大部分地区都是从这里被统治的，但是苏维汇人占据了西北角，直到6世纪80年代才被统治，而东南沿海的一条狭长地带，在6世纪中叶被拜占庭人占领。西班牙西哥特人的物质文化，在很大程度上归功于罗马晚期的行省及拜占庭。西班牙特有的"哥特族"遗物，无论它在6世纪意味着什么，都是稀缺的，而且在质量上也没有给人留下深刻印象。在利奥维吉尔德及其继任者的统治下，这个王国在6世纪后几十年里达到了鼎盛时期。那时它享有在任何蛮族国家都无法比拟的精神生活，即使是如塞维利亚的伊西多尔这般的罗马晚期那么有代表性的学者，也可以在里面舒适地工作。假设它在7世纪后期停滞不前，那么在711年阿拉伯人横渡直布罗陀海峡时，它绝不是行将灭亡的。但面对强大的入侵者，它以惊人的速度崩溃。

法兰克人：从高卢到法国

法兰克人的势力在高卢北部的崛起，并没有在该地区的考古学中得到明确反映。历史资料表明，到5世纪中叶，莱茵兰的大部分地区、默兹河（Meuse）流域和摩泽尔（Moselle）河流域，以及比利时广阔的平原，都处于法兰克人的统治之下，但考古记录中并没有清楚地表明有大量蛮族人的存在。只有在此世纪的下半叶，法兰克人的墓地才大量出现在这些地区，其墓葬物品标志着与罗马晚期历史的决裂。这片土地的殖民化似乎相对缓慢，可能是从一些原本相当小的飞地扩展出来的。其中之一位于莱茵河下游，是起源于4世纪的作为法兰克人一支的撒利族人（Salian）的聚落；另一处位于默兹河谷和摩泽尔河谷；第三处位于比利时南部，其中心在罗马小镇图尔奈（Tournai）；随后，兰斯（Reims）周围地区吸引了一些法兰克人群体定居下来。直到5世纪后期才出现了中央集权，当时克洛维将这些分散的酋邦合并成一个强大的王国，并扩大其对高卢北部大部分地区的领土控制，将国土面积从莱茵河扩展到卢瓦尔（Loire）河。到6世纪初，克洛维已经与莱茵河以东的图林根人和阿勒曼尼人、高卢东部的勃艮第人（Burgundians）展开了战斗，最重要的是，他在武耶（Vouille）战役中赢得了反对西哥特人的胜利。当克洛维于511年去世时，受到拜占庭皇帝和意大利提奥多里克尊崇的法兰克人成为高卢的主人，并将一直如此。

皇家墓地和其他装饰华丽的墓葬，在法兰克人的考古定义中起着至关重要的作用。年代最早的也是首次被发现的皇家墓地是去世于481年或482年的希尔德里克（Childeric）的墓葬，于1653年在图尔奈（Tournai）被发现，随葬品在不久之后即被公布。这位国王，克洛维之父，被一堆金、银和石榴石包围，其中包括两把剑鞘镶嵌着石榴石的巨剑、金腰带搭扣、一个金饰环、一枚罗马晚期军官佩戴的十字弓胸针、100枚金币和200多枚银币，以及一件绣着300只金蜂的精美锦缎披风。这座墓葬用无与伦比的视角，为我们提供了5世纪晚期金属和宝石的精湛加工工艺。同样引人注目的，是墓地周围的帝国回声，尽管他和他的儿子是十足的蛮族国王，但他们将接替罗马在西方的权力。

希尔德里克是一个异教徒，他的埋葬位置并不确定。但是克洛维受洗为基督徒，从他那个时代起，法兰克国王、他们的家人以及许多贵族都寻求葬于教堂或靠近教堂。在巴黎附近圣但尼的一座小型长方形基督教堂下面，有一位40多岁的贵族妇女的墓葬。她躺在石棺中，身着华丽的衣服，披着一件淡红色的丝绸斗篷，佩戴着华丽的珠宝。她的金图章戒指上刻有阿尔内贡迪斯·雷吉娜（ARNEGUNDIS REGINE）字样，由此可以确定她是克洛塔尔（Clothar）的第二任妻子阿尔内贡德（Arnegunde），死于570年左右。科隆大教堂下方的两座墓葬，与圣但尼墓葬同属王室，也许早于前者20年。其中一座墓主是女士，另一座墓主是个小男孩，可能是她的儿子。这名妇女墓中的珠宝，是已知欧洲日耳曼时代最精美的珠宝之一。这个小男孩，大约6岁，装备有全套微型法兰克战士的武器：头盔、剑、斧、矛、盾和刀。但是，并非所有的法兰克贵族都被葬于教堂中。在克雷费尔德–盖莱普（Krefeld-Gellep）的墓地里，有一些装饰华丽的6世纪和7世纪的战士墓，远离任何明显的教会遗址；而位于莱茵兰莫尔肯（Morken）地区的一座武士酋长墓则被埋葬在一栋罗马别墅里，后来被一座教堂覆盖，但二者貌似毫无关系。在蛮族贵族的世界里，古老的习惯根深蒂固。伟大的战士及其女人，在接受基督教信仰很久之后，仍然必须随葬有适合他们地位的物品。逐渐地，在教堂里安葬才成为人们公认的方式，尽管如此，墓葬品也没有被完全抛弃。

早期的法兰克人聚落显示出与罗马晚期人群的密切关系，鉴于其中许多人群的强大，即使在5世纪，这一事实也不足为奇。在皮卡第（Picardy）大区的贝里欧巴克（Berry-au-Bac），人们对一处高卢罗马人的乡村遗址关注的焦点，是一群法兰克人的半地穴式小屋格鲁本豪瑟（Grubenhauser）和长厅，对它们的使用可能没有中断过。长期以来，人们一直认为，法兰克人的墓地往往位于高卢北部和中部的罗马别墅或附近，转而成为以墨洛温（Merovingian）王朝或加洛林（Carolingian）王朝的教堂为中心的中世纪村庄。这表明罗马晚期的别墅庄园、法兰克人的聚落和墓地，以及后来的村庄，这一系列形态有可能是一个完整的演变顺序。但作为一个整体，目前还尚未在任何一个遗址完全显露出来。后来的法兰克人聚落，在结构和布局上远没有给人留下深刻印象。其中研究最深入的，是位于新维德（Neuwied）附近的格拉德巴赫（Gladbach），它由许多格鲁本豪瑟组成，围在一个长方形大厅周围。在加来海峡（Pas de Calais）的布勒比耶尔（Brebieres），6世纪和7世纪的大量的格鲁本豪瑟与各种产业活动有关，可能是附近维特里昂纳图瓦（Vitry-en-Artois）皇家别墅的附属建筑。法兰克贵族的住所，尚未在考古中明确发现。很有可能它们通常位于罗马城镇和城市内部，从而使识别成为一件无把握的事情。即使在乡村，对法兰克人聚落的了解也远不具有代表性。

5世纪初，高卢东部的大片土地被勃艮第人占领。在6世纪，这个民族已经远迁西部，获得了靠近罗马边境的美因河–内卡河（Main-Neckar）地区的控制权。但是，高卢的土地具有极强的诱惑力，406年年底，他们在国王贡多哈尔（Gundohar）领导下，参与了大规模穿越冰封莱茵河的行动，并在沃尔姆斯（Worms）、施派尔（Speyer）和斯特拉斯堡周围定居下来。435年，他们试图通过向西北迁移到高卢行省比尔吉卡（Gallia Belgica）来扩大他们的统治，但被罗马指挥官埃提乌斯（Aetius）击退。随后，一支仍在贡多哈尔（Gundohar）统治下的勃艮第军队，被入侵的匈奴人包围并摧毁。这场惨败有效终结了勃艮第人在高卢的扩张，但它促使勃艮第人的名字被庄严地载入后世欧洲的神话里。它是史诗《尼伯龙根之歌》（Niebelungenlied）的起源，这首诗详细叙述了侠义面纱之下几个复杂纷乱的故事，这些故事来源于日耳曼人在莱茵河以西的扩张时期。

在443年，勃艮第人仍然有足够的影响力来赢得联邦地位。这使得罗马给予了他们新的聚落区，位于萨帕迪亚（Sapaudia）、瑞士西南部，以及与法国毗邻的地区，在那里他们可以协助罗马人控制通过阿尔卑斯山口进入意大利的通道。他们通过在451年与匈奴人作战，以及456年在西班牙与苏维汇人（Suevi）作战，履行了作为联邦成员的义务。罗马权威在高卢的最终崩溃，使他们得以向罗纳（Rhone）河延伸，从而最终控制了这条河和阿尔卑斯山之间的大部分土地。但这也是他们权力的最高点，他们无法抵抗法兰克人不断扩张的疆域，重要地位很快减弱，只在法国地图上留下了勃艮第的名字。

高卢北部也接纳了移民来的撒克逊人，这一事实常常被遗忘，主要是因为直到最近还很少出现表明他们切实存在的考古证据。在诺曼底的巴约（Bayeux）周围，撒克逊–拜奥卡西尼（Saxones Baiocassini）被建立起来，并两次被"图尔的格列高利（Gregory of Tours）"提及。撒克逊人的陶器和金属制品，在当时的卡尔瓦多斯（Calvados）省日益受到人们的认可，譬如在吉布韦尔（Giberville）和圣纳维尔（Sannerville）的墓地里。其他撒克逊人定居在索姆（Somme）盆地和加来海峡（Pas de Calais），在这里出现了太多他们的坟墓，例如蓬蒂厄新城（Nouvien-en-Pontieu）；另一群撒克逊人冒险前往高卢西海岸，定居在卢瓦尔（Loire）河口附

近。到6世纪末，这些北方人已经融入了高卢墨洛温（Merovingian Gaul）
文化。

阿勒曼尼人

在260年罗马边界被放弃之后的一段时间内，阿勒曼尼人（Alamanni）
并没有向莱茵河和多瑙河进发。然而，到大约300年时，成群的移民占领了
黑林山（Black Forest）和多瑙河上游之间的土地，不久之后阿勒曼尼人就
开始攻击莱茵河上游流域和高卢东部。4世纪50年代，尤利安（Julian）皇
帝发动了反击他们的战役，并几次击败了他们，最令人瞩目的当属357年在
斯特拉斯堡附近的那次。尽管如此，他们对高卢仍然是一个强大的威胁，
而且他们参与了406年或407年新年前夜的大入侵。其主体部众占据的阿
尔卑斯山以北的地区，并不利于统一权力的建立。阿勒曼尼人的军队，通
常由不止一位国王或战争领袖指挥，而在这些指挥体制下，相应地，亲王
又领导着规模较小的氏族部落。这些地方酋长的据点，是考古学上阿勒曼
尼人版图最显著的特征之一。法兰克人的扩张，促使他们周围的阿勒曼尼
人越来越紧密相系。于是，阿勒曼尼人向南望向阿尔卑斯山谷和巴伐利亚
以寻求未来。从这里他们仍然能够突袭高卢、意大利，以及多瑙河上游
地区。到500年时，他们控制了阿尔卑斯山北部最好的土地，作为克洛维
（Clovis）将他们排除在莱茵兰之外的补偿。阿勒曼尼人感受到了意大利
的诱惑，但他们的实力不足以入侵意大利，无法占领那里的领土。在6世
纪期间，东部法兰克人对阿勒曼尼人行使了越来越大的权威，直到8世纪
初查理·马特（Charles Martel）最终将他们纳入自己的帝国。

目前已知的阿勒曼尼人的几个主要据点遗址均位于德国西南部，
其中经过最全面考察的是位于乌拉赫（Urach）附近的伦德堡（Runder
Berg）。这座小山顶，长最多70米，宽最多50米，周围是大约公元300年

建造的巨大木制城墙，包围着许多4世纪的木结构建筑。其他的建筑，则位于山坡的较低处，可能是供给受酋长控制的工匠居住。在迪滕海姆（Dittenheim）附近的盖尔贝堡（Gelbe Burg），以及班贝格（Bamberg）附近的赖斯贝格（Reissberg），也存在着类似的据点。可能很大一部分较小的聚落，位于中世纪和现代的村庄之下，因此目前所知的聚落类型并不具有代表性，比如位于高卢法兰克的那些。一些古罗马乡村遗址，吸引了阿勒曼尼的移民。位于霍尔海姆（Holheim）和布劳恩海姆（Praunheim）的别墅，部分是由他们的新主人重建的。在巴尔丁根（Baldingen），发现了罗马金币和一枚军事胸针，可能是曾在罗马各行省服役或者成功突袭过他们的阿勒曼尼人的遗物。从大约330年起，在多瑙河上游的诺伊堡（Neuburg），显然存在着在罗马服役的阿勒曼尼军队的迹象。

汪达尔人

汪达尔人对帝国的入侵遵循了与众不同的模式。在406年年末横渡莱茵河之后，汪达尔人穿越高卢，在不到3年的时间里到达比利牛斯山脉。然后，他们偕同苏维汇人（Suevi）和阿兰人（Alans），横扫西班牙，发现那里的肥沃土地防卫不足。在伊比利亚半岛上进行了长时间的狂欢之后，几个汪达尔群体聚集在西班牙南部，建立了一个短暂的王国。在这个王国中，强盗和海盗是财富的主要提供者。安达卢西亚（Andalusia）良港，促进了穿越海峡的冒险；正当贝提卡（Baetica）的财富开始枯竭时，非洲的巨大资源也散发出一种不可抗拒的诱惑力。428年5月，一支庞大的船队被集结起来，受汪达尔人和阿兰人控制，由盖萨里克（Geiseric或Genseric）指挥。盖萨里克是所有蛮族国王中最有才干且最残忍的一个，他是一位权威显赫的战争领袖，也是一位颇具技巧的政治家。在他死后很久，普罗科匹厄斯（Procopius）将其描述为"最聪明之人"。汪达尔军队可能大约有2万名战斗人员，据我们确凿的资料，越过海峡的总人数为8万人。在非洲的罗马军队本应有能力对付这种规模的敌人，从海上进行攻击。但他们领导不力，从未抓住机会去强力抵抗侵略者。从汪达尔人登陆丹吉尔港（Tangier）附近的那一刻起，就未实施重要的对抗。汪达尔人向东横扫，其速度是令人惊叹的，其影响是毁灭性的。两年内，沿海地带只有三个主要城市仍然坚持反抗他们。在这片富饶的土地上，侵略者不必浪费时间寻找补给。他们的全部精力都可以用于对城镇和领土的夺取。在极少数城市驻军的抵抗下，汪达尔人在两年内完全控制了毛里塔尼亚（Mauretania）和努米底亚（Numidia）行省。罗马所能做的就是提出一个盟约，期望他们能满足于其已经拥有的。但是盖萨里克想要的更多，他袭击了富裕的非洲行省，在439年轻而易举地占领了迦太基。这给了他一个威胁意大利的基地，440年，一支汪达尔部队侵入西西里岛。罗马用另一个盟约收买了盖萨里克，汪达尔人又恢复到老样子，开始享受他们征服北非的成果。

大部分的汪达尔殖民者，可能从440年开始以迦太基附近为基地，然而其他的人占据了切厄切尔（Cherchel）和提帕萨（Tipasa）周围的肥沃土地，以及君士坦丁堡四周的平原。罗马的土地和财产被普遍没收，但许多土地所有者处于相对和平的状态，罗马行政管理的某些要素得以保留。一些重要的汪达尔人，甚至采用了罗马拥有大量土地的所有人的轻松生活方式和品味。但是，在大批汪达尔殖民者和各行省之间，仍然存在着明显的鸿沟。汪达尔人在非洲的统治，是用武力来实施的，通常会抓住机会到处袭击和掠夺，例如在455年，西班牙和意大利遭到劫掠，罗马也被洗劫。虽然大部分对手不屑于为汪达尔王国留下记录，但它显然不是一个仁爱的且具有前瞻性的政权。结局来得很快：533年，拜占庭人入侵非洲，在短短几个月内，汪达尔政权就被永远地摧毁了。

北欧各族

在约公元400年人口开始迁移之前，北欧沿海地区各族长期以来一直在袭击高卢和不列颠。这些民族包括：荷兰北部的弗里斯人（Frisians）、易北河下游和威悉河（Weser）地区的撒克逊人（Saxons）、石勒苏益格（Schleswig）的盎格鲁人（Angles），以及来自日德兰半岛的其他民族。对于迁徙的刺激因素，人们往往认为是沿海地区定居条件的恶化，海平面的上升致使大片土地无法耕种。这或许起到了一定的作用，但人口的增长至少也是其中一个强有力的因素。而且，北部各族不会一直觉察不到罗马在维持其在日耳曼和不列颠的防御方面所面临的越来越大的困难。撒克逊人的名字，在我们的书面资料中占据了最显著的地位，但很可能这是一个适用于任何跨越北部海域的袭击者或移居者的名字。这些民族的政治组织鲜为人知。没有迹象表明他们中的任何一个是强有力的中央集权组织，而他们领导人的名字充其量只是虚无的，如果不完全是虚构的话。迁往不列颠和高卢的撒克逊人及其他人，是作为战团和小型移民群体抵达那里的，只是在他们到达之后才慢慢发展成为政治单位。因此，这并不是像西哥特人、汪达尔人或后来的伦巴族人那样的运动，而是在漫长的时间里，也许是长达两个世纪里人口的零星迁移。撒克逊人的松散体系，持续贯穿于5世纪，无论是在不列颠还是在德国北部的故乡。这一世纪是沿海地区发生重大变化的时期。许多定居点被放弃，并且再也没有被重新使用。大型火葬墓地为我们提供了许多有关这些民族的文化信息，往往在5世纪上半叶就告一段落；其他的则开始于500年之前，并持续了3个世纪或更长的时间。为了应对一系列压力，显然正在发生重大的人口重组。

易北河和威悉河的下游山谷，通常被认为是撒克逊人的中心地带，在那里发现了他们的一些最为著名的墓地。但它们向西延伸到荷兰，向南延伸至德国中部。他们与最重要的相邻民族保持着联系，莱茵兰（Rhineland）的法兰克人（Franks）和南部的图林根人（Thuringians）。

位于利伯瑙（Liebenau）的墓地，在威悉河流域的宁堡（Nienburg）附近，里面既包括法兰克的金属制品，也包含来自图林根的玻璃制品及胸针，这些或许是通婚和商业的遗物。利伯瑙墓地是近年来研究最为全面的，由于它从5世纪初到9世纪中叶一直在使用，因此特别令人感兴趣。直到8世纪，异教徒的埋葬习俗一直占主导地位，其中包括单独的马葬，大概是重要战士的坐骑。在785年威德金特（Widukind）受洗之前，没有随葬品的基督教墓葬就没有出现过；甚至在此之后，墓穴中仍然可能包含后世的随葬品。

在整个6世纪和7世纪，欧洲大陆的撒克逊人仍然是一个强大的民族。但是，像莱茵河以东的其他民族一样，他们无法抵御法兰克人，最终在8世纪晚期被查理曼大帝统治。他们的弗里斯兰（Frisian）邻国在战争中远没有那么强大，但在北部海域发展贸易网的过程中，他们找到了释放精力和航海技术的出路。在接下来的几个世纪里，他们在这项事业中树立了相当大的声誉。

在迁徙时期，波罗的海西部的土地，仍然保持着其作为权力和财富中心的重要地位，没有受到来自外部地区各族群的任何程度的公然侵扰。这块土地物产丰富，提供的资源可以用来交换来自东罗马世界的黄金。源源不断的黄金，到达瑞典南部，以及波罗的海的哥特兰岛（Gotland）和厄兰岛（Oland），其中一部分可能输送给拜占庭皇帝以支付东部各族的战利品和补贴。在斯堪的纳维亚收到黄金的那些人，将其加工成胸针、螺旋环、华丽的项圈和其他饰物。这一时期最大的窖藏是来自南曼兰（Sodermanland）的蒂勒霍尔姆（Tureholm），有重达12千克的纯金铸块，而在特罗莱伯格（Trolleberg）发现的一枚戒指，重达1.25千克。斯堪的纳维亚的黄金时代，名副其实。

波罗的海西部与包括罗马世界在内的欧洲其他地区之间的联系，一直保持到民族大迁徙时期。长期以来，人们一直怀疑在古默（Gudme）地区的菲英（Fyn）岛上有一个重要的贸易中心。19世纪，人们注意到此处堆积有丰富的贵金属遗物，最近的发现更加深了这一认识。出现在这里的，有许多罗马晚期的硬币，连同银器、胸针以及其他饰品。发现这些物品的区域，占地面积为200公顷，其中设置有许多定居点。新知晓的图景是一个权力中心，它能够吸引大量便于携带的财富，并在波罗的海西部地区广泛地重新分配。这只能通过海上运输才能实现，而古默距离海岸只有5千米，可能性不大。在伦德堡（Lundeborg）有一个著名的港口遗址，在此处更进一步发掘出了大量的罗马进口商品和迁徙时期的金属制品，其中包括丹麦有记录以来最大的一个黄金窖藏。古默和伦德堡建筑群，被证实很可能是后来几个世纪著名的商业中心的前身，譬如西部的多雷斯塔德（Dorestad）和昆都维克（Quentovic），北部的海泽比（Hedeby）和比尔卡（Birka）。

斯堪的纳维亚半岛上的各个民族，并不为文明的地中海世界熟知，甚至连主要族群的名称也记录不清。最强大的是瑞典中部乌普兰（Uppland）地区的斯韦阿人〔Svear或斯维亚人（Sviar）〕，以及其南部的戈塔尔人（Gotar）。瑞典南部可能被大量小型人群占领，从民族大迁徙时期起，那里就存在着数百个设防遗址，其中大部分都是小的要塞，周围只有一堵石墙；最大的堡垒之一，是位于厄兰岛的格拉堡（Graborg），宽210米，粗凿石城墙高9米。在这些遗址中，发掘最彻底的是同样位于厄兰岛的埃克托普斯-伯格（Eketorps Borg），它最初是4世纪晚期的一个避难所，但在大迁徙时期转变为一个高度组织化且规划严密的聚落，其整个布局反映了这里曾拥有的一个强大的地方政权，能够长期统治周围的领土。

瑞典南部有更大的权力中心。在距现代城市北部不远的旧乌普萨拉（Gamla Uppsala），附近有三座巨大的墓葬，周围有数百座较小的墓葬。对其中两处大型墓葬的发掘可知一处可追溯至约500年，另一处则大约晚半个世纪。从挪威人和英国人的传说中可知，这些墓葬几乎可以肯定属于斯维阿（Svear）王朝时期的伊林格人（Ynglingas）。位于旧乌普萨拉的中央土墩，尚未发掘，这可能是该王朝创始人奥恩（Aun）的坟墓，他死于5世纪。乌普萨拉以北几英里的地方是汪达尔（Vendel）遗址，在那里依旧矗立着另一个巨大的土墩，它是奥恩之子奥塔尔（Ottar）的亡冢，他阵亡于战斗中。这座建筑的年代尚不确定，但已经采集到一枚5世纪的金币。从现存的墓冢遗迹似乎能够确认，在瑞典至少还有一个重要的政治中心。在马拉尔（Malar）湖畔的巴德隆达（Badelunda），从一个可能有15米高的土丘俯瞰，可以看到一组巨大的船形石砌古迹。直到完全进入中世纪，这里还一直是"议会"或政治集会的场所。

在汪达尔和瓦尔斯加德（Valsgarde），有两个随葬品丰富的6世纪后期和7世纪的墓地，使人对统治北方这一地区的王朝的财富和与外界联系有了一定了解。汪达尔的墓葬群是船葬，位于中世纪教堂附近。随葬品有装饰华丽的剑、盾、头盔、马具和个人物品，连同葬礼上献祭的马和狗，伴随这些酋长家族成员去往来世。

在500年到700年，斯堪的纳维亚半岛与更广阔世界之间的联系依旧很显著。东罗马硬币大量涌入波罗的海群岛，尤其是哥特兰岛和厄兰岛。在厄兰岛和博恩霍尔姆岛上，5世纪后期皇帝发行的铸币较为常见，而在哥特兰岛上更为普遍的是后来的统治者发行的。其中绝大多数发现于窖藏中，埋葬于6世纪的动乱时期。在瑞典本土，拜占庭硬币的使用频率较低，但在马拉尔湖畔的赫尔戈（Helgo）有一个重要的集中区。赫尔戈遗址，从罗马铁器时代晚期到中世纪一直被使用，其意义和经济基础在这漫长的时期内发生了变化。在500至700年，这是一个重要的贸易活动中心，接收来自欧洲及欧洲以外许多地区的进口商品。玻璃制品来自法兰克王国，金属制品来自西欧的几个地区，精美的青铜器来自地中海，青铜佛像来自印度北部，还有来自8世纪爱尔兰一名主教的牧杖。这种惊人的不同长距离交通背后的组织机构，目前还没有得到令人满意的解释。与权力中心的联系显然是要寻找的，但仍旧无从捉摸。赫尔戈，不仅仅是外来进口品的接收点，它还从事制造，特别是金属制品，在这里为本地市场进行生产；而其他没有留下任何考古痕迹的活动，可能也是在这里进行的。人们质疑这里可能也是一个宗教中心，爱尔兰的牧杖也许是基督徒到北部传教的遗物。关于赫尔戈，仍有许多尚难解释的。可以肯定的是，它的用途很复杂。

6世纪的迁徙

6世纪，发生了来自俄罗斯西部以及更靠东部的大草原的大规模入侵。大约550年，被称为阿瓦尔人（Avars）的游牧骑兵出现在高加索地区，在拜占庭皇帝的支持下，他们开始攻击黑海沿岸各族。他们迅速向西进发，在6世纪60年代抵达多瑙河中游地区，填补了盖皮德人（Gepids）分散后留下的空缺。当伦巴第人（Lombards）南下进入意大利时，阿瓦尔人可以不受约束地放手扩大其行动范围，他们迅速控制了多瑙河中游地区，甚至向北扩张至易北河流域。阿瓦尔人的势力一直持续到7世纪初，但当时崛起的斯拉夫人取代他们成了东欧和中欧的主导力量。

斯拉夫人的起源隐含着不确定性，现代的诠释使得其愈加难以理解，这些解释更多的是源于政治意识形态，而不是公正的学术研究。早期关于斯拉夫人起源于特定区域的观念，现在已被普遍抛弃，尽管仍旧出现斯拉夫人完全产生于普里皮耶特——马什（Pripyet Marshes）的某些论述。较为合理的是，斯拉夫人源于拜占庭的斯克拉维尼人（Sclaveni），系5世纪末和6世纪初东部的德涅斯特河和第聂伯河，以及西部的维斯瓦河和奥得河之间的文化群体的融合体。他们必定与北部的波罗的海各族和西部的不同日耳曼族群相联系。日耳曼人进入多瑙河地区，促进了他们向西和向南的迁移。在我们确认的书面资料中，斯拉夫移民在很短的时间内便进入波希米亚，从那里沿着易北河谷，向北扩张进入波兰和德国东部，经由保加利亚向南进入巴尔干半岛。进一步扩张到西欧似乎是不可避免的，然而莱茵河以东法兰克人的进发使其中止。斯拉夫人的确控制了巴尔干半岛北部，不过他们对希腊的占领在9世纪被拜占庭人终结。如此广泛的人口扩散，必然导致众多斯拉夫国家的出现，而不是欧洲日耳曼更为统一的政权。

　　迁徙民族中最鲜为人知的是盖皮德人（Gepids），主要原因是他们未能在帝国内外实现永久性的定居。他们早期与哥特人有关联，可能有着相似的混合起源。当达契亚（Dacia）被罗马放弃之后，他们未能占有其土地，后来定居于该行省北部，蒂萨河（Tisza）以东，并一直待在那里，直到5世纪臣服于东哥特人。他们的战斗部队后来被置于匈奴人支配之下，在入侵巴尔干半岛和高卢时，他们是匈奴王阿提拉（Attila）的亲密盟友。但是在阿提拉死后，他们带头反抗他的继任者，从而瓦解了匈奴帝国。他们短暂占领了喀尔巴阡盆地，但他们的老对手东哥特人将他们驱逐出去，此后他们没能找到一个安全的居所。伦巴第势力在潘诺尼亚（Pannonia）地区的崛起，导致了他们最后的失败。540年之后，盖皮德人因被驱逐而分散，那些坚守下来的则在20年后被入侵的阿瓦尔人（Avars）制服。此后，他们的名字得以幸存，但人口不复存在。

　　伦哥巴尔底人（Langobardi）或伦巴第人，长期占据易北河流域的中下游地区，但在5世纪前的罗马世界入侵中所起的作用却相对较小。5世纪80年代，他们南迁到奥地利北部，30年后越过多瑙河定居在潘诺尼亚（Pannonia）地区，在那里成为一支不容忽视的力量。6世纪初，在瓦乔（Wacho）国王的统治下，通过与王室的外交通婚，他们与拜占庭人和法兰克人保持着友好的关系。552年，一支伦巴第部队参加了拜占庭对抗意大利哥特人的最后一场战役。对他们而言，伊比利亚半岛的吸引力并没有失去，同时他们在潘诺尼亚的家园也越来越暴露在阿瓦尔人面前。伦巴第的新国王阿尔博因（Alboin）确定，他的人民的未来就在意大利。568年，他率领一支庞大的军队向亚得里亚海挺进，加入的不仅有伦巴第人（Lombards），还有巴诺尼亚人（Pannonians）、诺里库姆人（Noricans）、萨尔马提亚人（Sarmatians）、盖皮德人（Gepids），甚至保加利亚人（Bulgars）。跟在他们后面的阿瓦尔人席卷了潘诺尼亚，而斯拉夫人则进入了巴尔干半岛北部。伦巴第军队在意大利北部迅速取得了成功。不到一年，北部的许多城市都掌握在他们的手中，富饶的波河（Po）流域也被他们控制。拜占庭人及其盟友艰难地坚守着不断减少的据点，然而伦巴第人信心十足地离开他们，继续向南推进，进入托斯卡纳（Tuscany），然后到达罗马。意大利的土地仍然为入侵者提供了可观的财富。这些城市为他们的领导人提供了理想的基地，但仍有许多丰饶地产有待掠夺。伦巴第人不是以盟约条款进入意大利的，而是作为入侵者踏入的，30年来，他们的行为一向如此。没有制定任何正规的政府制度来取代被他们自己摧毁的体制。伦巴第国事治理很快就被移交给一些军事领袖或首领，阿尔博因及其继任者在入侵发生仅几年后就被谋杀。中央君主制于584年恢复，但征服者的军事组织作为王国的行政框架仍然存在。罗马的土地秩序基本上被摧毁，其领土被意大利的新主人占领。这绝非一个提奥多里克（Theoderic）统治下的日耳曼王国。

君主制的重建，导致伦巴第政权在北部的巩固，并向南扩张。由墓地和地名可见，伦巴第聚落的主要所在区，位于波河以北，在皮埃蒙特（Piedmont）和弗留利（Friuli）地区之间。在大山谷的南面，墓地稀疏地绵延至罗马涅（Romagna）地区的丘陵，但几乎没有延伸到更远的地方。其中一些可能与7世纪的土地征用有关。位于斯波莱托（Spoleto）的公爵领地的诺切拉翁布拉（Nocera Umbra）和特罗西诺堡（Castel Trosino）的两座大型墓地就是如此。两者都与居高临下的山顶要塞有关。诺切拉翁布拉包含一些高军阶战士的墓穴，他们负责守卫连接拉文纳（Ravenna）和罗马的道路。特罗西诺堡向我们呈现出一个较为混杂的群落的场景，其中女性珠宝明显受到同时代罗马和拜占庭时尚的影响。即使在7世纪，蛮族人也无法摆脱来自罗马的各种影响。

在意大利北部，一些古老的城市在伦巴第王国中发挥了重要作用。其中之一是东北部的奇维达莱（Cividale），它虽是一个小城镇，但却是早期颇受欢迎的中心。镇外的一处墓地中，有着男性和女性墓穴，几乎可以肯定他们都参与了568年的入侵。另一处墓地，位于圣史蒂芬（San Stephano）教堂，大约在600年时被一个伦巴第贵族家族用作墓地，那时他们显然已经信奉基督教。在奇维达莱城墙内，还有其他一些贵族的墓穴，其中一座位于一个教堂内，可能是一位军事领袖的墓葬。在米兰、维罗纳（Verona）和布雷西亚（Brescia）这样的城市，应该也有这种贵族土葬。

伦巴第人民与意大利人民之间的关系，是一个复杂且备受争议的问题。在这一时期的记载中，意大利的罗马居民少有发声，但这显然不是被消灭或驱逐。在伦巴第人直接控制的区域，蛮族人和罗马人似乎一直相当有效地融合在一起，这间或表现在工匠的产品和外来词中。意大利的许多伦巴第外来词都相当乏味，而到了7世纪末，伦巴第人似乎已经放弃了自己的语言，这表明他们与尚存行省的融合是相当迅速的。在意大利古老城市里拥有自己一席之位的伦巴第贵族们，很难避免不与遗留的罗马家族产生联系，甚至这也是他们想做的。易北（Elbe）河流域，就算人们还记得的话，那它看来一定也离得很远了。

从史前时期到欧洲中世纪

在罗马帝国晚期及其后续王国中，人们会习惯性地探索中世纪欧洲的起源。蛮族人对后来的欧洲国家的崛起作出的广泛贡献，是绝不可以被低估的。在莱茵河以东定居的小型部落中，有法兰克人的祖先，他们是西欧继罗马之后最强大的民族。从日耳曼北部和斯堪的纳维亚半岛迁徙过来的混杂族群，没过多久就在不列颠创造出一种日耳曼文化，比德（Bede）的著作、《裴欧沃夫》（*Beowulf*）史诗、《林迪斯芳福音书》（*Lindisfarne Gospels*），以及萨顿胡（Sutton Hoo）的辉煌，都是该文化传承给欧洲的文化遗产。这与本书前面章节所记载的文化奋斗相比，已有好长的距离。但无疑揭示了跨越多个世纪的连续努力。在现代学术研究中依旧存在的广泛分歧，溶于蛮族人和古典欧洲这两大潮流的交汇处。

　　纵观所讨论的整个时期，几乎没有任何一个欧洲蛮族地区能够完全脱离与晚期罗马帝国的联系。在这个帝国废墟中定居的蛮族各族越冒险，或越绝望，他们所取得的成就和持久程度就越不相同。从前述章节中，我们可以清楚了解到这些民族在迁徙和定居方面所遭遇到的各种经历。某些民族，如汪达尔人和苏维汇人，是作为入侵者和冒险家踏进罗马各行省的。某些民族，如西哥特人，实际上是作为难民来到这里寻找新的家园，而且是经历了漫长的磨难才找到它。其他一些民族，包括早期法兰克人的一部分，以及阿勒曼尼人，最初是来加入罗马边防军，其后紧随的是那些看到财富和打开权力之门的人。还有一个民族，提奥多里克的东哥特人，他们作为统一的力量，经皇帝的认可，也占据了权力的宝座。

　　民族大迁徙，是一项复杂的活动。在匈奴人和其他民族的推动下，广大的游牧部落一个接一个地陆续涌入罗马世界，但是必须彻底丢弃这种简单的印象。这其中的具体动机多种多样，在新家园的居住方式也各不相同。许多重大的迁移，都是源自定居在罗马边境或靠近罗马边界的民族，不管怎样，这些民族都具有丰富的帝国经验。用20世纪先进国家与第三世界之间的关系来进行类比，并非完全不恰当。沿着绵延的莱茵河和多瑙河边界线，罗马人和蛮族人之间的长期接触已形成既不完全是罗马的也不完全是蛮族的边疆社会。这些在莱茵河下游和多瑙河上中游最为明显。到4世纪，帝国早期的边疆体系已经发生了巨大的变化，并不仅仅停留在防御工事的性质上。在莱茵河，出现了一种混合行省和日耳曼元素的文化，这为5世纪法兰克人的文化提供了基础。在多瑙河中游，至少在两个世纪以来见证了罗马人和蛮族人之间政治和外交关系的领土上，早在3世纪，从各种罗马物品的自由流通，以及正好在边界以北的罗马风格建筑物的存在，我们就能够判别边疆社会。沿着多瑙河下游，可以与被遗弃的达契亚

（Dacia）行省和邻近国家的居民自由地进行商业和文化交流。罗马帝国末期众所周知的其他边疆社会，譬如北非和不列颠北部，在将蛮族人和罗马人融合在一起这方面，没有比莱茵河和多瑙河更具有历史意义的地方了。这一切的背后，是欧洲蛮族的长期发展，它汲取了诸多文化创新的源泉，从未与地中海和草原民族完全隔绝。这些关系将继续塑造欧洲，直至完全进入中世纪。

关键词及人名索引

A

Abbé Breuil	阿贝·步日耶
Abri Blanchard	阿布里–布朗夏尔岩洞遗址
Abri Castanet	卡斯塔内岩洞遗址
Abri Cellier	塞利耶遗址
Abri du Facteur	范克特岩棚遗址
Abri Pataud	阿布利–帕陶德遗址
Agia Triada	阿基拉–特里亚达
allees couvertes	覆盖廊墓
Andre Leroi-Gourhan	安德烈·勒鲁瓦–古尔汉
Andronovo culture	安德罗诺沃文化

C

Cap d'Agde	阿格德角
Chapelle-aux-Saints	圣沙拜尔山洞遗址
Chertomlyk	切尔托姆雷克陵
Cicer arietinum	鹰嘴豆
Clive Gamble	克莱夫·甘布尔
Combe Grenal	孔布-格雷纳尔岩棚和洞穴遗址
Coppa Nevigat	科帕-内维加塔遗址
Corded Ware	绳纹陶文化
Cueva de la Arana	阿拉纳洞穴遗址
Cueva de los Murcielagos	穆尔西拉戈斯洞穴遗址
Cueva Remigia	雷米吉亚洞穴遗址

D

David Clarke	戴维·克拉克
Dereivka	德雷夫卡遗址
Diodorus Siculu	狄奥多罗斯·西库路斯
dolmens simples	简单的石室冢墓
Dolni vestonice	多尔尼-维斯托尼斯露天遗址

P

Paul Bahn	保罗·巴恩
Pech de L'Aze	佩什德拉泽遗址
Penck=Albrecht Penck	阿尔布雷希特·彭克
Petralona	佩特拉洛纳遗址
Pisum sativum	豌豆
Pre-Historic Times	《史前时代》
Prolagus sardu	意大利鼠兔
Prunus	李属

S

Saint-Cesaire	圣塞泽尔遗址
Scipio Africanus	西庇阿·阿非利加努斯
Shanidar	沙尼达尔洞穴遗址
Simek	西梅克
Sinclair Hood	辛克莱·胡德
Sintashta	辛塔什塔遗址
Skateholm	斯凯特霍尔姆遗址
Society of Antiquaries of London	伦敦文物学会

V

Valerius Geist	瓦列里乌斯·盖斯特
Vallonnet	瓦隆内洞穴遗址
Val Camonica	梵尔卡莫尼卡山谷
Val d'Aosta	瓦莱达奥斯塔谷地
Vertesszollos	维特斯佐洛遗址
Vigne-Brune	瓦因–布龙遗址
Vilas Ruivas	维拉斯瑞沃斯遗址
Villanovan	维朗诺瓦
Vitis vinifera	葡萄
Vlasac	弗拉萨克遗址
Vogelherd	福格尔赫德洞穴遗址

W

Willendorf	维伦多夫遗址
William Stukely	威廉·斯蒂克利

激发个人成长

多年以来，千千万万有经验的读者，都会定期查看熊猫君家的最新书目，挑选满足自己成长需求的新书。

读客图书以"激发个人成长"为使命，在以下三个方面为您精选优质图书：

1. 精神成长
熊猫君家精彩绝伦的小说文库和人文类图书，帮助你成为永远充满梦想、勇气和爱的人！

2. 知识结构成长
熊猫君家的历史类、社科类图书，帮助你了解从宇宙诞生、文明演变直至今日世界之形成的方方面面。

3. 工作技能成长
熊猫君家的经管类、家教类图书，指引你更好地工作、更有效率地生活，减少人生中的烦恼。

每一本读客图书都轻松好读，精彩绝伦，充满无穷阅读乐趣！

认准读客熊猫

读客所有图书，在书脊、腰封、封底和前后勒口都有"**读客熊猫**"标志。

两步帮你快速找到读客图书

1. 找读客熊猫

2. 找黑白格子

马上扫二维码，关注"**熊猫君**"

和千万读者一起成长吧！